CS 比 较 译 丛 45

U0529663

比 较 出 思 想

比较

Comparative Studies

税的荒唐与智慧

历史上的税收故事

[美]
迈克尔·基恩（Michael Keen）
乔尔·斯莱姆罗德（Joel Slemrod）_著
薛凯欣 余江_译

Rebellion, Rascals, and Revenue

Tax Follies and Wisdom through the Ages

中信出版集团 | 北京

图书在版编目（CIP）数据

税的荒唐与智慧：历史上的税收故事 /（美）迈克尔·基恩，（美）乔尔·斯莱姆罗德著；薛凯欣，余江译．北京：中信出版社，2025. 2. -- ISBN 978-7-5217-7046-9

Ⅰ. F811.9

中国国家版本馆 CIP 数据核字第 2024VX1847 号

税的荒唐与智慧——历史上的税收故事

著者：［美］迈克尔·基恩 ［美］乔尔·斯莱姆罗德

译者：薛凯欣 余江

出版发行：中信出版集团股份有限公司

（北京市朝阳区东三环北路 27 号嘉铭中心 邮编 100020）

承印者：嘉业印刷（天津）有限公司

开本：787mm×1092mm 1/16 印张：31 字数：460 千字

版次：2025 年 2 月第 1 版 印次：2025 年 2 月第 1 次印刷

书号：ISBN 978-7-5217-7046-9 京权图字：01-2021-3305

定价：98.00 元

迈克尔·基恩：

献给我亲爱的妻子杰拉尔丁（Géraldine），以及皮帕（Pippa）、埃迪（Eddie）和赛莉纳（Célina），感谢你们对我的各种愚蠢行为如此宽容。

乔尔·斯莱姆罗德：

献给我的终身伴侣艾娃（Ava），以及安涅（Annie）和乔纳森（Jonathan），你们有时会抵制我的税收主张，却总是接纳和回报我的感情。

目录

“比较译丛”序 Ⅶ
前言 Ⅸ

第一篇
掠夺与权力

第1章 所有的公共事务

从孟加拉到波士顿 005
前所未有的耻辱 011
玻利维亚缘何变成内陆国家 014
对天堂之光征税 017
并非一切都关乎税收，然而…… 021

第2章 往日时光

对漫长税收史的简要回顾 023
税负几多? 031
战争与福利 035
巴贝奇的噩梦 038
债务、违约与君主 040
印制货币 044

第3章　改头换面

从伊丽莎白一世到无线电频谱拍卖　051
出售主权　056
廉价劳动力　058
尽绵薄之力　062
履行你的封建义务　065
越界惩罚　067
还有更多　069

第二篇
受益者和受损者

第4章　足够的公平

挂上人头的长矛　078
高尚的事业　085
力图实现公平　087
寻找标志　091
对精致生活征税　095

第5章　如此庞大的财政发动机

巨人的工程：英国的所得税制度　101
税收领域的斯科特判决　107
一场激情犯罪与法国的所得税制度　114
旧的担心和新的方向　118

第6章　有些人比其他人更平等

对女性征税　123
特殊税收制度　127
信仰飞跃　128
圈外人　134
艰难抉择　136

第7章　固定还是转移?

错误的起点　140
窃取他人的智慧　144
务必牢记在心　148
老兄，你能给我找0.2美分的零钱吗?　150
眼见并不总是为实　151
更广阔的场景　156

第三篇

改变人们的行为

第8章　除弊兴利

兴利扬善　162
对坏事征税，放过好事　166
让罪恶付出代价　171
直接拒绝?　182

第 9 章 附带损害

刺激创造性 187
额外负担 200

第 10 章 怎样给鹅拔毛

探寻税收领域的圣杯 212
控制损失 221
税收制度设计的一个具体案例 227
需要多少根羽毛? 230

第 11 章 世界公民

从米糕中挤出水来 237
躲避税收风暴的天堂 240
富豪不同于常人 243
虚假利润 247
翻滚的税收游戏 257

第四篇
税收不会自动上缴

第 12 章 穿刺大公弗拉德与优雅的征税艺术

关注税收缺口 265
很多大棒，加上一两根胡萝卜 268

当其他办法都失灵时，就讲真话 279
取消现金 281
线人、雪貂和告密者 282
信息曝光 284
信任但仍需核实 285
纳税人也是人 286

第 13 章 必须有人去干活

税务员的群像 292
谁来征收? 294
税收技术 308

第五篇
创造税收

第 14 章 负重和愉悦

财政部长的梦想 315
饿死野兽 319
从考文垂到华盛顿 K 街 321
各国政府的花招 331

第 15 章 未来场景

纳布星球与乌托邦的税收 344
税收智慧的支柱 347

未来的超越 360
是非功过谁与说? 367

致谢 369
注释 371
参考文献 439

“比较译丛”序

2002 年，我为中信出版社刚刚成立的《比较》编辑室推荐了当时在国际经济学界产生了广泛影响的几本著作，其中包括《枪炮、病菌与钢铁》、《从资本家手中拯救资本主义》、《再造市场》（有一版中文书名为《市场演进的故事》）。其时，通过 20 世纪 90 年代的改革，中国经济的改革开放取得了阶段性成果，突出标志是初步建立了市场经济体制的基本框架和加入世贸组织。当时我推荐这些著作的一个目的是，通过比较分析世界上不同国家的经济体制转型和经济发展经验，启发我们在新的阶段，多角度、全方位地思考中国的体制转型和经济发展机制。由此便开启了“比较译丛”的翻译和出版。从那时起至今，“比较译丛”引介了数十种译著，内容涵盖经济学前沿理论、转轨经济、比较制度分析、经济史、经济增长和发展等诸多方面。

时至 2015 年，中国已经成为世界第二大经济体，跻身中等收入国家行列，并开始向高收入国家转型。中国经济的增速虽有所放缓，但依然保持在中高速的水平上。与此同时，曾经引领世界经济发展的欧美等发达经济体，却陷入了由次贷危机引爆的全球金融危机，至今仍未走出衰退的阴影。这种对比自然地引发出有关制度比较和发展模式比较的讨论。在这种形势下，我认为更有必要以开放的心态，更多、更深入地学习各国的发展经验和教训，从中汲取智慧，这对思考中国的深层次问题极具价值。正如美国著名政治学家和社会学家李普塞特（Seymour Martin Lipset）说过的一句名言：“只懂得一个国家的人，他实际上什么国家都不懂。”（Those who only know one country know no country.）这是因为只有越过自己的国家，才能知道什么是真正的共同规律，什么是真正的特殊情况。如果没有比较分析的视野，既不利于深刻地认识中国，也不利于明智地认识世界。

相比于人们眼中的既得利益，人的思想观念更应受到重视。就像技术创新可以放宽资源约束一样，思想观念的创新可以放宽政策选择面临的政治约束。无论是我们国家在 20 世纪八九十年代的改革，还是过去和当下世界其他国家的一些重大变革，都表明“重要的改变并不是权力和利益结构的变化，而是当权者将新的思想观念付诸实施。改革不是发生在既得利益者受挫的时候，而是发生在他们运用不同策略追求利益的时候，或者他们的利益被重新界定的时候”*。可以说，利益和思想观念是改革的一体两面。囿于利益而不敢在思想观念上有所突破，改革就不可能破冰前行。正是在这个意义上，当今中国仍然处于一个需要思想创新、观念突破的时代。而比较分析可以激发好奇心、开拓新视野、启发独立思考、加深对世界的理解，因此是催生思想观念创新的重要机制。衷心希望“比较译丛”能够成为这个过程中的一部分。

钱颖一

2015 年 7 月 5 日

---

* Dani Rodrik, “When Ideas Trump Interests: Preferences, Worldviews, and Policy Innovations,” NBER Working Paper 19631, 2003.

前言

税收……从来都是生动有趣的。对大多数人而言，它比天花病毒或高尔夫球跟我们的关系更为直接，并包含同样精彩纷呈的戏剧性故事。另外，它还被很多夸张的荒唐理论弄得醇厚芬芳。

——亨利·门肯（H. L. Mencken，美国著名作家）[1]

古老的税收和财政机制的话题实在晦涩难懂、令人生厌。

——乔治·坦尼森·马修斯（George Tennyson Matthews）[2]

在这个话题上，我们站在门肯先生一边，本书的目的自然是希望说服读者赞同我们的观点。即便是马修斯教授本人，似乎也对自己的说法缺乏信心，因为他随后又用了 292 页的篇幅去介绍法国古代晦涩难懂的税收制度。

我们希望通过本书告诉大家，关于税收的历史故事可以是鲜活有趣的：有时荒诞怪异，有时阴森恐怖，有时只是单纯的令人着迷。这些故事能够帮助人们理解在今天占据媒体头条与政治论坛的各种税收议题。本书介绍的诸多故事跨越数千年时光，从苏美尔的泥板文书、希罗多德的历史记述、卡利古拉皇帝异乎常人的税收理念，到“巴拿马文件”揭露的逃税行动、区块链技术带来的征税潜力以及被新冠疫情改变后的世界税收前景等。不过，本书既非一部税收史专著，也不是关于税收原理的入门读物，它兼具二者的一些特征。

原理能给历史讲述设定框架，例如，帮助我们理解过去的统治者在缺乏今天的所得税等工具时，如何创造出其他办法，减轻最贫困人群的税负（以确保他们能够生存下去）。有时候，对税收史上广为人知的少数故事的普遍看法其实是完全错误的，但这样的错误本身又值得人们深思。例如，激起英国 1381 年农民起义的税收并不是真正意义上的人头税；导致美国波士顿茶党兴起的并非增税，而是减税。

历史故事还能够澄清税收的若干基本原理。有时候，这些原理在反常现象乃至过去的历史遗物中的表现，相比于我们熟悉的日常税种更为明晰。我们很容易被当今时代税收议题中空洞浅薄的政治诡辩所迷惑，而脱离争议的历史税收案例则能充分展示基本原理的作用。例如，利用碳税来解决地球面临的气候危机，从理论层面看与彼得大帝在俄国引入胡须税来解决贵族危机就颇有相似之处。

我们分析的许多税收史案例初看上去相当勉强甚至有些滑稽。其中某些带来了灾难性的错误或残暴的结果，某些无法提供有益的教训，只能作为华而不实、荒谬可笑的谈资。但除去这些闹剧，还有许多真正包含智慧的故事。本书要探讨的主题之一正是：历代先人在设计和实施税收的时候，从根本上面临着我们当前仍为之挣扎的相同问题。而他们的创造性并不亚于今天的人们，这种创造性不仅体现在设立税收上，也包括规避和偷逃税收。就如今的税收状况而言，我们不应该觉得自己比祖先优越得多。古人对炉灶征税的想法在我们看来或许显得很奇特，但我们今天的一些做法，在后人看来或许会同样怪异，例如对跨国企业征税时试图测算一大群完全不同的公司在极不可能出现的相同处境下会如何行动。对于其中的荒唐之处，后人完全有理由感到好笑。

本书的目的不是告诉人们税收能解释一切，虽然我们推测它能解释的东西确实超出普通的认知。相比亨利八世如何同罗马教廷决裂，借以掌控本该支付给教皇的税款从而缓解自己的财政问题，谈论他贪恋安妮·博林（Anne Boleyn）的美色通常更能吸引听众。本书也不打算宣传作者本人欣赏的任何税收制度体系，虽然我们会竭力从历史上的税收故事中挖掘对当今争论话题有益的启示。这确实是关键的一点。当今世界与古代希腊、殖民地时期的塞拉利昂、德川幕府时代的日本或挣扎于大萧条中的美国都全然不同，但它依然受到很早以前做出的决策的影响。例如，建国初期的美国有关奴隶制与税收的讨论留下的遗产之一就是给今天引入财富税造成现实障碍。此外，本书最核心的一个基本观点是：关于好的税收和坏的税收的许多基本原理在历史上都有充分表现，它们可以帮助我们理解自己的过去，为正在被技术变革改造的未来做出明智选择。另外，观察它们在历史上的实际运转也会是令人愉悦的旅程。

为了阐述贯穿税收故事的上述主题，本书将以话题而非时间线索来组织内容，因此会在多个世纪和多个大洲之间来回跳跃。全书包含五篇。第一篇借助较宏大的背景，首先讲述税收史上某些可怕或有趣的逸事，并对应全书要探讨的若干恒定的税收原理，然后宽泛地介绍在漫长的历史上，各国政府如何让芸芸众生为统治者的各种随心所欲提供资源。第二篇是关于受益者和受损者的内容，即税收的公平性。即便是邪恶的统治者，若要生存下去也必须小心翼翼地处理这个议题。我们将看到他们在此过程中犯下的许多错误与偶尔的灵光闪现。然而，要弄清楚税收中究竟谁是受益者、谁是受损者远不是那么容易。我们会看到，哪些人是税负的真正承担者这个问题至少从中世纪英格兰以来就困扰着政策制定者，并参与塑造了后来的政治制度。第三篇将展示人类寻找避税方法的杰出创造力，从法老时代的埃及到今天的跨国企业，还将分析各国政府必须或应该如何应对此类恶行。第四篇将转而讨论令人痛苦（有时甚至致命）的税收征管方式，会涉及人性中善和恶的方面，以及各国政府借助何种方法来威胁、哄骗、劝说我们按照它们的法规去缴纳应付的税款，从中国古代的精美青铜器，到当代布宜诺斯艾利斯上空的无人机，等等。最后的第五篇将讨论制定税收政策的复杂实践活动，描述其中的伟大成功和惨痛失败，给未来提供若干经验教训。我们有充分把握认为，税收不会消失，但会开始表现出与过去截然不同的形式。本书结尾部分将提出一些预测：对我们今天的税收实践，未来的人们会认为哪些是可笑而愚蠢的做法。

本书的两位作者都是经济学家，而非历史学家。因此，我们希望专业历史学家能谅解我们在他们的领域内笨拙地闯荡。如果有经济学家希望将本书作为传统、正式甚至较为枯燥的税收原理课程的鲜活补充，那么除了概述，本书的五篇还可以密切对应公共财政课程的几个典型话题：公平问题（包括纵向公平与横向公平）、税收归宿分析、效率与最优税收问题、税收征管问题、现实政策制定问题、未来要面临的核心税收挑战和可能性等。

本书在逻辑上是层层递进的。当然对于喜欢跳跃式阅览的读者，各个章节亦可以自由挑选涉猎。我们的目标是让所有读者感受到乐趣，让怀疑者相信税收问题不仅重要，也饶有趣味。税收总是激起无赖的恶行，起义反抗从来不曾间断，愚蠢荒唐同样司空见惯。因此，我们希望本书能给未来的税收制度增加一点点智慧。

第一篇

掠夺与权力

过去的掠夺有了一个更好听的名字——税收。

——托马斯·潘恩（Thomas Paine）[1]

一个民族的精神风貌、文明程度、社会结构以及政策可能酿成的行为方式，所有这些甚至更多，都记录在它的财政史中。

——约瑟夫·熊彼特（Joseph Schumpeter）[2]

第1章
所有的公共事务

税收就是政府本身。

——埃德蒙·伯克（Edmund Burke）[1]

众所周知，拿破仑手下的士兵在1799年发现的罗塞塔石碑成了破解古埃及象形文字的密钥。当然，诀窍在于石碑上包含了用三种符号书写的相同内容，这让通晓其他文字的学者可以理解象形文字。是什么内容如此重要，竟需要用三种文字将之镌刻在石头上？答案不出所料，正是税收。罗塞塔石碑描述了古埃及给予寺庙祭司的免税优惠，重申这是他们自古以来享有的特权。由此给我们上了一堂早课：税收优惠与税收本身同样古老。然而税收比罗塞塔石碑还要早得多，事实上早期有文字记录的人类历史主要是税收史。来自公元前2500年的苏美尔泥板文书就包含纳税的收据。[2]

此类古代文物是看得见的明证，提醒我们强大的统治者总是利用其强制力把资源转移到自己选择的用途。根据定义，“税收”乃是“交给广义政府的强迫性、无偿性的付款”。[3] 的确如埃德蒙·伯克所述，这种做法在很大程度上把他们定义为统治者。围绕这种强制力的冲突，有时成为重大历史事件，对塑造我们今天依赖的制度环境发挥了关键作用。税收权的具体执行则平平无奇，却同样具有人们难以想象的深刻而直接的影响，与数千年来普通人的日常生活和斗争关系极大，无论是德川幕府时代的日本农民把部分稻米产出交给本地领主的

苏美尔文明留下的纳税记录

资料来源：Courtesy of the Penn Museum，object no. 33-59-19。

埃及托勒密王朝记录的税收优惠

资料来源：© The Trustees of the British Museum。All rights reserved。

家臣，还是如今尼日利亚拉各斯市的小店主们想方设法去完成增值税申报。对普通民众而言，税收从来就是政府冲击自己生活最直接的方式。不同的统治者和政府体系之间的差异，在相当程度上源于他们选择如何行使征税权，他们的生死存亡与演化前景同样取决于此。正如托克维尔所言："很少有哪种公共事务不是源自税收或归于税收。"[4]

数千年来，统治者们试图为政府行动或自身爱好而抽取社会资源，他们面临的基本挑战始终没有改变。已经改变或者正在改变的是他们如何应对挑战。本书要探讨的就是这些关于税收的问题，以及历史上的税收故事——无论精彩或平凡、愚蠢或睿智、骇人听闻或引人发笑——告诉我们该如何最好地设计税收制度，以避免灾祸，甚至做些好事。

我们首先介绍四个小故事，以鲜活地展示本书的部分核心主题。在这些主题中，最重要的一点是税收故事的讲述实际上可以很有趣，当然我们怀疑政策制定者们会将其作为目标来考虑。

从孟加拉到波士顿

税收史上能被称作“众所周知”的事件并不多，少数例外是因为税收议题的冲突变成了更广泛的主权争斗的核心。可是，这些事件往往因为过于知名而几乎变成“原创神话”，例如贵族们逼迫英格兰的约翰王（1199—1216 年在位）[5] 签署《大宪章》的故事[6]，还有约翰·汉普顿拒绝向查理一世支付船税等。只是各国的神话很少像人们传说的那样真实，有时甚至会导致错误的记忆。好比英国喜剧演员托尼·汉考克表演的那样：“《大宪章》在你看来有什么意思吗？——是不是说她白白牺牲了？”* 还有些时候，神话忽略了事实的某些关键部分。

我们要讲的第一则故事正是如此，在美国独立战争之初，发起斗争的“自由之子”把茶叶倾倒入波士顿港口的海水中，而我们被告知，他们的行动受迫于英国的压迫性税收。这或许是历史上最著名的抗税起义，但实情并不完全是传说的那样。本书要强调的一个普遍教训是：当涉及税收议题时，神话往往比真相更为流行。波士顿茶党的兴起实际上并非因为增税，而是源于减税！背景故事是日益绝望的政策制定者与有权势的利益集团之间相互争斗，双方都擅长给自身利益编织出某种样式的高尚外衣。在这则故事中，最让人惊恐的英国税收压迫并没有发生在美洲殖民地，而是在印度。

故事始于 1763 年，英国当时刚刚走出七年战争，帝国疆域与债务规模都大为膨胀。在美洲，各殖民地摆脱了法国人在边界上施加的压力。在印度，政府扶持的私人企业东印度公司确立了冉冉上升的主导性殖民强权的地位。只是所有这些成果，加上在加拿大和加勒比地

---

* 笑话的意思是把大宪章的拉丁文名（Magna Carta）误解成了人名。——译者注

区的收获，都付出了不菲的代价。英国人主要依靠大规模借款来支持战争：国债规模几乎翻番，与 GDP（国内生产总值）之比攀升到令人咋舌的 120%，大约三分之二的政府支出须用于偿付利息。[7] 英国是时候整顿财政了，各殖民地也需要采取相应的动作。

到 1765 年，英国人看到事情还没有变得太糟。的确，美洲殖民者并不喜欢 1764 年开征的糖税，但对法律文件和其他印刷品征收印花税或许能行得通，毕竟在宗主国已经实施了许多年，且没有遇到太大的困难。乔治·格伦维尔（George Grenville）首相预计：印花税会展示出“公平、广泛、不繁重的特点，产生相当数额的收入，而且不需要太多数量的官员去负责征收”。[8] 此外，这些收入将作为专项资金用于殖民地的防卫。非常公正地说，普通英国人每年的平均纳税额达到 25 先令，人均纳税额只有 6 便士（或者说半个先令）的美洲殖民者确实应该多缴一些税。[9] 来自印度的消息则更令人瞩目，莫卧儿王朝的皇帝于当年授予东印度公司在孟加拉、比哈尔和奥里萨等地区的征税权，这确实是辉煌灿烂的“成就”。《绅士杂志》（*Gentleman's Magazine*）评论说：“这些新收获的庞大价值……可能给国家开辟一块财富宝矿……使我们能够在短短几年之内还清国债，取消土地税，并减轻穷人的沉重税负。”[10]1767 年，看起来这些预言将会成真，因为东印度公司同意每年向英国政府支付 40 万英镑，以受命继续掌管印度。

但很快，事情变得大错特错。在美洲，民众对印花税的激烈反对导致该税种推出不久即被取消。由（毫无疑问已因为精神疾病而严重失能的）老皮特领导的英国政府在 1767 年决定，对茶叶及其他产品开征“汤森税”（Townshend Duties）。[11] 该税种能产生的收入预计只有东印度公司征税收入的十分之一，但关键在于，税收法案的前言宣称，这是“在国王陛下的美洲领地行使征税权的一项权宜之计”。[12] 更多的反抗和抵制随之而来，到 1770 年，除了对每磅茶叶征税 3 便士，其他税种都被废除了。而茶叶税的延续是因为国王坚持认为：

“总得有一种税收，以使征税权能够保留下去。”[13] 抗议和抵制也依然延续，到1770年3月，惊慌失措的英国军队在波士顿街头杀死了7名当地居民。

1767年，英国人在孟加拉地区获得了征税权和统治权

资料来源：Illustration：Benjamin West（1738-1820）/British Library。

不过，印度的情况甚至更为糟糕。地方征税权的成果远不如预期，因为孟加拉地区在1769年爆发了饥荒。东印度公司的收入从1766—1767年的180万英镑锐减至1770—1771年的130万英镑。[14] 这一削减幅度比原本预期的要小，因为饥荒的实际程度极为严重：孟加拉地区可能有20%的人口死亡。阻止税收更大幅度下降的因素是东印度公司的横征暴敛。旧政权的一位官员报告说：“印度人受到严刑拷打，被逼交出他们的财富；城市、集镇和村庄遭到洗劫；各个封地和邦被偷窃。”[15] 但这些极端做法仍未能避免税收收入的显著减少，这使该公司面临的其他问题雪上加霜：它在印度的负责人过度扩张，致使借款规模失控，军事开支大幅增加，而部分因为美洲的抵制行动，大量茶叶积压在库房。在1768—1770年，东印度公司对美洲殖民地的销售额暴跌了近90%。[16] 到1772年初，该公司陷入了真正的麻烦。[17] 它在伦敦仓库里有大约1 800万磅茶叶亟待出售[18]；由此拖欠了从英国进口茶叶需缴纳的关税；它非但没有给英国政府缴纳巨额资金，反而需要向后者大量借款。[19] 不过作为英国财政的核心（以及许多精英人士的财富来源）[20]，东印度公司已变得大而不能倒。埃德蒙·伯克后来告诉英国议会："对最赚钱的贸易的垄断，对帝国财政收入的把持，把你们带到了乞讨和毁灭的边缘。"[21]

于是，诺斯勋爵在1768年宣称："英国面临两大问题，东印度公司的问题与美洲的问题。"[22] 这两大问题日益交织在一起，一个问题的方案可能是解决另一个问题的基础。为确保东印度公司的财务稳定，关键在于增加茶叶销售，主要希望则在美洲市场。市场扩张的潜力显而易见，但实现的障碍同样突出：美洲殖民地消费的茶叶中约四分之三是走私进来的。[23] 在某些人看来，这些商业上的问题可以给取消汤森税在政治上提供很好的借口。但是已当上英国首相的诺斯勋爵坚持认为原则必须得到维护：按照埃德蒙·伯克所做的圆滑表述，这并非真正的税收，而只是一种预先尝试。[24]

此时，在伦敦面临巨大压力的官员和政客制订出了一份巧妙的计划。简单来说，他们通过取消英国的茶叶税来降低殖民地茶叶的价格，以此来维护之前的原则：在美洲殖民地继续对茶叶征税。具体来说，他们之前要求东印度公司把运往美洲殖民地的茶叶先送到英国，在那里缴纳约24%的进口关税，然后拍卖茶叶。可是从1773年7月起，出口到美洲的茶叶将完全免除这笔税收。对于最便宜的茶叶而言，这会使殖民地的每磅茶叶售价被削减约6便士。[25] 走私商贩依然拥有不支付汤森税的优势，但东印度公司此时将能够直接向美洲殖民地出口，给走私者带来真正的竞争压力。显然，美洲民众将不再抗拒大量购买纳税茶叶，而他们一旦这样做，就会把东印度公司及其身后的庞大利益集团送上复苏轨道，并且默许接受英国政府的征税权。这真是个聪明的主意！

但结果表明，这一“锦囊妙计”有些聪明过头了。东印度公司挑选的在殖民地贩卖廉价茶叶的代理人肯定属于保皇派。这样一来，已经因为 1765 年《印花税法案》而触怒了当地律师、酒馆老板[26]、报纸出版商、作家以及其他有影响力的知识阶层的英国人，又把矛头直接对准了另一个强势利益集团：从走私茶叶中赚得盆满钵满的狡猾、强大、声名狼藉的商人，这些人越来越倒向美国独立路线。

该群体中的代表包括约翰·汉考克（John Hancock），一位广受尊敬的大走私贩、波士顿最富有的商人。他与独立路线鼓动家山姆·亚当斯（Sam Adams）的联系日益密切，并在后来成为《独立宣言》尽人皆知的首位签名者，他的签名也是所有签名中最大和最浮夸的那个。[27] 这是因为，美洲商人不仅销售走私茶叶受阻，甚至也没有机会参与合法的英国进口茶叶销售。伦敦的如意算盘是，他们的措施将削弱那些强势群体的商业利益兼影响力，可惜误判了形势。在亚当斯的支持下，汉考克于 1773 年 12 月 16 日在老南会议厅主持会议，鼓动“自由之子”把 3.5 万磅降价茶叶倾倒入波士顿港口的海水中。费城和查尔斯顿拒绝英国茶叶货船入港，茶党势力在波士顿和纽约再度兴起，由此在“无代表不纳税”的旗帜下，骚乱演化成了美国独立革命。

这则故事隐藏着反讽意味：近代的美国茶党激烈反对超出最小幅度之外的一切超额税收，但他们的政党名称来自对一次减税的激烈反抗。该故事还包含其他教训。因此我们并不能想当然地从中得出如下结论：“结果表明，‘自由之子’反对的不只是无代表权的纳税，他们还反对税收本身。”[28] 当然，波士顿茶党的反抗行动很明显不只是针对税率。

波士顿茶党与美国独立革命的最终目标是争取国家主权。英国借助茶叶税的形式公开行使统治权，直接激起了明确的反抗。然而此类事件也反映了利益集团之间的权力斗争，美洲殖民地的走私商贩非常

1773 年，英国人在波士顿失去了征税权和统治权

资料来源：Photo by Time Life Pictures/Mansell/The LIFE Picture Collection via Getty Images。

巧妙地争取到了其他团体的广泛支持，包括波士顿的普通茶叶消费者，其实后者的利益在当时是与走私团伙背道而驰的。另外，与其他灾难性税收故事类似，税收的具体实施方式影响很大，或者说在此案例中，与税收实施本身关系巨大。走私对美洲殖民者（及其许多英国同党）而言是正常生活的组成部分，英国方面对走私的持续打压不得人心。当负责打击走私的皇家海军“加斯比号”军舰在 1772 年执行巡逻任务时，就被当地人纵火。[29] 税收收入的使用方式如果缺乏民众支持，社会就更容易滋生不满。例如，汤森税的收入就被专项用于负担英国给殖民地任命的官员，并设立没有陪审团监督的海关税务局，这类支出极其不受欢迎。

摆脱英国人统治后，新成立的美国政府也很快遭遇本国的抗税行动。[30] 财政部长亚历山大·汉密尔顿发现关税难以满足新生的联邦政府的需求，于是在 1791 年引入威士忌酒税（针对带有罪恶感的奢侈品）。[31] 并非巧合的是，该税种对一个重要的游说团体——规模较大的酿酒商——较为有利。[32] 可它激怒了另一个利益团体：在西阿巴拉契亚山区酿造威士忌的农场主。这些农村地区的小酿酒商拒绝缴纳酒税，并羞辱税收官员，最终激起武装暴动和流血事件。新生的美国政府采取了与英国人基本相同的做法：武力镇压。但结果大为不同，1794 年，乔治·华盛顿总统率领的军队轻松平息了农民的武装暴动。[33]

英国人确实从美国独立中吸取了某些教训。1931 年，圣雄甘地对英国在印度的统治合法性提出了挑战：用一小茶勺的盐水泥浆在海水里煮沸，生产出微量未纳税的非法食盐。他的行动分明让人们想起波士顿茶党的“自由之子”行动。但这次英国人没有采取与 1774 年针对波士顿人的《不可容忍法令》类似的惩罚措施。甘地本人也注意到，英国方面表现出了极大的容忍。[34] 不过在下一则故事里，他们完全没有克制。

前所未有的耻辱

这是关于税收最可怕的暴政故事之一，针对脆弱的受压迫群体，在征收数额与征收手段上都极具掠夺性，并且把税收用作社会改造工程的工具。

1896 年，英国在塞拉利昂建立了一个保护国，任命地方专员来监视当地酋长们的统治。为筹措相应经费以及兴建一条计划中的铁路，弗雷德里克·卡迪尤（Frederick Cardew）总督宣布在 1898 年 1 月 1 日对所有住宅征收棚屋税（hut tax）。这种税收在非洲殖民地广为采用，部分动机是诱使当地人为筹备税款而更多参与现金交易。这是我们要介绍的许多案例之一：某种税收的引入不仅是为了增加财政收入，还明确着眼于改变人们的行为。当地酋长们则在宣誓效忠维多利亚女王的同时，礼貌地表达了对该税种的不满。卡迪尤因此下调了税率，并加上了某些免税政策，包括对基督教传教士免税，但依然推进了整个税收工作。

征税过程很快遭遇麻烦。酋长们因为拒绝提供相关协助被关押起来并送去做苦工，这是极大的羞辱。有位酋长说："自古以来，还从未有一位酋长受到过像我身穿囚服这样的侮辱。"[35] 北方地区首先爆发了争斗，英国人前去抓捕当地的酋长领袖白·布雷（Bai Bureh），他被视为反抗运动的鼓动者（但或许是被冤枉的）。[36] 不过，布雷终归是一位享有盛誉的坚强斗士，曾经与英国人交战并深知对方的底细。卡迪尤给布雷标出了 100 英镑的悬赏金，布雷反过来给卡迪尤标价 500 英镑。[37] 那里很快陷入了游击战，英国军队在丛林道路中遭到伏击，每天有多次交火。[38] 英国人的回应是系统性地烧毁乡镇和村庄，也由此摧毁了自己的税基。[39] 南方地区同样爆发了起义，冲突甚至更加残酷，数百名欧洲人与身着欧洲服装的当地人在大屠杀中遇难。[40]

然而到当年 11 月，起义势头被压制。布雷被人出卖，被抓捕和引渡到黄金海岸（如今的加纳）。他的 96 名同党被处以绞刑。[41] 至此，英国殖民大臣约瑟夫·张伯伦（他还将在本书中多次现身）所说的"反抗白人统治的普遍对抗"以失败告终。[42] 代价极其惨痛。连卡迪尤本人在念及"阵亡的英勇将士、献出生命的传教士、遭到大屠杀的塞拉利昂人以及许多遇害的本地居民"时也深感不安——类似的事后追悔毕竟聊胜于无吧。[43]

这一事件后来被称为"棚屋税战争"，但它涉及的不只是棚屋税的问题。起义者其实并不打算驱逐英国人，争斗在很大程度上是源于对地方习俗和名誉的侵犯。对棚屋征税在当地人看来是直接侵犯财产权利。有位酋长这样解释："在我们国家，为某个东西付款意味着你对它没有初始权利。"[44] 拥有司法权和其他权力的地方专员的到来篡夺了本地酋长们原有的权力，也并不意外地侵占了他们从罚款中获取的收入。[45] "不管是哪个国家的国王，如果他连小小的争端都无法平息，那就不再是国王。"[46] 同样关键的是，让边防警察采用激烈手段征税引发了敌对情绪，有时候，过去的奴隶借此机会对以前的主人实施报复。[47] 因此，这场直接由税收挑起的争端在很多时候反映了其他更深层的矛盾，粗暴的征税方式与税收本身一样容易激起反抗。

有位受命查清问题的皇家专员认识到战争背后的各种混杂因素，报告说反抗是源于“强制征税过程中采用的非法和侮辱行为给人们带来了冤屈感与不公正感，这种征税方式不为当地习俗所容，并激起了民众的厌恶情绪”。[48] 这位专员建议取消棚屋税，管控警察力量，并提升酋长们的权威。不过，棚屋税并没有被废除，只是降到了每年 3 先令。布雷则变成了塞拉利昂不朽的民族英雄，如今有一家医院和一家足球俱乐部以他的名字冠名，他的画像还在 2013 年被印在 1 000 利昂的钞票上。

这场起义远非唯一由殖民地棚屋税引发的抗争。在德属东非，据称有 2 000 人因为不纳税而遭到处决。不过，最奇特的殖民地税收冲突或许是围绕养犬而爆发的，这种动物将在我们的税收故事中以惊人的频率出现。那是新西兰赫基昂加地区毛利人的武装抗争，以反对该地区对所有犬类开征的税收（以及根据车辆的轮胎宽度开征的轮胎税）。养犬税被人们视为对原住民自治权的侵犯，政府则将军队召集过来，所幸没有人员伤亡。抵抗运动领袖霍恩·托亚（Hone Toia）还在此过程中发表了税收史上最值得纪念的言论之一，他预言，“如果狗被征税，下一个就会轮到人”。[49]

然而，另一则养犬税的故事结局远没有那么平静。1922 年，德属南部非洲（今天的纳米比亚）的一支游牧民族邦德施瓦茨人（Bondelswarts）奋起反抗于 1917 年开征的养犬税的税负提升。[50] 这种税并非无足轻重，因为对当地人的放牧生活来说，犬类扮演着辅助狩猎与保护牲畜的重要角色。南非政府在一战后获得了该地区的管辖授权，派出飞机轰炸反抗部落，以逼迫其屈服，这是历史上首次对平民的蓄意轰炸，最终造成 100 多名邦德施瓦茨人死亡。该事件引起了国际联盟的关注，但并未引发任何实际行动。[51]

塞拉利昂的棚屋税与新西兰的养犬税表明，抗税行动及其持续后果有时候既源于试图征敛的税收数额，也与政府对待纳税人的具体方

抗税斗士：塞拉利昂的白·布雷与新西兰的霍恩·托亚

资料来源：左图：CC BY-SA 3.0。右图：Photo by Herman John Schmidt，Auckland Libraries Heritage Collections 31-70772。

式有关，并涉及强制力背后的国家主权。在不那么血腥的时期，人们的关注点往往只是税收的侵扰性。这是税收史上一个不变的主题。例如在本章稍后部分，我们将体会到斯图亚特王朝后期人们对税收官员的愤懑之情，因为后者有权登堂入室，记录人们家中的炉灶数量。今天的数字时代也有类似的对应现象，人们担忧政府出于税收或其他目的会试图掌握超出我们意愿的大量私人信息。

玻利维亚缘何变成内陆国家

2019 年 12 月，美国特朗普政府威胁对法国的部分特色进口产品（香槟酒、奶酪和手提包等）征收高额关税，以报复对方计划引入的“数据服务税”。从美方的角度看，法国试图抢夺谷歌和脸书（现更名为 Meta）等美国互联网企业的收入。而法方认为，那只是为确保在当地赚到大钱的企业承担合理的税负。谁有权对跨国企业征税以及如何征税，在过去几年一直是新闻媒体和街头抗议的核心议题。但这个议题并非新近才有，即便在美国和法国之间，远在数字时代很早之前的 1934 年就爆发过类似的争吵。[52] 美法两国（很快再加上其他计划开征类似税收的国家）之间的分歧带来了贸易战的危险，而拉丁美洲在 19 世纪关于征税权的争夺却引发了一场真正的战争，不仅象征性地而且实质性地改变了世界的面貌。

这就是 1879—1884 年的“十分钱战争”（Ten Cents War），智利对阵玻利维亚与秘鲁联军。[53] 它源于玻利维亚与智利之间由来已久的边界纠纷，前者的领土在当时通过阿塔卡玛省延伸至太平洋海岸。19 世纪 40 年代之前，没有人在乎主要是沙漠地区的阿塔卡玛省的归属，但在 19 世纪 40 年代人们发现那里富含鸟粪石和硝酸盐矿。于是智利人大量迁居到争议地区，最远的甚至向北进入秘鲁的塔拉帕卡省，那里有世界上大部分未开发的硝酸盐矿。1874 年的边界条约达成了部分解决方案，智利放弃领土要求，以换取玻利维亚做出如下让步：

> 对在智利放弃地区开采的矿物征收的出口关税……不应超过目前的水平；智利的公民、企业和资本除了目前已有的赋税，不应再增加任何税收负担。本条款的有效期为 25 年。[54]

如今这些内容会被称作“财政稳定性条款”，以保证玻利维亚不会对自己境内的智利企业增税。企业自然非常重视对未来税收待遇的保证，尤其是在矿业，如果情况恶化，它们的大量预付成本将难以得到回报。但是，政府可能后悔放弃日后非常需要的财政资源。至少在这个案例中正是如此。

1878 年 2 月，玻利维亚决定对出口矿物征收每公担（约 45.36 千克）十分钱的关税。[55] 智利方面立刻指出这一增税违反了 1874 年的条约。但玻利维亚态度强硬，并在 1879 年 2 月 14 日宣布将对相关的智利主要企业“盐铁公司”的资产实施清算，以确保其履行纳税义务。同日，两艘智利装甲舰运载的部队占领了玻利维亚阿塔卡玛省的安托法加斯塔港口，战争随即爆发。次月，与玻利维亚方面签署了共同防范智利秘密互助条约的秘鲁也加入战局。

这场战争的结果对玻利维亚和秘鲁来说很不妙。[56] 最终，阿塔卡玛省被割让给智利，玻利维亚变成了内陆国家。秘鲁也失去了塔拉帕卡省。智利的土地得以显著扩张，并控制了全球大部分硝酸盐矿和部分最富饶的铜矿。虽然智利向玻利维亚保证可以在商业上自由使用太平洋沿岸的港口，但后者仍要求获得一条出海走廊，由此遗留的外交纠纷至今尚未平息。目前的情况是，国际法庭在 2018 年的判决中做出了不利于玻利维亚的判决。[57] 而玻方的总统则发誓说，“玻利维亚永远不会放弃”。早已割让出去的阿塔卡玛省在今天的玻利维亚议会中依然有代表席位，也参与竞选玻利维亚小姐。[58]

为财政稳定而战

资料来源：Juan Lepiani-Museo de los Combatientes de Arica。

对天堂之光征税

本章的最后一则故事没有流血事件，却能让我们了解税收设计的核心内容。这就是英国于 1697—1851 年征收窗户税的故事。[59] 乍一看，对窗户征税似乎不同寻常甚至荒诞愚蠢，但实际上是相当聪明的做法。

当时英国政府面临的问题是，找到一个有如下属性的课税对象：随着人们的财富规模扩大而增加（公平性）；容易核实（避免纠纷）；能取代炉灶税（已经被推翻的斯图亚特王朝在过去征收该税种，因为需要到居民住房内部去检查，所以备受人们憎恨），可以从远处观察。答案很明确：窗户。

一栋房子的窗户数量是主人地位与财富的良好代理指标，平均来说，更富裕者的住房窗户也更多，而窗户数量可以由“窥探员”从户外观察到。[60] 在缺乏专业住房交易网站或大规模准确测算住房价值的其他办法的时代，这种税收并不是一个愚蠢的想法。事实上，窗户税可以理解为极简化版本的计算机辅助大规模评估系统（如今的部分发展中国家将这种系统用于评估房产税），它利用若干相对容易观测的特征（位置、面积等），再套用特定计算公式，来测算每套住房的价值。[61]

窗户税的想法固然巧妙，但也有其他税种常见的局限性。例如，它不是非常精确的代理指标，也会导致不公平。亚当·斯密就为此感到苦恼：

> 有时候，在乡下小镇只需要 10 英镑租金的房子，窗户数量比伦敦需要 500 英镑才能租到的房子还要多。尽管前一所房子的居住者可能比后一所要穷得多，但由于纳税额是按照窗户税的规定来计算，他只能承担更重的赋税。[62]

英国的窗户税只适用于窗户数量多于某个门槛值的住房，这有助于减轻最贫困家庭的负担。然而，城市贫民集中居住的出租公寓被视为单一建筑来征税，很多时候并不能享受免税待遇。

窗户税的弊端还在于，它导致了纳税人的行为变化，人们希望减轻税负，但为此需要承受其他伤害。该税种带来的最显著激励是减少窗户数量，必要时会把原有的窗户用砖头堵起来。这种做法的遗迹在今天某些知名建筑（以及其他许多不知名建筑）上清晰可见。光照和空气流通因此受到影响。法国经济学家和商人让-巴蒂斯特·萨伊（1767—1832 年）亲身经历了此类行动，有位泥瓦匠来到他家，把一扇窗户封起来，以减轻税负。萨伊评论说，这导致了舒适享受的减少，同时财政部并无收获，完全符合“额外负担”（excess burden）的定义[63]，这是指纳税人因税收而遭受税款之外的损失，它是税收思考中最核心也最难以把握的概念之一。额外负担是税收造成的附带损害，我们将在本书第 9 章再细致考察。

窗户减少带来的伤害并非微不足道。空气流通不畅会导致疾病传播，缺少光照使维生素 B 不足，影响人体发育，法国人称之为“英国病”。反对者由此斥责窗户税是对“天堂之光”征税；医学类出版物抗议说，这是损害人类健康的税收。[64] 慈善机构雇用建筑师为穷人设计住房，以减轻窗户税。[65] 当时的许多思想家也纷纷表达了抱怨。曾任美国驻法国大使的本杰明·富兰克林或许就有这种想法，他于 1784 年给《巴黎杂志》的编辑写信，谈到自然光线的有益影响，给出的建议之一是在日出时分鸣炮或者敲响教堂的大钟，把所有人都叫醒，我们推测是出于讽刺。不过对我们讲述的故事而言，更有价值的内容是富兰克林提出了与窗户税截然相反的建议：对所有安装了遮阳百叶窗的窗户征税。[66] 查尔斯·狄更斯则直接表达了愤怒的情绪：

> 由于议会的法案，“像空气一样自由”的格言变得过时了。自从引入窗户税后，空气或光线都不再有自由……无力支付费用的穷人不得不在这两种最关键的生活必需品上苛待自己。[67]

法国效仿英国也于1798年开始征收窗户税（还加入了同样令人憎恨的门户税），导致《悲惨世界》中高尚的迪涅主教哀叹：贫穷的家庭、年迈的妇女和幼小的孩童住在发烧和其他疾病蔓延的棚屋里！上帝赐予人类空气，法律却将其拿来售卖。[68]

要有（少一点）光

资料来源：Gary Burt（myspace/slowsmile），CC BY-SA 3.0。

在天平的另一端，超级富豪或许正在其配有浮华窗户的房间里狂欢。在简·奥斯汀的《傲慢与偏见》中，油腻的柯林斯先生骄傲地向伊丽莎白·贝内特展示自己的资助人的奢华房产，可惜伊丽莎白没能如柯林斯期待的那样当场表现出兴奋之情，对于柯林斯提到的房子正面的窗户数量以及这些物件起初花费了刘易斯·德·鲍尔爵士多少钱，也没有太大兴趣。[69] 由于人们既希望多保留些窗户，又企图少缴税，与大多数税种的情形类似，窗户税带来的反应也充斥着逃税、避税、纠纷以及法案修订，包括税务法规中澄清哪些应该或不应该缴税。如今的游客在剑桥的康河上泛舟游玩时，导游可能会讲解说：岸边某座房子在拐角处开了扇窗户，设计在那里的目的是让两个相邻的房间都能有光线进入，而在缴税时只算作一扇窗户。但政府很快识破了这种伎俩，于是在 1747 年通过法律规定，跨越多个房间的窗户应该按照每个房间一扇窗户的标准来计税。[70] 更隐蔽的一种办法是试图蒙蔽窗户窥探员，把窗户临时遮掩起来。包括利用可以随时被移走的松散砖块或挡板，或者在外面利用容易被雨水冲走的泥土、牛粪、灰浆或芦苇，在里面利用纸张或纸板将其糊上。[71] 作为回应，1747 年通过的那部法律要求，之前被封住的窗户在没有通知税务稽查员之前不能解封，违者将被处以高额罚金。

由此带来的纠纷、偏袒和烦恼无所不在。例如，到底什么算窗户？在涉及大量金钱（税款）的时候，许多看似有明显答案的问题会变得模糊不清。法律条文似乎意味着，外墙上的任何洞口（包括缺失的砖块）都是应纳税的窗户。[72] 这些规则随着时间推移的确变得更加清晰，或者说至少更加复杂。例如，1747 年的该法修订版本就明确规定，如果一个框架内包含两个或更多窗格且窗格之间的间隙超过 12 英寸*，则应计算为不同的窗户。无论如何，由地方绅士组成的税务委员会通常都尽量按照自己的意愿来适用税法。这类操作带来了许多偏袒机会。例如基督教卫理公会的创始人约翰·卫斯理就曾抱怨说，他的一个熟人的房子有 100 扇窗户，却只按照 20 扇来缴税。[73]

窗户税确实有很大的瑕疵，但绝非愚蠢之举。它还揭示了税收设计面临的多项关键挑战：追求可接受的公平，税收可能引起浪费式的行为反应，以及希望有效和非侵扰式地控制税收成本。我们将在本书的后续章节中依次讨论这些挑战。读者将看到，许多国家政府的表现比窗户税的情形要糟糕得多。

---

* 英制单位，1 英寸为 2.54 厘米。12 英寸约为 30.5 厘米。——编者注

并非一切都关乎税收，然而……

托克维尔的观点可能被夸大了，并非所有的起义、战争或政治纠纷都是或主要是与税收有关，即使那些被贴上税收标签的事件也几乎总是涉及内容广泛得多的其他事务。有时候，给更深层动机披上高税收原则这件冠冕堂皇的外衣可能只是一种手段。这类借口不仅出现在波士顿爱国者的行动中，也常见于如下说法：美国南北战争的起源不是关于奴隶制，而是南北双方在关税政策上的分歧。[74]

但在另一些时候，税收问题可能比通常揭示的内容更具决定意义。例如，认为亨利八世同罗马教廷决裂，不是源于他对安妮·博林女士的爱慕，以及教皇拒绝他因此同阿拉贡的凯瑟琳王后离婚这种放纵激情的行为，而是出自他贪图教皇从英格兰教会征敛的资金，虽然这种说法有妄加推测的成分。[75] 然而对于其最新增税措施导致了反抗行动的国王而言，夺取这些资金带来的巨大财政收益终归无法忽略。不管怎样，亨利八世在与教皇的角力之中曾威胁剥夺这些税收，并且在决裂来临时很快采取了行动[76]，及时使自己的财政收入翻了一番[77]，但随即又将这些收入浪费在英格兰有史以来最花钱的几场战争之中。[78] 起义、骚乱乃至宗教改革本质上都围绕着政府强制力的行使，很少不会涉及税收议题。

税收不能解释一切。与其他某些观察家不同，我们并不认为肯尼迪总统是因为打算取消油气产业的税收减免优惠而被刺杀。[79] 但正如税收政策失误可能导致可怕的后果，我们也相信出色的税收设计与征管能带来巨大的好处，细致分析前人在税收议题上的愚昧和明智之举或许能给我们指出正确的行动方向。

为此，我们将揭开跨越数千年的宏大画卷：各国政府行使强制力的方式已经改变，而他们面临的许多根本问题却没有改变。

第 2 章
往日时光

一个民族的财政史是其通史的核心组成部分。

——约瑟夫·熊彼特[1]

英国作家伊夫林·沃（Evelyn Waugh）在《独家新闻》一书中借用自己于 20 世纪 30 年代在阿比西尼亚的经历描绘了虚构的以实玛利亚（Ishmaelia）地区的征税情景：

> 人们已经发现，把国防与国内税务两项功能归并到戈兰茨·杰克逊将军有效掌管的一个办公室是权宜之计。他的队伍分属两个团队：以实玛利亚骡子征税团与步枪征税团，外加专门针对权势贵族继承人的小型炮兵遗产税兵团……一到每个财政年度末，将军的队伍就会追随逃亡的人群前往周围地区，并在预算日之前及时赶回，满载各种战利品：咖啡、兽皮、银币、奴隶、牲畜和火器等。[2]

如今令人头皮发麻的复杂税收体系正是从上述这种粗陋掠夺中演变而来。它们有共同的目标，即为掌握强权的统治者抽取资源，这意味着税收或许是我们与遥远先祖在生活中有共同认识的少数事物之一。过去并非如今的简单重现[3]，但是当代统治者面临的基本税收问题与历史上大同小异。本章将浏览数千年来的记录，从中找出那些反复出现的挑战，并分析统治者的应对方式有何变化。随后，本章将首先探讨不同时代的政府实际上获取了多少税收资源，事实表明过去并不是非侵扰式低税收的黄金时代，其次说明税收制度如何被两大关键因素塑造：自古以来的战争，以及更晚近的公民选举权扩大。这些探讨将给本书后续内容提供更丰富的背景材料。本章的最后部分将指出：政府给自身筹款的另外两种主要办法，即借款和创造货币，实际上是另一种形式的税收。

对漫长税收史的简要回顾

远在古埃及托勒密王朝甚至苏美尔文明出现之前，与税收类似的某些做法毫无疑问就已经问世，一如杰克逊将军式的粗暴掠夺。[4] 掠夺的习俗在千百年中持续下来。例如在罗马帝国时期，有时候军事征服的胜利极其辉煌，足以免除当年的其他所有赋税。[5] 在英格兰，1087 年的《末日审判书》（*Domesday Book*）的一个主要功能是给刚刚立足的诺曼征服者提供他们获得了多少财富的详细记录。掠夺伴随着对资源丰富的南美洲的征服，伴随着掠夺者们偶尔也遭到别人的掠夺：例如弗朗西斯·德雷克（Francis Drake）对西班牙人货船的抢夺，加上 1577—1580 年对西班牙人的其他海盗式袭击，给英国女王伊丽莎白一世带来的财富相当于一整年的正常财政收入。[6] 直至现代社会，掠夺仍在继续，例如围绕非洲和中东的石油及其他矿物宝藏的控制权的各种冲突。

不过，更为老练的掠夺者学会了比杰克逊将军更圆滑的技巧。他们更像埃里·瓦拉赫（Eli Wallach）在电影《豪勇七蛟龙》中扮演的强盗[7]，认识到给被掠夺对象留下足够的资本和人力以恢复其生产能力，可以给日后更多的掠夺奠定物质基础。历史学家希罗多德讲过吕底亚的国王阿律阿铁斯的故事：他在攻击古希腊城市米利都时禁止毁坏当地人的住房，使米利都人能够继续耕作土地，也给他带来继续掠夺的物资。[8] 从这里出发，再进一小步就可以发现，掠夺这种艰巨任务本身或许并不是必需的，只需要掠夺的威胁便已足够。通过敲诈获得贡赋变成了能取得同样效果的更文雅的方式，例如古代英格兰人与法兰克人为免遭维京人袭击而缴纳的丹麦金。

长期以来，从外国人或者更普遍地说，从因为宗教等因素被视作外人的群体（后文将会讨论）身上掠夺财富和获取贡赋被当作受欢迎的税种。统治者喜欢从自己并不需要获取普遍支持的人群那里榨取资源。雅典人就对外国居民征收人头税[9]，伊丽莎白一世统治下的英格兰则对外国人征收双倍人头税。[10] 马基雅维利向自己的君主建议："就像居鲁士、恺撒和亚历山大那样，对于既非您自己或本国臣民的财物，尽可以施恩派送，因为挥霍外人的东西无损您的声誉，反而会为之添彩。"[11] 如今有许多人试图对外来的跨国公司征税，正是这一思路的延续。然而正如本书第 1 章所述，玻利维亚就吃到了对外国人征税的苦头。另外这样的收入很少能满足统治者的需要。即便是每年有宝藏舰队运回大量财富的西班牙帝国，也遭遇了严重的财政危机。因此，对内部人，也就是统治者在一定程度上认可的自身所属共同体的成员，征税同样是必需的。

随着社会安定下来，税收也采取了更稳定的形式。在前工业化时代，税收主要瞄准仅有的两类供应相对充足的对象：耕地和劳动力。

例如在古代中国，西周时期（公元前 1046—前 771 年）的井田制把土地划分为 3×3 的 9 块等面积区域，把人们共同耕作的中间那个地块的收成作为税收[12]；思想家孟子（公元前 372—前 289 年）对这种制度大加赞誉，只是到他生活的时期，井田制已基本瓦解。当然，汉字中的"税"字的构成没有改变，依然是由"禾"（谷物）与"兑"（交易）组成。[13] 各国政府为征管土地相关税收投入了大量资源。[14] 在罗马皇帝戴克里先统治时期（公元 284—305 年），土地被逐块测量，葡萄藤和树木要全部计数，各种养殖动物也都要登记入册。[15] 日本在明治维新之前的主要财政收入是对实际或潜在稻米产量开征比例税，通常以实物形式缴纳。在印度莫卧儿王朝，皇帝则有大约 90%的收入来自土地税，官员需要收集每块土地的面积、产量和价格信息。在英国人的统治下，殖民政权的官员在印度各地做着大同小异的事情，“负责视察和检测……水井和灌溉系统的情况、土地登记的普查和录入、牲畜的数量和健康状态，以及边界的准确位置”。[16] 他们采用的许多方法在今天的低收入国家依然很常见，例如主要依靠实物指标来给税基评估提供合理的基础。

对于劳动力，可以直接通过人头税来征收，即要求所有人缴纳等额的税款，这在中国被称为“丁税”。[17] 也可以用间接方式来征收，如通过非常辛苦甚至有致命危险的劳役。更具诱惑力的办法则是，古代欧洲封建制度下的骑士及其家臣必须为大封建主服骑士兵役，作为分享其领有土地的回报。

前工业化社会还有其他类型的税收。在古代雅典，富人需要给祭祀仪式提供资金，此类活动起初是为节日举办，后来具有了更广泛的职能[18]，例如伯里克利曾在公元前 462 年把上演埃斯库罗斯的悲剧《波斯人》（*The Persians*）作为祭祀仪式。古罗马的重要税种包括销售税（到公元 444 年被提高至 4%）以及继承财产、买卖和解放奴隶的税收。[19] 韦帕芗皇帝（公元 69—79 年在位）对尿液征税，并以此教育他的儿子：金钱没有气味。古代雅典征收 1%的进口和出口税，但前现代时期的统治者的主要收入来源基本上还是土地和劳动力。[20]

在中世纪的西欧，明确属于现代税收制度的一些元素已开始出现，包括如下理念：统治者要满足快速增长和持久的财政需求，需在一定程度上得到被统治者的同意。传统上对统治者的设定是“量入为出”：依靠自己的收入去支出，尤其是战争的费用。[21] 这些收入来源包括土地收入、下属领主提供的劳务、其他封建义务，加上各种各样的临时增收措施，例如亨利八世解散修道院的做法等。某些不寻常的支出（如战争支出）难以依靠这些收入来满足，还需要临时征税，这些征税通常会假以某种名目，例如英国的“补贴”“津贴”“援助”，西班牙的“服务”，以传递此类款项属于自愿性质、得到共同认可的假象。然而大约从15世纪后期开始，战争的成本变得更高了（部分源于奥斯曼帝国带来的严重威胁），要求越来越强大的火炮（与防御火炮所用的愈益坚固的堡垒）以及大量训练有素的步兵。[22]例如在詹姆斯一世统治时期（1603—1625年）的英格兰，来自传统封建义务的收入显然已捉襟见肘，垄断权出售等临时收费也无法再填补缺口。于是支持战事的临时性特殊收费变得越来越频繁，哪怕在和平时期也是如此。欧洲各国急于寻求更加可靠与稳固的税基，商业和其他非农业生产活动以及城市中心区域此时日益成为让人垂涎的征税目标。[23]不过，为开辟广泛而持久的税收来源，统治者们还必须付出一笔代价：削减自己的政治权力。

政府收入最古老、最持续的来源之一是贸易税，或许它也是传统上认为统治者拥有无可争议的征税权的唯一领域。长期以来，边境一直是征收贸易税的绝好地点，如今依然如此。毋庸置疑，这部分是源于希望对外国人（而非自己人）征税，当然，背后还会触及税收归宿的问题，即税收的负担最终落到谁头上，这是本书第7章要探讨的主题。贸易税是中世纪欧洲的主要财政来源之一。英格兰的约翰王对类型广泛的进口品和出口品征收约7%的关税，中世纪英格兰王室的很大部分收入则源自羊毛出口税。[24]彼时的欧洲大陆被纷繁的通行费和过境费等弄得四分五裂，例如在1567年，沿着卢瓦尔河从罗阿讷到南特需要穿越120个收费点。[25]贸易税还支撑着拜占庭帝国的君士坦丁堡的辉煌，它位于两条重要贸易路线的交会处。在今天，发达经济体实施贸易税更多是为了保护国内产业，而不以增加政府收入为目标。可是在许多发展中国家，贸易税依然占全部税收收入的20%乃至更大份额。

统治者需要确保广泛而可靠的收入来源的后果之一，是使货物税（excise tax，意指对国内生产和进口的特定产品征税）规范化和扩大化。货物税的征收基础是经济活动的货币化，以及生产和消费日益集中到数量可控的企业与城市之中。西班牙至少从 1342 年开始就对类型广泛的产品征收商品税（alcabala）。[26] 法国从 14 世纪 40 年代起确立了令人愤恨的盐税（gabelle）。在美第奇家族把持的佛罗伦萨共和国，1427 年的销售税平均占消费者支出的 6%左右，佛罗伦萨市内的占比更高，大部分来自对葡萄酒和食盐的征税。[27] 岁月荏苒，货物税的课税范围开始变得更加广泛：西班牙在 1590 年甚至对基本食品征税，尼德兰联合省（英语货物税中的 excise 可能来自中古荷兰语的 excijs）[28] 与英国在 1649—1660 年的空位时期（interregnum）也是如此（由议会带头人约翰・皮姆推动）。[29] 这些扩大税基的尝试并不总能成功。西班牙人试图对所有产品征收的税率为 10%（所谓的十分之一钱），却激化了荷兰人在 1568—1648 年的反抗。英联邦的历史也催生了英国本土对大范围商品税（commodity taxation）的抵制，这在今天依然是个政治禁忌。不过，得益于经济货币化与工业的发展，商品税仍被稳固地确立为重要的财政收入来源。

当然，这个时期的大部分税收是有意识地根据个人情况而区别对待的。富人的口袋（以及背后的土地、厂房、矿山等）是金钱的藏身之所，或许也应该是财政的来源。但统治者不能轻易判断国民的富裕程度到底如何，尤其是因为报告的财富越多，承担的税负就越重，臣民并不愿意配合。这自然也是今天所有税收制度要解决的一个核心问题。

古希腊人在很早以前就对这个问题有简洁的处理办法：富人可以免于为祭祀仪式出钱，但前提是愿意把自己的所有财产与承担祭祀费用的人交换。[30] 这激励他们不过分低报自身财富，以免到头来得不偿失。这类办法此后偶尔会被采用，作为诱使人们诚实评估自身财产的手段。不过针对富人更普遍的做法是，以生活水准的某个代理指标作为税负的基础，例如在高度等级化的社会以地位层级为指标，或者本书第 1 章提到的住宅上的窗户数量等。类似思路迄今依然在延续。另一种办法则是把细分征税权委托给各地的精英群体，这些人对当地情况更为了解，而统治者毕竟也希望并愿意与之友好相处。有时候这种裁量权以如下方式行使：不设定个人需要上缴的数额，而是给每个地方制定配额。此时偏袒和造假会不可避免地大量出现，例如沃尔特·罗利（Walter Raleigh）爵士曾向伊丽莎白一世禀告："女王陛下账目上记录的我们价值 30 或 40 英镑的地产，其实不到我们自己真正财富的 1%。"[31] 与之相比，面向商品的货物税和关税有着非常容易观测和核实的税基，例如羊毛的捆数很容易数清楚。这使得税收的执行可以采取截然不同的方式：不那么需要关于富人群体的内部情报（及与他们的复杂关系），更容易委派给政府官员或承包税收的商业机构（它们支付一笔费用以获得征税权）去监督管理。

到 16 世纪后期，各国统治者的财政需要使税收不仅成为战争时期提供特殊资金的手段，还变成了永久性的现实行动。斗争于是愈演愈烈，被征税的对象试图对征收多少和如何征收掌握更大的控制权。从中世纪早期的地方性抗税起义，到西班牙国王费利佩二世（1556—1598 年在位）同议会的角逐、英国内战、美国独立战争乃至法国大革命。历史事件在不同地方爆发，结果各不相同，直至"漫长的 19 世纪"（1789—1914 年），西方国家最终建立起了稳定、合适和得到广泛认可的税制体系。

这种制度首先见于英国，在 1688 年光荣革命以及随后的多次英法战争之后，政治局势趋于稳定。依靠配额式土地税、海关关税、范围广泛的货物税，以及日益专业化的税收征管部门，强大的征税乃至借款能力在当时被视为英国国力蒸蒸日上的关键因素。这甚至引来了乔治·华盛顿的忧虑："在现代战争中，钱袋子必然是主要决定因素。"他因此担心："尽管英国政府深陷债务……但他们的公共信贷体系依旧能够发挥比其他任何国家更大的力量。"[32] 而且所有这些都是建立在某种共识之上的，因为正如罗伯特·沃波尔（Robert Walpole）首相在 1733 年看到的那样，他的任何关于扩大货物税的念头都将立刻被公众的怒火吞没。[33]

随着商业与其他经济活动的增长，土地税的重要性逐渐下降，但数额依然不容小觑。[34] 新的税收来源虽然颇具吸引力，却不容易观测和核实。例如，1697 年的英国土地税最初不仅针对土地租金，还包括个人财产（包括金融资产）以及非军事类官职和就业带来的收入。可是到 18 世纪 30 年代，土地租金之外的收入大部分都消失了。罗伯特·沃波尔承认：除了地产的拥有者，其他人对这个税种的贡献微不足道。[35]

财政需求则因为 18 世纪的频繁战争而剧增。认识到其中的联系之后，普鲁士的腓特烈·威廉一世（1713—1740 年在位）设立了超级机构：战争和财政部。[36] 各国政府纷纷为财政问题而挣扎，有些表现较好（如英国），有些则更加困难（如法国）。但即便是英国也需要更多公帑来支持对付法国和拿破仑的前所未有的庞大战争开支，这导致小皮特首相于 1799 年首次引入了真正的所得税，把税负同个人的经济状况精准挂钩。[37] 欧洲与北美继续向着更为现代的税收体系转型，推动因素包括市场部门的扩张、农业的重要性降低、就业向大型机构集中以及识字率提高等。各国还建立了能够较为公正和有效地征税的官僚机构。所有这些经济与社会变革都推动了税收征管的进步，而随着征收难度下降，税收收入不断增加。

到一战爆发前夕，足够稳定和优质的税收体系加上足够规范的税收征管部门已经在大多数工业化国家演化成形。尽管让人惊讶的是，它们当时还极少效仿英国开征个人所得税。各国税收体系面临的压力正在显现。例如社会矛盾已驱使德国和英国迈出了需要资金支持的福利国家制度的最初脚步，还有走向更具累进性税制的压力，这种压力已推动德国各州在 1891—1912 年采纳了所得税制度。此类紧张关系也是劳合·乔治在 1909 年的“人民预算”主张引发英国宪法危机的深刻背景（后文还有更多讨论）。[38] 在美国，民众对所得税的支持度大增，主要是希望它能部分替代被广泛认为对穷人不公平的关税，这首先推动了针对企业的小幅税收，然后是 1913 年的宪法修正案给联邦所得税的征收扫除了障碍。

然而随着一战打响，各交战国的税收负担急剧增加，上述压力相比之下又显得无足轻重。之前尚未推出所得税的国家纷纷引入所得税，法国在宣战后数天之内引入，俄国则是在 1916 年引入，而且采用了更高的税率和更低的免征门槛。英国的基准税率提升至前所未见的 30%，覆盖面翻了一番多。美国的最高所得税税率从 1913 年引入时的 7%急剧提高到 1918 年的 77%。当时作为临时措施引入的一项创新是主要国家都开征了公司层面的税种，对战争时期的超额利润征税，这在后来被长期束之高阁，但近期又被人重新提起。

二战造成的影响更具革命性。所得税首次对大多数普通人适用，例如在美国，所得税申报表的填写人数从 1939 年的 770 万人大幅增加至 1945 年的 4 990 万人，这一剧烈扩张得益于税收征管方式的关键进步：大量采用预扣方式，让雇主负责代缴税款，而不是直接到员工那里去征收。

在之后的数十年中，政府采用的主要税收工具类型没有太大变化，但有两个重要的例外。其一是单独的公司税的出现，其二是更具根本意义的增值税的兴起。

增值税最早由德国商人威廉·冯·西门子（Wilhelm von Siemens）在 20 世纪 20 年代提出[39]，当时肯定被视为异想天开。该税种的本质是每家企业都需要为全部销售额纳税，但同时应减去它们自身采购中包含的税款（这部分已经由供应商缴纳），假如后者超出前者，甚至可以得到退税。其结果是除了逃税和某些复杂情形，增值税是一种对终端消费者征缴的税收。这个设计听上去或许非常浮夸和可笑：为什么不直接对终端产品销售（零售环节）征税，以避免过程中的全部退税和返还事务（例如在英国，约有 40% 的增值税款项会退还给各家企业）?[40] 答案在于，增值税把缴纳税款的责任放到了所有企业头上，而不只是面向零售商，因为对后者征税是出了名的困难。因此从 20 世纪 60 年代中期开始，增值税风靡全球，在当今世界的税收体系中占据了核心地位。美国是明显的例外，有关原因将在本书稍后部分介绍。[41]

关于税收史的这一简要介绍侧重于欧洲与北美的经历，当然世界各国还有其他传统，例如从奥斯曼帝国脱离出来的许多国家依然非常依赖复杂的收费制度，资源极其丰富的某些国家目前对增值税和所得税仍然不够重视等。对欧美地区的关注固然暴露了本书作者自身的背景局限，但也反映了那里形成的税收模式在今天占据了主流地位，姑且不论其好坏。二战后从殖民列强统治下独立出来的许多发展中国家继承或者保留了殖民者留下的税收制度，他们寻求的咨询建议也经常受到更先进国家的实践的深刻影响。国际货币基金组织的税收项目创始人曾痛苦地反思说："专家们往往不加批判地建议照搬他们母国的体系，或许还要加上他们在母国未能成功推动的修订建议。"[42] 这可能让众多发展中国家陷入麻烦，例如在它们培养出充分的行政执行能力之前，就实施面向广大民众的复杂所得税。在世界上许多地方，甚至是大多数地方，走向足够优秀的税制体系和足够规范的征管实践的进程仍在持续。

税负几多？

每个国家，每一代人，往往都认为自己承担着前所未有的繁重税负。当然把法老时代的埃及与如今的丹麦放在一起，很难做有意义的税负对比，另外我们掌握的有关古代社会税负的证据充其量也是非常零散的。可是，我们不能假设自己的祖先总是幸运的——即使没有长寿和富足的人生，也至少处于轻徭薄赋的状态。

例如，英格兰的贵族和教士们很可能就不认同这种说法，1193年，他们被迫支付一笔数额空前庞大的赎金，以换回光荣伟大的狮心王理查一世（1189—1199 年在位）。理查一世在第三次十字军东征的归途中遭遇海难，伪装被人识破，落到敌军手中，后者很快以某个价钱将理查一世交易给势力更为强大的对手——神圣罗马帝国的亨利六世皇帝。当时对被俘贵族索要赎金是寻常之事，但这次的人质不同寻常，亨利六世宁愿冒着因为虐待一位十字军将领而被开除教籍的风险，也要给理查一世标上10万银马克的价签：相当于35吨纯银，远远超出王室当时正常年收入的10倍。[43] 编年史作者拉尔夫·德·迪赛托（Ralph de Diceto）记录说："为筹这笔款项，大主教、主教、大修道院长、小修道院长、伯爵和男爵们捐出了自己四分之一的年收入，较大的教会拿出了长久积累的财富，教徒们拿出了银制杯具……西多会修士与普雷蒙特雷修会的修士奉献了一整年的羊毛产出。"[44] 这显然是一笔令人痛苦的交易。尽管理查一世野心勃勃、关系不睦的弟弟约翰极力阻挠，并向亨利六世承诺同样金额的报酬，要其扣留理查，但理查的强势母亲阿基坦的埃莉诺筹集到了足够的份额——人质本身保证继续偿还剩余部分，理查还尴尬地先放弃王冠，再作为罗马皇帝的封臣重新获得王冠——最终确保他于1194年初平安归来。

这是一个极端例子，前现代社会的其他一些案例反映的税收额度则与如今颇为相似，甚至更高一些。伯里克利领导下的雅典城邦政府大约占有十分之一的国民产出[45]；早期阿拔斯王朝的税收占比或许有三分之一[46]；奥斯曼帝国统治下的埃及在16世纪末至少占有三分之一。[47] 日本德川幕府（1603—1867年）掌权的整个18世纪和19世纪早期，约有30%乃至更多的稻米产出以税的形式上缴[48]；印度莫卧儿王朝早期约有四分之一的国民产出归属帝国政府[49]；尼德兰联合省在1688年的税负也与之大体相当。[50] 与今天发达经济体约占GDP三分之一的平均税负相比，这些数字相差无几。当然某些时期的税负还会高得多。俄国在1710年有大约三分之二的谷物产量被用于缴税，如此高的财政盘剥程度只有到后来的斯大林时代才再度出现。[51] 有人因此把税负过重视为沙皇俄国衰落的原因之一（当然也包含其他许多因素）。无论哪个历史时代，人们始终在抱怨自己的税收负担难以承受，但通常来说还是容忍了下来。

到近代初期，英国的税收负担普遍较轻，例如在 1688 年，只有约 3%的国民产出用于缴税。[52] 但历史上并非一直如此。丹麦金的数量绝非微不足道：人们在接受贡赋的丹麦发现的盎格鲁—撒克逊铸币比在支付贡赋的英格兰发现的还多。[53] 另外在为理查一世支付赎金的 5 年前，亨利二世（1154—1189 年在位）征收了"萨拉丁什一税"（Saladin tithe），为十字军东征筹款，志在收复萨拉丁于 1187 年占领的耶路撒冷。这笔税收要求对各种收入和动产按 10%的比率征收，执行中采取了明智的大棒加胡萝卜的办法：不配合的人将被革除教籍，参加十字军的人则得到豁免。[54]

此外，与我们今天的税收较为类似的部分，远非人类祖先必须面对的唯一的强制性负担。在 17 世纪早期，除王室土地，英国君主的收入中还有超过一半来自封建义务。[55] 在世俗政府的赋税之外，往往还需要给宗教机构缴纳强制性款项，如基督教国家的什一税，伊斯兰国家的天课（zakat，通常为农业产出的 10%，实际负担还更高，因为不会扣除农民的成本）。此类税收以不同形式长期延续。若干北欧国家至今仍有政府负责收取"教会税"，尽管在官方的财政统计中通常并不列入税收。[56] 关于目前征收天课的信息则更难找到。另外还往往有各种地方税，虽然留下的记录较少，但对支持贫困救济行动非常重要。

很久以来还有给腐败的掌权者缴纳的"非正式"收入。例如在美国，政客任命的官员给政客及其所属政党捐赠款项，乃是一种被长期接受的习惯做法。好比在休伊·朗（Huey Long）时代的路易斯安那州[57]，州政府雇员通常要把 5%~10%的工资捐给朗的政治机构。[58] 此外，统治者对于如何筹集不被称作"税收"的收入有非常灵活的手腕，这些将在本书第 3 章详述。

直至进入近代之后，税收才呈现更为清晰但依旧不稳固的图景。英国的税收在 18 世纪出现了巨幅增长，到法国大革命爆发前的 1788 年，达到 GDP 的 10%左右。[59] 相反在法国，税收占比依然只有约 7%，财政危机随之浮现——这是历史上被普遍认为税收负担过低的极少数情形之一。到 19 世纪初，我们对评估税负（税收收入占一国 GDP 的份额）有了更大的把握。如果只考虑中央政府的税收，英国的税负从拿破仑战争直至进入 20 世纪长期维持在低于 10%的水平。在美国，除了南北战争时期的短暂攀升，联邦政府的税负一直在 5%以下。[60] 但在两次世界大战间隔期，两国的税负都急剧提高，英国达到 20%以上，美国处于 5%～10%。到二战爆发后，税负再度飙升，而且在战后几乎没有回落。1947 年，英国的税负达到约 36%，仅比如今略高一点。[61] 美国联邦政府今天的收入占比与 1947 年基本持平，约为 GDP 的 16%，若把州政府和地方政府税收并入则约占 GDP 的 26%。[62]

当然，每个国家都有自己的故事。经合组织（OECD）其他成员国的税负自 1965 年以来也出现了大幅增长，平均增幅约为 GDP 的 10%。[63] 但各成员国之间存在巨大差异，平均水平为 GDP 的三分之一左右，最低的墨西哥仅为 16%，最高的法国达到 46%。[64] 与很多美国人的想象不同，按照经合组织的标准来看，美国的税负显然属于较低的行列。

由于预算惯例的不同，对各国税负开展有意义的比较并不那么简单。“税式支出”（tax expenditure）是一个有些矛盾的构词，意指税收中包含的减免优惠，从性质上看类似于财政支出项目。[65] 例如，假设某个国家给未成年子女的父母提供税收减免，而另一个国家提供相同金额的财政补贴，这两种办法做的事情完全一样，但后者会有更高的税收与 GDP 之比。还有对慈善捐款的税收处理，与美国不同，英国目前对于应税收入没有慈善扣除的规定，而是由政府给登记在册的慈善机构发放一张支票，其数额为它们从纳税人那里所获捐助的特定比例。无论是采取减免形式的税式支出还是直接补贴，慈善机构的收入都超出了纳税人放弃的部分，差额则由政府弥补。不过只有在美国，这项政策减少了征缴的税收金额。

一个关键而不幸的规律是，发展中国家的税负较低。在全球大约半数低收入国家，税收占 GDP 的比重不足 15%。高收入国家的政策制定者或许在为增加还是降低税收而苦恼，但在世界上其他许多地方并没有这类烦心事。为满足发展需要，低收入国家的税负几乎肯定有待提高，在许多情形下还需要大幅提高。有一项估计指出，低收入发展中国家为实现可持续发展目标的关键部分，即 2015 年联合国主持下由各国领导人共同批准的 2030 年系列发展目标，需要增加相当于 GDP15%的财政支出。[66] 那将是一项极其困难的任务。

战争与福利

从上述极其简略的回顾中便能清楚地看到，税收在历史上既是暴力的产物，又是其源头。掠夺带来了资源，这些资源又能支持更多的掠夺。

军事力量依赖于税收能力，这早已成为定论。西塞罗就说过，战争的力量来自滚滚财源。为支撑伯罗奔尼撒战争，雅典人在公元前 428 年引入了房产税；在公元 2—3 世纪的罗马，士兵的军饷是数额最大的财政支出类别，或许达到国民收入的 6%。[67] 自古以来，战争的经历和前景给征税能力投资提供了独一无二的强大动力，刺激和利用税收技术的进步，例如小皮特推动的所得税、一战期间的超额利润税、二战期间的雇主代扣税制度，这些案例都将在稍后的章节中再做讨论。税收技术的进步不仅带来了直接的财政来源，还向投资者做出保证：针对战争造成的另一个常见后果，即政府债务膨胀，保证偿还债务的机制已经到位。英国在好战的 18 世纪成长为全球大国进程中税收与借款能力的提升，就属于这方面的经典案例。当时就引起了乔治·华盛顿的重视，后来更是被广泛关注和借鉴。[68] 各国政府筹集大量税收的能力增强还使它们能更全面地发挥控制与影响力，以至于重新界定了政府：“战争创造政府，政府发动战争。”[69]

回顾过去一个世纪左右的重大趋势会看到，战争的作用极为突出。英国和美国的税负在两次世界大战期间达到峰值，英国在美国独立战争期间、美国在南北战争期间的税负同样大幅提升。两次世界大战还造成了棘轮效应：税率在战时显著提升，却没有在战后充分回落。有人将此视为这段时期税负提升的关键因素：在战争时期，各国政府提高税率、扩大税基并强化征收，以便给国防筹集足够资金；而在战后，新的税率和税收结构往往会保留下来，因为人们对此已经习惯，负责执行的官僚机构也已经成形。[70] 然而此类棘轮效应并非自然规律：英国在 19 世纪多数时期的财政政策的核心恰恰是努力回调因为美国独立战争和拿破仑战争而提升的税率（其标志是在滑铁卢战役一年后就取消了所得税），同时清偿之前积累的巨额债务。[71] 另外，美国在内战后，也把战时建立的大部分制度化税务措施废除了，例如所得税于 1872 年被取消。

到一战尤其是二战之后，英美两国政府规模显著的棘轮式扩张标志着从战争国家（warfare state）向福利国家（welfare state）转型，前者的主要税收目标是筹集国防支出的资金并消化战时积累的债务，后者的大部分收入则是用于给穷人、病患、老人以及其他弱势群体提供福利。社会希望政府承担比战争、修路等多得多的各类支出，例如基本医疗、教育和社会救助等。在经合组织国家，社会支出如今平均占 GDP 的 20%左右。[72] 此类支出甚至也可能被类比为战争，例如劳合·乔治在 1909 年介绍“人民预算”（对富人征税，以支持新的社会福利项目）的时候就说：“这将是一场财政战争，是为战胜贫困落后的无情战争而筹集资金。”[73]

同样，利用税收为弱势群体提供福利并非全新的想法。例如，古罗马有大约 10%的公共支出用于购买免费分发给平民的谷物（有时是橄榄油）。[74] 如今的人们经常忘记，在英国和德国，给穷人提供扶持从很早以来就是地方政府的核心任务之一。[75] 强化这种福利发放功能的趋势以及地方政府扮演的领头角色，在 19 世纪末税负适度提升的过程中表现得非常明显。[76] 约瑟夫·熊彼特观察到这个时期出现了“社会关怀领域的拓展”，并颇具前瞻性地预测这将继续推进：并非由战争所致，而且战争亦不能阻拦。[77] 教育支出变成了公认的政府责任。俾斯麦领导的德国在 19 世纪 80 年代率先给疾病和事故实施强制保险，这在某种程度上是通过提倡容克式家长制来有意识地削弱社会主义的影响，最终在 1889 年推出了面向全体劳动者的养老保险与伤残保险。关键之处在于，这些制度在雇主和雇员的缴费之外加上了政府提供的保障。随后丹麦（1891 年）、新西兰（1898 年）和英国（1910 年）推出了无缴费要求的养老金制度。

德国经济学家阿道夫·瓦格纳（Adolph Wagner）在 1890 年推测，随着各国的工业化，国民收入中用于公共支出的占比将提高，原因是城市化以及“社会进步的压力”，该现象如今被顺理成章地称作“瓦格纳定律”（Wagner's law）。这种说法听起来颇具合理性，但支持证据并不特别充分，例如在 19 世纪的英国就不太容易看到相关的迹象。[78] 另外其他因素也在发挥作用，例如，规模较小的国家往往有更高的税负。无论如何，税负在两次世界大战中急剧提升并在战后维持了高水平，关键是要解释这一提升为何会被基本保留下来。

答案也许与大规模战争动员关系密切，它从供给和需求两方面发挥了影响。其一是极大地提升了政府汲取资源的能力，否则无法支撑战场上投入的庞大军队。其二是形成了强大的政治与社会要求，让那些被动员起来的参战者能够在日后获得福利保证。英国于 1942 年发表的《贝弗里奇报告》对此做了明确的陈述，其中设想的积极进取的战后国家景象对民众颇具吸引力，甚至使丘吉尔在战争刚一结束就被赶下了台。大规模动员以及战争和复苏的成本还使得税收结构具有了高度累进性，英国和德国（一战后引入了联邦所得税）在 1920 年的所得税最高税率为 60%，美国更高达 73%（相比 1918 年 77%的峰值已有所下调）。[79] 平均而言，相比没有实施大规模战争动员的国家，它们的最高税率高出了 34 个百分点。[80] 世界大战（尤其是第二次）既创造了支撑福利国家的税收机器，也催生了确保福利国家成为现实的政治氛围。

巴贝奇的噩梦

上述税收和政府规模在长时期的扩张还有一个关键缺失部分：选举权的扩大。有人或许会推测——当时的许多人确实这么认为——随着选举权推广到富人群体之外，众多的穷人会通过投票，利用税收制度把资源从人数有限的富人那里转移到自己手中：所谓“有代表不纳税”。[81] 毕竟，人数有限的富人对征收盐税等主要由人数众多的穷人承担的间接税也不曾心慈手软。在历史上，这是反对全民普选权的核心论点，例如文艺复兴时期的意大利政治学家就已经对此表达过忧虑：

> 说到税收的方式，我可以向你们保证，大众通常会更加恶劣、更缺乏公正，因为从本质上讲他们喜欢把沉重负担交给富人。而且由于穷人的人数更多，他们采取这样的行动时并没有多大难度。[82]

这也是1647年举行的帕特尼辩论（Putney Debates）的一个核心议题，当时克伦威尔的新模范军在首次战胜詹姆斯一世之后，讨论协商新创立的世界应具有何种形态。亨利·艾尔顿（Henry Ireton）愤怒地指出[83]，如果赋予所有的活人投票权，“这些人为什么不会投票要求废除一切财产权?”[84] 两个多世纪后的1852年，查尔斯·巴贝奇（Charles Babbage）在发明计算机之余表达了类似的担忧，根据他的计算，英国100万选民中有85万人的收入低于所得税门槛：“在当前世纪的政治错误中，我不知道还有哪个会具有如此突出的革命性特征……它看上去只是对富人带有危险，其实对各种产业都更加致命。”[85] 在英国公共财政领域极力提倡财政清廉的代表人物威廉·格莱斯顿（William Gladstone）同样认为[86]，很大程度上需要把选举权同纳税联系起来，而且许多情况下应该把选举权限于缴纳特定类型税收的纳税人。[87] 这一思路在普鲁士体现得最为彻底，尽管在联邦层面赋予了普选权，但还要根据直接缴纳的税款数额对纳税人排序，把议会划分为三个规模相同的组别，每个组对应相同的税款缴纳金额，背后代表的人群数量却差异悬殊。[88]

然而在现实中，把选举权扩大到低收入民众对税收的影响远没有艾尔顿、巴贝奇及其他许多人担心的那样严重，或者说至少被大大延缓，以至于很难察觉。例如在 1900 年，民主国家的所得税平均最高税率甚至比其他国家还略低。[89] 选举效应的某些迹象当然是有的。例如在 1832 年扩大选举权的《改革法案》通过后，英国很快恢复了所得税。从 1867 年（第二部《改革法案》颁布）到 1913 年，直接税在全部财政收入中的份额翻了两番。不过这些发展还说不上革命性，例如，英国的所得税最高税率在 1842 年重新引入时为 2.9%，到 1908 年仍只有 5%，此时距离把选举权扩大到约三分之二成年男性的 1884 年《改革法案》已经过去了 20 多年。[90] 即便在 1909 年《人民预算法案》之后，所得税最高税率依然只有 8.3%。[91] 事实证明，迪斯雷利（Disraeli）对英国工人阶级固有的保守主义倾向的信心，即他在 1867 年推动《改革法案》时倡导“黑暗跃进”[92]，是对的。[93]

当然，或许众多穷人有着与掠夺者阿律阿铁斯国王类似的高见。尽管总体上出于自利，但他们并不打算对富人实施尽可能高的税率，而是希望从中汲取数量最多的金额，然后在群体内部分享。[94] 如果他们注意到巴贝奇对高税收危害产业发展、削弱富人创收和投资激励的警告，就可能愿意采取不特别高的税率、不特别陡峭的累进税制。甚至可能意味着不特别依赖所得税，因为富人也负担了一部分商品税。尽管我们可能不清楚真相，但也不必惊讶于扩大选举权带来的影响相对温和。事实表明，人们完全有可能在投票中做出约束自身利益的选择。

到目前为止，我们一直在讨论至少如今被归类为“税收”的话题。不同时代的政府还有其他筹集资金的渠道，某些渠道除了名称完全与税收无异，这些将在第 3 章展开讨论。各国政府还可以利用借款乃至印制货币来筹集资金，这些内容对一部关于税收的著作而言同样值得重视，因为除了表现形式，它们最终仍属于某种类型的税收。

债务、违约与君主

在伯罗奔尼撒战争的至暗时刻，雅典熔化了卫城中胜利女神尼姬的黄金塑像并制成铸币。[95] 威廉·格莱斯顿会赞同这种做法。1854 年，在盘算克里米亚战争的支出时，他兴奋地宣布：“战争的花销……是道德上的制约，上帝希望用它来束缚众多国家内在的征服野心和贪欲。”[96]

然而这种约束并不总能发挥强大作用。古代战争的支出主要来自税收和其他现成来源，到中世纪以后，好战的国王和王公们的资金饥渴超出了他们即期可以获得的限度，于是推动了欧洲银行业网络的发展。事实上，高效的税收体系反而减轻了统治者对即期税收来源的依赖，因为这有利于增强债权人的信心，从而更容易获得贷款。到 17 世纪末，被漫长而痛苦的独立战争困扰的尼德兰联合省已经发展出有效的税收和借款制度，可以承受超过年度国民收入 100%的公共债务。[97] 增税（在通常情况下）依然被认为是支持战争的主要筹资方式，例如在英国，和平时期按照 10%水平征收的土地税到战争时期会被提升至 20%，人们对此视作理所当然。不过公共债务已经开始扮演重要角色，英国在美国独立战争时期（1776—1783 年）的开销有 40%来自债务，法国在对抗大革命时期和拿破仑统治时期（1793—1815 年）的战争开销有 30%来自债务。[98]2001 年之后的美国更是一个特例，从“9·11”事件爆发到 2013 年底，用于阿富汗战争和伊拉克战争以及反恐行动的支出总计约 1.6 万亿美元，并没有伴随着任何显著或有关的增税行动[99]；这些支出相当于美国 2013 年债务总额的 10%。[100]

重大战争的战胜国的债务负担高企，例如英国在 1822 年的负债高达 GDP 的 275%[101]，这引发了关于税收筹资与债务融资的平衡以及如何安全化解巨额公共债务的持续争论。2007 年爆发的全球金融危机以及 2020 年的新冠疫情危机则重新激起了这一争论，因为许多发达经济体的债务蹿升到了战争时期之外的空前高度。

有一种观点认为，税收与借款之间并无本质区别。政府在借入 100 英镑时，实际上承诺在未来某个时点会征缴足够的税收，以偿还与贷款人在今天放弃的 100 英镑等值的债务，因此，政府或许也可以在今天直接征税 100 英镑。明智的人会理解这一点，所以他们对政府在今天发行 100 英镑债务的反应完全等同于政府在今天征税 100 英镑的情形。要做的选择不是征税与否，而是在当前征税还是在未来征税。这种观点因为大卫·李嘉图（第 7 章将有更多介绍）而被称作李嘉图等价定理，简洁清晰但说服力不足，即便李嘉图本人也心存怀疑。原因在于，偿还债务的税款很可能不是对你或你的亲朋征收，而是由大街上某个令人恼火的年轻人负担。另一个欠缺是该观点忽略了税收造成的超出税款本身的成本，正如本书第 1 章提及的窗户税带来的额外负担，它是税收干扰经济决策产生的一个后果。

此类额外负担（我们将在第 9 章更令人信服地解释这一点）的一个重要特征对于如何应对公共支出的临时增加（如战争所致）具有重要意义，因为随着税率的持续提高，额外负担会超比例增长。也就是说，税率提高 1 倍，会导致额外负担增加 1 倍以上。我们由此会得出一个推论：不应该在不同时期过度调整税率，因为税率较高时增加的额外负担大于税率较低时减少的额外负担。[102] 此类“税收平滑”观点认为，给战争筹资的最佳方式是把增加借款与提高税率相结合，税率应该提高并维持在足以防止债务继续扩大的水平上。

当然，上述观点都假设政府最终会偿还债务。只是统治者借款的历史基本上也是违约的历史，即借款人未能按照条款约定偿还债务。在违约时，政府实际上是把未来对某些人征税以偿还债务的承诺，变成对今天的债权人征税。

西班牙的费利佩二世是臭名昭著的违约人之一，他统治时期可是西班牙的黄金时代，但依然发生了4次债务违约。[103] 费利佩二世的麻烦是在庞大的帝国疆域内频繁发动战争，这些战争有时候增强了财政能力，有时候也引发违约。例如在拿破仑战争期间就出现了大量违约。其他债务违约案例则反映了经济下滑，如资本流动和经济增长的突然萎靡导致过去可控的债务负担无法维持。阿根廷自1816年独立以来出现了8次违约，最近一次是在2014年。不过几乎所有国家都在某些时候发生过违约，很多人认为美国在1933年也发生过。[104] 政府违约现象目前仍在延续，1946—2008年发生了169次违约，持续时间的中位数为3年。[105]

有时候，政府通过强制贷款，甚至在借款之前就发生了违约。强制性质使这些行动在本质上具有类似税收的特征，因为它意味着贷款人更愿意把资金投入其他用途。即便不考虑这一点，我们也能经常看到政府根本没有意愿按照约定的条件偿还贷款。早期的斯图亚特王朝急于越过议会的批准增加收入，就时常采取这种财政搜刮行动。而在1627年未能征集到强制贷款之后，查理一世（1625—1649年在位）直接把70多人关进了监狱。

当政府发生违约时，对借款人和贷款人乃至其他人而言，事情都可能变得非常糟糕。贷款人会遭受直接损失，包括给这些贷款人提供贷款的人，乃至他们背后的更多贷款人，如此等等。有时候，违约只是更大伤害的一部分。例如在中世纪欧洲，对犹太人的债务违约经常伴随着大屠杀和驱逐。君主即使自己没有从犹太人社群借款，也能由此得到好处。例如爱德华一世（1272—1307年在位）在1290年宣布把犹太人逐出英格兰时，他并不欠后者的钱。但已开始在议会中展示权力的贵族多是犹太人的债务人，他们为表达对爱德华一世的感激之情，给他捐献了11.6万英镑[106]，这是中世纪历史上英格兰历任国王获得的最大一笔收入。[107] 几个世纪后的私人贷款人得到的好消息是，通过购买信用违约掉期（credit default swap，CDS）产品，原则上可以为防范政府债务违约提供保险。但假如美国这样的国家爆发违约，负责债务偿还的承保人会采取何种方式进行赔付，我们并没有把握。

对于借款人而言，违约也经常是痛苦和耻辱的。1902年12月，委内瑞拉拒绝偿还外债以及赔偿国内动乱导致的民事损失，遭到英国和德国军舰的封锁（这两支军队又惊又怕地结成了盟友），意大利也加入了干预。最终，委内瑞拉出让了30%的关税收入来偿还债务。

不过，违约造成的主要惩罚还是政治领导人的信用丧失，使政府未来将要争取的任何借款都面临更高的利率。在18世纪末迎来美国独立战争的英国政府，自内战之后就从未出现过违约，相比多次违约的潜在对手法国，英国在此前50年里一直保持着良好记录，使其借款利率能比法国低大约2.5个百分点。[108] 如今，对于无法再从私人市场上获得借款的违约国家来说，请求国际货币基金组织提供贷款可以降低自己付出的政治成本，缓解紧张局势。

鉴于政府借款伴随的风险，债务应该被限制在何等水平上？在全球金融危机爆发前，通行惯例是发达经济体的公共债务应限于GDP的60%（被欧盟的《马斯特里赫特条约》采纳），新兴经济体则应为GDP的40%左右。而如今，许多国家的债务水平都远超于此，这促使人们思考：债务水平是否真有那么重要，至少对于能以本国货币借款的国家而言是否合适？不过，很少人愿意完全抛弃政府的借款能力最终取决于税收能力的正统理论。也就是说，债务实际上仍是对递延税收的承诺。

印制货币

政府的独有权力之一是迫使人们接受只有政府才能创造的货币，作为购买产品和服务的支付手段。[109] 这种权力被称作“铸币税”（seigniorage），在古代法语中表示领主（seigneur）铸造货币的特权。铸币税给各国政府提供了从私人部门汲取资源的另一种手段，因为由此获得的物品价值可能远超货币本身的制造成本。而政府从来不吝于行使这种权力。

在纸币出现之前，降低实物铸币的价值是最臭名昭著的铸币税手段，意指减少铸币中的贵金属含量，削减其真实价值，并希望至少在短期内不被发现。在公元 1 世纪中期，罗马铸造的硬币中包含 97%的白银。然而到 3 世纪，白银的含量已下跌至 40%，并在随后的 20 年内急剧下跌至 4%。[110] 而且随着纸币（或法定纸币）——价值由某种类型的政府承诺来支持，而不依靠自身所含的金属价值——的发展，印制货币变得更加便宜，如今印制一张 100 美元的钞票只需花费约 15 美分。[111] 此外，印钞并非创造货币的唯一方式，而且在今天已不是主要方式，中央银行现在可以直接在商业银行在央行开设的账户里创造电子记账的贷款。由于中央银行给商业银行账户支付的利率低于其从资产中获得的利率，作为中央银行所有者的各国政府又获得了一种财源。

原则上，在政府筹集收入的各种手段中，铸币税没有理由不占据非常重要的地位。[112] 然而与其他各种手段类似，铸币税也可能造成问题，从而限制了它的使用。具体来说，铸币税与通胀税密切相关，尽管并不完全等同。当社会资源已被充分利用时，政府能为自己汲取更多资源的唯一办法就是让其他人获得的产品和服务变少，而市场对此的反应则是让产品和服务的价格变贵，即提升价格水平。或者说，追逐产品和服务的货币越多，价格水平就会变得越高。价格水平的这种提升与税收的作用类似，并且会泾渭分明地制造出受益者和受损者。

受损者是持有资产或获得收入的那些人，因为其资产或收入以正在贬值的货币计价。英国经济学家约翰·梅纳德·凯恩斯指出："通过持续的通胀，政府可以不被察觉地秘密征收国民的很大部分财富。"[113] 通胀也有受益者，譬如债务以固定名义价值计算的债务人（但是，由于政府从征收通胀税中获得了好处，私人债权人与名义收入固定者的损失必然会超过私人债务人的收益）。鉴于政府自身也是债务人，若借款没有与通胀指数挂钩，政府的受益还会更多。

在适度利用时，铸币税很难被察觉。但如果通胀的破坏性严重，情况就可能失控。历史上有过大量警示。例如美国在 1779 年 11 月的月度通胀率曾达到 47%。南北战争期间，美国联邦政府靠印制美元来支付战争行动，使 1864 年 3 月的月度通胀率被推高至 40%。[114] 历史上首次有记录的恶性通胀（月度通胀率超过 50%）出现在法国大革命时期。[115]

法国大革命本身在很大程度上是旧政权财政危机的产物，但革命者很快给自己挖了更大的财政陷阱。国民大会于 1789 年 6 月 17 日的第一项行动（在宣告自身成为事实上的国家议会之后）就是宣布全部现行税收违法，却同时要求持续征集这些税收，这对税收遵从非常不利。[116] 很快在 7 月 13 日，国民大会承诺将偿还巨额的国家债务。然后在 8 月 4 日的动荡夜晚，国民大会又直接废除了许多令人憎恨的封建残余制度，包括作为税收制度核心的各种特权以及卖官鬻爵行为（被政府直接出售的职位），但承诺为此提供足够的赔偿。所有这些措施都给公共财政制造了巨大的缺口，是自愿性质的"爱国税"（patriotic tax）远不足以填补的。那么国民大会做出的庞大债务偿还承诺又该如何落实呢？答案在于动用国有资产，即政府从教会（及之后从王室和流亡贵族）那里剥夺而来的财产。此时指券（assignat）登场了，一开始类似于债券，以很大的面额发行，带有利息，并保证可以用于购买公开拍卖的国有资产（此时将把指券回收并销毁）。由此可见，这些指券并不是纸币，而是以国有资产的真实价值作为支撑，还有什么比它更安全的吗？

但很快，通过印制指券给越来越多的政府行动筹资的诱惑变得无可阻挡。指券的面额变得越来越小，且不再支付利息，功能形同纸币。初期的通胀较为温和，土地出售十分活跃（甚至被玛丽王后推荐为一项良好的投资）。[117] 但随着生死攸关的战争于 1792 年 4 月爆发，指券的发行量暴增。[118] 在紧随而来的恐怖统治期，价格管制在一定程度上抑制了通胀。而到雅各宾派倒台后，法国很快陷入恶性通胀。[119]1795 年 10 月，通胀率攀升至每月约为 140%，指券兑换的铸币价值只有其面额的 2%。在 1795 年后期的最后一波发行狂潮后，在公众的欢呼中，印刷版被正式销毁。[120] 指券很快变得一文不值，未来的去处只能是收藏品。[121]

指券的故事还有许多惊人的细节。例如，因为其价值来自对教会财产的不公正剥夺，有些人从一开始就鄙夷和拒绝指券。这些人认为，革命者对财产权利的承诺不过如此。埃德蒙·伯克这样描述革命者："他们抢劫，这只会让他们继续坑蒙拐骗。"[122] 教士们告诉信众，使用指券是一种原罪。其他一些人则把使用指券当成一种爱国义务，例如在米拉博看来，质疑指券的价值就是质疑革命，是犯罪行为。[123] 在大卫的著名油画《马拉之死》中，那位伟大（也有人说卑鄙）的鼓动家手里拿的正是一张指券。

不过，指券的教训一目了然：试图用印刷钞票（或今天的数字等价物）来填补公共支出与税收之间不可持续的巨大缺口，会导致严重的通胀。包括丹东和马拉在内的部分革命家从一开始就意识到了这种风险。[124] 当时担任主教、后来成为阴险外交家的塔列朗（Talleyrand）在 1789 年预测："你永远不能迫使别人用 1 000 法郎的铸币来换等额指券……因此这整个体系必然失败。"[125] 对于准备和法国开战的英国人而言，这种风险则带来了机遇：他们在伦敦建立了印刷厂，打算用仿造的大量指券冲击法国，拿破仑后来将用此计还施彼身。[126] 真正的麻烦在于，各国有时候除了印钞并无更多选择。例如，法国的革命党人在 1792 年发现：

> 自己国库空虚，大部分税收没有征缴上来，行政部门的组织状况又不足以支持强制征税，对旧政权的清算仍未完成，对外战争要求组建 5 支现役部队，同时即将面临内战。[127]

他们还能怎么办？深层的真相在于，如果没有强大的征税能力，国家必然会在宏观经济与政治领域暴露出严重的脆弱性。

不过，历史上最著名的恶性通胀事件还是发生在 20 世纪 20 年代的德国。与法国的指券事件类似，德国的恶性通胀也给独裁铺平了道路，因为人们对政府的信任被冲击得七零八落。问题的根源在于战胜国在一战后给德国强加了沉重的赔款要求。到 1920 年，德国已经难以应付这些赔款，借款潜力也严重受限，于是大量印刷纸币，其价值暴跌，物价飞涨。1923 年，除了主要的政府印刷厂，还有 130 多家印刷商在帮忙印制纸币。[128] 人们前往面包店时提着成篮的马克，后来要用手推车来装；儿童玩耍时用橡皮筋捆好的马克搭房子；街道清洁工把钞票扫进下水沟；还有人用它来做壁纸。1923 年 11 月 2 日，德国国家银行发行了 100 万亿马克面值的纸币。两周后的 11 月 15 日，马克被地租马克（rentenmark）取代，后者的价值被固定为 1 万亿纸马克，而且关键在于，发行有严格的数量限制。通胀在此后回落到正常的水平。

恶性通胀还有许多其他案例。奥地利、匈牙利、俄国和波兰都在一战刚结束时爆发过。据称在维也纳，一位细心的顾客会同时点两杯啤酒，因为在第二次下单的时候价格可能上调。[129] 在二战之后，波兰的月度通胀率曾达到 4.19×10^{14}（没错，419 后面有 12 个 0），相当于每 15 小时翻一番。在津巴布韦，2008 年 11 月的年度通胀率达到 8.97×10^{20}。[130] 普通市场上的一块面包一度需要 5.5 亿津巴布韦元。由于这给日常生活带来了非常现实的挑战，该国的中央银行行长在

2009 年被授予面向“让人发笑却又发人深思的成就”的“搞笑诺贝尔奖”：他执掌的机构发行的纸币面值琳琅满目，从极小额的 1 分钱（0. 01 津巴布韦元）直至极大额的 100 万亿津巴布韦元，能够轻松处理各种数额的交易。

德国儿童拿成捆的纸币玩游戏

资料来源：Hulton Deutsch/Corbis。

即使在较为正常的时期，各国政府也需要通过印制货币来获取部分资源，某些时候印制的货币还相当多。一项针对 1971—1990 年 90 个样本国家的研究发现，大多数发达国家的铸币税较为温和但依然明显：美国相当于 GDP 的 0. 4%，英国为 0. 5%，德国大致为 0. 7%。[131]

但对整个样本而言，平均为 GDP 的 2.5%，占政府支出的 10.5%。今天对铸币税的讨论变少了，但它并没有完全消失。2005—2015 年，铸币税在英国下降到 GDP 的 0.2%，在瑞典甚至变成负值，但在美国仍有 0.4%，欧元区国家则为 0.55%。[132] 铸币税收入减少的一个原因是随着支付技术的进步，对现金的需求在减少，尽管中央银行可以发行数字货币（与今天的现金类似的电子货币）。另一个原因是赋予中央银行更大独立性、摆脱政治控制的广泛趋势。这样做的一个基本目标是剥夺政府对货币供给的控制权，因为政府往往希望用发行债务来保证开支，然后要求中央银行以印钞来购买国债。独立的中央银行有抵制此类政治干预的法律保证，并经常被明确要求维持温和的通胀。在政府用此类方式对自身加以约束的国家，普遍来说通胀率的确更低一些。然而铸币税依旧存在，不仅是以印钞或持有政府债务的形式，还来自中央银行（归政府所有）从货币创造中获得的更广泛的利润。

事实上很多人没有注意到，随着美国、日本、英国和欧元区国家在全球金融危机后纷纷采取非常规的量化宽松政策，一种新型的铸币税在过去几年里已重新兴起。量化宽松政策是指通过创造商业银行在中央银行的更多准备金，来购买各种类型的金融资产。例如 2014 年，美联储向财政部转移了创纪录的 969 亿美元的利润，是正常时期的 3 倍，相当于全部联邦企业所得税收入的三分之一。[133] 这些行动没有导致通胀（或许防止了通缩），成为一个很便利的财源。

的确在当今时代，发达经济体的主要担忧是通胀率过低，而非过高。顽固的低通胀甚至通缩，乃是日本自 20 世纪 90 年代早期以来遭遇的一种综合征，代表着需求和增长的低迷。如今有人担心，其他发达经济体也会步日本的后尘。有时提出的一个显而易见却充满争议的建议恰恰是印制货币，以刺激通胀。这类议题因为新冠疫情的影响变得更加紧迫，因为“不惜一切代价”应对危机导致公共支出规模空前，最终带来了如何为其筹资的难题。有些人担忧会遭遇类似法国革命者在 1792 年面临的“财政主导式”结果：财政收入与支出需求的巨大缺口只能依靠印钞来填补。时代肯定有所改变，中央银行持有大量公共债务的禁忌已被打破，至少在部分发达经济体是如此。例如在考虑为 2020 年庞大的《新冠病毒援助、救济与经济安全法案》筹资的时候，有一种建议就是让美国财政部铸造两枚面值为 1 万亿美元的硬币，再将其存入美联储即可，这听起来似乎很荒唐，但与不那么透明地发行政府债券、再让美联储创造货币去购买相比，实质上没有太大不同。有人担心，这可能对中央银行的独立性及未来维持价格稳定的承诺构成严峻挑战。不过大多数人受日本低通胀经历所警示，认为发达经济体今后因为货币引致的通胀而受损的风险不大，尽管并不完全排除这种风险。[134]

如本章所述，政府利用强制力汲取社会资源不仅采用当今公认的税收形式，也采取铸币税和借款的形式。此外，政府还找到了其他许多与税收高度类似、只是名称不同的筹资办法。它们在这方面的创造力值得专辟一章来介绍。

第3章
改头换面

如果说历史书能告诉我们关于国王的一件事情……那就是在大多时候，他们的手头都很拮据。

——约翰·希克斯（John Hicks）[1]

公元193年，禁卫军谋杀了佩蒂纳克斯皇帝，然后把整个罗马帝国公开拍卖。家境殷实的狄第乌斯·尤利安努斯（Didius Julianus）无法抵制诱惑，压倒竞争对手，不出所料地出任皇帝。然而，这一“不道德的竞价与最张狂的军事统治牌照”没有被广泛接受[2]，反叛随即爆发。66天之后，被禁卫军废黜的尤利安努斯遭到斩首，一切都似乎命中注定。

如此公开地大规模出售很少发生，但历代的各国政府一直心甘情愿卖掉他们掌握的某些宝贵的权威和权利。更普遍地说，统治者发现了众多不与“税”字挂钩却同样能汲取资源的方式，很多时候不仅负担繁重，而且丑陋不堪。在历史上的大多数时候，这些征集财政收入的手段至少与可识别或明示的税收同样重要，而且在今天依旧具有惊人的意义。

从伊丽莎白一世到无线电频谱拍卖

政府的独特权力之一是限制某些人做某些事的权利。各国政府非常擅长通过授予垄断权的办法，把这种权力转化为收入来源：创建某种公共和私人机构，使它成为特定产品或服务的唯一供应方。法律禁止竞争，价格相对于成本来说可以被抬升到足够高，以产生高额利润。当这种机构归公共所有时，利润会被直接汇入政府，除名称外，与其他税收收入没有区别。当这种机构归私人所有时，利润会被留在机构中，但政府往往会拿走其中的一部分，或对其征税，或通过出售未来的利润索取权来提前兑现款项。

第一个持续时间最久，或许也最具争议的这方面的案例是盐，有人认为应该恢复政府对盐的垄断。盐在今天是极为常见的日用品，但在历史上曾经是非常珍贵的商品，其价值一方面来自对维持健康的重要性，另一方面是因为它可用于保存食物。例如，古罗马的士兵们应该很清楚盐的重要性，因为他们的部分薪酬就是用来买盐的钱。英语中的 salary（薪水）一词来自拉丁文中的 salarium，其词根正是盐（salt）的意思。[3] 这种语言传统延续至今，例如在描述某人名副其实时会说 worth their salt（值那些盐的分量）。于是，控制食盐供给就成为汲取资源强有力的工具。

在中国，从汉武帝在位时的公元前 119 年开始，盐业垄断持续了两千多年（中间只有短暂的中断）。[4] 起初，政府通过直接负责盐的生产和销售来获得收入。后来，官僚机构通过把盐业经营权卖给商人来间接获取收入，让后者负责在零售市场上出售食盐。唐朝后期（公元 800—900 年），盐税占据政府财政收入的半数以上，并为长城的扩建维护提供支持。甚至到 2017 年，除中国盐业总公司外，其他人在中国大陆销售家用食盐仍属非法行为。[5]

不过，任何被征税的物品都可能出现走私。在中国清朝，这种威胁导致的附带结果之一便是 1780 年绘制的一幅精美地图，由云南省的两位负责官员呈送给清朝皇帝，以展示从邻近的四川省通过山路走私运入的盐如何侵蚀了当地的税收。在旧政权统治下的法国，令人痛恨的盐税在各地方之间存在巨大差异，由此导致了大规模走私，也伴随着严厉的惩罚。

除盐以外，西欧统治者借助垄断来创造财源的做法至少可以追溯到中世纪。把谷物带到磨坊研磨的农民有时会被庄园领主收取费用，并被强制使用领主的烤炉来烘烤面包，并需要交费。[6] 但直至 17 世纪初期，此类做法才真正普及。也正是在这个时期，一些大型贸易公司——世界上最早的跨国企业——获得了特许经营权。

全球有史以来几家最强大的公司在 17 世纪成立，其影响力甚至延续至今。其中包括一系列东印度公司。英国版本的那家公司（后来的东印度公司）于 1600 年获得执照，被赋予与好望角以东直至麦哲伦海峡以西的所有国家开展贸易的垄断权。荷兰版本的那家公司（荷兰联合东印度公司）于 1602 年获得执照，法国版本的那家公司（路易十四的东印度公司）则于 1664 年成立。当然，最成功的一家还是哈德孙湾公司，它迄今仍在营业，从无间断。该公司由查理二世国王颁发执照，负责掌管汇入加拿大哈德孙湾所有水系的流域，这覆盖了今天加拿大的很大部分区域以及美国的一部分地区。另外在非洲、西印度群岛等地还有其他许多不那么声名显赫（或臭名昭著）的类似公司。

许多此类公司的行为更接近政府而非企业，它们统治着庞大的疆域，铸造自己的货币，彼此爆发冲突，在很大程度上塑造了殖民历史的进程。实际上这些成了它们留下的主要遗产，远远超出在财政上的贡献。例如，英国东印度公司在 1757 年的普拉西战役中击败印度的孟加拉行政长官及其法国盟友，就给英国在印度建立殖民霸权铺平了道路。

哈德孙湾公司章程中的财政条款尤其不同寻常。查理二世只要求，当他和自己的继承者顺道路过的时候，该公司要送上两匹驼鹿和两只黑色河狸。当然，他们很少前往美洲。不过伊丽莎白二世女王在 1970 年确实到了那里：

在女王俯身接受象征性的租金时，对宫廷礼仪一无所知的两只河狸为缓解紧张情绪……竟然在那里交配。陛下向哈德孙湾公司的总督询问说："它们在干什么?"对方回答说："夫人，最好别问我……我还是单身汉。"女王做出习惯的中距离凝视姿态后低声说："我明白了。"[7]

在英国，王室拥有出售"专利权"（对新工艺与业务的有期限的垄断权，与我们今天的含义基本相同）的权利远在伊丽莎白一世女王（1558—1603 年在位）之前就确立了。不过在伊丽莎白一世统治后期，可被出售的垄断权被拓展到更多的产品和服务，不仅有我们熟悉的盐，还包括醋、咸鱼和鱼干、皮草运输、煤炭海运以及熏制沙丁鱼等。[8] 这些垄断权本身并没有给君主带来巨额收入，但它们的定价偏低，于是给足够受宠、能买到垄断权的人带来了丰厚利润，例如沃尔特·罗利爵士就掌握了给酒馆颁发执照的特权。反过来，这给买家增加了负担，相关产业的其他投资人也因此受损并感到愤怒，这不利于未来的业务发展。

此类垄断变得非常不受欢迎（有位议员称之为"国家的吸血鬼"），因为它把公共的利润转移到私人手中。[9] 然而要终结它们是很困难的。伊丽莎白一世在 1601 年宣布放弃这种做法（新思想的专利权除外），但她的继任者詹姆斯一世恢复了这种做法，到 1624 年再度放弃。而他的儿子查理一世为绕开议会筹集资金，重新大规模实施被众人怨恨的垄断权。到 17 世纪 30 年代末，查理一世的收入中有十分之一乃至更多是源于垄断权出售。[10] 只是随着正式的货物税的发展，出售日用产品的垄断权才真正走向衰落。

政府自身对若干关键日用产品生产销售的垄断化经营，在不知不觉间变成了常规操作。从 1890 年到一战爆发前夕，英国政府有 10% 的财政收入来自邮局。烟草或许是仅次于盐的政府垄断经营历史最悠久的例子，而这有时也会带来麻烦。在 1848 年的动荡中，意大利民族主义者对奥地利哈布斯堡帝国的过度压迫感到愤怒，米兰爆发"烟草骚乱"，抗议者反对在伦巴第地区对烟草销售持有国家垄断权的奥地利统治者征收的高税收，导致近60人伤亡。冲突爆发的导火索是米兰人发誓抵制烟草，而一群奥地利士兵在公开吸烟。[11]

在20世纪很多时候，一些业务被纳入公共部门并非为了增加财政收入，恰恰相反，而是出于效率或社会方面的考虑，要求这些业务保持亏损经营。桥梁就是这样的一个例子，公共经济学领域的先驱朱尔斯·杜普伊（Jules Dupuit）也谈过类似的话题。[12] 桥梁的建造成本很高，而一旦建成，增加一个人通行的资源成本则往往几近于零。因此，对通行桥梁收取任何费用都是不合理的，那只会让某些本来打算过桥的人放弃该行动，而通行本身不会带来任何社会成本。但问题在于，私人企业不会愿意去修造一座无法收费的桥梁。显而易见的解决方案是由政府来修造桥梁，或者由其雇用私人企业去完成。同样的逻辑也普遍适用于其他自然垄断的情形：在此类活动中，随着产量水平的提高，平均生产成本变得更低（例如过桥的人越多，每个人平摊的建桥成本就越低）。这意味着最好把生产集中到单一企业，并且收取低于覆盖成本所需的费用。由此可见，解决方案将是公共所有权。

然而随着国有企业的发展，人们对其效率的疑虑也在增加。英国的玛格丽特·撒切尔在1979年选举中将其作为核心议题提出来。批评方指出，缺乏竞争导致国有企业产生不必要的高成本；另有人认为，修造桥梁的成本必须以某种方式来覆盖，而通过一般税收的方式比允许私人运营商对服务收费造成的危害可能更大。他们还提出，无论如何，许多国有企业（例如邮局）是否真正符合自然垄断的条件其实远非那么一目了然。英国的结局是大规模的私有化：把公有资产重新归还到私人手中。[13]

虽然如此，国有垄断机构依然在世界上许多地方扮演着重要的增加财政收入的角色。例如，芬兰、冰岛、挪威、瑞典，加拿大的安大略省和魁北克省，以及美国的几个州都有政府所有的垄断机构，负责酒精类饮料的零售。富含石油和其他自然资源的国家往往让国有企业（包括国有独资或合资）来负责开采，这或许是它们最重要的财政收入项目。

对私人企业的信心重新增强给人以“往日再现”的印象，特别是复兴了过去曾遭人痛恨的一种做法：政府出售由其批准的垄断权。对于供给量固定、由公共而非私人拥有的某些资源来说，特别是石油或矿物等自然资源（通常归国家所有）以及电信资源（用以在特定带宽的电磁波频谱上传输信号），这已经成为配置使用权的常用方式。关键的差异在于，此类垄断权分配不再像詹姆斯一世时代以及后来的多数时候那样采用“选美”的方式，即由掌权者直接指定（伊丽莎白一世或许尤其如此），而是采用拍卖机制，也就是通过竞价，其目的是从垄断权购买方的经营活动产生的全部价值中尽可能多地抽取好处。

拍卖的想法并不新鲜，古希腊人就拍卖过采矿权，古罗马禁卫军显然对此也非常熟悉，美国曾利用拍卖方法来开采海洋石油，在1954—1990 年筹集了大约 2 800 亿美元的收入。[14] 近年来，拍卖的使用越来越广泛，有时能筹集到惊人的数额。例如英国的移动电话执照拍卖获得的收入，平摊到当时的全体居民身上，每人达到约 375 英镑。[15] 詹姆斯一世与路易十四毫无疑问会赞同此类做法。甚至古巴比伦人也不会对此感到陌生，据说他们拍卖过妻子。罗马的卡利古拉皇帝则拍卖过角斗士的性命。[16]

出售主权

这里自然要提到摇滚明星猫王（埃尔维斯 · 普雷斯利，Elvis Presley）的故事：为什么他的形象会出现在布基纳法索发行的邮票上？为什么无独有偶，马恩岛发行了 6 张邮票来纪念詹姆斯敦（英国人在美洲的第一个永久性殖民地）建成400周年？还有，为什么玛丽莲·梦露现身于乍得的邮票，格劳乔·马克斯现身于车臣的邮票，《活宝三人组》与《X战警》出现在蒙古国的邮票上？为什么蒙特塞拉特岛的邮票上会出现“感恩而死乐队”（Grateful Dead）的已故吉他手杰里·加西亚？这些邮票大多数其实从未运抵发行国的口岸，它们都是由外国代理商设计、制作和推销给全世界集邮爱好者，代理商则给发行国支付费用，以获得授权。

以上案例代表着“国家主权的商业化”。[17] 任何人其实都可以选取猫王主题或迪士尼动画角色，印制和推销邮票，但很可能无人购买，因为那样的邮票缺乏由国家权力机构发行带来的基本意义与合法性。“国家的权力至少有部分来自它作为国家的称号”[18]，邮票发行就是这种本质的一种表现：国家的权力可以被用来筹集财政收入。

政府权力在这方面的一个重要特征是，它或多或少并不依赖于财富、税基、规模以及国家本身的其他任何属性。与G20（二十国集团）的成员相比，一个加勒比地区的小型岛国同样是一个国家，掌握着令众多集邮爱好者着迷的邮票发行权，也可以建立能吸引外来跨国企业的税收制度。由于这些国家没有更多其他资源，主权的商业化对它们来说或许具有特别显著而重要的意义。[19] 它们能够出售的其他东西或许非常少。例如，太平洋上的小岛国图瓦卢地处偏远，资源匮乏，它非常乐意借助自己的国名创立互联网域名“. tv”，再以5 000万美元的价格卖掉其使用权，使本国的GDP暴涨50%。[20] 公民身份是国家地位另一个极具价值的可出售的特征。有二三十个国家给公民身份或获取此类身份的途径明码标价。有人估计，圣基茨和尼维斯借助这种方式获得的收入在2014年的高峰期达到GDP的14. 2%。[21] 其他一些加勒比岛国也在如法炮制，规模更大的高收入国家有时同样给大投资人购买本国公民身份开辟了专门的途径。[22]

《还给寄信人》——布基纳法索发行的猫王纪念邮票

廉价劳动力

统治者很早就发现，其他人的艰苦劳动乃至生命是唾手可得的资源。

劳而无获

劳役的历史就像山丘一样古老，甚至某些山丘正是由劳役创造的。我们的世界遍布坟丘，即人工垒成的土堆或石堆，通常矗立于王公贵族的墓穴之上，它们的修造需要巨量的劳动力投入。例如英格兰境内的西尔布利山（Silbury Hill）是欧洲最大的坟丘，可追溯到公元前 2400 年，却是座神秘的空坟，有专家估计它的建造需要 1 800 万工时的艰苦劳动。[23]

古代的许多伟大帝国也大量利用劳役。据说在第四王朝时期统治埃及的法老胡夫持续 20 年每年驱使 10 万名工人劳作 3 个月，以修造吉萨大金字塔。[24] 事实上在古埃及语言中，劳动力与税收是同义词。劳役在古代中国也被广泛使用，史上第一个皇帝秦始皇（公元前259—前210年）就利用劳役兴建若干庞大的公共工程，包括长城、运河，以及全国性的道路和驰道网络。

劳役也是中世纪欧洲封建制度的核心。对骑士阶层而言，封建义务就是强制性的军事服役，通常还要带上一名随从，加上有足够威慑力的装备。“征服者威廉”的最大封臣则需要每人带上50名左右的骑士。[25] 对农民而言，则意味着从事田间劳役、修整道路等。时光荏苒，这些义务被转化为更明确的类似税收的项目，但转化过程的时机与性质各有不同。英格兰出现变化的时间相对较早。法国的贵族则在继续呼吁免除直接纳税的义务，因为他们在原则上仍必须参与军事服役。同时农民的义务即所谓徭役，仍是主要的抱怨对象。在奥地利统治的区域，劳役持续到1848年。[26]

这种现象至今仍在延续。卢旺达保留了名为乌姆干达（umuganda）的多个世纪以来的社区劳动传统，要求每个月的一个周六从事无偿劳动。[27] 近期对10个发展中国家的一项研究发现，它们都普遍存在以劳动来充当实物支付的做法。[28]

富人的战争与穷人的肉搏

有一种形式的劳役把这些问题表现得淋漓尽致，并引发了其他议题，也对税收制度的发展产生了深远影响，这就是征兵制度。[29]

进入近代以后，法国人在1793年革命战争之初引入了大规模征兵制度，然后于1798年建立了永久性的常规征兵制度。很快又发展出了广泛的保险制度，以便在某个男性劳动力被征兵抽签选中时，为投保人弥补相应的替代成本。[30] 值得注意的是，英国人当时没有引入征兵制度，而是借助自己的财力扶持盟国承担大部分陆战任务。美国在南北战争时期引入征兵制度，南方邦联于1862年5月实施，北方联邦于次年3月效仿。英国在1916年引入征兵制度，当时常备军兵力损失严重，愿意填补缺口的志愿兵太少。与此同时，和平时期服兵役的要求——为期仅为几年，主要是参与训练——到 19 世纪末在许多大陆国家已经成为惯例。有时候，兵役可以被免除。美国南方邦联一开始允许被征召者寻找替代者，即雇用其他人来为自己服兵役，但这种做法后来被废止。北方联邦一开始既允许找人替代，也允许缴纳 300 美元来免服兵役，该数额不算小（相当于今天的约 5 000 美元），但年轻的约翰·洛克菲勒与后来的总统格罗弗·克利夫兰都筹到了这笔资金。[31]

反对征兵制度的某些人声称，只有志愿入伍才能吸引社会中的"最优秀分子"，因为志愿兵更具爱国精神，战斗力也会更强。征兵制度还遭到另一个视角的批评：志愿军队是动员资源更有效率的办法，因为对社会经济贡献较低的人（以他们从其他行业能获得的收入衡量）会认为参军的吸引力较大。不过完全依赖志愿兵会面临一大问题：赢得战争的收益（或输掉战争的成本）具有公共品的许多特征，也就是说，很难不让没有做出贡献的人分享战争收益；但同时，参与战争的成本是高度个人性质的，代价还可能非常大。因此志愿军队的规模通常来说总是太小。原则上，这可以通过支付足够高的薪水来解决，但会很花费金钱和时间。英国在 1916 年处于战败和混乱的危急时刻，无法再考虑这种途径。

效率不代表一切。以交钱代替服兵役的方式后来被视为本质上缺乏公平，违反了"横向公平"的原则，即大致相同的人应该得到政府的平等对待（本书第 6 章将对此展开讨论）。用这种观点来看，不应该只根据父母拥有的财富多寡来判断某个年轻人是否适合服兵役。法兰西第三共和国的首任总统阿道夫·梯也尔（Adolphe Thiers，1871—1873 年在任）则持相反的立场，认为相比富人来说，穷人更能忍受兵营的恶劣条件，为此付出的牺牲更少，但结果表明这种观点对他的选举不利。无论在美国还是英国，乃至其他主要参战国，一战时期及之后都不再允许替代服兵役。不过兵役还是有其他豁免情形，包括根据年龄和婚姻状况（这反映了不同维度的横向公平，如已婚男子在这方面不同于未婚男子），以及从事战争需要的某些熟练工种的人，例如英国在二战期间对贝文男孩（Bevan boys，被强制征召的煤矿工人，因劳工部长贝文而得名）的兵役豁免。在美国南北战争期间，免服兵役的情形很多，大约41%的可征兵男性得到了豁免，要么因为身体或精神缺陷，要么因为是可怜寡妇的独子、体弱多病父母的依靠、仍在抚养未成年子女的鳏夫等。[32]

富人好像总是能找到规避高税收的办法，以此类推，他们中的许多人似乎也能够逃避兵役。例如在1917年，美国媒体频繁抱怨亨利·福特的儿子与报业巨头斯克利普斯（E. W. Scripps）的儿子获得了缓服兵役的待遇，事情吵得沸沸扬扬。[33] 与有些人的推测不同，富人在入伍后未必总能得到更轻松的岗位，例如在一战期间，英国军队中有12%的普通士兵阵亡，而军官的阵亡比例达到了17%。[34] 不过如之前第2章所述，20世纪的大规模军事动员引发了关于公平话题的深刻讨论，为税收累进性在战后的显著提升赢得了民意支持，启发了对资本收入征税的新思想，并永久性地改变了政府的规模与角色。[35]

在征兵时，正如任何税收征管官员所能预见的那样，总会出现逃避问题。其中有非法的直接逃避，例如在美国南北战争中，19%的联邦军队征召对象没有到体检处报到；在一战中，美国有12%的征召对象逃逸。[36] 还有合法的逃避手段，在婚姻可以作为免服兵役的条件时，人们无疑会赶紧结婚。某些被征召者则带着假冒的妻子和借来的婴儿到征兵处以逃避兵役。另外还有过度积极的应征带来的问题，这是税务部门很少遇到的情形，例如，偶尔会有妻子推着丈夫去征兵处报名，只是想为家庭保证一笔正常的收入。毫无疑问，也有些妻子是巴不得将丈夫送往某个危险而遥远的地方。[37]

政府应对征兵中不配合现象的策略，与现代税务当局采用的许多办法（本书第13章的主题）相似。某些逃避手段会被识破并拒绝，例如在美国南北战争期间，“睾丸上缩”者可以免服兵役，但附带条款规定："有意识地收缩不属于免服兵役的范围。"[38] 当然，冒着受惩罚的风险直接逃避兵役才是主要问题，而政府也有手段促进民众的遵从。例如在一战期间，美国设计了一套征兵制度，使服役看起来跟志愿入伍乃至参与选举非常相似，至少在初期阶段是如此。各地的民间志愿者在给年轻人做征兵登记时，采用了酷似登记选票的办法，比如，征兵登记处就设在每个选区的投票点。[39] 另外，正如某些国家如今会公开纳税记录以增强对税收遵从的公众压力那样，美国在一战中也会公布登记者的姓名，从而变相宣布哪些人没有登记。民间惩罚措施也随之出现，其中最令人难堪的是英国的"白羽毛"运动，妇女们为了谴责没登记者，会给他们寄去乃至公开递交一根象征懦夫身份的白色羽毛。[40]

尽绵薄之力

当政府索要馈赠时，你就知道它们遇到麻烦了。之前介绍过，在1789年大革命的高潮时期，法国新组建的国民大会充满激情地放大了自己从旧政权继承的财政危机，很快只好求助于民众的爱国奉献。这在一段时间内卓有成效，名媛贵妇到国民大会捐赠珠宝，甚至"巴黎和凡尔赛的娼妓……也捐献了部分收入"。[41] 九年后，随着英国深陷与革命派掌权的法国的战争，小皮特首相试图通过"三部课征捐"（Triple Assessment）来大幅提升财政收入，事实上导致富人的税负增加至原先的5倍。小皮特对此结果感到不安，于是决定让税负依然少于收入10%的人自愿追加缴税。结果表明，与民众普遍逃避的三部课征捐办法相比，这一做法筹集的税款几乎相同，令他在厌恶之余又略感欣慰。[42]

战争不愧是促进人们向政府捐款的主要驱动力。例如在1642—1651年的英国内战期间，交战双方一开始都靠捐赠来提供支持，议会的武装力量甚至被称作"顶针和锥子大军"。[43] 在1813—1815年的普鲁士解放战争中，王室敦促所有国民捐出金银珠宝来支持反抗拿破仑的起义。作为报答，捐赠者会得到铁制珠宝，上面通常镌刻有“我为国防捐黄金”“为了祖国的安宁”等字样，或者在背面塑有威廉三世国王的肖像。一战中再度出现了类似呼吁，由贱金属制成的带有铁十字装饰的结婚戒指、胸针和珠宝被发放给爱国民众，以换取他们手中更为精美的金银珠宝和装饰品。墨索里尼在 1935 年如法炮制，鼓励公众捐出金银首饰来换取刻有“为祖国献黄金”字样的钢制手环。他的夫人雷切尔据说也捐出了自己的结婚戒指。二战刚刚爆发，英国首相斯坦利·鲍德温（Stanley Baldwin）就遭到抨击：不仅未能阻止战争发生，也没有为战争捐出自家的大铁门。[44]

法国名媛贵妇的爱国捐赠

当然，给政府捐赠的事情并不只是发生在战争期间。在古代雅典，资助祭祀活动在某些市民看来是难得的荣誉和展示财富的机会。当然对其他人而言并没有那么重要。即使在今天，至少仍有一些美国人自愿给政府捐赠。20 世纪 90 年代后期，在财政拮据的加利福尼亚州，当地中小学和学区获得的民间捐款通常超过每名学生 100 美元，少数情形下达到每名学生 1 000 美元。[45] 原因或许在于，在学校和学区的背景下，小规模社区内的居民家庭之间建立起了密切联系，培养出一种群体认同感，从而帮助他们做出了捐赠多少钱的非正式集体决定。由此还养成了一种社会习俗，促使某些人克服了搭他人捐赠的便车心理。与这个解释相对应的是，平均而言规模较大的社区对学校的捐助水平较低，因为那里更难以维持此类社会习俗。

我为国防捐黄金，获此铁牌作为荣誉

比本地学校所获捐款更不容易解释的是某些美国人给联邦政府的捐赠。自 1961 年以来，国会便允许民众为减少国家债务而捐款。自 1982 年以来，美国国税局（IRS）在所得税手册中收录了对此如何操作的指导建议。[46] 当然这种自愿捐赠不太可能在短时间内解决美国联邦政府的赤字问题。2017 年，此类捐赠的总额约为 270 万美元，大致相当于当年联邦税收收入的 0.000 1%。但偶尔会遇到有人提供大笔捐款的情况，例如在 2014 年，有位匿名人士捐出了 220 万美元。

只是在某些时候，捐赠并不是真正自愿的。给喜得贵子的罗马皇帝或中世纪欧洲国王捐赠或许不是被逼无奈，但肯定属于明智之举。

对英国的都铎王朝和早期斯图亚特王朝而言，国王索要“善心”捐赠是常见的财政纾困办法。伊丽莎白一世女王在接受此类捐赠时至少还表现得非常体面。考文垂市市长交给女王一个装有100英镑的精美钱袋，恭敬地说，除此之外还有更珍贵的礼物：“她的忠实臣民的一片丹心。”女王回答说：“诚如爱卿所言。”[47] 查理一世则不太会展示此等魅力。1622年，他要求一位80岁高寿的奶酪商做出选择，要么给自己提供一笔不菲的现金捐赠，要么用奶酪来招待当地的驻军。[48]

履行你的封建义务

封建主义巅峰时代的一个标志是：给封建食物链更上层的人提供各种名目繁多的强制贡献，其中包括支付赎金的义务。例如1215年的《大宪章》明文规定，这不需要征求同意。[49] 另外，就像狮心王理查一世的臣民看到的那样，赎金可能是一笔天价巨款。然而事情的发展并不总是按照计划推进。

1356年9月19日，法兰西国王约翰二世（Jean Le Bon，号称“好人约翰”）在普瓦提埃战役中吃了败仗，被英格兰国王之子“黑太子爱德华”俘虏。约翰二世这条“大鱼”被带到伦敦，并标上了400万金埃居的天价赎金（还要加上对他的招待费）。然而约翰二世的儿子不按规矩办事，拒绝了英方的要求。接下来通过谈判，约翰二世于1360年获释，承诺日后补交降价后的300万金埃居赎金，同时让英国人扣留他的兄弟和两个儿子。但其中一个儿子又从中添乱，潜逃回了法国。此时约翰二世做出了极具骑士精神的举动，亲自返回伦敦接受关押，并于1364年在那里去世。

在关于到底应该由谁来行使强制征税权的斗争中，封建义务变成了中心议题。英国的危机始于资金紧缺、对议会过敏的斯图亚特王室，他们高度依赖的其他封建敛财工具甚至在当时就已表现得不合时宜。这个时期的特点是“混杂不清的财政收入，既不属于中世纪也不属于近代，说不清是合法还是非法，在理论上没有合理性，在实践中又不可或缺”。[50] 例如在1631年[51]，查理一世试图在统治中摆脱议会的束缚，重新采用骑士资格限制办法（基于1278年的一部法律），迫使拥有土地价值超过40英镑的全体人士都缴纳一笔资金，才有资格出席于1628年（3年之前）举办的他的加冕礼。[52] 在查理一世统治时期，对未能履行此义务者的罚金累计达到约18万英镑。[53] 王室还有权对继承人的财产承接收取费用，这可以被视为一种遗产税或房产税。

国王收取此类费用的权利并不存在争议，收取“船税”的权利同样如此。在紧急时期，要求沿海市镇和郡县提供某个吨位的船只以及随船人员。[54] 查理一世在1634年重新启用这种收费制度后，初期遇到的反对声音不大，因为此类费用相当常见（上一次征收是在1619年），也似乎有充分的合理性，因为英格兰海岸附近的巴巴里海盗颇为猖獗。可是到次年，这笔费用被扩展到内地。1636年，国王声称自己是决定是否出现紧急状况的“唯一裁决者”。此时，符合永久性大额税收特征的一些基本元素已经具备，而且不需要通过议会的任何批准程序。为了在统治中摆脱议会的束缚，顾问们给国王献计献策，船税正是“他们的聪明才智的终极表现”。[55] 事情开始慢慢向坏的一面发展。[56]1638年，针对约翰·汉普顿没有支付2.17英镑的船税，法院以微弱的表决优势做出了惩罚性判决。而随着有关船税的令状逐年发出，缴费的遵从度在下降。对1639年发出的令状，仅有20%的征缴金额在规定时间内入账。[57] 国王需要更多资金来应付同苏格兰人的战争，于是在1640年重新召开了议会。在被再次解散前的很短时间内，议会迅速废除了船税和骑士资格限制办法，并坚持按照1628年《权利请愿书》（Petition of Rights）的规定制约国王的税收及其他权力。[58] 英国内战遂于1642年爆发。

内战终结了英国的封建义务，但某些奇特的传统仍被保留了下来，包括福南梅森百货公司以及过去的哈罗德百货公司在内，许多英国公司今天依然会骄傲地在自己的产品和招牌上标注“受命于女王陛下”。该说法带有中世纪“采买权”的痕迹，意指英国王室能够以低于市场的价格购入商品，他们也充分利用了这一特权，伊丽莎白一世女王尤为热心。作为顾客，君主们并不总是像今天这样广受欢迎。

越界惩罚

对违规者处以罚款或其他处罚的威胁，是各国政府确保税收遵从的主要手段之一。更普遍地说，不同时代的统治者都学会了把执法变成一项挣钱的事业。

古巴比伦国王汉谟拉比（公元前 1792—前 1750 年在位）颁布的法令宣布，偷窃牲畜将被处以最高可达所盗取财物价值 30 倍的罚款。[59] 在古罗马，任何人如果被发现破坏供水系统，将被处以 10 万赛斯特斯的高额罚款。[60] 统治者对于背叛变节行为可能感到欣喜的少数理由是，惩罚措施往往不仅极其严厉，而且有利可图，包括没收罪人的全部财产（英国直到 1870 年仍在实施）。罗马帝国提比略皇帝（公元 14—37 年在位）就因为利用伪造的变节指控来创收而声名狼藉。法国大革命期间，政府会没收被送上断头台者的财产，当时对处决犯人有一种流行的委婉说法，即“他们将被送到革命广场（行刑的地点）去铸造钱币”。[61] 与之类似，在 1531 年同罗马教廷的决裂中，亨利八世对英格兰的教士处以 11. 8 万英镑的巨额罚款，开辟了一笔新的财源，处罚的理由是蔑视王权，因为教士们拥护教皇的裁决。[62] 这个金额比他在决裂前的正常年度总收入多出了 30%。

通过罚金获取收入的前景可能激励执法部门过度执法，在美国南方及其他地方穿越城市街道的人偶尔会感受到这一点。例如仅有 1 万多居民、4 平方英里大小的佐治亚州多拉维尔小镇，在 2013 年收获的各种罚款多达 220 万美元，几乎是当地全部财政收入的四分之一。[63] 许多对罚款乐此不疲的小镇分布在美国 I-75 高速公路沿线，那是通向迪士尼乐园的要道，游客众多，表明这又是一个有千百年历史传统的对“外人”征税的典型案例。20 世纪 60 年代，在同样位于佐治亚州的卢多维西镇，据称当地警察藏身于一家理发店，人为操纵市中心的交通信号灯，以便抓获因突然变灯而猝不及防的司机。这些滥用职权的行为促使当时的佐治亚州州长莱斯特 · 马多克斯（Lester Maddox）采取特殊行动，树立广告牌提醒司机远离卢多维西镇。今天佐治亚州禁止超速罚款超过警察局预算 40% 的上限（对过分的违规行为除外）。[64] 不过，对鲁莽驾驶的过分查处仍在各地上演，例如得克萨斯州的帕默镇在 2015 年仅有 2 023 名居民，却在一个月内开出了 1 080 张超速罚单。[65]

超速陷阱还是税收减免？——美国佐治亚州州长于 1970 年树立广告牌提醒司机当心卢多维西镇

资料来源：Courtesy，Georgia Archives，Vanishing Georgia Collection，lon001。

超速罚单令人恼火，但罚款斩获的资金有时候非常惊人，例如有个案例的罚款金额达到 2 060 亿美元。那是在 1998 年，美国最大的四家烟草公司同 46 个州的总检察长达成的和解金[66]，后者试图借此追讨香烟造成的健康损害。[67] 包裹这剂苦药的糖衣是，那几家公司被免于追究因烟草造成的私人侵权责任。不过“烟草大和解协议”并不是真正意义上的罚款。比如，赔偿金额并未与过去的烟草销售额挂钩，四大烟草公司之外的其他企业（包括该产业的新来者）都需要按照协议规定支付赔偿金。另外所有相关方都很清楚，和解金的真正负担不会像罚款的本来意图那样，落到烟草公司及其股东或高管头上，而是会转嫁给未来的烟民。这些赔偿金实际上是对未来香烟销售的税收。和解协议规定了未来 25 年需要缴纳的具体金额（会根据通胀和销量调整），再根据各家公司的市场份额按比例分摊。所以一家公司的销售额越大，需要支付的赔偿金越多，这完全符合税收的特征。[68] 但这种安排满足了各方面不将之称作税收的要求：

> 各州希望把自己的行动标榜为对“大烟草公司”的胜利，而非增税……采取胜诉费收费模式的律师可以得到一定比例的“损害赔偿金”，但不能分享增长的税收。烟草公司希望把自己的让步描述得很痛苦，而不愿意承认自己是通过牺牲顾客的利益，同意提高烟草税，以换取诉讼的终止。[69]

还有更多

最后还有两个展示人类在发明改头换面的税收上拥有无穷创造力的例子。

男孩子们的工作岗位

卖官鬻爵，即出售公共职位并将其转化为个人财产，在历史上由来已久，柏拉图和亚里士多德都曾谴责过这种现象。[70] 但从 16 世纪早期开始，这种现象在欧洲蔓延开来：英国程度较轻，西班牙更为普遍，法国则无孔不入。[71] 卖官鬻爵在法国甚至变成了一种生活方式，一台四处延伸的国家机器。[72]1522 年甚至设立了一个名为临时收入司库（Parties Casuelles）的专门政府机构，负责监督这个日益复杂的体系。到 17 世纪 30 年代，法国国王的收入中有四分之一乃至更多是来自卖官鬻爵。[73] 尽管此后它在财政收入中的地位有所下降[74]，但在旧政权末期的 1789 年依然不可小觑，整个法国约有 1%的成年男性的职位是花钱买来的。[75]

当时有各种公职适合大小不一的钱袋子，从巴黎的码头工人到最高等级的贵族。其中最主要的类型在 1771 年可能占各种可出售职位总价值的四分之三，涉及 18%的公职人员，这类职位会给在职者提供定期报酬（gages），因此类似于以年金形式偿付的政府借款，职位报酬通常会以要价的某个百分比公开标出。[76] 更类似的一点是，大多数出售的职位还带有某些财政特权，例如可以免除盐税或者土地税，后者是当时最主要的间接税，其免除尤其受到珍视，这至少代表着一种身份。[77]

整个卖官鬻爵体系实际上是一种庞大的隐性政府举债操作。雅克·内克（Jacques Necker），1777 年至 1781 年以及 1788 年至 1790 年 7 月初事实上的财政大臣[78]，估计国王为这些职务支付的报酬约为其全部偿债支出的 20%。[79]

卖官鬻爵的目的就是筹款，对这点几乎毫无掩饰。1637 年的一项法令说得很清楚：创设这些职务主要是为了获得其带来的资金……而非出于增加官员数量的必要性。[80] 然而，卖官鬻爵付出了沉重的政治成本。司法机构和直接税征收机构的官职被大量出售，等于培养了一批有权有势的债权人，他们既不愿意重组隐性债务（会损害自己的利益），又抵制取消税收优惠。在传统上，改革方案必须在高等法院登记，而这个机构主要被买官上位者占据。1648 年的改革尝试直接引发了首次投石党运动（17 世纪中叶的法国内乱）。腐败的巴黎高等法院在 1787 年 11 月没有批准布里耶纳的税收改革，最终推动了三级会议的召开，继而点燃了大革命。法国旧政权的税收改革遭到扼杀，主要是因为短视的国家债权人的强力阻挠，而非专制君主不愿意尝试。

法国的卖官鬻爵现象于1789年8月4日的漫长夜晚，在国民大会纷乱争吵的会议之后终于画上了句号。令人唏嘘的是，作为这个不光彩制度的结局的象征，果断地通过法令终止它的国民大会竟然有约一半的代表是依靠它获得的官职。[81] 由于这项崇高的举动，这些人还将获得赔偿。然而不太令人愉快的是，到这个过程结束时的1794年，对他们的赔偿将以指券来发放。[82]

很少有国家像法国旧政权那样彻底地拥抱卖官鬻爵制度，不过，英国对荣誉头衔的利用有着相似的味道。[83] 此类荣誉一直被当作实物形式的报酬，例如，因为有望获得某种头衔，一代代的公务员收敛起对上司的轻蔑，并愿意接受比其他地方更低的工资。另外头衔也在以现金形式出售，而且并不总是服务于国家利益。劳合·乔治与托尼·布莱尔首相都在这方面卷入过非议，前者为个人利益出售荣誉头衔[84]，后者则把给工党提供巨额借款者纳入非世袭爵士的提名。很少有人记得某些荣誉头衔本身就是为出售而创立的。詹姆斯一世出售的骑士资格的数量可谓前无古人，他还在1611年创立了“从男爵”爵位，标价1 095英镑。刚开始他承诺出售的爵位数量会有限制，但与许多没能抵制住诱惑的君主一样，他后来食言了。1622年，只需要220英镑的抄底价格就能买到从男爵爵位。[85]

对愚蠢征税

“对愚蠢征税”，这不是我们发明的说法，据说出自伏尔泰。他指的是博彩，从中国的汉朝起就成了一种政府收入来源。伏尔泰认为，只有在参与者总体上亏钱的时候，博彩的组织者才能够盈利。然而，参与者乐此不疲，因为他们会高估自己获胜的概率或者仅从博彩过程中就能够获得享受。[86] 有意思的是，伏尔泰本人曾通过参与博彩发了财，他和一位擅长数学的朋友发现彩票价值被低估了，便通过购买了所有的彩票而获利。[87] 无论愚蠢与否，博彩对大众的广泛吸引力在多个世纪以来促使政府参与其中，由此获得的利润与税收很相似，而且具有显著的累退性。[88]

英国人在美洲的首个殖民地詹姆斯敦于 1607 年开始兴建，部分资金就来自詹姆斯一世开办的博彩业。威廉三世（1689—1702 年在位）与安妮女王（1702—1714 年在位）也都利用博彩业来筹集资金。法国人亦不遑多让，贾科莫 · 卡萨诺瓦（Giacomo Casanova）在没有找到其他事情可做的时候，开办了第一家政府经营的博彩业。美洲殖民地很快跟上潮流，利用博彩收入来支持公共工程的兴建，包括桥梁、图书馆、道路和灯塔等。到 1775 年美国独立战争爆发时，殖民地已有大约 160 家博彩机构在发行彩票。[89] 但广泛的滥用权力行为，包括对公共部门官员的贿赂，导致美国在 1894 年封禁了博彩业。直到 1964 年，新罕布什尔州在一次全民公决后打破了这一禁忌。截至 2019 年，美国有 44 个州允许经营博彩业，2015 年的销售总额高达 739 亿美元，利润约为 209 亿美元。[90] 人类的愚蠢（假如这算得上的话）确实可以成为令人眼馋的财源。

改头换面的税收还有很多。事实上，政府做的许多并没有增加财政收入的事情也完全可以理解为某种形式的税收。例如，1351 年的英格兰《劳工法》禁止劳动者索要并禁止雇主支付高于黑死病流行之前 1348—1349 年的名义工资水平。这实际上是对劳动者的一笔税收，金额等于他们的现行市场工资水平与瘟疫前水平的差距，税款全部归他们的雇主所有。从理论上讲，价格管制与税收是大同小异的事情。

* * *

在本书第一篇中，我们看到各国政府数千年来对于如何汲取资金表现出了惊人的灵活性和创造性。虽然采用的具体方法有所改变，但它们在行使强制力时面临的根本问题并无不同。那就是要找到征税的最佳办法（包括有税收之名和无其名却有其实的各种类型），不仅能筹集所需的收入，还能产生足够的公平感，以维持政权的延续；这些办法不会对广泛的经济活动带来过多的附带损害（甚至还能有所助益）；而且能够在实践中有力地执行。接下来的三篇内容将针对这些根本问题逐一展开讨论。我们面对的第一个问题或许最为关键，即关于什么样的税收才具有公平性，过去几千年的历史能带给我们哪些启示？由此会不可避免地引出另外一个更为微妙的问题：归根到底，税收负担落到哪些人的头上？

第二篇

受益者和受损者

对伟大帝国的千百万芸芸众生而言，统治者的残暴带来的恐怖远不如其贪婪。他们的卑微幸福会轻易被沉重税负伴随的委屈不平所剥夺，税收压力对富人来说往往无关痛痒，却会让更为拮据和贫苦的社会阶层不堪重负。

——爱德华·吉本（Edward Gibbon）[1]

第4章
足够的公平

相比负担本身，人们对不公平的抱怨更为强烈。

——托马斯·霍布斯（Thomas Hobbes）[1]

公元60年，爱西尼（古英格兰部落）的布狄卡王后手握长矛，“表情严肃，眼神凌厉”，向她为反抗不列颠的罗马占领者而召集的将士们发表了慷慨演说[2]：

> 我们被抢走了大多数财产……剩下的还要缴税，不是吗？……我们要为自己的身体每年缴纳贡赋，不是吗？……跟头上顶着税收过日子相比，遭到杀戮乃至毁灭又有哪点不好！[3]

这些其实是一个世纪之后，由历史学家卡西乌斯·迪奥（Cassius Dio）假借布狄卡的嘴说出来的语句。老实说，迪奥对于布狄卡到底说了什么恐怕根本没有任何依据，他给王后安排的演讲更多是想产生文学效果，并表达他对不列颠起义爆发时的尼禄皇帝的厌恶，而非如实描述历史。人们更多记住的起义诱因是在布狄卡的丈夫死后，罗马人鞭打了她，剥夺了她的继承权，并强奸了她的女儿们。但无论卡西乌斯·迪奥发挥了多大的想象力，布狄卡召集起来的各个部落能够被充分激怒，然后把科尔切斯特和伦敦夷为平地，把他们抓到的罗马人及其合作者统统杀掉，遭人痛恨的精英群体通过税收之类手段实施的压迫显然是根源之一。只是凭借人数众多、策略狡猾和装备精良的军团，罗马人方才在英格兰中部的某个地方摧毁了布狄卡的武装，保住了对不列颠的统治。同时他们也从中吸取了教训：在残酷镇压起义之后，罗马人任命了一位新总督，他会更加和谐地处理当地的敏感问题。

这场起义揭示的更普遍的道理是，即便不考虑内心是否真正在乎公平，任何在乎自身延续（无论是指实体还是选举意义上）的政府都无法忽视社会对它的压迫和不公平的印象。换句话说，政府需要表现出足够的公平。政府如何征税只是它要表现出公平程度的一个方面，但鉴于税收对普通民众的日常生活的直接影响，这或许是最有影响力的一方面。

税收公平包含若干彼此重合的部分，经济学家通常将其分为两个维度。其中一部分是对富人和穷人的相对待遇，即所谓的“纵向公平”。[4] 另一部分则是如何对待物质财富以外存在差异的各个群体，即所谓的“横向公平”。本章和下一章将着重考察纵向公平，第 6 章则讨论横向公平。我们将从某些灾难性的不公平税收案例的教训说起，分析纵向公平的真实含义。然后我们将看到，远在现代所得税引入之前，各国政府就在努力提升税收制度的公平，以避免罗马定居者在科尔切斯特遭遇的厄运。

挂上人头的长矛

各国政府（尤其是英国）发现，违背纵向公平的基本理念并威胁自身生存的最直接方式，就是不考虑人们的物质条件差异，对所有人征收相同的税款，即所谓的“人头税”。但据称，有人（特别是法国人）甚至找到了更容易惹麻烦的做法：对有钱有势者征收比穷人更少的税。

人头税与英国人

卡尔·马克思指出："黑格尔在某个地方说过，一切伟大的世界历史事变和人物，可以说都出现两次。他忘记补充一点：第一次是作为悲剧出现，第二次是作为笑剧出现。"[5] 仿佛是纯粹为了找乐子，英格兰人以 1380 年和 1990 年的两次灾难性税收政策选择为此提供了绝佳的注释，主要区别在于，后一次被命名为"社区收费"（community charge），但实际上是人头税，而前一次在历史上被称为人头税，但实际上属于社区收费。

悲剧事件始于 1380 年末在寒冷的北安普敦召开的一次议会会议，当时面临严峻的财政危机：新任大法官兼坎特伯雷大主教西蒙·萨德伯里宣布，需要筹集前所未有的 16 万英镑的资金。甚至王室的珠宝也被典当了，整个国家陷入沮丧的情绪。英格兰同法国的战争在初期捷报频传，包括在 1356 年的普瓦提埃战役中俘虏了颇具骑士风度的法国国王约翰二世，但后来看似绵延不绝的战事变得对英方不利起来，甚至有遭遇入侵的现实忧虑。与苏格兰的边界上也出现了麻烦，下层社会变得桀骜不驯，1348—1349 年的黑死病夺去了约三分之一人口的生命，并引起了给平民提高工资、让地主降低租金的巨大压力。政府对此采取了抵制措施，特别是通过 1351 年的《劳工法案》。但这样做也给自己带来压力，例如威廉·朗兰（William Langland）在《农夫皮尔斯》（*Piers Plowman*）一书中写道："没有土地的劳动者如果不能得到足够薪酬，他就会诅咒制定此类不公正法律的国王及其下属的全体法官。"[6] 农奴们缺乏自由，为耕种土地不得不承担各种封建义务，因此极其憎恨他们面临的无穷无尽的苛捐杂税。[7] 此外，纺织品制造中心弗兰德的起义打击了羊毛出口以及与之有关的巨额收入。议会选择在北安普敦开会，则是由于伦敦的形势已变得过于危险。乐观态度的唯一来源是，国家有了一位新的年幼国王——理查二世。

为战争导致的异常开支筹款的通行办法是“十五分之一和十分之一税”。这是针对动产（谷物种子、农业器具、家禽家畜之类）征收的税[8]，在城市地区和王室领地按照十分之一的税率征税，在农村地区按照十五分之一的税率征税。[9]1334 年后，该税种不是在个人层面征收，而是针对每个社区设置一个与 1334 年纳税额相同的固定数额，具体筹集方式则由各个社区自行决定。[10] 这种征税办法的问题在于，黑死病对各社区的影响大不相同，所以他们在 1380 年的经济繁荣状况可能与 1334 年有着极大的差异。[11]

政府在陈旧的税收工具与激增的财政需求之间左右为难，于是在 14 世纪 70 年代后期尝试采用更多新的办法。1379 年政府引入了与社会阶层挂钩的税种，后来被广泛采用。此前的 1377 年还尝试过年代史编著者沃尔辛厄姆（Walsingham）所说的一种“前所未闻的税种”，这个税种的正式名称为格罗特税（tallage of groats），后来被更通俗地称作“初次人头税”。[12] 这种税对所有年满 14 岁的成年人每人收取 1 格罗特（相当于 4 便士）[13]，执行情况并不算太糟糕，它覆盖的纳税人数量极其庞大[14]，在两三百万的全国总人口中达到 1 355 201 人（类似的高覆盖面直至 20 世纪才重新出现），而且遇到的反抗很小，只有教士们因为首次需要纳税而表达过不满。因此在北安普敦召开的议会会议决定再次选择这条途径，可是税率被大幅提高，对年满 15 岁的成年人每人收取 1 先令，只有“真正的乞丐”除外。该税率达到 1377 年的 3 倍，相当于普通农业劳动者好几天的收入，并且是在一年中的收获季之前、人们填不饱肚子时收取。此次人头税的实施是引发 1381 年农民起义的直接原因。

只不过，这并不是真正的人头税。它的设想不是让所有人都缴纳 1 先令，而是对每个社区而言，平均每个人缴纳 1 先令。法律甚至明确提出：“强者可以给弱者提供帮助。”[15] 最穷者需要每对夫妇至少缴纳 4 便士，这在 1379 年还是可以承受的水平[16]，但更富裕者需要为此提供支援，直至每对夫妇缴纳 1 英镑的最高限额。我们或许会认为这种安排有些奇怪，可是富人需要帮助穷人的观念并不稀奇，共同承担社区义务的做法在 1334 年之后通行的“十五分之一和十分之一税”中已成为惯例。这种安排也并非没有实际意义，例如在萨福克郡的布罗克利村，有位绅士和其他富裕地主就愿意多承担些税款，以减轻底层群体的压力，让他们只需缴纳 4 便士的最低金额。[17] 借用后来撒切尔夫人的话来说，1381 年的人头税更应该描述为一种“社区收费”。

很快人们发现，这个税种陷入了大麻烦。早期的税收收入数据显示，英格兰的很大部分人口似乎消失了。于是新派遣的更严厉的税收专员受命去搜寻他们，而这些举动只能招来民众的敌意。结果表明，要求税收稽查员去核实年轻女性究竟有没有年满 15 岁不是个好主意。农民迅速拿起了武器，叛乱者向伦敦进军，一路杀人灭口、销毁记录。神秘的瓦特·泰勒（Wat Tyler）——英法战争中或许最身经百战的老兵——成为起义领导者。[18] 根据传说，泰勒被他女儿的遭遇所激怒：“女儿在尖叫，母亲在呼喊，瓦特·泰勒……将收税专员一击毙命。”[19] 1381 年 6 月 13 日，起义者已控制了伦敦。次日，年仅 14 岁的理查二世国王在麦尔安德会见了他们，答应了他们的所有要求，其核心内容是保证他们的自由。书记员们为此在紧张地准备文件资料。然而与此同时，萨德伯里大法官在祈祷会上被人拖了出去，遭到斩首，并且按照要求被砍了八刀。他的头颅很快被穿在一根长矛上，置于伦敦桥示众。然而第二天，英国历史上最重大的剧情之一上演了。

出于某种原因，或许是由于瓦特·泰勒此前没有现身于麦尔安德，起义者要求再举行一次会谈。于是少年国王理查二世与泰勒以及他们势力的代表在史密斯菲尔德见面了。泰勒似乎对国王有所不敬，可能触碰了匕首，或因为无节制饮酒，于是爆发了打斗。他被伦敦市长刺伤，又被其他人劈砍，在撤回自己阵营的路上坠马身亡。起义者们拿出了弓箭，但此时年轻的国王纵马上前，高声说道：“先生们，你们要射杀自己的国王吗？我仍将是你们的首领和指挥，会给予你们索要的东西，你们必须选择无条件跟随我。”[20] 一直以来都宣誓效忠王室的起义者听从了召唤，到夜晚来临时，这场叛乱事实上已经结束了。[21]

一场宏大抗税起义的失败——瓦特·泰勒之死

当然，背弃和报复很快随之而来。瓦特·泰勒的头颅替代了萨德伯里，被高悬于伦敦桥上，自由令状也被取消。面对一个前来重申起义者诉求的代表团，国王隆重宣告：“你们现在是佃农，将来也依然是佃农。”[22]

不过，议会知道这次事件可谓死里逃生，于是悄悄取消了人头税，回到“十五分之一和十分之一税”。但这次，地主们决定把该税收全部承担下来，以早期的英国式轻描淡写的方式解释称，这样做是为了“支持、帮助和救济可怜的民众，他们目前看起来比过去更加弱势和贫穷”。[23]

1381年的人头税并非起义爆发的深层原因，甚至没有出现在麦尔安德或史密斯菲尔德的请愿列表中。根本原因其实是，黑死病造成的经济结构剧变给下层民众带来了宝贵的机会，而政府试图剥夺这个机会。然而，该事件毕竟是一场由税收政策失误导致的血雨腥风。人头税给民众留下的印象是繁重且不公平，征管行动极具侵扰性、冒犯性，加剧了之前已有的经济困境和社会矛盾，政府也因这项政策失去了信誉与尊重。

忘记历史教训是愚蠢的一种重要来源。撒切尔夫人领导的保守党政府在1990年实施的人头税正是这样的案例。

与1381年的悲剧对照，这次事件同样起源于一个传统税种的缺陷：以过时的评估价值作为征税依据。这次扮演“十五分之一和十分之一税”角色的元凶，是针对住房和商业地产的租金征收的房租税。该税种是英国地方政府长期以来的主要财政来源，但极少被重新评估。撒切尔夫人的保守党还坚信，房租税导致了房主与租户的割裂，前者在表面上支撑着地方政府的支出，后者则从中受益并投票表达支持。因此保守党认为，地方政府的规模会不受限制地膨胀。当然，税负到底是由谁来承担有待商榷。例如有人会提出，房主会索要更高的租金，在某种程度上把房租税转嫁出去，使得名义上无须承担任何义务的租户实际上支付了部分税收。[24] 然而对于不需要直接缴税的人来说，房租税的显著性——被直接感受到的税负程度——确实很低。无论如何，撒切尔夫人领导的政府当时奉行的政策理念就是如此。

到20世纪70年代后期，改革地方政府税收制度的必要性被广泛接受。保守党提出的解决方案是“社区收费”：一笔金额固定的年度税收，这笔税收与人们的收入或其他境遇无关[25]，但会根据各地方政府的支出水平以及从中央获得的拨款水平而存在差异。按照撒切尔夫人提倡的核心原则，即每个人都应该有所贡献，这样如果选出挥霍无度的委员会，每个人都会遭殃，只有监狱的犯人能完全免于缴税。[26] 另外，这次没有1380年那种要求强势群体帮扶弱势群体的规定，这是真正意义上的人头税。

这轮改革“在英国税收史上极不寻常……整个方案出自一套完整自洽的原则，即政府问责制”。[27] 通常而言，通过明确的地方税为本地公共服务筹资是个好主意：可以促使当地政府在有效开支的愿望与缴纳税款的不悦之间找到平衡。近期也有一些关注税收领域的财政社会学学者强调，让大量民众缴纳税款有助于增进公众对政府问责的参与度。[28] 从理论上讲，这绝非英国历届政府尝试过的最愚蠢的改革，但却是最具灾难性的改革之一。

在英格兰和威尔士，该税种从1990年4月起生效[29]，每个成年人的平均应缴税金额为360英镑，比政府预测的数额几乎高出30%。[30] 人头税在各地方的差异与当地的收入水平基本上没有联系，例如在伦敦最贫困的区域之一哈克尼的税额为499英镑，而在最富裕之一的皇家肯辛顿和切尔西区仅为375英镑。[31] 税负明显从富人转向穷人，强烈的不公平感在各地蔓延：“有着占地4 000英亩豪宅的哈伍德伯爵……每年只需要缴纳大约700英镑，而生活在两居室住房里的人……要缴纳的税额却是伯爵的两倍。”[32]

特拉法加广场随即爆发了严重的骚乱，抗拒纳税的行为极其普遍，并打上了朗朗上口的宣传语：“缴不起，就不缴。”头一年的实际征收金额比预期少了三分之二。在伦敦的几个行政区，至少五分之一的纳税人需要传唤才去缴纳。[33] 不遵从现象在缴纳额最高、失业率最高的地方最为严重，这一点也不令人意外。[34] 甚至出现了与1381年事件相呼应的另一个现象，即女性受到的影响，她们通常是家庭中的次要收入者，却面临相同的缴税额，因此不公平感尤为强烈，在反对社区收费的运动中走在了最前线。[35]1380年人头税引发的血腥暴乱的根源来自之前几十年里的压迫感，1990年的人头税同样是对多年政策调整的反弹高潮，包括税收结构快速转向增值税而削弱所得税，以及私有化运动和打击工会等。这些调整被社会认为是蓄意损害穷人的系统性措施。两次事件的相同特征是，税收争议点燃的火药桶都是长期积攒下来的。

到1990年11月，社区收费计划显然已注定失败，撒切尔夫人也尝到了苦果。1993年后，该项目被新设立的“市政税”（council tax）取代，它看起来与过去的房租税非常相似，至今依然如此。[36] 不过，对保守党的选举来说也有个好处。拒绝缴纳者不能参加选民登记，由于他们多数来自较贫困的阶层，这给保守党帮了忙。[37] 有报道称：“撒切尔夫人相信：人头税让工党的许多支持者无法参加选民登记……使金诺克先生（工党领袖）损失了很大数量的选票。她估计可能达100万。”[38] 撒切尔夫人的推测可能不算离谱。另有人估计，如果没有人头税问题导致的选民登记缺失，保守党在1992年4月的大选中尽管依然能取胜，但差额会很小，只要发生递补选举失败，他们就会失去议会多数党的地位。[39]

高尚的事业

与人头税的故事相比，关于12世纪发生的英国财政史乃至政治和宪政发展史上最具决定意义的另一项变革，人们的了解则要少得多。那就是贵族给国王提供的军事服役义务，以及沿着封建食物链向下传递的类似义务，被一种名为兵役免除税（scutage）的现金缴纳体系取代。这一变革对双方都有利：贵族不再需要离开领地，到法国去参加对自己没有直接好处的战斗；国王则能够有钱招募更多能征善战的外国雇佣兵。变革是逐步推进的[40]，但兵役免除税在1159年就基本上确立了，当时是为了在图卢兹周围发动针对法国人的又一次袭击。该制度影响深远。贵族接受兵役免除税就等于承认了给国王提供直接资金支持的某些义务。反过来，这又给他们提供了舞台，要求上缴金额的数量必须征得自己同意。1215年《大宪章》中最清晰的一条规定正是：“在我们王国征收兵役免除税和救助款时，必须征得王国的普遍同意。”[41] 由此达成的妥协原则是，贵族愿意给国王提供资金支持，但希望在此过程中参与协商。

不过在欧洲大陆很多地方，事情的发展有所不同，越来越失去意义的封建义务被转化成贵族的免税特权。这种豁免在普鲁士和哈布斯堡王朝的奥地利延续到 18 世纪[42]，在匈牙利则持续更久。[43] 而在法国，贵族的免税特权造成了最具灾难性的后果。[44]

免税特权的核心是路易十四达成的一笔与魔鬼的交易，他以继续免除土地税（法国当时最接近财富税的税种）为条件，削弱了贵族和教士的政治势力。其他一些人同样被豁免了土地税，包括在或大或小的城市，如巴黎。[45] 然而最让新兴资产阶级和改革派大臣不满的还是给贵族的待遇。甚至还在路易十四统治时期，就不时尝试过取消此类和其他的免税特权[46]，但贵族及其占据主导的高等法院（有权确立法规的地方法院）每次都制止或破坏了改革。直至 18 世纪 70 年代中期，贵族依然把免税特权视作军事服役的回报，导致改革派的财务大臣（过去做过征税官员）杜尔哥被“所有智者都已抛弃的这一古老借口”搞得心烦意乱。[47]

免征土地税并不代表特权拥有者能免缴所有直接税，其中包括对所有人征收的人头税（稍后将详述）、十分之一税与后来的二十分之一税[48]，以及教士缴纳的替代公开税收的貌似自愿的款项等。这些税收在逐渐减少，但在某些情况下对贵族依然是不小的负担。只是，无特权阶层同样需要缴纳此类税收，所以并未缩小税收负担的不平等。法国旧政权的税负并不算特别高，例如相比同时期的英格兰，但法国的税负分配却显得尤其不公平。在法国大革命中发挥过重要作用，后来又在美国建立起杜邦公司的皮埃尔·杜邦讲过：“只有一种方法能逃税，那就是发财”，这个笑话其实也是对法国旧政权真实状况的描述。[49]

税收不平等造成的严重影响在《陈情书》（*Cahiers de doléances*）中体现得淋漓尽致，即法国三大等级在 1789 年的多事之春各自记录的冤屈列表。第三等级主要是非贵族的有产者，他们的主要抱怨是贵族和教士阶层的财务特权。例如，杜尔当的第三等级希望废除土地税和财产税之外的所有个人税收，应不加区别地对所有阶层的民众和所有类型的财产征税，甚至包括封建权利和或有权利。[50] 巴黎人在 1789 年 7 月 12—13 日鲜明地表达自己的感受，他们洗劫了巴黎附近的关税站，烧毁记录文件，并推倒了税务官员为收税目的围绕全市修筑的围墙。[51] 在发泄完对税收制度的怒火之后的次日，他们才攻陷巴士底狱。最终，贵族为自己的税收特权付出了沉重代价。

力图实现公平

上述故事给我们带来了一些感受：税收在什么情况下可能被视为极度不公平，这不仅取决于税收设计，也与税收征缴方式和当时的广泛社会情绪有关。当然，对于什么样的税收会被公认为公平的税收，这些故事能给的启示较为有限。有一种观点认为，税收公平意味着为受益纳税；另一种观点则认为，应该按能力来纳税。

为受益纳税？

美国平民主义政治家威廉·詹宁斯·布莱恩（William Jennings Bryan）曾提出疑问[52]："什么人最需要海军？是在耕地中劳作的农民……还是有财产位于某个大港口、可能被地方炮火毁坏的人？"[53] 他隐含的质疑是：为什么要让农民给海军建设出钱？事实上，这确实是第 3 章介绍过的英格兰斯图亚特王朝征收船税的最初逻辑，当只在沿海市镇和郡县征收的时候，该税种执行得很不错，因为对这些地区而言，给海军筹集些经费以减轻海盗和私掠船的危害，算是可以接受的代价。这个故事就是按照"受益原则"收税的案例：每个人的税收负担应该与他们从政府获得的好处成正比。

然而这种逻辑不能解决太多问题。按照所获收益的大小纳税，根本就不能称为税收。因为根据定义，税收应该是没有回报的支付款项。另外从实践操作的角度来讲，政府做的很多事情不是提供仅限于特定人群享受的产品和服务，而是注定将影响全体国民，例如维持法律和秩序，提供国家的总体防卫等。

正如奥利弗·温德尔·霍姆斯（Oliver Wendell Holmes）* 所说，税收或许是“文明的对价”，如今的美国国税局总部就镌刻着这句名言。[54] 如果贯彻受益原则，我们需要弄清楚文明社会的收益在民众中间是如何分配的。人们对此有不同看法。例如威廉·盖茨（William Gates, Sr.，即微软公司创始人比尔·盖茨的父亲）曾发起一场运动来捍卫美国的累进制税收，理由是如果没有政府提供的强大法律和其他制度、物质基础设施以及科学研究作为支持，富人将很难发财致富。与之相反，前文介绍过的担心特许经营权扩大的查尔斯·巴贝奇认为，给小业主提供保护的成本比给大资本家提供保护的成本更高，例如街角的水果商贩需要警察来防止盗窃行为，而巴林银行那样的大商行能够通过在全世界流转资产来规避风险。[55] 如今居住在安保严密的社区、把孩子送到私立学校的富裕中产阶级，对此或许能感同身受。这个逻辑的含义是富人应该比穷人缴纳更少的税，但在很多人看来难以接受。此外，根本的一点在于，受益原则从本质上讲很难解释从一个人那里征税而让另一个人受益的现象，除非存在某些类型的道德扭曲。如果严格套用该原则，只能建立规模非常小的政府。

与受益型征税较为相似的是，政府有时候会把特定来源的税收收入专项安排在某些特定的用途上。[56] 例如在 18 世纪的英国，政府承诺把某些税收收入用于偿还特定的贷款。[57] 这种专项支出的做法今天仍在延续，最显著的例子是社保缴费通常与福利待遇挂钩，以至于有时候根本不被当成税收。其他类似情况还有很多，例如美国把联邦汽油消费税的收入专项用于高速公路的支出。又如加纳把增值税税率从

---

* 奥利弗·温德尔·霍姆斯（1841—1935 年），美国知名法学家，联邦最高法院大法官。——译者注

10%提高至15%时，政府承诺将新增收入用于改善医疗服务。某些国家的专项支出非常普遍，例如韩国在2005年有大约17%的税收收入用于专项支出[58]，美国各州平均大约四分之一的财政收入用于专项支出。[59]

专项支出可以和某些受欢迎的支出项目挂钩，或者至少保证这笔钱不会被淹没在扑朔迷离的政府总账目之中，使得增税在政治上更容易获得支持。然而此类做法也有若干不利之处。其中一个不利之处是，没有理由解释某个项目的合理支出水平为何应该与某种特定税收的收入水平挂钩。在20世纪20年代曾担任英国财政大臣的温斯顿·丘吉尔就在车辆税的议题上精彩地提出了这个论点：

> 谁曾经说过，无论这些税种能带来多少收入，无论国家的贫困状况如何，我们都应该把这笔收入用于建设公路，而且只能用于建设公路？由于所得税提高，我们可能损害自己的贸易。由于经济状况不佳，我们可能不得不削减教育支出，甚至无法保证舰队的维护。可是有人不管不顾，说无论发生什么事情，都必须把对汽车所征的全部税收拿去建设公路！……这种主张非常荒唐，是对议会权威和社会常识的直接冒犯。[60]

更通俗地说，“强专项支出”是指把某个项目的公共支出同某种税收来源做紧密捆绑，会使政府更难以把相关收入放到最合适的用途上。另外还有“弱专项支出”，这并不会真正限制公共支出的用途。归根到底，货币是很容易替代的。例如我们可以假设，非洲的加纳确实把增值税的全部新增收入都投入医疗，但同时减少了投入医疗的其他资金来源，结果使政府的医疗总支出增幅低于增值税的增幅，甚至可能减少医疗总支出。因此要想真正发挥作用，专项支出将意味着不可灵活调整的预算安排，否则就只是“迷惑纳税人，而非拓展民主制度……的花招”。[61] 出于这个原因，专项税收方面的建议经常会让公共财政部门感到头疼。

按能力纳税？

税收公平的第二种原则能让我们更深入理解目前采取的思路和实践的本质，这就是“按能力纳税原则”，意指任何个人的税收负担都应该与他们的经济状况挂钩。该原则贯穿了税收史。美洲殖民地1634年在弗吉尼亚实施的第一部税收法规就规定，应该“根据财产状况并考虑其他各种能力”来评估每个人的税负。[62] 也就是说，每个人的税负应该取决于他们承担税收带来的物质福利损失的能力。较富裕的人比较贫穷的人有更高的支付能力，相比生活拮据的夫妇，某位亿万富翁缴纳1美元税收的痛苦要少得多。我们推测，很少有人会反对纳税能力对税收公平的意义，哪怕是当年在北安普敦制定人头税的英国议会。可是，这一原则在付诸实践的时候会涉及两个棘手的问题。

第一个是准确衡量人们的支付能力。我们无法直接评估物质条件给人们带来的幸福程度，很自然的办法是利用某些外在的物质福利指标来帮助判断恰当的税负水平，例如他们拥有多少土地，他们的住房有多少扇窗户，他们的收入是多少等。这样做的问题之一是，此类外在指标有可能反映了人们的偏好与决策差异，其中包括他们对税收制度的反应。于是有人便想到，税负的决定应该根据某些内在和不可变的潜在支付能力指标，然而，潜在支付能力比实际支付能力更难以观察到。

假设我们能够识别每个人的（外在或潜在）支付能力，第二个棘手问题则是精准地确定不同支付能力应承担何种税负。与此密切相关的一个问题是，社会认为最公正的税后福利分布状况应该是什么样的。[63] 如何解答这个问题应该是哲学家而非经济学家的任务。例如，以杰里米·边沁（Jeremy Bentham）为代表的古典功利主义认为，政府的任务应该是让全社会的总福利最大化。以约翰·罗尔斯（John Rawls）为代表的另一种观点则认为，政府的政策目标应该是让最底层的人的福利最大化（哪怕这会使社会总福利减少）。[64] 还有些人的立场介于这两者之间，他们较为看重穷人的福利，但并不完全忽略富人。无论如何，经济学家对于准确判定政策应该如何考虑支付能力的差异并无特别的研究心得。按能力纳税原则归根到底只是一种夸张的表述，反映了我们的直观感受：个人的税负应该与他的某些物质富裕程度指标挂钩。只是对于具体应该如何挂钩，各色人等有着各具理由的不同诉求。

寻找标志

远在相关术语发明的很久之前，头脑灵活的统治者已经在寻找能够与税收负担联系起来的支付能力的外在标志了，即便这不是为追求社会公正，而是出于自身利益的需要。今天的所得税不过是这一持续进程在现阶段的表现形式而已。

按阶层征税

1513 年，年轻的亨利八世踏上了英格兰国王们追求文治武功的传统道路：跨越海峡去同法国人作战。那时的他尚未长胖，也没有陷入婚姻纠葛，而是被威尼斯大使赞誉为“我见过的最英俊的君主”。[65] 战事一度很顺利，在以对手仓皇逃窜的背影命名的“马刺之战”中大获全胜。然而战争所费不赀，为筹集足够款项，亨利八世向公爵征税 6 英镑 13 先令 4 便士，向伯爵征税 4 英镑，向男爵征税 2 英镑，以此类推，直至对年满 15 周岁、工资低于 40 先令的男子征税 4 便士。[66]

这种按阶层征税的办法并不新鲜，而是英格兰人在灾难性的人头税事件之前，于 1379 年就尝试过的发明之一。[67] 此次也不是最后的尝试，英国在 1689—1698 年实施的其他若干税种同样是根据社会阶层和经济状况来征收的。[68] 在法国，防止贵族逃避税收的一个办法是前文介绍过的人头税，于 1695 年引入，并延续到大革命时期。该税种以阶层划分为基础，把社会划分为 22 个类别，针对皇太子的最高税额是针对临时工的最低税额的 2 000 倍。在普鲁士，政府于 1821 年引入了一种针对市镇以外区域的等级税，把农村社会划分为 4 个阶层，并在各个阶层内部根据个人的经济条件进一步区分税负。[69] 这种做法一直延续到 1873 年。[70]

这样的税收在今天看起来或许有些古怪，却有很突出的优点。在高度等级化的社会中，社会地位是潜在支付能力的合理代理指标，它容易观测且能够借助自尊和炫耀的强大动力来自动实施。例如，公爵不希望被人当作等级较低的伯爵，农民更不希望假扮需要缴纳重税的公爵（当然他们也缴不起）。在这种情形下，该税种不会导致规避行为。借用术语来讲，除了彻底逃税的情况，这会是“一次性”（lump-sum）税收，即税负并不取决于纳税人的任何行动（后文对此将有更多讨论）。人头税也属于一次性税收，但与按照社会阶层的差异来征税不同，它的显著特征是对所有人收取相同的税额。

然而，按阶层征税会带来比上述理想化特征更多的具体问题。毫无疑问，某些伯爵的经济状况比公爵要好，但他们依然只需要缴纳更少的税收。另外骄傲和虚荣也未必足以让这些税收有人们预想的那么强的自动执行力。例如在 1660 年 12 月 10 日，日记作者塞缪尔·佩皮斯（Samuel Pepys）预留了 10 英镑作为绅士阶层的纳税额，却发现政府只将他归入 10 先令的纳税类别，他于是有些怯懦地安慰自己说：“我认为没有必要暴露自己。”[71] 历史表明，“普鲁士的臣民在涉及税收问题时并不渴望拥有很高的社会地位”。[72] 因此，这些税收在实践中并不是真正一次性的。而且随时间流逝，社会变得更加复杂，名义上的社会阶层不再是支付能力的良好代理指标。[73]

按社区纳税

希罗多德记录了大流士一世（公元前 522—前 486 年在位）如何把阿契美尼德波斯帝国划分为 20 个地区，每个地区都需要缴纳一定数额的金银。[74] 帝王并不太关心此类贡赋具体如何筹集，类似的操作办法一直沿用到现代。就像中世纪英格兰的十五分之一和十分之一税那样，税收经常采取配额的方式来设置，中央统治者给各个地方或区域确定一个缴纳金额，然后交给地方或基层的精英去决定具体如何筹集这笔资金，辅以不同程度的执行指导意见。

在英国，配额制度在多个世纪的直接税中占据主流。与十五分之一和十分之一税类似，都铎王朝后期增加的“津贴”起源于按照个人的特定经济条件来评估税负，但后来变成了根据习惯对每个地点征收固定数额。评估每个人应该缴纳多少税的任务被委派给当地的重要人物，通常是大领主，利用某些基本的评估规则作为起点，再加上一定的裁量空间。这种做法“后来几乎被民众当作宪法规定的权利”。[75] 随着土地税在 1693 年实施，政府再度尝试在个人层面进行评估，即确定一个税率，然后按此征收税款。[76] 然而税收收入因此锐减[77]，于是从 1698 年开始，政府又回到设置配额的办法。[78] 本书第 5 章会介绍，小皮特在 1799 年引入的所得税的重要意义不仅在于对收入征税，而且标志着决定性的飞跃：从配额形式的直接税（确定需要征收的税款金额），变成根据每个人的经济状况来决定税负水平（确定税收规则，而不是最后得到的实际税款）。

配额制度远不是英国独有的现象。在文艺复兴时期的皮埃蒙特（如今的意大利西北部区域），会根据当地的土地租金来评估社区需要缴纳的税款，但如何征收则由社区自行决定。[79] 在德川幕府时代的日本[80]，税收是在村庄层面以集体责任的形式征收；沙皇俄国与之类似。[81] 同样在阿拉伯的阿拔斯王朝，社区甚至要负责已离开村庄的人的税收。[82] 在法国旧政权统治的部分地区，土地税以配额形式征收。在殖民地时期的越南，税收根据各个社区的推算人口来征收，与 1380 年英格兰征收的人头税相似。如果没有缴够总数，中央税务机构会把能够夺取的任何物品拿来拍卖，直至筹集到所要求的金额。这个体系把拥有大多数值钱物品的乡村名流动员起来，以确保税款能够如数上缴。[83]

配额制度对统治者来说有明显的吸引力，与更原始的贡赋制度类似。它能够筹集税收并维护权威，而无须保持和监督庞大的官僚队伍。把评估和征收委托给地方精英，还有助于尊重基层的权力关系，以巩固社会稳定。从不那么逐利的视角来看，与盲目实施统一税收规则相比，配额制度还提供了有效利用地方信息来提高税收公平和效率的途径。因此，这种制度更多用于与人员关系较为密切的税种，而更加非人格化、更少需要裁量权的包税制则更多用于涉及交易的税种，如关税和货物税等（本书第 13 章将展开介绍）。

不过，配额制度的裁量权如果导致偏袒徇私盛行，也会破坏稳定。例如，英格兰在 18 世纪早期实施的土地税就成了政治斗争的重要角力场，激烈的法院交锋和土地专员提名变成了经常需要众议院投票表决的麻烦事："党派斗争和土地税组成了糟糕的搭档。"[84] 当社区的相对经济状况开始发生快速改变时，按配额征税还会表现出日益僵化的缺陷。如果评估区域内的某个部分税收不足，唯一的选择就是让其他部分多缴纳一些。如果不经历痛苦的税负再评估过程，这个体系将无法适应评估区域内的财富格局变化。同时毫无疑问，疆域拓展与民族认同感强化会加剧对不同地区的人实施区别税收待遇的敏感性，而中央的主导地位提升则会使安抚和依赖传统地方与基层精英群体的需要弱化。于是关注点以非常缓慢的节奏从按配额征税转向按税率征税，另外在更晚些时候，只对中央政府负责的税收征管机构也随之发展起来。

配额制度的主要优点是尊重地方的制度、实践和智慧，不希望创建更多的新机构，这使该制度在今天依然是超国家机构的主要筹资手段。例如，欧盟就依赖各成员国缴纳的经费，数额根据每个国家的国民收入和增值税来测算，具体筹集方式则由各国自己决定。这与尼德兰联合省在 17 世纪后期的筹资方式并没有多大不同，当时每个省都被分配到所需总财政收入的一个比例，然后各自负责具体的筹集过程。[85] 有人甚至指出，美国宪法的初始条款要求把直接税按照人口比例分配给各州，就是为了确保无论联邦税收的总额是多少，各地承担的配额相对于人口数量来说都是公平的（该条款将是下一章讨论的核心内容）。

对精致生活征税

对 18 世纪英国的税收政策制定者而言，帽子有两样优点：一是富人喜欢拥有大量昂贵的三角帽，而穷人经常最多有一顶廉价的帽子；二是很容易看出来某个人是不是戴着帽子。因此在 1784 年，英国政府要求在每顶帽子的内衬中贴上一张印花税票，金额与帽子的成本挂钩。未缴纳此税收的人将被处以重罚，伪造帽子印花税票者可能遭到处决。然后到 1798 年，不走运的约翰·柯林斯便成了牺牲者。[86] 为逃避纳税，帽子制造商不再把自己的作品称作“帽子”，这促使政府于 1804 年把该税种扩大到所有头部饰品。[87] 假发在佩戴时同样难以掩饰（除非戴上同样会被课税的帽子），并与人们的经济状况有关，因此同样吸引了税务官员（以及各类有害昆虫）的注意。1795 年，英国政府开设了每年缴纳 1 金基尼的税种，适用于男性和女性用在假发上掩饰臭味的香粉。由于当时留辫子的习俗仍很普遍，缴过税的人便被称作“天竺鼠”（guinea-pigs，对应英语中基尼和辫子的组合词）。[88]

18—19 世纪的英国还创造了其他许多针对富人喜欢的消费项目的税收，反映了诺斯勋爵在 1769 年提出的一项原则：“奢侈品应该被征税……因为主要的税负应该落在富裕群体身上。”[89] 消费或拥有特定物品代表一定的纳税能力。另外，这种税收毫无疑问还有某些寓禁于征的意义，有助于让穷人保持克制。例如著名美国经济学家亨利·西蒙斯（Henry Simons）就曾不屑地提到，教科书里隐含地把奢侈品定义为“穷人不配拥有也不愿意拥有的商品”。[90] 钟表、马车、赛马以及使用盾形徽章的权利等都需要缴纳特定的税收。家庭制作蜡烛在

1709—1831 年几乎失传，因为当时的人们必须持有执照并缴纳税收才能自制蜡烛。许多此类税收的设计是为了专门让富人承担，例如蜡烛的税负比动物油脂更重，而最贫困的家庭则能够利用无税的灯芯草来照明。[91] 又如在 1777—1882 年，雇主需要为男性仆人缴税，税负根据仆人数量递增，10 名以下为每人每年 25 先令，从第 11 名开始激增为每人每年 3 英镑。[92]

对富人拥有的物品征税显然不是乔治王时代的英国特有的做法，该做法至今仍在延续，经常表现为对认定的奢侈品征收很高的进口关税。如下是若干多少有些奇怪的例子：2016 年，中国对“超豪华汽车”征收 10%的进口税，其标准是价格在 130 万元（约 19 万美元）以上的车型；而在尼日利亚，游艇和豪华汽车的进口需要缴纳 70%的税收。不过，若论特定消费税的类型之繁多，乔治王时代的英国依然独树一帜，尤其针对但并不限于奢侈品。从积极的角度看，这一繁多的税种至少成为历代作家的现成素材宝库。1743 年就有搞笑的观察家抱怨说：“税收官员已成为我们的日常伴侣，从头上的桂冠到足下的鞋底；我们清洗头发时，他会来检查香粉……他穿着我们的鞋子四处巡视，在餐桌上给肉食调味……白天从窗户上窥探，夜晚现身于烛光之下。”[93] 而到 1820 年，风趣的教士、评论家和哲学家悉尼·史密斯（Sydney Smith）仍在埋怨：

> 濒死的英国人把 7%税负的药品倒入 15%税负的勺子，躺到 22%税负的印花棉布床单上，在缴纳了 100 英镑执照费以获得行医特权的药剂师怀里断了气。他的全部财产将马上被征收 2%~10%的税款……他本人将去墓地与先祖们相聚，从此告别税收。[94]

这些听上去似乎非常蠢笨。对代表一定富裕程度的物品广泛征税明显让人们感到恼火，但它的意图非常清晰，至少表面上是对支付能力更强的人多征税。然而以奢侈品为目标，借此要求富人承担税负的理念仍面临若干根本的难题。

与任何税收一样，奢侈品税可能招致意外的后果。据说至少有一次对富人征税的尝试就失败了，因为自尊心。截至 1934 年，位于加勒比海南部的库拉索岛上的艾玛王后桥仍然要收过桥费。为减轻穷人的负担，此费用只对途经桥梁时穿着鞋子的人收取。但岛上的人们发现，这一制度的实施结果事与愿违，因为许多穷人为了面子，往往在过桥时借别人的鞋子，而许多过于吝啬的富裕居民则光脚过桥。[95] 不那么奇特但更加常见的情形是，给某种奢侈品附上税收并不代表税负真的是由生活奢靡者承担。例如，英国小皮特政府在 1785 年引入的对女仆征税就是如此，这里姑且不谈《泰晤士报》的观点，它认为这根本不算奢侈品，而是属于“大宗商品”。[96] 该税收的征缴引发了巨大争议，因为人们担心会把某些女性推向娼妓业。当然，出现这种情形的（至少部分）条件是税收不会提高富裕雇主支付的价格，而是降低女仆获得的工资。后文第 7 章将深入探讨此类事件引发的更广泛议题：税收负担究竟落在什么人头上？

即便某些奢侈品的税负确实落在享受奢靡生活者头上，以此方式对富人征税也存在两个局限。其一是在此类物品上的支出并不足以带来充分的税收。诺斯勋爵虽然认为税负首先应该由富人承担，却也看到了可悲的现实，“在需要借到大量金额的时候，负担必须由大多数群体承受”（他这里说的“借到”是对征税的委婉表达）。[97] 我们在第 2 章已经看到，当时在英国确实有若干必需品被征税。[98] 其二是消费模式既反映富裕程度，也受偏好影响。例如，并非所有乔治王时代的富裕绅士都饲养赛马，尼日利亚的富豪也并不全都购买奢华的游艇。英国当年甚至还有些比较穷的人也可能佩戴帽子和假发。

关于富裕生活的推断

上文已经谈到的若干让税收变得较为公平的办法都借助了某些容易观测的指标，例如社会阶层、地方富裕程度、特定物品的消费，然

小皮特首相、贫困与娼妓

资料来源：Copyright © The British Museum（1868/0808.5437）。

后推测它们能够给税收支付能力提供粗略但比较合理的参考。千百年来，各国政府极具创造性和极为积极地寻求此类更新和更好的代理指标。在对富人消费的各种物品征收五花八门的税收的同时，英国人也秉持类似的推定精神，对土地和窗户征税（后者是对炉灶征税的演进），有时能带来更多的税收收入。政府尝试过此类推定方法的清单还有很多，都是针对与支付能力有关的对象征收，当然并不追求做得非常精确。

对特定职业收取固定数额的税收，也是极为普遍的推定式征税办法。美洲殖民地很早就对若干职业类型的推定收入征收“才能税”（faculty tax）。[99] 即使到了今天，宾夕法尼亚州的法律仍允许各县、市、区、一级城镇、自治市和学区征收此类税种，对医生按最高层级，对工厂工人按最低层级征收。乌拉圭在2007年之前仍对“自由职业者”征收职业税，包括建筑师、工程师、律师等，或许是因为确认这些人的真实收入过于困难。法国大革命时期引入、后来长期延续并被称作“四位老太太”的四类税收中，有一类被称作营业税（patente）[100]，其核心内容是针对不同职业收取一笔固定费用。这种做法以不同形式延续到 1976 年，非洲的某些法语区国家至今仍在沿用。

如今，此类推定式税收方法最常用于对小企业征税，它们可能不容易保留准确的经营记录，或者税务稽查员不容易找到它们的准确经营记录。有些国家采用一组反映经营活动的指标来替代，例如对餐厅的评估可以根据其地理位置、营业面积、餐桌数量、菜单平均价格等指标来估算。以色列在 1954—1975 年就正式采用过这种估算法（tachshiv），之后还非正式地延用了一段时间。但对于税额较少的企业而言，这种估算仍可能过于繁杂。如今更常见的做法是根据小企业的营业额来征税，税率会根据不同产业的利润来设定。[101]

当代明确采用的推定式税收在设计时尽量贴近所得税的税负，后者已成为追求纵向公平的核心工具。很自然，我们在回顾历史时可以把对社会阶层征税、对窗户征税等做法理解为显眼的路标，祖先们沿着这条道路跌跌撞撞地走向现代的所得税制度。所得税的发展确实是本章讨论的诸多税收尝试的顶点。托马斯·潘恩等人就看到了这种趋势，他在批评英国 18 世纪的货物税时指出：“真正的奢侈并不是包含在物品之中，而在于得到物品的手段。”[102] 与一个人拥有多少钟表或赛马相比，收入很可能是反映其经济状况的更好指标。然而所得税同样具有推定的成分，例如某人在一年里的收入可能更多地反映了他在此期间的决策和机遇，他所处的生命周期阶段，而与他的财富总额以及潜在支付能力关系不大。所得税的出现并非税收发展历史的终点，但它也给我们带来了相应的教训，包括战争与谋杀的故事。

第 5 章
如此庞大的财政发动机

各地的经济状况都导致了纳税能力的基础发生变化，而民主制度又宣告总体上的最佳衡量指标在于收入。所以无论我们喜欢与否，这一进程都是不可阻挡的，所得税将被沿用下去，直至未来的民主国家找到某种新的纳税能力指标。

——埃德温·塞利格曼（Edwin Seligman）[1]

所得税尽管可能令人不快，但它如今已被公认为是较合理的税收体系的核心组成部分，并且往往发挥着决定纵向公平（税负如何在更穷的人与更富的人之间分配）的核心功能。政客可以讨论也确实在讨论废除增值税或者取消遗产税等议题，但对于所得税，他们虽然可能承诺削减税率水平，却很少会谈论完全取消所得税，至少在美国之外是这样。发展中国家同样渴望并被鼓励提高其所得税制度的效率，而非用其他办法取而代之。

然而历史上并非从来如此。本章将讲述现代所得税制度在三个国家兴起的痛苦往事：英国、美国和法国。选择这几个国家作为例子，并不是因为它们能代表其他地方的经验。恰恰相反，每个国家的所得税都有其经常充满斗争的独特历史，而且在某些重要方面，这三个国家的经历是非常特殊的。除了故事内容比较有意思，英美法三国的经历还具有重要的影响，它们在政治和思想上都是当时的大国，深刻影响着其他地方的发展，决定它们进程的力量也会作用于其他国家。这三个国家的经历还提出了一些根本性的问题，关系到我们今天依然实施的所得税制度的恰当功能和最优设计。尽管这些根本问题没有太多改变，所得税也被视为很早之前的政策制定者的作品，但随着分析工具的进步与社会价值观的演化，答案依然会与时俱进。本章的最后一部分将考察这方面的变化。

巨人的工程：英国的所得税制度

到 18 世纪晚期的时候，对收入征税的想法已不再新奇。英国人自己就在 1689 年尝试过，然后逐渐退化为只对土地收入征税。法国人在 1710 年引入的人头税（第 4 章介绍过）则被视为历史上首次真正的所得税，但由于豁免范围增加，也逐渐退化。而随着英国在之前一个世纪中悄然发展出具有充分信用和效率的政治制度，高效的所得税终于成为极度渴望扩大财源的政府的终极手段。

1797 年末，英国即将进入与法国之战的第 5 个年头，情况并不乐观。作为入侵起跳点的低地国家已落入法国之手；舰队在夏季经历了叛乱；年轻的拿破仑·波拿巴通过一系列辉煌的胜利夺取了意大利北部，并迫使英国仅存的主要盟友奥地利退出了战争。这将是一场漫长而代价高昂的战争，政府债务利率的走高表明人们对英国能否为获胜筹集到足够资金的信心在下降。自开战以来，当时兼任财政大臣与首相的小皮特领导的政府就引入了一系列税种（本书第 4 章介绍过），但增加的收入仍无法满足达到和平时期两倍以上的支出需求。[2] 英国还需要某些更为激进的措施。

小皮特的首次尝试是 1798 年的三部课征捐策略[3]，把过去所说的“评估税”（包括住房和窗户、马车、仆人、马匹、钟表、养犬等税种）的综合税额提高至原来的 3 倍，对某些富人而言还不止。[4] 这些税收不像货物税那样在购买物品时收取，而是对其拥有者实行年度收费。[5] 三部课征捐根据纳税人的收入水平明确地设置了缴税上限：例如，年收入不足 60 英镑者免税；年收入超过 200 英镑者的纳税额不得高于其收入的 10%。因此，这一税种是“介于对支出征税与直接对收入征税之间的过渡措施”。[6] 该策略遭遇了失败，实际筹集的收入不足预想的一半，大量民众的收入刚好低于 60 英镑，整个事件被小皮特称为“不知羞耻的逃避，或者说……极其丑陋的欺骗”。[7]

折中做法失败了，于是小皮特政府在 1799 年引入了全面的所得税。该税种对所有英国公民以及在英国的所有居民征收，税基为他们来自所有渠道和所有国家的全部收入，以及包括外国人从英国资产中获取的全部收入，可谓无所不包。人们只需要申报自己的全部收入，然后据此纳税。不足 60 英镑的年低收入将被免税，达到或超过 200 英镑的收入面临的最高税率为 10%。[8]

这一新的所得税种的成功足以引起广泛的不满，抱怨之一是它的复杂性（人们迟早会习惯）：所得税法律长达 152 页，适用税率有 28 个细分的档位，从最低的 0.8%到最高的 10%。[9] 纳税人或许能感到稍许宽慰的是，正如法案的名称所示，该税种是临时性质的，是“为支持战争提供的援助和捐献”。因此当和平于 1802 年来临时，所得税被取消了，人们在欢庆中烧掉了各种纳税记录文件。

然而，《亚眠和约》是短命的。随着小皮特下台，亨利·阿丁顿出任首相，所得税很快被重新推出。1803 年的修订方案与之前的税法有两个重要区别，首先它属于分类所得税，即不是对所有类型的全部收入实施，而是针对五类不同收入类型分别实施，例如土地收入适用报税单 A，雇佣劳动收入适用报税单 E 等。[10] 这样做不是为了区别对待不同类型的收入（但本身容易引起争议，后文将展开讨论），而是为了保护一定的隐私，使得税务官员不需要知道某位绅士的全部收入。第二个更显著的不同是广泛采用预扣税办法，当时将其称为“源头扣缴”。也就是说，政府要求业主、雇主、企业和其他机构在完成一系列支付的时候就扣除税款，将资金上缴政府，甚至在收入抵达受益人之前就截留了自己要征收的部分。同样，这个特征本身并不是全新的事物，但此次采取了更系统的操作方式。

约翰牛（John Bull，英国的拟人化形象）
被小皮特的所得税搞得困惑不解

资料来源：Alamy Stock Photos/Image ID：D95ME5。

这次的所得税征缴取得了更大的成功，使纳税人的数量增加至原来的 3 倍多，在最高税率大为降低（仅为 5%）的情况下，总税款只是略有减少。[11] 虽然该税种被明文规定为战时措施，但改造后的所得税效果是如此卓著，到战争结束时已经占英国全部税收收入的 20%，因此当 1815 年击败拿破仑的时候，政府中许多人看到战争期间积累下来的沉重债务压力，都希望将所得税沿用下去。[12] 不过，这次实施的所得税依然被取消了。[13]

直至 1842 年，所得税才再度在英国出现。罗伯特·皮尔呼吁“把这位曾经在战争中保护过我们的沉睡巨人唤醒，并且给和平时期的辛勤劳作提供帮助”。[14] 皮尔在当时的其他关键议题上曾改弦易张，包括天主教解禁运动和《谷物法》等（本书第 7 章的话题之一），对于所得税，他同样是从反对者变身为拥护者，认为这是弥补削减关税（他的优先财政主张）带来的损失的唯一可行办法。[15] 这次引入的所得税设置了 2.9%的低税率，且依然有时限。在 1853 年提交的首次预算案中，皮尔的门徒之一格莱斯顿虽然把所得税称赞为“庞大的财政发动机”，却坚决反对将此税种永久作为财政来源的日常组成部分。[16] 格莱斯顿原计划在 7 年之后取消所得税[17]，可 1853—1856 年的克里米亚战争扑灭了他的希望，所得税的长期延续被不声不响地逐渐接受。最后的挣扎是在 1874 年的选举中，对立双方均承诺要废除所得税。[18] 然而什么事情都未发生，类似的建议再没有听说过。自此之后所得税终于在英国被确立下来。[19]

在整个过程中，所得税的设计都是激烈并且有时候是高度复杂的讨论议题。并非偶然的是，公共财政本身也在这个时期成为关键的研究领域。当时的许多讨论聚焦在公平概念上，核心内容包含如下两个方面。

第一个方面是分层问题，用现代术语来讲就是累进性：收入较高者应该在多大程度上把更高比例的收入用于缴税。甚至在这个税种被引入之前，托马斯·潘恩在《人的权利》一书中就提出，所得税不仅要筹集收入，还应该追求更加平等的税后收入分配，从富人那里收取资金并转移给穷人，或至少从穷人那里少收一些。这类激进传统得以流传下来，但所得税可以用于再分配的想法仍遭到强烈抵制。问题不在于最低收入群体是否应该把较少份额的收入用于缴税，即适用较低的平均税率，而在于最高收入群体是否应该把较大份额的收入用于缴税。从数学上看，这基本上是相同的事情，以至于让人难以理解其间的争执到底是什么。但社会对这两件事的看法有很大差异。最穷的人应该少缴税是多个世纪以来已经接受的传统，包括在 1380 年实施人头税的时候，该原则的表现是某个收入水平以下的群体免税（从管理成本的角度看，也有助于减少税务人员需要打交道的纳税人数量），以及限制最低收入群体税负的“抵扣”类政策（当然此类抵扣会增加税收制度的复杂性）。真正麻烦的问题在于，是否应该对最高收入群体实施更高的税率。

维多利亚时期的英国就此展开了许多讨论，更为准确而规范地研究了纳税人因为税收而付出的牺牲以及他们的支付能力。讨论的最终成果令人吃惊——社会主义，由古怪、害羞但极其杰出的牛津大学教授弗朗西斯·伊西德罗·埃奇沃思（Francis Ysidro Edgeworth）于1897年发表。[20] 埃奇沃思提出，如果在这个世界上，每个人从任何给定收入中都能获得相同的福利，而从新增加的1英镑收入中获得的福利增量呈递减趋势（这更具有可信度），此时若追求最大化社会总福利的功利主义目标，那就要求我们采用如下税收制度：使所有人的税后收入水平完全相同。它意味着边际税率——对新增1英镑（美元、日元等）收入适用的税率——在所有收入水平上都达到100%，并公开地把富人的收入转移给穷人，也就是最彻底的收入再分配。埃奇沃思的数学推导没有提及的是，在这样的世界里，人们不再有激励去获取任何收入，无论自己挣多少钱，他们的税后收入都将相同，这个难题在当时得到了充分的重视，但经济学家却又用了近一个世纪去完全理解它。

可是，政治已走到了埃奇沃思的数学推导前头。在1896年预算案中，首相威廉·哈考特对遗产税引入了累进税率，并明确提出自由党支持对所得税也实施累进税率。[21] 反对者在这场辩论中处于下风，明显标志是他们转而强调实施的难度。[22] 经历一个皇家委员会的任期之后[23]，累进税率终于成为劳合·乔治1909年提出的里程碑式人民预算案的组成部分，对最高收入群体引入了2.5%的附加税。[24] 这引发了一场宪法危机，因为有人认定该预算案打破了税收制度不应用来服务于再分配的原则。

人民预算案采纳的许多措施在今天看来可能还算温和[25]：所得税的最高税率提升至8.3%，遗产税略有增加，以及其他若干行动。更令人惊讶的是，对没有兑现的土地价值增值和未开发土地征税的建议在很大程度上符合第10章将介绍的亨利·乔治的精神。然而真正使该预算案极具煽动意味的因素还是劳合·乔治的言辞，包括提交预算案的演讲以及精彩的莱姆豪斯演讲："一位装备齐全的公爵花掉的钱相当于两艘无畏级战舰，战舰同样威力巨大，而且能用的时间更长。"[26]很显然，劳合·乔治的目标是再分配。两百年来，英国上议院第一次否决了预算案。但最终，贵族被制服了：附加所得税的条款得以保留（但土地税建议被驳回）。在1909年的预算案辩论中，劳合·乔治还彻底扑灭了关于所得税应属于临时措施的任何残存念想：为什么对生活必需品征税应该被视为永久税收，而对高收入征税要被当成临时税收呢?[27]没有对手能给出像样的回答。

英国所得税设计中另一个长期存在的议题是分类征税：不同类型的收入是否应该按照不同税率计征。尤其是，相比"不确定性"收入（劳动报酬、贸易收入或职业服务收入等），"自发性"或"永久性"收入（土地收入、政府债券利息等，大致对应现代术语中的资本收入）是否应该承担更高税负，理由是后者通常更稳定，因此缴纳相同数量税款带来的损害会更小。主张让劳动收入承担较低税负者还指出，人力资本（技能、知识和经验等）并不享受实物资本折旧带来的任何税基扣减。[28]时任首相赫伯特·阿斯奎斯就很清楚地表述过这一论点："我们把两个人做对比，其中一位每年有1 000英镑的收入来自绝对安全的政府债券投资，或许是他父亲积攒并遗留下来的，另一位则通过某种辛苦且不太稳定的职业，靠自己的劳动获得相同名义金额的收入……在我看来，如果对这两位先生按照相同方式课税，将完全违背公正和常识。"[29]

类似的讨论在19世纪大部分时候持续进行，后来更多聚焦于征缴的难度，而不仅仅从原则上予以反对。[30]例如针对一家小企业，如何区分它的不确定性收入与永久性收入？这在后来被明确划分为“劳动收入”（earned incomes）以及“非劳动收入”（unearned incomes）？最终英国在 1907 年的自由党预算中实施了分类征税的做法，根据以上引用阿斯奎斯的论点，把较低水平的劳动收入的税率下调到 3.75%，对非劳动收入的相应税率则维持在 5%。[31]

非劳动收入应该比劳动收入承担更重税负的观念由此确立下来。以至于到 1979 年，英国依然对非劳动收入施以 15%的附加税，从而让最高收入层级承担的总税率高达 98%。就像甲壳虫乐队的歌曲《税务员》（*Taxman*）里所唱的那样：1 份你留下，19 份我拿走（更多是表达绝望的心情，而非精准的计算）。但在此之后，关于对劳动收入和资本收入分类征税的讨论发生了极大的转折，后文将展开详述。

税收领域的斯科特判决

美国明确接受所得税的时间比英国要晚得多，与法国和其他几个国家类似，刚好赶上需要为一战筹款的时候。美国采纳所得税的时间较晚，主要是宪法中的“人头税条款”（第 1 条第 9 款）造成的始料未及的后果，该条款的内容并不像名称那么乏味，其影响正在今天卷土重来。

联邦所得税的想法最早在 1815 年浮现，但在得到落实之前，美国同英国的战争便已结束。[32] 直至另一场战争——南北战争——及其消耗的大量成本，才促使所得税首次成为现实。北方联邦（南方邦联没有）试图在 1861 年，即冲突爆发的头一年就实施所得税[33]，由威廉·皮特·费森登（William Pitt Fessenden）在国会主持推动以他名字命名的法案。[34] 可是在该法案生效之前，国会再次召开会议，并制定新的所得税法案，按照 5%的单一税率征收，到 1864 年上调至 10%。

在南北战争持续期间，所得税从各方面来看被广泛接受。美国国税局首任局长当时指出（尽管算不上公正的观察家）：“人民以乐观的态度接受了它，以应对临时的紧急需要，并未激起严重的抱怨。”[35] 这次实施的所得税从未真正涉及大众，1866 年的应税人仅有约 45 万名。[36] 然而在缓慢起步之后，所得税带来了巨额的资金流入，逐渐增加到政府全部收入的大约四分之一。[37] 但在南北战争结束时，来自其他渠道的财政收入增加，国债则在减少，继续征收所得税的需求消失了，该税种到 1872 年被废止。

可是，所得税很快又重新出现在政治议程中，原因在于社会对依赖关税和国内税收的政府筹资体系感到不满。[38] 农村地区的抱怨尤其强烈，当地人在 1870—1897 年面临农产品价格下跌。此外，州和地方税也被视为有歧视农民的性质。[39] 关税同样更有利于东北部地区日益强大和富裕的工业集团，《纽约时报》发表社论称：这个集团“残酷无情地人为提高衣服、寝具、房屋、工具乃至千百种日常生活必需品的价格”。[40] 对托拉斯、银行家和铁路公司的怒火开始蔓延，最终在 19 世纪七八十年代的平民主义运动中凝聚起来。该运动逐渐倾向以所得税替代当时实行的某些和全部带累退性质的关税与货物税。1893 年，随着民主党人克利夫兰当选总统，所得税成为国会的热点议题。克利夫兰竞选时的基本主张包括取消保护主义性质的关税，这需要寻找替代税源，因此 1894 年的关税法案包含对个人和企业征收 2%的所得税，个人的免征额为 4 000 美元。某些支持者对此寄予厚望，有人从所得税那里看到“更明亮的阳光，更多的鸟儿在歌唱”——绝非出于讽刺，但是否为酒后所言，历史并无记录。[41]

然而，鸟儿会如何欢乐地歌唱，我们永远都没法知道了，因为 1894 年的所得税从来没有生效。美国宪法中的人头税条款在此时登场了，它规定：除非按本宪法所规定的人口调查或统计之比例，不得按人口征税或征收其他直接税。[42]

按人口征税明显指人头税：针对每个纳税人实施统一数额的税

收。[43] 但“直接税”的含义从来没有被明确说明。马萨诸塞州代表鲁弗斯·金（Rufus King）在1787年制宪会议期间就提出了这一疑问，而詹姆斯·麦迪逊在笔记中说，没有人给出回答。[44] 亚历山大·汉密尔顿注意到了该问题，指出“这是个遗憾，在宪法中如此重要的术语却如此含糊不清”。[45] 当然某些人认为“直接税”是指对土地和奴隶的税收，也包括人头税。因此，南北战争时期的所得税被普遍理解为间接税[46]，并经常被称作“收入税”（income duty）——这一说法被纳入法律条文。[47] 与相关术语在今天的含义相比，那时候的理解似乎显得非常奇特。因为如今的直接税通常指随纳税人属性而改变的税种，在这个意义上，所得税显然属于直接税。[48] 无论如何，人头税条款的含义是指，如果某种税收被认定为直接税，则各州的人均纳税额必须是相同的。

这一奇特（以今天的眼光来看近乎愚蠢）的条款有个不幸的起源：奴隶制。美国宪法的另一条款规定：

> 众议员人数及直接税税额应按联邦所辖各州的人口数量比例分配，此项人口数量的计算法，应为全体自由人民……但不包括未被课税的印第安人，再加上所有其他人口数量的五分之三。[49]

这是美国南方和北方重大谈判的结果。南方希望在代表权问题上把奴隶人口的数量完全计入，北方则反对。把直接税同代表权捆绑起来，将奴隶计为五分之三的自由人，能达成浮士德式的可行妥协：南方获得的代表权少于其要求，但希望借此在纳税上获得某些优惠；北方不得不接受奴隶主的更多代表权，但也希望让他们承担部分税负。这一条款只适用于“直接税”的规定，似乎主要是出于遣词造句的需要，核心是表示此安排并不适用于进口关税、消费税及对联邦财政关系重大的其他税种。

长期以来，人头税条款就引发了关于所得税可能违宪的私下议论，但正如一位国会议员在南北战争时期的讨论发言中所述，当时的总体精神依然是：我们为什么要纠缠于那些术语？[50] 然而到 1894 年，即联邦军队被派去平息普尔曼铁路公司在全美各地的罢工行动时，阶级斗争的威胁已迫在眉睫。决心抗争到底的所得税反对者搬出人头税条款作为主要论据。

农民贷款信托公司的一位股东查尔斯·波洛克此时以违反宪法为由提起诉讼，要求该公司停止缴纳所得税。他在低层级法院败诉，但一路上诉至最高法院，而后者在 1895 年以 5∶4 的投票支持了他的诉求。这就意味着，联邦所得税不能再随便征收，除非各州的税额与各自的人口数量保持固定比例。而实现相同的人均税额不仅在实践中难以操作，还会遭到强烈的反对，因为较贫困的州将承担更高的税率。

美国最高法院对波洛克诉农民贷款信托公司案的判决是如今所说的司法能动主义（judicial activism）的典型例子。支持此判决的大法官没有掩饰对原告首席律师如下论点的赞同，即如果这一进程不被完全阻止，就难免会在未来变本加厉，“把税率从 2%上调至 10%，甚至 20%”。[51] 后来的结果表明该警告是正确的，但对案件而言这并不是要点。该判决的政治色彩一目了然。大法官豪威尔·埃德蒙兹·杰克逊（Howell Edmunds Jackson）在反对意见中痛斥，该判决“除了放弃对有产阶级的征税权，毫无意义”，并称之为“对国会的宪法权力发起了有史以来最具灾难性的攻击”。[52]

社会情绪被点燃了。所得税的支持者们怒不可遏，将此判决类比为 1857 年最高法院对德雷德·斯科特（Dred Scott）案所做的判决。[53] 然而斗争没有结束。1895 年 5 月，《纽约世界报》指出“这项税收已经死掉，但它秉持的精神仍然活着，并将以其他形式获得胜利”。[54] 有关迹象此时已非常明显，例如威廉·詹宁斯·布莱恩在 1896 年的著名“金十字架演讲”中就表达了对所得税的支持。

不过在接下来的十年中，平民主义运动的关注点从税收议题转向了反垄断、白银以及美国与西班牙的战争等。但这项事业仍在继续，并被进步派共和党人拾起。形势到 1906 年后再度改变，共和党总统西奥多·罗斯福在国情咨文中支持引入累进所得税和遗产税，以遏制巨额财富的增长。当然，由于认识到克服宪法障碍的困难以及开展长期细致研究的需要，他事实上并未采取具体行动。[55]

前进的动态在继续叠加，甚至早期的禁酒主义者也参与进来。有人或许认为，鉴于所得税可能减少对酒类征收抑制性税收的需要，他们会表示反对。[56] 可是许多禁酒主义者相信，对酒类征税将使这个产业合法化，而由此带来的巨额税收——约占 1910 年全部联邦财政收入的 30%——使政府变成了这一不道德产业的隐性合作者，不愿意打击它。[57]

收税员的好朋友——所得税在美国曾遭到打击

资料来源：Alamy Stock Photos/Image ID：Image ID：G14TK3。

1908 年，民主党采纳了支持所得税的竞选纲领，尤其是主张修订宪法。[58] 共和党的纲领则对此采取沉默态度，但并没有表示反对。事实上，当时在所得税议题上的政治角力主要不是民主党与共和党之争，而是共和党内部的东北地区利益集团与其他所有人之争。令这个地区的工业资本家感到恐惧的不仅是所得税——虽然他们肯定记得，在南北战争时期的所得税收入中，仅纽约州就贡献了约三分之一，宾夕法尼亚州的份额也超过 11%——而且所得税的成功实施还会让他们更难以继续依赖高关税的保护。[59] 最终，由威廉·詹宁斯·布莱恩担任总统候选人的民主党输掉了 1908 年大选。随着威廉·霍华德·塔夫脱（William Howard Taft）获胜，工业家们长舒了一口气。但正是这位如今主要以腰围粗壮被人们记住的塔夫脱总统，给所得税的最终采纳铺平了道路。[60]

关键时刻是在 1909 年，塔夫脱政府做了两件大事。第一件大事是建议对大多数企业的收入开征 2% 的“营业税”，该名称意指在公司力所能及的范围内开展经营的特权，以避开可能被贴上所得税标签的宪法陷阱。在此过程中，国会于当年 8 月通过了一部税率减半的法案，对任何公司超过 5 000 美元的净收入开征 1% 的税收。[61] 第二件大事是于当年 6 月 16 日向国会提议修订宪法，以授权联邦政府开征无须按照人口比例对各州分配税收额度的所得税。

在随后展开的辩论中，众议院筹款委员会的共和党籍主席塞雷诺·佩恩（Sereno Payne）争辩说，所得税会制造“骗子国家”，会“对老实人的收入如实征税，而对无赖的收入或多或少予以减免”。[62] 这些批评听上去很犀利，但他其实是支持所得税的，因为佩恩认为对国家在战争时期筹集资金来说该税种不可或缺。众议员科德尔·赫尔（Cordell Hull）也认为，如果不对以收入形式存在的国民财富征税，美国将无法支撑任何大规模战争。[63] 看起来，这两个人都吸取了英国小皮特的教训，在重大冲突爆发的数年之前就考虑到了战争筹款的问题。

美国宪法第十六修正案最终做出了如下明确规定：国会有权对任何来源的收入课征所得税，所得税收入不必分配于各州，亦不必根据任何人口普查或调查。修正案的通过并非定局，因为东北部地区依然强烈反对。但在民主党人压倒性地赢得1912年大选的胜利后，任何疑虑都一扫而光。1913年2月3日，随着特拉华州的批准，第十六修正案最终被正式纳入宪法。不到两周后，伍德罗·威尔逊入主白宫，国会两院均被民主党把控。1913年10月3日，在修正案正式生效后仅过去8个月，威尔逊签署通过了所得税法案。

当时的所得税相当温和，对净收入按1%的税率计征，附加税率为1%~6%，最高税率仅为7%，适用于50万美元以上的收入。所有纳税人均享有3 000美元的免税额，在1913年和1914年，都只有略多于35万的人报税，而当时全美国人口已接近1亿。[64] 在国会辩论中，共和党众议员艾拉·克普利（Ira C. Copley）提出警告，最高税率将会被提升至68%（针对100万美元以上的收入），并预言："在十年之内，美国国会就会把这样的法规写进国家的法典。"[65] 结果表明，克普利还是太保守了，他的预言只用了4年就成为现实。对企业而言，所得税税率统一设置为1%，没有免征额。新的所得税申报表长达4页（包含内容提示部分），在美国国税局编制的系列纳税申报表中被顺序编号为1040号，它将成为众多美国民众熟知的税表。

这一切恰好发生在一战前。威尔逊总统于1917年10月3日签署了《战争税收法案》（War Revenue Act），此时距他签署第一部所得税法案刚好过去4年。免征额被减半，纳税人数增加了300万，增长了8倍多。[66] 美国正式采用所得税的时代已经到来。当时的知名学者，包括耶鲁大学广受敬重的欧文·费雪（Irving Fisher）在内，为此提出的一个有力的支持理由，是将所得税与兵役制的隐含税收明确联系起来。由于服兵役事实上等于一种税收，剥夺了服役者家庭的部分收入，那么对没有服役的美国人的收入征税就具有经济合理性。于是到1918年，最高税率已提升至惊人的77%。到1920年，所得税收入占到全部联邦财政收入的三分之二。此时的所得税依然算不上大众税收，1920 年仅有约 13%的劳动者申报所得税，但所得税显然已不再会很快消失了。

美国没有跟随英国当时已确立的分类征收办法：对非劳动收入实施比劳动收入更高的税率。美国财政部长安德鲁·梅隆（Andrew Mellon）于 20 世纪 20 年代早期提出过此类建议，也借用了与英国非常类似的说法，但并未将之变成法律。[67] 很久之后，至少在一段时间内，这种做法被纳入税收法规。1969 年的美国《税收改革法案》（Tax Reform Act）包含一项条款，旨在把 1972 年税收年度及之后的劳动收入（工资、薪金及其他雇员报酬）的税率限制在 50%以内，而当时的最高税率为 70%。该条款在 1981 年后的税收年度被废除。如今的形势实际上是在朝相反的方向演化，对股息和资本收益适用的税率低于劳动收入，我们将在稍后详细考察这一巨大转折。[68]

然而，有一件事情并未改变，那就是宪法中人头税条款仍在发挥作用。第十六修正案简单绕开的关于“直接税”的具体含义依然存在模糊不清的解释。因此，如果某项税收被认定既属于“直接税”，又不是（第十六修正案明确允许的）所得税，则必须按比例予以分摊。也就是说，每个州缴纳的人均税额必须相同。而这已再度成为严肃的议题，成为指责年度财富税（2020 年民主党若干重要总统提名人都主张这一税种）违反宪法的坚实依据。至少可能在多年之中成为法院的争论焦点。

一场激情犯罪与法国的所得税制度

1914 年 3 月 16 日傍晚，法国财政大臣的夫人亨丽特·卡约（Henriette Caillaux）来到当时主流报纸《费加罗报》的办公室[69]，要求会见编辑加斯东·卡尔梅特（Gaston Calmette），却被告知对方已外出，可能在一小时后回来。卡约夫人便安静地坐下等待。卡尔梅特归来时，对卡约夫人的到来感到惊讶不已，于是礼貌地邀请她进入办公室。但此时，卡约夫人掏出一把小型左轮手枪，向卡尔梅特连开四枪。几小时后，卡尔梅特被宣告死亡，卡约夫人则由她安排在报社外等候的司机驾车送到巴黎警察局总部自首。

Le Petit Journal

ADMINISTRATION

Les manuscrits ne sont pas rendus

5 CENT. SUPPLÉMENT ILLUSTRÉ 5 CENT.

ABONNEMENTS

25me Année — Numéro 1.219

DIMANCHE 29 MARS 1914

Tragique épilogue d'une querelle politique

Mme CAILLAUX, FEMME DU MINISTRE DES FINANCES, TUE A COUPS DE REVOLVER M. GASTON CALMETTE DIRECTEUR DU " FIGARO "

卡约夫人的复仇

资料来源：*Le Petit Journal*, March 29, 1914。

卡约夫人之所以谋杀报社编辑，是因为担心《费加罗报》将发表她丈夫约瑟夫·卡约多年前写给自己的求爱信，但糟糕的是在写信时，约瑟夫·卡约还是有妇之夫。这些曝光将是《费加罗报》及其他人几周以来发起的针对卡约的人身攻击的高潮。攻击者的怒火来自两方面，其一是他支持同德国修复关系，其二是他带头主张引入现代所得税制度。

自1848年革命以来，法国就一直存在引入所得税的可能性及相关争议。[70] 许多人痛恨这个理念，政治家兼历史学家阿道夫·梯也尔称之为“写在法律中的恶行”。[71] 另一位观察家评论说，“那会是多么可怕的调查……迫使一位有钱人暴露他本来希望保持神秘的财富”。[72] 神秘感源于当时的财政收入主要依赖法国大革命之后确立的“四位老太太”（四类传统税收），它们在事实上已变成一整套日益复杂的推定式税收。然而卡约等人认为，法国需要的恰恰是摆脱这条传统路线：

> 你尽可以随意构想，尽可以发现世界上一切可能的外在财富标志，尽可以将其组合与纠缠起来，但就在你制定一部包含两三百个段落的税法的次日……你会看到的唯一结果就是制造出了最大的不公平。[73]

在摆脱之前对推定式税收体系的过度依赖时出现了分歧，一部分人主张借鉴英国式的分类所得税体系，对不同类型的收入各自实行单一税率，另一部分人主张针对总收入实施累进税制（后来被视为普鲁士模式）。英国模式的支持者认为这最有利于防范过度侵扰的专断官僚作风。普鲁士模式的支持者则强调实现更显著的再分配效果。卡约本人希望把两种模式结合起来，在一系列分类税收的基础上，结合一种针对税后总收入的累进式附加税，这在后来被称作“卡约计划”。

然而上述讨论，加上数十项立法建议，在当时没有取得实质性进展。卡约本人在谋杀案发生后迅速辞职。正当卡约夫人及大量巴黎民众静待她的审讯时（她的牢房栅栏上还被贴心地装上了帘子），奥地利的斐迪南大公在萨拉热窝遇刺了。战争即将爆发，筹资也迫在眉睫。于是在1914年7月15日，法国参议院最终批准了所得税提案。

5天之后，卡约夫人的庭审开始。这场汇集谋杀、性爱、政治阴谋乃至与德国关系的党派纠纷大戏让全国上下在好几周内不能自拔，社会最高层亦牵涉其中，法国总统亲自作证。7月28日，卡约夫人被无罪释放，举国轰动。[74] 陪审团认定这是一场激情犯罪。判决结果冲上了新闻报纸头版，同日，奥匈帝国对塞尔维亚宣战，一战的多米诺骨牌开始倒塌。

结果表明，法国的所得税并没有给战争筹款做出多大贡献。该税种到1916年才付诸实施，最高税率到1918年才提升至20%。此时，美国的所得税已经占全部政府收入的近40%，英国的更是接近60%，法国却只有6.5%。事实上，除了20世纪20年代的一段时期，个人所得税在法国从来没有像在其他国家那样成为举足轻重的摇钱树。直至今日，个人所得税在法国全部税收中的占比依然远低于经合组织中的其他国家。[75] 这部分是源于家庭补贴和其他补贴措施削弱了税基，也因为与几乎所有其他国家不同，法国的所得税没有采取雇主代扣的做法（至少在2019年之前）。也就是说，该税收并非由雇主代扣，而是让雇员自己缴纳，这自然会增加征收的难度。很大程度上为克服此类局限，法国在1991年推出了另一种采取代扣方式的税收：一般社会缴费，对广泛的税基按统一税率征收，实际上发挥了替代个人所得税的作用。[76]

法国的所得税演进历史还有一条线索，可以作为典型案例，用于展示大国如何把税收工具输出到殖民地，而这些工具在更贫困国家缺乏适用性，引发的问题延续到它们取得独立后的很长时间。在法国本土，卡约计划设计的独特的所得税体系沿用到1959年，然后修订为单一的累进式税种。[77] 相比之下，在非洲的许多法语区国家，该制度继续沿用了数十年，税款主要来自分类收入项目的代扣，却基本上没有附加税收入。[78] 例如在喀麦隆，卡约式的所得税体系直至2004年才进行改革，塞内加尔更是要等到2012年。

旧的担心和新的方向

所得税制度的创建者——小皮特、阿丁顿、塔夫脱、卡约及其他人——如果看到今天的状况，会如何评价自己的发明?[79] 他们或许会认可其中很大一部分，如果我们能够再介绍些增值税的情况，还会有更多的理解。所得税依然像他们设想的那样，是税收体系明确按照支付能力的理念来实施的主要工具。不可否认，所得税的细微调节已变得复杂了许多，但对复杂性的批评自 1799 年以来一直存在。

不过，创建者们会被所得税支撑的政府规模的大幅扩张惊得目瞪口呆：完全是他们中的许多人及同时代其他人担忧的、自己释放出的魔鬼的样子。还有，我们如今习以为常的累进式税率结构，在格莱斯顿等人看来，将生动地证明他们对于累进式征税就是“直接走向共有”的担忧。[80] 极高的边际税率——2019 年经合组织成员国的个人所得税最高税率的平均值达到 43%——则会让他们感到困惑：社会的勤奋和进取精神为何尚未彻底枯竭?[81] 许多创建者或许会对如今实施单一税率的国家表示出更多好感：俄罗斯在 2001 年推出税收改革，对起征点以上的所有收入实施较低水平的单一边际税率（13%），并引发了若干国家的追随。[82]

从一个更基础的方面来看，累进税率的观念已经比创建者们的想象走得更远，而且仍在拓展，但他们对此应该能够理解。把收入视为纳税能力的良好指标，更进一步就是将它视为民众需要获取的资金支持的指标。这其实是埃奇沃思的数学推导逻辑的应用，尽管对许多人而言是有些不情愿的应用。与收入水平挂钩的福利制度在二战后兴起，成为社会救助的重要工具，也是福利国家制度越来越核心的组成部分，这其实并不符合英国 1942 年发表的《贝弗里奇报告》的期望，它设想的本是一个从摇篮到坟墓的社会保险计划。有一个显而易见的逻辑把此类工具都整合到所得税政策中，包括米尔顿·弗里德曼提出的“负所得税”概念（意指对低收入者而言，将从政府获得补贴而非缴税），以及对劳动收入实施税收抵免的实际操作（美国率先采用，如今正在全球推广）。各国的税务机关逐渐发现，它们不仅负责向某些人收钱，同时也在给另一些人发钱。例如，新西兰大约有一半的税务机关工作人员参与福利发放事务。这种情况并不总是让征税者感到高兴，因为他们要面临完全不同的挑战，例如所得税的征收是在一年当中不紧不慢地推进，而需要现金的人往往非常急迫。但总体而言，这似乎是一个将会持续下去的趋势。

所得税创建者看到的最重大结构性创新或许是企业所得税的引入，与个人所得税并肩而行。这在本质上是代扣税思路的一种应用。在整个 19 世纪，企业利润纳税的实际操作办法是对它们支付给股东的股息做提前扣税。由于所有股息是按照相同税率纳税，这种办法效果不错。然而当股息作为非劳动收入的组成部分，将面临较高甚至累进式的税率时，这一提前扣税的办法就不再行之有效。除非对企业自身也施用所得税最高税率，否则它们将选择一个简单的避税策略：把利润留存下来，不分配股息。于是，单独针对企业层面的税种便应运而生，推动它的理由并非“企业应该承担合理的税负”（后文将谈到，这颇有些滑稽），而是为便于在企业层面以代扣方式征收。[83] 但令人惊奇的是，这在美国之外算是很近期的现象，例如英国到 1965 年才实施企业所得税。

同样重要的是，所得税创建者会发现关于不确定性收入与永久性收入的区别税收待遇问题仍存在争议，如今通常分别称为劳动收入与非劳动（资本）收入。但真正让他们吃惊的是，当年他们认为非劳动（资本）收入无论如何应该承担比劳动收入更重的税负，而今天的基本倾向则是应该更轻，至少大多数经济学家持这种看法。令许多人推崇的是，若干北欧国家的税收设计就是以此原则为核心，采纳了多种类型的二元所得税制度。其结果是，劳动收入按照累进税率计征，而资本收入按照单一税率计征，且这种单一税率低于劳动收入的最高边际税率。这套办法面临的主要困难与 19 世纪后期反对分类所得税者的意见并无不同：对许多小企业而言，需要找到能够合理区分资本收入与劳动收入的有效办法。它再度表明，在税收的世界里并没有太多真正新鲜的东西。

对资本收入以及作为其来源的储蓄和投资的妥当待遇，或许依然是所得税面临的悬而未决的主要难题。储蓄应该免于征税的主张可以追溯到托马斯·霍布斯，19 世纪中期约翰·斯图亚特·穆勒也提出被储蓄下来变成资本的那部分收入应该免税。[84] 这一思路归根到底是主张对消费而非收入征税。

对消费征税并不一定意味着要依赖增值税或零售税等完全按照单一税率计征的税种，而是可以对每个人的总消费额计征，把全部商品消费累加起来，并按照累进税率计征。更具操作性的办法是对储蓄回报带来的资本收入免税，也能够取得相同的效果。还有一种办法是，允许在计算税负时把储蓄的部分扣除，然后对从储蓄中支取的部分（包括全部本金和回报）征税。[85]

某些人认为对消费（人们从经济中拿走的部分）征税比对收入（衡量人们对经济所做贡献的指标）征税更为公平。但还有其他因素需要考虑，包括税收的额外负担对投资和增长的影响，以及实际可操作性等问题。许多著名的委员会曾主张采取某种形式的累进式消费税，同时许多杰出的经济学家曾借助深刻的理论去解释：何时免除正常资本收入的税负能促进集体利益最大化。可想而知，他们得出的答案是“视情况而定”。然而除了某些引人注目的特例，今天的经济学家极少认为资本收入应该适用于劳动收入所适用的最高税率。[86] 大多数国家的政府则给许多重要的储蓄类型提供各种税收优惠。例如，私人养老金缴费经常可以抵扣（在某个限额之内），而养老金收入则属于完全应征税的类型。

对资本收入实施较低税率还有现实的理由：任何国家在实施高税率时都难免遭遇资本外逃。我们还应该知道，这个问题同样不新鲜。甚至对所得税的创建者而言，类似的顾虑就已经存在。阿丁顿的所得税对外国人从政府债券中获取的利息实行免征，或许是因为相比本国居民，外国人有更广泛的投资选择。[87]1920年的一个皇家调查委员会曾因为累进税率可能导致外国资本逃离而深感痛苦。[88]不过从当时直至现在，此类担忧经常被证明有些过虑了。尽管自20世纪90年代早期以来发表了很多题为“资本税（公司税）还能否延续”之类的文章，此类税收依然被保留下来。[89]当然税率已比过去降低了许多，另外在研判未来的所得税乃至整个税收体系的时候，国际因素正日益成为核心的考虑内容。我们将在第11章对此议题详加阐述。

关于所得税的累进程度，以及不同类型的收入该如何征税，至今依然存在分歧。但从宽泛的角度来看，对收入征税被普遍认为是公平的，因为收入是支付能力的合理指标，而支付能力的差异被广泛当作区别纳税待遇的合理基础。可是除了收入，人们在其他许多方面也存在差异，历代的统治者从不羞于利用这些差异来为自己征集税收，某些时候的行动甚至骇人听闻，某些时候也出于良好的愿望。这将是我们的下一个主题——横向公平。

第6章
有些人比其他人更平等

> 税收很像是一个人鼻子上长的疖子，他对此抱怨不已。然后有朋友问：“你希望它长在别的什么地方吗？”他思忖片刻后回复说：“嗯……我觉得还是长在别人的后背上比较好。”
>
> ——洛根·霍尔特·鲁茨（Logan Holt Roots）[1]

与17世纪的刚果国王一起生活或者说受他统治可能会相当难受，据说他每次把帽子弄掉的时候都会征收一种税。[2] 最让纳税人恼火的莫过于税收设立中的任意专断，有时候这种天威莫测可能还非常怪异。英格兰的财政卷宗里就记录了几次宿醉之后的荒诞情形：“雨果·德·内维尔的妻子给国王敬献了200只母鸡，以获得同丈夫共寝的许可”“温彻斯特主教因为没有提醒国王关于阿尔比马尔伯爵夫人的腰带的事情，需要供奉大量优质葡萄酒”。[3] 我们对于这里说的事情感到一头雾水，而它们正是典型的肆意妄为的税收。税收的任意武断可能威胁政府的合法地位，正如亚历山大·汉密尔顿所言：“自由的守护神禁止税收中的一切武断妄为或任意决断。”[4] 不过在任意妄为之外，税收很早以来一直被当作压迫或奖赏的工具。

税收的历史在很大程度上是人们试图“让疖子长到别人背上”的历史。其中一个方面是税收负担在穷人与富人之间的分配，但公平同样（有时甚至更关键）涉及如何平等对待收入和财富大致相当且其他方面也类似的人。这就是税收的横向公平原则：在相关方面具有类似特征的人在税收事务上应该被平等对待。换句话说，在决定税负的时候，不应考虑人们之间的其他一些差别。

这听上去非常合理。然而，实践操作中不把哪些差别作为不同税收待遇的基础，完全取决于政治权力的现实格局。许多税收政策的制定都或明或暗地秉持如下精神："不对你收税，也不对我收税，只对大树后面的那个家伙收税。"[5] 大树后面的那个家伙可能是跟你我不一样的人，所以他才会躲到那个地方。换个让人高兴的比喻，我们通常希望让疖子长到跟自己不一样的人身上。关于哪些差别不应该属于税收的考虑范围，这方面的看法会随权力格局发生变化，有时也会推动权力格局的变化，至今在各国之间甚至各国内部仍莫衷一是。我们内心认为不应该影响税收负担的差别是否真应该被忽略，以及这种忽略是否有现实的可能性，其实未必那么清楚。

对女性征税

19 世纪早期，印度的诸多国王为压制低种姓群体，对他们征收重税。农民需要缴税才能获得佩戴首饰或蓄留胡须的权利。在某些地区，低种姓的女性如果在离开家时用衣物遮盖胸部，也需要缴税，因为此类体面属于上层种姓女性的特权。这一乳房税的所有内容都明确无误地显示，它是有意识地设计出来羞辱低种姓女性的。

1840 年，故事有了进展。南格里，一位居住在当时的特拉凡哥尔王国（如今的印度南部）切尔塔拉镇的女性，拒绝上缴乳房税。[6] 作为抗议，她割掉了自己的乳房，并用芭蕉叶包起来交给税务官员。当晚，她因失血过多身亡。在尸体火化时，南格里的丈夫也跳入火堆自尽。次日，政府宣布取缔这一税种。切尔塔拉镇后来（如今没有继续）被称作"有乳房的女人的土地"。

几乎与此同时，现代妇女权利运动开始注意到缺失选举权与承担税负之间的失衡关系，抗税变成争取女性选举权的斗争工具。[7]1852 年，

南格里的抗议

资料来源：Courtesy Murali T。

在美国纽约州锡拉丘兹市召开的第三届全国妇女权利大会上，著名女性选举权运动领导人苏珊·安东尼（Susan B. Anthony）宣读了同样知名的活动家伊丽莎白·卡迪·斯坦顿（Elizabeth Cady Stanton）的致辞，声称在缺乏立法机构代表权的情况下，有财产的女性应该拒绝纳税。在英国，妇女抗税联盟打出了“无代表不纳税”的旗帜。一位名叫克莱曼丝·豪斯曼（Clemence Housman）的成员决心在抵抗中铤而走险，迫使当局将自己收监，最终成功被收入霍洛韦监狱一周。[8]英国面临的一个古怪之处是，已婚女性无须为自己的收入纳税，可需要她们的丈夫代为缴纳。因此在 1910 年，妇女抗税联盟的财务主管伊丽莎白·威尔克斯（Elizabeth Wilks）拒绝向丈夫透露自己的收入数额，导致她的丈夫马克·威尔克斯因无法为她缴纳税款而被投入布里克斯顿监狱。[9]

如今，很少有国家的税收制度明确按性别做区分处理，但仍有个别例外。例如在摩洛哥，已婚男性可以在纳税时抵扣经济上不独立的配偶和 6 名以下子女的生活费，但已婚女性在申请抵扣时必须证明丈夫和子女对自己存在依赖关系。[10]这种区别对待的情况正变得越来越少，如今残存的主要问题已经不再是公开的性别歧视，而是隐性歧视。[11]

无代表不纳税——争取妇女选举权时的版本

资料来源：Museum of London，c. 1909。

克莱曼丝·豪斯曼挺身入狱

资料来源：Photo courtesy of Schwimmer-Lloyd collection，NYPL。

卫生棉条是一个代表性案例。2016 年，克里斯蒂娜·加西亚（Cristina Garcia）向美国加利福尼亚州议会提交了一份议案，要求对卫生棉条免征州销售税，认为这是"解决性别不平等问题……的正确走向”。芝加哥市在2016年取消了卫生棉条和卫生巾的销售税，伊利诺伊州和纽约州紧随其后。[12] 还有几个州目前正在考虑类似的立法行动。世界各国也都出现了对卫生棉条免征商品税的呼声。加拿大于2015年将女性卫生用品排除在增值税范围之外，以响应由7.5万人签字发起的请愿行动。法国则将此类产品适用的增值税税率由20%下调至5.5%。在英国，脱欧运动带来的成果之一便是在2021年，当它不再受欧盟关于最低税率的约束之后，取消了对卫生棉条的增值税。

隐性性别歧视的范围非常广泛。例如，女性进入和退出劳动力队伍更为频繁，因此不鼓励此类行为的税收制度对她们的影响更大。[13] 有些常见的税收制度则对男性不利，例如男性比女性更流行吸烟，更多参与体育赛事，因此这类产业的消费税带给他们的负担更重。[14] 降低医疗服务的税率也对男性更不利，因为他们平均而言比女性更少享受此类服务。在许多发展中国家，女性更多在非正规部门就业，由于此类经济活动的收入容易逃税，对女性更为有利。

当然在性别问题上，除了男性和女性各自承担的税负，还有更多要考虑的内容，其他一些目标同样重要。例如，有人会认为购买卫生棉条不同于体育比赛门票，前者是必需的，对低收入群体而言占据更大的支出比例。因此纵向公平的因素也不容忽视。但这样一来会带来新的疑问：为什么要通过免除卫生棉条的销售税来解决问题，而不是通过所得税或社会福利安排？有人会质疑，与没有钱的切尔西队的男性球迷相比，一位富裕的女性为什么更应该享受税收优惠？从另一个角度看，卫生棉条的需求量或许对价格很不敏感，这使它成为一个极好的税收对象，因为相关的额外负担可能较低（理由将在本书第10章详细阐述）。如果把隐性和显性歧视都考虑进来，为了追求税收体系的其他合理目标，我们有时候或许要在横向公平方面做些妥协。

还有个关于性别问题的考察视角是，改变已婚男性和女性的纳税义务是否会影响他们各自的福利乃至子女的福利？这个问题的答案与税收是否影响家庭资源的实际控制权密切相关，实证研究则表明是肯定的。女性控制的收入中有更高比例用于改善子女生活的食品、教育和医疗，因此改变税收的性别处理方式可能带来深远影响。[15]

特殊税收制度

自古以来，按照种族划分来不公平对待民众远远超出税收歧视的范围。不过，种族问题与税收问题有时候又有密切联系，这在美国历史上尤其突出。

两者的互动可以追溯到奴隶制时代。殖民地有很大部分财政收入来自对奴隶的进口税和人头税。独立战争后，某些州征收人头税，作为确立选举权的财产资格的代理指标。到 19 世纪早期，许多州把纳税作为选举登记的前提条件。但直至南北战争终结了南方奴隶制这个“特殊制度”之后，人头税才变成一种隐性的种族歧视（事实上相当公开）。南方重建行动失败后，联邦军队于 1890 年完全撤出南部各州。掌权的北方投机客、开明派南方白人和部分非洲裔美国人被从前的南方白人领袖及其后裔所取代。自此之后，特别是在 1890—1908 年，大多数南方州借助人头税来剥夺黑人的选举权利。该税收的支持者毫不掩饰自己的意图，例如在 1898 年的路易斯安那州制宪会议上，大会主席在总结发言中用以下质问来为人头税辩护：“它的作用不就是让白人投票，阻止黑人投票吗？要不然我们来这里干什么呢？”[16]

某些州采纳了累积式的人头税，要求在连续若干年中每年都缴纳。迟至 1953 年，亚拉巴马州还规定人头税可以累积计算 24 年，使潜在选民必须缴够相当于 24 年的税额，才能够获得投票资格。在许多州，人头税在选举前 9 个月就需缴纳。人头税不止出现在过去的邦联各州，例如，加利福尼亚州就一直征收到 1914 年，才通过全民公投而被废止。

人头税的征管也经常会暴露出本来意图。法律条文经常打击而非鼓励该税种的征收。例如亚拉巴马州没有对拖欠税收收取罚金：不会寄出账单，而且在大多数地方，征税官员不会尽力通知纳税人何时应缴纳税款。密西西比州宪法则规定，该税收在实际执行中不得采取刑事诉讼的方式。某些州要求人头税用现金支付，而当时的许多南方黑人极其缺乏现金收入，主要依赖易货交易以及商家和地主提供的信贷。[17]

当然，人头税属于隐性（尽管形式上是公然的）而非显性歧视，同时也剥夺了许多贫困白人的选举权。南方的部分精英群体认为这是个附带好处，因为他们担忧以白人为主的平民主义政党的力量扩张。平民主义者休伊·朗则希望争取选票，因此帮助许多贫困的白人农民缴纳了 1 美元的人头税。一位支持者回忆说："补上人头税，把政客全部赶下台。"[18] 许多南方女性活动家逐渐把人头税当作性别议题来看待，声称这违反了 1920 年制定的保证全体女性选举权的美国宪法第十九修正案。她们指出，鉴于白人家庭整体上的低收入状况和现行的性别角色划分，如果在缴纳人头税才能获得投票权时必须在家里的男人和女人之间二选一，那么获胜的基本上是男人。[19]

1964 年生效的美国宪法第二十四修正案废除了利用人头税（及其他任何税收）作为联邦选举投票权的前提条件的做法。[20] 然而相关争执在美国经久不衰。目前的一个论题是，要求国民购买一个州的身份证以参与投票是否等同于人头税，这在事实上阻碍了穷人参与投票，特别是少数族裔。另外，各州广泛实施"重罪剥夺公民选举权"的做法，通过法律剥夺重罪者的选举权，导致约 600 万美国人无法参与选举。仅在 2016 年的亚拉巴马州，就有超过 28.5 万人因此被剥夺选举权，其中一半多是黑人，而黑人在该州全体人口中的占比只有约四分之一。[21] 亚拉巴马州教会组织大伯明翰事工部门的执行董事斯科特·道格拉斯（Scott Douglas）把这个制度称为"极端形式的人头税"。[22]

信仰飞跃

宗教与税收可能成为易燃的组合。这在 17 世纪的日本表现得特别突出，引发了武士时代的一场重大战争。[23]

当时的宗教事件是对基督教徒的迫害，并导致了非常严重的杀戮。[24] 这种现象始于16世纪后期，在1600年的关原之战后，随着德川幕府的统治得到巩固而愈演愈烈。宗教迫害在西南部的长崎地区（包括岛原半岛在内）尤为强烈，当地有多达30万教徒。这些基督教徒得不到政府的信任，后者既不喜欢他们的宗教理念，又担心他们可能成为意图控制局势的外国人的帮凶，此等顾虑也并非没有缘由。

税收方面的因素则来自当地大名（封建领主）松仓家族决心在岛原修建一座庞大的新城堡，费用当然要由农民来负担。税负因此翻了一番，导致在已经被糟糕天气所蹂躏的地区，农民需要上缴超过六成的谷物产出。[25] 有位荷兰商人记录说，税负远远超出了农民的承受能力，让他们在饥饿中煎熬。税收征缴过程中有时略加惩罚，严重的时候则等同于虐杀。"缴不上税的人……被套上粗糙的草编衣服，从脖子到身体都被捆上，双手用绳子紧紧缠在背上，然后让人把他们身上的稻草点燃。"

对女性的迫害是1380年英格兰农民起义的诱因之一，在岛原也同样如此。有一个故事讲的是，一位税务官员把农民的儿媳妇关在水牢里，类似猎鹿人采用的灌上水的牢笼，直至他们家缴齐税款。6天之后这名女性死亡。1637年12月，起义随之爆发。

起义至少在名义上是由天草四郎领导，他只有十多岁，却是富有魅力的基督教领袖，并在早期打了几次像样的胜仗。[26] 起义者中不仅有被武士阶级鄙视、认为不堪一击的农民，还包括浪人，即失去了领主的武士。江户的幕府将军派遣了20多万士兵征伐岛原，到次年春天，将大约3万人的起义军包围在原城。等到城堡陷落时，绝大多数被困者或遭到屠戮，或主动投身火海。天草四郎及其1.7万多个伙伴的头颅被悬挂在长矛之上。

统治者吸取了教训。需要为暴政负责的领主松仓没有领会暗示（以切腹方式有面子地自我了结），于是被砍了头，成为整个德川幕府时期唯一被处决的大名。起义爆发的十年后，该地区的税负减半。[27] 对明智的统治者而言——德川政权还将相对和平地统治日本两个世纪——臣民的忠诚是不容失去的，需要缴纳的具体税额则可以商量。

点燃岛原的抗税起义烈火

资料来源：https：//nehemiahjapan. wordpress. com/2018/07/02/the-shimabara-rebellion-in-1637/。

客气点说，各种宗教在与其他信仰者打交道时显然经常会遇到麻烦。与 1.7 万多个悬挂在长矛上的头颅的恐怖相比，歧视性税收算不了什么。当然，宗教在税收制度发展的过程中依然扮演了很重要的角色。

税收歧视中许多臭名昭著的例子涉及对犹太人的态度。在公元 70 年摧毁耶路撒冷的圣殿之后，罗马皇帝韦帕芗对整个帝国版图内的犹太人征收了一项附加人头税：犹太税。按照一个确定总额对全体犹太人收取人头税，包括妇女、儿童和老人。[28] 在中世纪，欧洲国家普遍对犹太人征收各种特别税，这是反犹太主义与针对犹太人的贷款能力（他们不受基督教高利贷禁令的约束）及其利润而课税的欲望的肮脏结合。[29] 英格兰从 12 世纪 90 年代后期开始，就有专门的财政部门负责记录和管理针对犹太人的税收。某些历史学家估计，仅在 13 世纪 40—50 年代，亨利二世就利用税收剥夺了犹太人的半数财富（用于重修威斯敏斯特教堂等项目）。[30] 另外前文已提及，爱德华一世在 1290 年驱逐了犹太人。这一风气最终发生改变，17 世纪 30 年代，犹太人开始返回英格兰定居。到 1689 年，英国议会由于担心会把犹太人赶到国外，投票否决了针对他们的一项特别税。[31]

在欧洲大陆，法国国王路易十二于 1498 年下令将犹太人逐出普罗旺斯，还为弥补财政损失于 1512 年对仍留在那里并接受了洗礼的人群开征"新人税"。[32] 匈牙利对犹太人专门征税始于 1747 年，依据是要求犹太人缴纳税收以获得容留的一部日耳曼法律，此税名为"宽容税"。甚至某些货物税也对犹太人适用更高的税率，例如他们要缴纳比基督徒更重的过桥费，在德语中称作人身税。[33] 犹太人还面临洁食肉类税、结婚税，以及对他们的教堂和墓地所征的税收等。[34]

当然，这种歧视的受害方并不只是犹太人。基督教徒同样受到不同派别基督教徒的歧视。在宗教改革后的英格兰，无正当理由而缺席教会活动的人（意指天主教徒）每次会被罚款 12 便士。[35] 这个数额不小，但在实际操作中，该规定似乎更多被用于侵扰[36]，而非普遍压迫。[37] 罗伯特·沃波尔首相于 1722 年引入了一项专门针对该群体的"天主教徒税"。[38] 另外，天主教徒直至 1794 年还需要缴纳双倍的土地税。[39]

穆斯林在历史上同样对异教徒实施税收歧视，尽管相对来说较为宽容。例如，针对希姆米人（dhimmi，意指有经者）的吉兹亚税（jizya tax），归入课税对象的不仅有基督教徒和犹太人，还包括后来的印度莫卧儿王朝时期的印度教徒、佛教徒、锡克教徒和耆那教徒等。具体税负随时间和地点而不同，通常针对身份自由、身体健全的青壮年男性，与财富大致相关。穷人可以免税，同样免缴的还有奴隶、妇女、儿童、老人、病人、僧侣和隐士等，要向这些人征税毕竟也很不容易。

吉兹亚税或许并不像听上去那么糟糕。例如在穆斯林于637年从拜占庭帝国手中夺取耶路撒冷后，生活在城中的基督教徒和犹太人发现税负下降了。[40] 吉兹亚税经常被视为向非穆斯林（他们不能当兵）提供保护而收取的代价，还有些高尚的事迹显示，在没有给他们提供充分保护时，这笔税收会被退回。例如，12世纪的埃及和叙利亚苏丹萨拉丁据说就向叙利亚的基督教徒退还了吉兹亚税，因为在面对十字军的攻击时，他撤出了军队。[41] 还有，非穆斯林无须缴纳天课，这是起初针对储蓄、后来日益与收入挂钩的一个税种，这个税种按2.5%的比率征收，作为伊斯兰教的五大支柱之一，至今仍在许多伊斯兰国家施行。[42] 在许多情况下，人们为保留信仰而被收取的税收看起来还算较为合理，并且比其他选择的结果更好。

总而言之，没有出现对吉兹亚税的大规模抵制。1679年，莫卧儿皇帝奥朗则布决定重新开征一个世纪之前被仁慈的阿克巴皇帝取消的这个税种。此项决定是更广泛的反印度教行动的一部分，但也正好赶上王朝的财政困难时期。[43] 焦虑的顾问们提醒皇帝，这样做可能招来很大的麻烦。法令颁布后，当地很快遭遇了一次地震，凶兆的出现令大臣们更加担忧。然而，奥朗则布的信念非常坚定，只是当众宣告（好比今天的政客利用推特）：“大地确实发生了震动，但那只是代表对我采取的路线的欣喜之情。”[44] 重新开征税收通常是不容易的，后来确实出现了某些焚烧清真寺和禁食抗议的现象，但吉兹亚税依然得到了执行。

这个税种一直延续到现代。到1834年，前往耶路撒冷的朝圣者依然要缴纳传说中一千年前查理大帝代表该城市的全体基督教徒上缴的类似税种。[45] 奥斯曼帝国于1856年废除了吉兹亚税，对非穆斯林改征兵役来替代该税。[46] 不过到20世纪早期，针对非穆斯林的歧视性税收基本上消失了。

但近期以来，吉兹亚税又回到了大众视野之中。在埃及，有报道称穆斯林兄弟会在2013年对科普特基督教徒开征了此项税收。[47] 无法无天的"伊斯兰国"则对伊拉克北部残存的基督教徒发出最后通牒，要求他们必须皈依伊斯兰教并缴纳赋税，否则就是死路一条。他们于2014年7月在伊拉克和叙利亚的部分地区发出如下声明："我们给非穆斯林三个选择，要么改信伊斯兰教；要么承认迪马协议（dhimma contract），包括缴纳吉兹亚税；如果这两者都拒绝，就只能面临刀剑的惩罚。"[48]

两类歧视现象，即针对宗教信仰的歧视，以及前文介绍的针对性别和种族的歧视，在今天都令人憎恨，但它们之间仍有一个重要区别。宗教信仰有可能发生改变，或者说表面上可以改变，而性别和种族除了极少数特例无法改变。歧视性税收可能给人们带来皈依受偏袒宗教的激励，这在某些案例中至少是政策的目标之一，或至少是附加好处之一（当然在另一些案例中，完成皈依的人依然要缴纳该税收）。历史上，针对宗教的税收有时确实产生了改变信仰的效果。埃及从公元714年开始禁止修道院接收任何新来者，因为修道士不用缴税，这样做是为了减少追求避税的（自称的）"信仰飞跃"。[49] 另外在非穆斯林人头税（在公元641—1856年实施）征管更加严格的地区，贫穷的科普特人改信伊斯兰教的也更多。[50]

当然，我们很难判断这样的改换宗教信仰是否出于真心。在古代中国和日本，佛教徒经常获得的税收优待也反复引发此类问题。早在公元486年，中国人就把入教作为避税的一种办法。唐太宗在明显失去耐心之后，于公元629年下令，对于为避税而非法受戒的僧人处以死刑。[51] 到公元830年，朝廷发现约有30万名僧尼的戒牒是伪造的，还有其他许多人的合法证书是买来的。[52] 于是在公元845年，唐武宗下令让26万多僧尼还俗。君士坦丁大帝（公元306—337年在位）对罗马帝国基督教徒的偏爱也招来了类似的麻烦，许多地位显赫的人试图成为免税的教士，他不得不出手制止，另外还禁止富裕平民因为避税目的而进入神职行列。当然，要推测他人的真实动机总是很难的，因此为了考验他们的本心，后来要求希望加入神职系列的人上缴自己全部或部分财产。[53]

为税收目的而虚假入教的现象至今依然存在。在美国，对基督教会、犹太教堂或其他宗教组织的捐款有可能获得税收抵扣，偶尔还会出现为逃税而建立的假冒教会。这方面的最佳或最坏案例或许是亚利桑那州菲尼克斯市在 2011 年建立的一家妓院性质的“教堂”，男性教徒为其提供“捐助”，以换取“姐妹之爱”。[54] 在这个丑陋名单上紧随其后的是纽约州的哈登堡事件，20 世纪 80 年代早期，该镇的 236 位业主中有 200 人获得宗教免税优待，因为他们的房产都被指定为以邮购方式做推广宣传的宇宙生命教会的分支场所。[55]

与性别和种族的情形类似，宗教方面的税收歧视也可以采取隐性方式，虽然大家对背后的真实意图都心照不宣。上文提到的对犹太人洁食肉类征税只是其中的一个例子。[56] 荷兰东印度公司曾在马来西亚的马六甲设立生猪屠宰税，从性质上说只能对非穆斯林民众收取，主要是华人和基督教家庭。[57] 税收法规无须提及种族或宗教，即可偏袒某些宗教群体的成员，而损害其他人。例如，通过个人免税额给大家庭提供税收优惠的所得税政策，就对鼓励（甚至要求）大家庭的某些宗教的信徒更有利。

圈外人

在任何出现“自己人”和“他人”界限划分的地方，歧视性税收往往如影随形。

陌生土地上的陌生人

人群中的外国人属于典型的“他人”。马基雅维利曾建议君主把征税对象扩大到本国臣民之外，其实很早以前就出现了针对居民中的外国人的特殊税种，并经常带有种族主义和排外意味。

前文提到，古代雅典的外国人需要支付一项特别人头税。1440年，英格兰引入了外国人人头税。1885年，加拿大对中国移民（主要是铁路建设工人）征收入境税，到1923年完全禁止入境。近期以来，若干国家对外国人购买房地产征收特别税，理由是担心他们会把房价推高到本地居民的承受能力之上。例如加拿大不列颠哥伦比亚省政府对温哥华地区的外国购房者（大多数来自中国）开征15%的特别税，这重新引发了百年以前的种族矛盾。[58]

然而，何种歧视可以接受，哪些人算是外国人，此类问题的看法明显随时间而变化。有意识地禁止此类税收是形成共同身份认同的最显著标志之一，同时也能帮助强化对共同身份的认同。例如美国宪法中的“友谊条款”（Comity Clause）就禁止各州对其他州施以歧视。[59]不得歧视来自其他成员国的人员也是欧盟的一项核心原则，并且在过去几年中被强势应用于税收领域。在各国签署的各项条约中，承诺将外国企业与国内企业同等对待就是一项标准内容，作为相同税收待遇的指导意见。事实上，如今许多国家经常面临的压力是对外国人实施比本国人更优惠的税收，以便从国外吸引税基和经营活动，对于比较缺乏流动性的本国税基则盘剥得更厉害。我们将在第11章分析这方面的趋势。

为惩罚而征税

借用约翰·哈灵顿（John Harington）的格言，反叛绝不能取得成功，因为如果成功了，就没有人敢说那是反叛。[60]无论如何，反叛遭遇的若不是处决，也经常是沉重的赋税。前文已经提及，法国大革命期间被送上断头台的那些人的财产遭到剥夺，这样的例子不胜枚举。例如在古罗马，至少从苏拉统治时期（约公元前90年）开始，没收背叛者的财产便成为一种唾手可得的财源，有时甚至不需要费力气去确认是否真有叛逆之事发生。[61]

英国在从内战到复辟之间的空位时期曾空前接近军事独裁，税收同样被用作针对政治斗争失败者的重要惩罚手段。1655 年，奥利弗·克伦威尔开征了“什一税”[62]：针对每年财产收入超过 100 英镑的顽固派保皇党人的收入征收 10%的税额。[63] 该税收的主要承担者是曾为已故国王（1649 年被斩首）及其子查尔斯·斯图亚特拿起武器的人，还有曾经“依附、协助或煽动”他们的人。归降是一条出路。克伦威尔向保皇党人保证，如果转头效忠于他，政府将高度尊重他们的归降，而不是希望他们遭受偏见或伤害。[64]

然而，实际执行是个问题。例如，什么样的行为可以被视为“协助或煽动”？有钱人的各种逃避手段，包括信托等今天依然常见的办法可能把这一法律变成“蜘蛛网”，只能抓小苍蝇，却无法逮住大家伙。[65] 还有个问题来自税收结构的设计：从 99 英镑到 100 英镑，收入只有 1 英镑的增幅，税负却会增加 10 英镑。这会造成意料之中的结果：“人们想方设法把年财产收入压低到 100 英镑之内。”[66] 税率表的这一特征如今被称作“档位”，意指税基的微小变化可能导致税负的不连续和不成比例的重大改变。档位设计在税收历史上和今天都比人们通常想象的更为普遍，对纳税人来说相当痛苦，但对学者的研究而言却是求之不得，原因将在第 9 章详述。

以税收作为惩罚手段的观念并没有远离我们。2007 年全球金融危机后，社会广泛呼吁加重整个金融产业特别是银行家们的税负，这不只是出于复仇的情绪。然而，税收一般而言并不是很好的报复工具，部分原因是到它们可以实施的时候，罪人或许早已离场。正如在克伦威尔的共和国建立时许多保皇党人已经死亡或者流亡那样，对引发金融危机责任最重大的许多金融机构也已破产。而且即便机构还在，过去的股东可能也早已套现走人了。

艰难抉择

传统上，对于其他方面相似的人，某些个人特征曾被认为是实施区别税收待遇的绝好标准。例如，吸烟者已习惯于被不吸烟者当作“贱民”来征税。但在其他一些情况下，我们纯粹是出于实用的考虑来接受或许不符合横向公平的安排。例如相比新墨西哥州的居民，美国新英格兰地区的居民需要为取暖燃油承担更重的税负，因为当地普遍需要用这种燃油来给住房供热。如果按照地区划分对燃油实施不同的税率，征管成本又会更高，并且可能导致走私泛滥。有时候社会可能普遍认可某些特征差异（如人们的需求）是实施区别税收待遇的合理基础，但税收差别的程度如何则有待商议。比如在同样的收入水平上，有子女的人应该比没有子女的人少缴税，但对于具体的优惠幅度则莫衷一是。

更多的问题在于，隐性的税收偏袒很难完全消除。即便是所得税（或一般的销售税）也带有隐性的横向不公平的成分，这是因为人们对经济学家所说的“商品和闲暇的偏好”，或者其他人所说的“贪欲和惰性的取舍”各有不同。有些人喜欢货币能买到的东西，愿意通过工作去获得它们，因此在收入和消费中承担较大的税负。另一些人本可以获取相同水平的市场工资，却更喜欢把时间用来追肥皂剧，其税负也就更低。为避免此类横向不公平问题，某些学者更赞成以人们的潜在工资率来征税，而非实际工资收入（后者还取决于他们愿意付出的工作努力程度），这样的话，实际的工作付出对税负就不会有太大影响。该主张的结论是应该采用与潜在支付能力挂钩的一次性税收，这符合我们在第 4 章介绍的思路（第 10 章还将讨论其优点）。当然，美中不足的一大缺陷在于难以测算（甚至从理论上构建）人们的潜在收入能力。

税收政策中至少有一个很重要的领域几乎不可能实现横向公平：针对个人与夫妇的区别税收待遇。在早期所得税出现时，大多数国家把已婚夫妇视为一个法定纳税单位，也就是说，按夫妇的收入之和来计征。当前这种情况已经在逐渐改变，美国的所得税纳税单位通常是夫妇（共同申报）[67]，但大多数其他国家则以个人作为所得税纳税单位，即每个收入获得者都根据自己的收入来纳税，与伴侣的收入无关。

可是，在我们推行累进性税收制度的时候，这两种做法都不可能同时满足横向公平的两条重要原则。第一条原则是，夫妇被视为一个纳税单位或者单独纳税，对他们的税负不会有影响，既不会造成“婚姻惩罚”，也不会带来奖励；第二条原则是，一对夫妇的收入在内部如何划分，对他们的整体税负不会带来影响。要满足第二条原则，那么一对夫妇的税负只能与他们的总收入挂钩。而在实行累进性税收的时候，如果夫妇二人单独计税，那么他们的总税负不仅取决于总收入，还与总收入在他们内部如何划分有关。这样一来，我们将无法同时满足第一条原则。由此得出的结论是，在累进性所得税制度下，结婚对总税负可能有巨大影响。

避免隐性歧视的困难乃至不可能性，此类歧视甚至可能导致减轻额外负担的理想结果的可能性，以及相关的多个理论难题都意味着：即使我们就应该忽略税收制度的哪些特征能达成一致意见，实现横向公平也远没有乍看上去那样简单。

我们在前三章中分析了各种税收制度如何解决税收公平的问题，然而与几乎所有关于此类议题的公共讨论一样，其中还缺失了一个关键环节。税收在设计时可能考虑了公平，例如与支付能力的某种指标挂钩，但并不代表实际发生的情形就是这样。我们已经提到过此类问题的迹象，比如乔治王时代的英格兰对女仆的税收不仅会增加雇主的负担，还会逼迫某些下层女性去从事更艰辛的工作。这只是以下深刻道理的一个典型例子：真实的税收负担并不总是落在表面上的纳税人头上，或者我们希望负担的人头上。是时候详细研究这一课题了。

第 7 章
固定还是转移？

我指导的一位研究生选择了这个课题，他从 1908 年左右开始研究，到一战爆发前夕还没有完成，此后我再没有听到他的消息。

——埃德温·坎南（Edwin Cannan）[1]

那位不走运（也没有得到高人指点）的学生选择的研究课题正是税收归宿，即税收负担实际上由谁来承担的问题。各国政府很多时候似乎希望让某种税收的影响落在特定群体身上，但税收并不一定按照预期固定在这些群体身上，因为市场力量意味着真实的负担可能被转嫁到别人头上。就像坎南的那位研究生发现的那样，弄清楚税负的最终归宿远非轻而易举，并且会遭遇大量意料之外的后果。要了解这些后果以及更普遍的税收归宿的意义，都涉及极其广泛的内容。

以羊毛出口税为例，自 1275 年开始，英格兰的历任国王发现这能带来巨额的财政收入。[2] 该税收由羊毛商人缴纳，但莫城从事牧羊业的修道院院长很快认识到，自己才是真正承受这种税收负担的人："给国王缴纳税款的人其实是羊毛的生产商，而非中间商……因为给国王缴纳的税款越多，羊毛出售的价格就越低。"[3] 由羊毛生产商控制的议会对此提出了强烈抗议，虽然他们未能取消这项税收，但逐渐酝酿成一场宪法危机。其结果是向着占据议会优势地位迈出了关键一步：1362 年，英格兰确立了议会（而非中间商）才有权向国王拨付此项税收的原则。[4]

中世纪的英格兰国王或许不太关心羊毛出口税的负担究竟由谁承担，至少在初期是如此。但有时，税收的最终归宿可能破坏预先设定的政策目标。1990 年，美国国会批准对几种奢侈品开征 10% 的税收，包括价值 10 万美元以上的船只。这是一种折中做法，希望在不提高所得税税率的情况下让富人多缴税。但事与愿违。《纽约时报》报道称这个税种就好比“一根桩子打入游艇产业的心脏”。[5]《太阳哨兵报》则报道：在全美范围内，游艇销售数量从 1990 年的 7 500 艘锐减至 1992 年的 3 500 艘，损失了 3 万个工作岗位，占据美国游艇产量四分之一份额的南佛罗里达州（该报纸总部所在地）有 8 000 人因此失业。[6]“由于游艇的销售量和拥有量锐减，给这些船只的柚木甲板做抛光的吃苦耐劳的人最终失去了生计。”[7] 由此可见，对奢侈品的税收并没有像预期那样打击到富人，至少部分负担被转嫁给了其他群体。这正如小皮特在对女仆征税时，并没有想到要把她们驱逐到娼妓行业去。

我们从中得到的教训是，如果不认真考虑税收负担的最终归宿，将很难制定出合理的税收政策。然而要弄清楚税收归宿可能非常困难，更糟糕的是，甚至都没有做相应的努力（这种情况并不罕见）。税收归宿并不总是显而易见，但仍有若干久经考验的原则可以指导我们的研究，也有若干常见错误应注意避免。

错误的起点

在考察税收归宿时，粗心大意的人容易遭遇若干陷阱，而无道德原则的人则会将这些陷阱视作机遇。

陷阱之一是想当然地认为税收的名称与最终的税收归宿有关。税收的标签被贴到某个物品或某个人身上并不代表它的归宿。例如，许多社会保障制度会区分雇主缴费和雇员缴费，但这两者一般来说都是对工资收入的征税，因此至少从长期看，它们的实际影响很难说会有什么区别（姑且不论其实际归宿）。你或许认为，上述结论应该显而易见且无可争议。然而被广泛传阅的世界银行《营商环境报告》恰恰非常重视这一区别，在税收评估部分把雇主缴费负担（而非雇员缴费）视为不利于某个国家营商环境的因素。各国政府很快认识到，把雇主缴费的部分转为雇员缴费不会改变社保缴费总额，却能够从世界银行那里获得更高的营商环境评分，那是个轻而易举却毫无实际意义的操作。

这里有个更普遍的推论：表面上不同但实质上给予同等待遇的税收设计应该有相同的税收归宿。例如，在能够完美实施的情况下，8%的零售税与8%的增值税应该带来相同的税收归宿结果（先不管这个具体结果是多少）。该结论看上去很直观，大多数研究也能认识到这一点。然而在面对不那么明显的税收等价现象时，许多人会感到困惑。例如，单一税率的工资税在本质上等价于单一税率的消费税（包括增值税）。要明白这一点，可以假设工资是你唯一的收入来源，你也不打算留下什么遗产，此时，哪种税收更让你痛恨：对你的一切收入征税25%，还是对你的一切支出征税25%？从理论上讲，它们对你而言没有差别，因为无论采用哪种税收，你毕生的消费潜力都会被缩减25%，因此两者是等价的。[8] 然而，税收归宿分析在评估各种税收的税负模式时经常借助各不相同（甚至逻辑上不一致）的方法，以武断乃至（出于某种等价性的考虑）在一定程度上缺乏意义的分类作为基础，例如划分对消费的“间接”税和对收入的“直接”税。

陷阱之二是过度关注缴纳税收的法定责任归谁，即谁给政府开支票。罗马皇帝尼禄曾一度下令，对奴隶买卖征收的4%的销售税需要由卖方而非买方缴纳。但当时的罗马历史学家塔西佗认识到：“让卖方缴纳相当于出售物品价值二十五分之一的税收，这只是名义上的规定，并无任何实际效果，因为尽管法令要求卖方承担税收，但那会作为价格的一部分被转嫁给买方。”[9] 事实上，塔西佗已经发现纳税人的身份根本无关紧要。

我们并不都像塔西佗那般睿智，但他的这个观点在很大程度上属于常识。当增值税税率上调时，顾客们虽然不是法定需要向税务机关缴税的人（企业才是），可他们同样担心税负加重的效应。更普遍地说，先不考虑避税或逃税的可能性，对市场上的哪一方征税对最终结果并没有影响。这种现象以及人们对它的误解在历史上时有出现。一个典型案例是：2018 年，西班牙就谁应该负责缴纳按揭贷款印花税，是银行还是借款者，爆发了激烈争论。国家最高法院也卷入其中，起初判决贷款方应该承担缴纳该税收的法律义务，之后又修改了自己的判决。这场争论中的一位理性怀疑者是地产公司尼诺住房（Neinor Homes）的财务总监，他指出，即便这项税收是由贷款方缴纳，但负担无论如何还是会回到借款的顾客头上。[10] 这里值得关注的是“无论如何”一词，意味着名义上由谁来缴纳税收实际上无关紧要。为避免把谁负责缴纳税款与谁承担真实税负这两个不同议题混为一谈，我们在本书中尽量避免涉及什么人缴纳税款的说法，当然要承认，这样做有时候会显得比较奇怪。

另外，不考虑避税和逃税这一限定条件非常重要。如果逃税的可能性与谁在法律上负责缴纳税款有关，那么这一法律规定就可能关系重大。例如从 20 世纪 80 年代中期到 21 世纪前十年中期，美国的许多州改变了供应链上负责缴纳州柴油燃料税的法定角色的规定。结果表明，把征税点从零售加油环节改到供应链上更容易监督的上游部分，大幅增加了燃料税向柴油零售价格的转移，也就是说，原来的逃税现象基本上被消灭了。[11]

陷阱之三是，每当人们说起“企业应该承担公平的税收份额”时，我们就知道有人掉进了陷阱。2012 年角逐美国总统宝座的米特·罗姆尼（Mitt Romney）发表过一句名言：“公司也是人。”[12] 从法律角度讲，他说得没错：今天的绝大多数司法辖区都把公司作为法人来对待。早在罗马时代，就出现了把公司作为人们的联合体而不同于创立者个人的观念。[13] 然而从税收归宿的角度看，这完全是胡搅蛮缠。

企业并不是真实而鲜活的人，税收对它们自身来说并不构成任何有实际意义的负担。真正承受税收负担的人可能是企业的股东、员工以及客户，他们都是自然人，而不是企业本身。当然这句名言背后的假设往往是，被贴上企业或公司标签的税种会更多地由富裕的所有者来承担。可我们刚刚说过，不要被税收表面的标签所迷惑。下文很快还会指出，公司税的最终归宿在理论上还远没有弄清楚，在实际中更说不上解决。而无论税收的最终归宿落在谁的身上，都必须是真实的自然人。

最后一个陷阱是，认为税收归宿是很容易由政府法令来控制的事情。当零售税最初于 20 世纪 30 年代在美国实施时，商家担心这会影响其利润，在它们的坚决要求下，某些州规定这项税收“必须”转嫁给消费者。[14] 税收领域的一位著名学者就此评论说：“如果是一位习惯于从长期角度考察非人力因素发挥作用的经济学家，他一眼就会看出，这种试图控制税收归宿、又不冻结价格的做法是何等幼稚可笑。”[15] 而我们在多看上几眼后，也会得出类似的结论：只要零售商（乃至更普遍的各类卖家）能自由设定产品价格，政府的此类强制就不会有任何效果。

零售商甚至不愿意面对提价招致的顾客的怒火，而是更希望把责任推卸给政府。这在 1936 年的美国总统大选中就发挥了作用。在挑战现任总统、民主党人富兰克林·罗斯福的艰难进程中，共和党人试图把消费价格高企归咎于他的政府实施的消费税。共和党的竞选运动鼓励各家肉店用黑板展示每块肉的三列价格信息：不含税的价格、需要缴纳的税款以及含税的总价格。同时在旁边注明：价钱贵不能怪肉店，肉价不高，是税高。作为回应，联邦司法部长威胁说要把展示此类信息的肉店告上法庭，依据是极少被动用的一项联邦法规：任何人如果虚假地把产品的部分成本归咎于税收，会被处以罚款乃至监禁。[16]

零售商把责任全部推卸给政府的另一种策略是，给人们留下商家自己是税负承担者的印象。政府同样不太喜欢这种计谋，或许是因为商家采用的语言往往暗示着顾客的纳税义务已经被免除。美国华盛顿州允许零售商在广告中宣传销售税由自己承担的条件是，“含税”一词必须与广告中其他内容用同样大的音量播出，展示的字体大小至少为其他宣传内容的一半，另外税款在销售收据中必须作为单独项目罗列。还有几个州[17]则完全禁止零售商使用“免税销售”或者“我们将替顾客支付销售税”之类的宣传语。[18]

这种克努特式的试图逆转税收归宿浪潮的做法同样并非美国的专利*。法国人在2009年有过类似的经历，当时的政府把餐厅食品要缴纳的增值税从19.6%下调至5.5%，同时让商家保证，将大部分省下来的税款以降低菜价的方式让利给消费者，但这样的承诺在很短时间之后就无疾而终。[19]

通过法律规定税收归宿的问题在于，这样做等同于实施价格管制。在没有管制的情况下，当遇到征税时，任何企业都能自由调整税前价格，因此消费者面临的价格变化包含税收金额与税前价格调整两方面的因素。可见，最终的税收归宿将取决于制约企业定价决策的市场供求力量，而非政府的愿望。所以在探索税收归宿时，除了分析市场结果会如何发生变化，我们并无其他办法。这些道理听上去甚是枯燥，但税收归宿问题确实在历史上引发过激烈冲突，而且不只是在中世纪的英格兰。

窃取他人的智慧

1846年取消了要求对小麦及其他谷物征收一系列复杂关税的《谷物法》，这是英国政治史上的一个里程碑[20]，它是制造业和商业利益集团超越以农业为基础的传统精英阶层的标志，也是英国向自由贸

---

* 克努特大帝是古代英格兰、丹麦和挪威的国王，克努特对海浪下令是著名的历史传说。——译者注

易类政策路线做出承诺的象征。同样是在这次事件中，我们今天思索税收归宿问题时依然采用的许多核心思想首次被确立下来。

《谷物法》争端涉及的议题对许多人的日常生活关系重大，由此引发了两位学术巨擘（同时互为好友）的激烈讨论。第一位是大卫·李嘉图（1772—1823 年）。在伦敦金融城发财致富后（其中最突出的事例是，传说他因为正确预见了滑铁卢战役的结果而获益 100 万英镑），李嘉图变身为历史上最伟大的经济学家之一，也堪称有史以来最杰出的税收经济学家（虽然有人或许会认为这个门槛太低）。另一位参与者则是托马斯·马尔萨斯（1766—1834 年）[21]，他关于人口变动的思想促使托马斯·卡莱尔给经济学贴上"忧郁的科学"的标签，而且流传至今。[22]

两位巨擘争议的核心问题是，《谷物法》规定的进口关税如何影响三个关键社会阶层成员的切身利益：地主阶层，劳工阶层，资本家阶层。[23] 大家都认为地主是关税的受益者。针对他们如何受益的具体方式，李嘉图和马尔萨斯发展出了租金理论。[24] 该理论的中心内容是，优质农业用地的数量是有限的，所以供给固定，完全没有弹性。因此在关税导致食品价格上涨时，对农业用地的需求提升将使此类土地的价格提高（另外也把一些不够优质的土地投入耕种）。拥有优质耕地的人将获得溢价，但他们的努力或投资则没有任何增加。[25] 这就是经济学家所说的"租金"概念，意指超出从事某些活动（这里是农业耕作）所要求的最低报酬的收入，它不同于我们日常生活中所说的为租用某些财产而付出的代价。租金概念对税收归宿分析来说极为关键。

当时没有人认为产业工人是《谷物法》的受益者，对工人而言，法律给食品价格造成的上涨压力是个大麻烦，因为大约五分之三的收入要用于购买食品。[26] 但问题在于，关税是否真正给他们造成了伤害。李嘉图与马尔萨斯均认为没有，另一位公共财政大师约翰·斯图亚特·穆勒后来也认同此判断。[27] 根据马尔萨斯提出的著名观点，面对食品价格上涨造成的实际收入的任何下降，工人的数量会做出调整（例如通过饿死），直至留下来的工人能获得生存所需的最低工资。用当代的术语来说，劳动力的供给在最低生存工资水平上具有完全弹性，至少从长期来看是这样。也就是说，无论需要多少数量的劳动力，最终都能够在固定的最低生存工资水平上实现。[28] 食品价格上涨可能在短期内降低工人的实际工资，但随即会导致他们提早死亡，生育率下跌，子女成活率下降，假以时日，就会减少工人的供给数量，导致其货币工资回升，直至足以抵消食品价格的上涨，让实际工资回到维持基本生存的水平。马尔萨斯被贴上“忧郁”的标签可谓名副其实。当然这种从长期来看没有损害的看法是相当冷血的安慰——可以视作对凯恩斯后来的名言“从长期来看，我们都会死”的另类诠释。[29]

大卫·李嘉图——值得“窃取”的智者

资本家则是《谷物法》的明确受害者，最明显的是由于食品价格上涨，他们不得不给工人支付更高的货币工资，以部分或全部弥补他们实际工资的损失。这一观点认为，资本家无法把工资成本上涨转嫁给产品的买家，因为他们的主要产业是出口（当时以布匹为主），提高产品价格将让外国竞争对手夺走市场份额。

所有这些论述都成了党派政治斗争的素材，尤其是通过反《谷物法》联盟的煽动。据称，其中一位领头的游说者“利用小册子、巨幅说明书、演讲、信件、致辞……让观点传遍了整个地区，甚至让他工厂里的技工都掌握了哲学和政治经济学的真理”。[30] 至今仍是自由贸易坚定捍卫者的《经济学人》杂志在那个时代创立，也绝非巧合。这场辩论的高超水平以及公共利益导向着实令人惊讶，也让人惋惜今天的税收政策议题很少能吸引那样深刻而广泛的关注。还有一个让人印象深刻的特点是与美国的鲜明对比：几乎在同一时期，美国的公共议题和政治朝另一个方向发展，在 1832—1833 年的废除联邦法规危机（Nullification crisis）中达到顶点，南方农业州拒绝执行给北方制造业提供保护的关税。双方均采用了暴力威胁，而不只是分发标题犀利的宣传手册。

英国的《谷物法》争端在罗伯特·皮尔担任首相时得到解决。皮尔并非那种只看简报的人，而是号称“通读了最权威人士关于租金、工资、税收和什一税等议题的全部政治经济学著作”。[31] 在他看来，关键之处在于如果《谷物法》的施行导致劳工阶层的生活条件恶化，那就不可继续了。[32] 根据 19 世纪 40 年代早期小麦价格走高和走低的不同经历，皮尔给出了自己的回答：“你们或许会说，就像政治经济学家已经指出的那样，工资的最终变动趋势会与食品价格相同。但我必须说，这不足为信。”[33]

以此为基础，再加上爱尔兰可能出现第二次土豆歉收危机的压力，皮尔决心同反对党合作废除《谷物法》。为此，他成为保守党中令人厌恶的弃儿。野心勃勃的本杰明·迪斯雷利（Benjamin Disraeli）讥笑说，他不过是“他人思想的盗贼”。[34] 在《谷物法》被最终废除刚过去两个小时，皮尔之前的盟友地主精英阶层便对他施以报复，在一项无关的议案中挫败了他。皮尔随即辞职，成为极少数被众议院投票否决的英国首相之一。当人们看到他从侧门离开议会大厦的时候，大街上爆发出了欢呼声。[35]

务必牢记在心

自李嘉图和马尔萨斯的争论后，税收归宿理论激发了大量研究文献。1899 年，伟大的公共财政经济学家埃德温·塞利格曼提到至少有 146 个人在这个论题上发表观点，另外还有“匿名作者”乃至“美国作者”。[36] 后续的步伐同样没有减缓。即便是皮尔再世，恐怕也很难完全消化如今的丰硕研究成果。不过，现代税收归宿理论的基础依然是《谷物法》辩论时出现的一个简单理念。

该理念认为，税收负担最终将归属哪个群体取决于所有涉及其中的群体给应税活动找到某种替代选项的相对难易程度。例如，我们今天可能不再认为工资由马尔萨斯的基本生存铁律决定，但依然可以借鉴其中的关键启示，即如果在能够获得某个最低税后工资水平的时候，有无限数量的劳动力供给，那工人就不会承担任何税负。以马尔萨斯的观点来看，工人在工资继续降低时的替代选项是走向死亡，这个选项很不人道，却防止了税后工资被进一步压低。

另一个极端是某种物品的供给固定不变，土地就是典型的例子，经济学家长期以来对它非常着迷。重农学派——法国旧政权统治下的启蒙时期的经济学流派——根据土地供给缺乏弹性得出的合理结论是，所有的税收最终都是对土地的税收，将由地主承担。约翰·洛克的观点与他们很接近，但稍有保留：“税收无论如何设计，无论从谁手中计征……绝大部分最终还是会落到土地上。”[37] 这个结论究竟是怎么来的？我们以假发香粉需要缴纳的一种税为例，假设该税收导致买家需要支付更高的价格，于是神气十足的假发佩戴者购买其他东西的支出就会减少，其中包括住房；然后房租会下降，地主将承担最终的税负。假发佩戴者还可能减少购买手杖的支出，于是手杖制造商的收入和住房支出也会下降，然后会出现同样的结果。而如果税收以香粉降价的方式传递给香粉生产商，也会出现基本一样的最终结果。

李嘉图和马尔萨斯对土地的分析比以上的描述更为细致，更具普遍性。在他们看来，供给缺乏弹性是个信号，表明土地的供给者获得的收入可能高于他们愿意把土地投入生产所要求的最低价格，也就是说，他们可能收获了超额租金。《谷物法》推高小麦的价格，虽然吸引了更多（质量较低的）土地投入生产，但也提高了原已投入生产的土地的租金。这表明《谷物法》对地主来说确实是件大好事。

以上分析都是围绕供给侧，其实需求侧也适用于类似的分析。针对任何被征税的物品，买家越容易找到替代品（即需求弹性越充足），例如放弃被征税的奢华游艇而去购置精致的度假别墅，他们承受的税负就越低。含税价格的任何上涨趋势，都可能因为消费者蜂拥转向不纳税的替代品而被削弱。相比完全缺乏供给弹性的物品，要找到完全缺乏需求弹性的物品更为困难，因为归根到底，如果某种东西的价格涨得实在太高，就没有人愿意买了（转而寻找替代品）。然而这条基本原理仍在发挥作用，当需求比较缺乏弹性时（例如香水），很大部分税负就可能落到买家头上。

税收的最终归宿取决于上述供给弹性和需求弹性的平衡。简单来说，消费或生产应税物品的人，如果没有替代选择，最终要承担税负。替代选择包括：转向不缴税或少缴税的其他消费，例如用男仆取代女仆；采用不同的生产工艺，例如增加劳动力投入，减少机器设备；乃至迁移到其他的司法辖区。最缺乏替代选择的人往往要承受绝大部分税负。具体结果可能在短期和长期有差异，因为现实的选项会发生变化，例如马尔萨斯时代工人的死亡率提高、生育率下降是需要一定时间的。但从中得到的基本教训对我们来说仍极有帮助，请务必牢记在心，那就是税收归宿取决于供给和需求各自的反应程度，并且要留意租金的影响。这些教训有助于我们摆脱从表面上看待税收问题的习惯，学会分析真正的税收归宿，从而洞悉经常隐藏在政策背后的真实效应。稍后，我们将通过某些当代案例来展示这类思考方式的威力，以及在严肃对待公众广泛关注的现实问题时利用它们的必要性。但在此之前，税收史上还有一些趣事值得讲讲。

老兄，你能给我找 0.2 美分的零钱吗？

20 世纪 30 年代早期，美国有 13 个州在大萧条中陷入财政困境，于是引入了零售税，税率通常为 2%~3%。但在当时，像肥皂和糖果等许多零售品的价格只有 10 美分甚至更低，这就带来了一个有意思的难题。例如有位零售商在出售 10 美分一盒的麦片，2%的税率意味着每销售一盒麦片需要缴税 0.2 美分。但由于最小的硬币是 1 美分，这位商人不可能按每盒 10.2 美分标价。解决办法之一是采用销售税代币，最早由伊利诺伊州在 1933 年实施，其他许多州和数十个社区纷纷仿效。这些代币的典型面值为 1 密尔（mill，十分之一美分）或四分之一美分的倍数，由零售商从政府那里购买。回到麦片销售的例子，顾客此时将向商家支付 11 美分，商家给顾客 8 个密尔代币的找零，价值 0.8 美分。顾客可以用这些代币继续去买东西，无论是不是在同一家商店。

然而，联邦政府注意到了这一现象，认为该做法与联邦负责发行国家货币的唯一授权相冲突。于是罗斯福政府要求国会授权发行两种新面值的硬币，分别为 0.5 美分和 0.1 美分，但在委员会讨论中未获得通过。最终，12 个州发行了某种形式的税收令牌或凭证，以解决分数面值货币的难题。但随着物价上涨，这个问题的重要性下降，此类做法亦逐渐消失。密苏里州坚持到最后，于 1961 年正式终止了类似凭证的使用。

让人脑洞大开的 0.1 美分代币

资料来源：Courtesy of $1LENCE D00600D under the GNU。

眼见并不总是为实

如果不考虑税收归宿，许多重大税收政策的实际效果可能被误解，这种情形在现实中经常发生。

帮助贫困的工人（还是他们的雇主）？

劳动所得税抵免（Earned Income Tax Credit，EITC）是美国采取的一项重要政策工具，旨在以鼓励参与就业的方式来减贫。还有几个国家目前也实施了类似的制度。其做法是针对应缴纳的所得税提供一笔退税，当退税额超过纳税额时，会变成给报税人的一笔现金支付，由此给低收入者提供补贴（等他们收入提高后会被取消）。例如在 2020 年，这种抵免制度给有三个子女的家庭的年度退税额可达 6 660 美元。

劳动所得税抵免制度是否发挥了作用，是否像预想的那样让低收入工人从中获得了好处？或许不尽如人意。该制度增强了就业的吸引力，使低收入工人的劳动力供给增加。但除非市场对这些劳动力的需求完全缺乏弹性（意指无论工资水平如何，雇主都会雇用相同数量的工人，这很不现实），劳动力供给增加将导致工资水平下跌。由于工资下跌，劳动所得税抵免制度的目标扶持对象（往往是缺乏技能的低收入工人）的收益就会减少，部分预定的补贴将被转移给雇主。此外，没有获得这项补贴的低技能劳动者甚至会受到更大伤害，因为他们要与获得补贴的工人竞争，工资水平会下降，同时又没有得到补偿。

研究发现，这种转移没有完全消除预期的补贴效应，但影响也不容小觑。有研究估计，一位单亲母亲从该制度每获得 1 美元补贴，最终会因为工资下降损失 0.30 美元。低技能劳动力的雇主则会从每 1 美元补贴中获得多达 0.73 美元的收益，其中 0.30 美元来自获得税收补贴但工资下跌的单亲家庭工人，另外 0.43 美元来自没有资格获得税收补贴却同样要承受工资下跌损失的工人。[38] 该研究显示，如果把有资格和无资格获得税收补贴的全部低技能工人加起来，他们从 1 美元税收补贴中获得的净转移支付仅为 0.27 美元（即 1 美元减去 0.73 美元）。[39]

原本希望改善穷人福利状况的措施最终让富人获益（甚至获益更多），这种风险经常出现。温斯顿·丘吉尔对此讲过一个非常精彩的假想案例，那是在一战之前，他还只是位不太有说服力的激进派自由党人，但令人意想不到的是，他还是税收归宿问题的专家。[40] 丘吉尔设想，有一所教堂给周边的贫困家庭提供免费食品，于是更多穷人搬到这个地区，导致房屋租金上涨。当提高的房租成本正好抵消免费食品的价格时，人们就会停止迁入。最后，这些贫困家庭一无所获，收益全部被能够抬高房租的房东拿走了。

免税市政债券是送给精明富人的礼品？

有时候，税负转嫁可能抵消表面上的横向不公平。例如在美国，从州政府和地方政府债券（通常是为支持当地的机场、学校、排水系统而发行）获得的利息收入可以免征联邦所得税。[41] 某些投资者会购买此类免税市政债券，还有些人则购买应税债券。两相比较，初看上去似乎存在横向不公平，因为持有不同类型债券的人受到完全不同的税收待遇，有人要纳税，有人则不用。从表面上看，持有免税债券的精明投资者应该是大受益者。

但我们可以看一下《华尔街日报》列出的债券收益率。[42]2019 年 7 月底，10 年期美国国债（应税型）的收益率为 2.02%，AAA 评级的 10 年期市政债券（免税型）的收益率只有 1.55%。因此，如果你的边际税率为 23.3%，那么从美国国债和市政债券中得到的收益率将完全相同[43]，最终市政债券投资人并不会获得免税的好处。这一好处其实给到了州政府和地方政府（希望还包括它们服务的当地居民），通过发行免税债券，这些机构能够以更低的利率借款，而企业等其他借款人发行的风险类似却需要纳税的债券则必须付出更高的代价。由于所得税实行累进税率，人们面临的边际税率存在差异，这里面的情形会变得更加复杂。但基本结论依然是成立的：由于免税规定降低了市政债券的收益率，它的主要受益者并非精明的投资人，而是州政府、地方政府及其背后的选民群体。

公司税的归宿晦暗不明

税收归宿分析中最富争议的课题与最激烈的争议之一是公司所得税。该税种的支持者从一开始（美国自 1909 年起实施公司特许经营税）就认为，对公司征税的负担将落到公司自身头上，也就是标准石油公司的富有股东以及令人痛恨的托拉斯组织等。今天的许多人依然这样看待公司税，只不过把标准石油公司替换成脸书等公司。不过，公司税的最终归宿一直以来就受到质疑。来自爱达荷州颇为强势的参议员威廉·博拉（William Borah）在 1909 年宣称：“控制了这个国家工业的各家大公司正联合起来……支持用公司税替代个人所得税的建议……因为它们可以转嫁公司税的税负。”[44]

那么，上文提到的基本原理能否给我们揭示公司税的可能归宿？为此，让我们先来看一种典型的公司税。它的课税对象是企业利润，即销售收入减去经营活动的成本，包括投资品的折旧费和利息偿还的成本等。这样的税基可以说包含两个部分，其一是基本的股本回报，足以吸引股东参与企业的投资；其二是租金部分，即超出股东所要求的最低回报的部分。

我们将在第 10 章再讨论租金那部分的话题。就股本回报承受的税负而言，一个关键因素是股东面临的其他投资机会：替代投资机遇越多，应税企业所在产业的资本供给就越具有弹性，落到资本供给者头上的税负就会越少。假如税收导致投资者从此类企业获得的收益低于最低回报，他们就会把资金转向其他地方。例如，投资者可能把钱投放到国外，我们将在第 11 章分析这种越来越重要的现实可能性。在此情况下，征收该税收的国家的资本存量将减少，劳动生产率也会下降，工资将随之下跌。无论如何，公司税的负担或许都不会落到富豪头上，而是会（再度）损害他们雇用的劳动者的利益。[45] 他们也有可能把资金转移到不承担公司税的企业类型，例如今天的合伙制企业，以及美国规模庞大的小型股份公司等。此时，税收归宿将部分取决于哪个部分的劳动力投入更密集，是公司类企业还是非公司类企业？如果非公司类企业的劳动力更密集，生产活动从公司类企业转移到非公司类企业将增加对劳动力的需求，从而使员工承担的税负趋于消失。

与《谷物法》之争的情形一样，公司税的效果也可能在短期和长期会有很大的不同。资本在不同部门和国家之间的转移可能需要一定的时间才能发挥作用。而公司所得税的意外增加几乎会立刻打压公司的股价，在某种程度上让公司的股东承担税负。同样在短期内，为缓解真实的税负压力，企业将寻找避税的办法。例如，它们会更多地求助于借款，而非采用股本融资，因为所得税税率提高将进一步增加免税的利息回报的吸引力。[46]

公司税的负担将有多少最终落到劳动者头上，这个问题不只在理论上具有挑战性，对于斗胆挑起舆论的人来说同样非常棘手。例如，美国在 2017 年末的相关争议就变得非常恶劣——对人不对事。当时的问题是：把联邦公司所得税税率从 35%（最终）大幅降低至 21%，谁将是这项建议的受益者？当时担任特朗普总统经济顾问委员会主席的凯文·哈西特（Kevin Hassett）认为，这一降税将使普通美国居民家庭的年收入增加 4 000~9 000 美元。民主党派知名经济学家对此说法嗤之以鼻。曾在奥巴马政府担任经济顾问委员会主席的詹森·福尔曼（Jason Furman）评论说，哈西特的分析“不只是有一点牵强”，简直堪称“荒谬”。[47] 哈西特则在回应中说，有的批评“在科学上并无根据……纯属杜撰”。曾担任过财政部长的劳伦斯·萨默斯再度反击，称哈西特的判断“虚假、无力和荒谬”，并声称如果有哪位博士生将这样的分析作为学期论文提交，自己不会给他及格。[48] 如此带有人身色彩的攻击尽管让旁观者感觉相当过瘾，但对我们的行业来说却没有任何好处。我们还是去看看录像回放，解析实际证据到底揭示了哪些真相？

有大量研究文献分析了相关的证据。有一篇综述文献认为，相关研究“具有严重缺陷，估计结果不合理，不具有稳健性……或者与理论不符”，但总体而言依然可以得出如下结论：这些证据表明，公司税的负担有 16%~40%落到了劳动者头上。[49]2013 年，美国国会税收联合委员会负责估算联邦税收提案对分配带来的影响。它认为，从长期看资本所有者承担了 75%的公司所得税负担，其余的主要由劳动者承担。利用类似的方法，国会预算办公室在 2010 年之前的长期预测中，也将 25%的公司所得税负担算在劳动者头上，美国财政部计算的相应比例则为 18%。[50]

当然，仅仅因为美国主要税收机构普遍同意有大约 25%的公司所得税负担由劳动者承受，并不代表这个观点就是正确的，也不能告诉我们世界上其他国家的税收归宿可能是什么情况。例如，一个经济体对资本流动越开放，公司所得税的税负就越有可能落到劳动者头上，因为资本很容易流向海外，找到替代投资机会。我们还可以预期，一个国家单独提高公司税税率，与各个国家都提高公司税税率，结果会大不相同，因为后者将斩断资本逃避税率提高的一条重要途径。此外，税收归宿的正确答案还取决于公司税的具体设计。如果设计方式是专门针对租金部分征收，那么我们有把握认为，税负只会落到股东头上。任何公司税改革导致的归宿都与税收的具体设计及其运行的大环境有关。

无论事实如何，主张降低公司税乃至更普遍的资本与企业所得税的人无疑会坚称减税最终主要让劳动者获益。让他们高兴的是，“公司税收归宿的晦暗不明意味着，通用电气公司的游说者可以问心无愧地推动保留税收优惠”。[51] 而在另一方面，关心劳动者福利的人如果想当然地认为只有企业所有者才是公司税的承担者，则可能会给自己的事业帮倒忙。

更广阔的场景

到目前为止，我们考察了某些特定税种的税收归宿。但还有一个更大的问题需要回答：税收体系带来的总负担由谁来承受？

这个问题由来已久。20 世纪 20 年代，英国政府专门设立了一个皇家委员会就此问题（以及其他相关事务）提供建议。[52] 税收归宿的问题不仅难倒了埃德温·坎南指导的那位学生，也让这位知名教授本人心烦意乱，导致他在给皇家委员会提供意见时难以压抑内心的愤怒：“我认为对于这个问题的探索是自己追求的风花雪月，如果众议院有什么要求，那我可帮不上忙。”[53] 但对于该问题，人们总是很自然地在寻求答案。例如在英国，国家统计局每年都会推出类似的研究报告。[54] 最近在美国这个领域也成为学术界热烈讨论的热门话题。[55]

通行的研究方法是，首先获取关于居民家庭收入和消费水平的详细信息，然后根据对税收归宿的某些假设，分析税收（通常还有货币转移支付）在不同居民家庭之间的分配。[56] 一个世纪之后，我们恐怕还是难以避免坎南那样的怨愤，因为上述所有不确定因素依然在产生影响，比如福利会如何影响工资率。而对于更广泛的研究来说，涉及的问题可能更加复杂。例如，在评价现行税收制度的时候应采取什么样的反事实场景作为对比？要想象一个完全没有税收，也就是没有国防和法院等的世界已经很困难，要想象那个世界的人们有着与现实世界人们相同的收入水平则更加困难。在某些时候，这些研究的覆盖面是非常不够的。正如我们在《谷物法》之争中所见，关税可能涉及重大的税收归宿问题。[57] 然而在今天的研究中，关税经常被大家直接忽略。这对发展中国家来说是个极其严重的缺陷，因为它们有相当多的财政收入来自关税，有些国家甚至能达到四分之一。公司税有时候也在研究中被忽略。[58] 还有，关于税负转嫁的条件假设经常带有内在的矛盾[59]，以至于到最后，研究结论对于没有严格验证的假设高度敏感。埃德温·坎南引以为傲的一项经典研究分析了加拿大的税收制度，该研究目前仍可以提供深刻启示。它表明在不同的假设场景（如根据公司所得税归宿的不同观点）下，加拿大的税收既有可能表现得与收入基本保持固定比例，也有可能表现出高度的累进性。[60]

我们并不否认关于税收归宿的大量研究具有参考意义，只是强调对它们需要抱有怀疑精神，或者说至少应该保持谨慎。例如我们可以认为英国发表的相关分析报告描述了民众在税收及福利制度之下的净纳税额，这些数据本身很有意义，但丝毫不代表人们承担的真实税负。[61] 我们更需要的或许并非坎南式的抱怨，而是谦逊的态度和清晰的思路。

对税收归宿问题的实证研究在许多方面仍进展有限，鉴于该问题在公共财政领域的核心地位，承认这一点对我们这些从事税收研究的人来说的确令人尴尬。它意味着，对于可能听到的许多有关税收归宿的结论（尤其是经常出现的隐含在字里行间的说法），你都需要有所警惕。这种警惕不仅涉及有关整个税收和福利制度的宏观税收归宿研究，也包括各个智库和其他机构发表的对最新所得税和增值税改革提案的更具体分析，它们也经常基于非常特殊的税收归宿假设。我们的研究在不断进步，寻找能识别税收变革影响的更好方法。然而这些方法的进步有时候局限于小范围的情形，例如法国提高汽车维修业的增值税税率带来的影响之类，还没有表现出更大范围的适用性。比如对人们通常采用的一个假设，即改变基准增值税税率产生的影响将被完全传递给消费者，目前仍几乎没有找到实证证据的支持。[62] 更聪明的学者正在利用更丰富的数据和更巧妙的方法，试图填补我们对税收归宿问题的知识空白。不过比寻求实证答案的研究更为重要的是，需要向公众传递关于税收归宿分析的基本信息：探讨税收问题的时候，事情并不总是像表面看上去那样，或者有人希望你以为的那样。

* * *

在本书第二篇中，我们看到税收公平包含多个维度。主流观点会随着时间逐渐改变，难以弥合的判断分歧将依然存在。我们还看到，实际上能够达到的公平程度（以及更普遍的税收对民众福利的影响）取决于个人和企业在面对税收时的反应。在后续的第三篇中，我们将更细致地考察这些反应及其后果。最经常遇到的情形是，这些反应是意料之外的或至少是不受欢迎的。但有些时候，税收本身的目的恰恰是希望改变人们的某些行为。

第三篇

改变人们的行为

话说有只全身长满跳蚤的狗去找一位会计师。他问："我能把这些跳蚤算作免税额吗?"会计师笑了笑，然后摇着头解释说："在某些条件下，壁虱可以被当作血缘亲属，但跳蚤则属于奢侈品，属于课税对象，完全不能抵扣。"第二天，这只狗身上的跳蚤就全都不见了，当然也可能是因为没有申报，结果总之是一回事。

——汉德尔斯曼（J. B. Handelsman，1922—2007 年，美国漫画家）[1]

第8章
除弊兴利

无限的征税权必然会带来毁灭性的力量。

——丹尼尔·韦伯斯特（Daniel Webster）[1]

1698年，彼得大帝发起了一系列改革，试图按照他在自己青年时期激荡人心的旅途中见到的欧洲，对俄国进行现代化改造。圣彼得堡是他留下的最宏伟成就。同属这场运动却远没有那么富丽堂皇的一项措施是年度胡须税的引入。

胡须税的目标是俄国传统的波雅尔贵族阶层，对彼得大帝来说，他们是令人恼火的落后群体。波雅尔贵族引以为傲的浓密毛发与欧洲贵族的剃须习惯形成了鲜明对比，征税则是试图终结这种传统的一种手段。[2] 为强制执行税收并让那些宁愿缴税也不剃须的人背上污名，保留胡子的波雅尔贵族必须购买并出示“胡子令牌”。这种铜制或银制的令牌在一个面上刻了一只俄罗斯鹰，另一个面上则是有须髯的鼻子和嘴，以此证明“税款已纳”。

胡须税的例子表明，有时候征税的主要目的不是创造财政收入，而更多着眼于改变人们的行为，或为除恶，或为扬善。本章将专门探讨税收的这一独特作用。用专业术语来讲，这被称作税收的“矫正”功能，这听上去不带有太多的价值观念，但事实上它是一种社会改造工程。

胡子令牌——彼得大帝的税收政策的刀锋所向

兴利扬善

利用税收来诱使人们按照统治者设想的那样去做事情，这至少可以追溯到古代的奢侈品税。对奢侈品征税的主要动机不是让富人承担更大的税负，而是让下层民众不要奢靡。出于类似的逻辑，瑞士的乌里州于 1928 年对女士的短发征税，短发是当时最时髦的发型。哪些行为应该鼓励，哪些行为应该劝阻，这对不同时期、地点和人群而言可能各不相同，只是利用税收制度来让人们兴利扬善的本能没有改变。

家庭的重要性

利用税收制度来推行社会工程在婚姻及其伴随的生育中非常普遍。我们从本书第 6 章已经得知，在已婚夫妇与单身人士之间保证横向公平是何等不易。但这是一个非常现代的话题，其实在历史上多数时候，婚姻都被视为应该积极鼓励的事情，很大程度上是促进生育的一种间接手段。

为此采取的一种措施是对单身汉征税。古代希腊和罗马对超过正常婚姻年龄的未婚男子征收名为“单身税”的税种[3]，奥斯曼帝国对单身汉按年度征税，英国人在1695—1706年同样如此。[4]在美国，单身税从殖民地时代开始实施，延续至20世纪。佐治亚州、马里兰州、蒙大拿州和得克萨斯州等都有过这一税种。支持单身税的人提出了很多理由。作家奥斯卡·王尔德就宣称：“应该对富有的单身汉课以重税，让这批人比其他人更加快乐是不公平的。”[5]更为正规但意思大同小异的理由则是，因为不需要抚养家庭，收入和财富水平差不多的单身汉比已婚男子有更多资源可用，所以有更大的支付能力。

鼓励生育是个长期目标，它经常反映了拥有比竞争对手更多人口数量的军事需要。例如法西斯统治下的意大利和纳粹控制的德国都实施了单身税，并给婚姻和生育提供各种有力的支持措施。[6]有时候，动机也来自扩大优势族裔的人数，以维护其地位。[7]例如在南非，德兰士瓦省在1917—1920年实施这一税种，试图鼓励白人生育，以抗衡黑人数量的快速增长。[8]

有时候，仁慈的政策制定者很同情在婚恋市场中未得到垂青的男性：他们既被女士嫌弃，又遭到税收官员纠缠，是否遭遇了双重诅咒？因此，如果单身男士能证明自己曾向某位女士求婚，只是被拒绝了，那么政府可以免除其单身税。[9]于是聪明人都会一手攥着求婚戒指，另一手准备好免税申请单。在1900年前后的阿根廷，这样的法律催生了历史上十分古怪的一类合法避税行为。只需花上很小一笔费用，就可以请到“职业拒婚女士”出面向当局宣誓说，某位男士的确向自己求过婚但遭到了拒绝。[10]

向单身人士征税可以鼓励结婚，但未必会带来生育。如果生孩子才是目标，那最好的办法是直接给予生育奖励，间接鼓励则可能导致意想不到的后果，例如不幸的婚姻、无嗣的家庭，或者兼而有之。这些道理不过是税收设计中一条普遍原则的体现：如果你想鼓励或者打击某种行为，最好的办法是把税收或补贴直接集中地用于这种行为。

在20世纪40年代的斯大林领导下的苏联以及之后的若干东欧国

家，我们就看到了这种定向原则的应用，它们对没有子嗣的人征税，以提高生育率，促进人口在战争损失后加速回升。苏联对于年龄在25~50岁的无子女男性和20~45岁的无子女已婚女性加征6%的所得税。[11] 罗马尼亚则对25岁以上没有子女的所有人征收单身税，给人们带来国家鼓励性生活的丰富联想。[12]

同样的原则也在中国得到应用，但方向完全相反。从20世纪70年代开始，直至2015年，中国采用了类似税收的办法来劝阻每个家庭生育一个以上的子女。[13] 尽管这种财政措施有精确的目标定位，但与几乎所有税收的常见情形一样，意外后果仍不期而至。由于传统上的重男轻女观念作祟，性别比例出现了严重失衡，2014年，中国男性比女性多3 300多万。

利用财政激励措施来鼓励生育听起来或许有些过时，让人们想起军事力量主要取决于人口规模的年代。但目前这种做法正卷土重来，因为许多国家深受人口老龄化困扰，并给国家养老金体系和老年人医疗体系造成了资金困难。在用通行的税收减免或现金转移来鼓励抚养子女之外，许多国家还直接提供生育奖励，包括澳大利亚、加拿大、捷克共和国、立陶宛和新加坡等。2019年，匈牙利开始对有4个及以上子女的女性实行终身免征所得税的政策。[14] 此类措施似乎对生育（或至少是生育的时机）产生了影响。2004年，澳大利亚政府宣布在当年7月1日及之后出生的孩子的父母将获得3 000澳元的一次性抚养免税额。果不其然，我们看到孩子的生育数量在7月1日之前大幅减少，然后在7月1日当天出生的孩子数量超出了此前30年的任何一天。多生出来的绝大多数孩子是因为引产或者剖宫产手术的时机选择所致。[15]

生育的例子还表明，对坏事征税（例如罗马尼亚惩罚无子女家庭）和给好事提供补贴或税收优惠（例如澳大利亚鼓励生孩子）有类似之处。彼得大帝如果给剃须的波雅尔贵族提供奖励，可以给社会风气带来相似的影响。给已婚夫妇提供税收优惠带来的激励，跟对单身人士征税差不多。对坏事征税，相比给好事提供补贴，主要优点当然是可以为政府带来更多收入而非更多花费。财政收入至关重要，即便这不是某些政策的主要动机，但也永远不能被完全忽略。

对知识征税

英国在 1712 年对报纸（及其所用的纸张）开征的税收，只不过是当时众多增加财政收入的举措之一。而随着媒体的受众面扩大，这项税收开始引起某些严重的逃税行为。报纸可以按小时来租借阅读，从一个邮局传递给下一个邮局，在酒吧与咖啡厅之间相互传阅。[16] 然而到 19 世纪早期，筹集收入显然已不是该税种的唯一目的。英国政府对某些媒体的压制昭然若揭，例如审查官在 1819 年指责某些宣传册和报纸“煽动对政府的仇恨和藐视”。[17] 两家“声名卓著”的地方报纸出版商则认为，取消报纸税会导致下层人士渗透到出版行业，释放“国民的反叛本性”。这位出版商还宣称，取消报纸税会打开品质低下的廉价出版物的泄洪闸，夺走更值得尊敬的报纸的广告收入。[18]

社会上的改革派人士对此有不同看法，他们认为报纸税妨碍了工薪家庭获得信息和新闻。他们发明了一个响亮而持久的宣传口号，称这种做法是“知识税”。财政大臣威廉·格莱斯顿对此表示赞同，并在 1861 年取缔报纸税，尽管首相帕麦斯顿（Palmerston）勋爵不太乐意，仍认为管控大众媒体是件好事。维多利亚女王也持同样的观点，并且贵族控制的上议院一意孤行，竟然违反从来不阻拦税收议案的传统，否决了格莱斯顿的建议，但他们的抵制最终被击败。[19]

有位历史学家把新闻媒体摆脱税收的束缚视为 19 世纪报业飞跃式发展的最重要驱动力。[20] 然而，并非所有国家的报纸都被免除了沉重税负。19 世纪后期的奥地利政府与帕麦斯顿的意见大致相同。纽约《国民报》驻当地的一位记者在 1897 年回忆，报纸税导致“下层阶级的民众对当今的各种政治、社会和产业问题都严重缺乏了解，而这恰恰是实施此类税种的反动派的唯一目的”。[21]

美国通常不会对报纸以及更普遍的媒体征税，这或许来自对英国人于 1765 年实施的印花税法案的痛恨的持续影响，这一法案涉及包括法律文书和报纸在内的所有印刷品。但美国仍尝试过这个税种。例如，路易斯安那州于 1934 年在休伊·朗的指挥下通过了一项广告收入税，该税种针对发行量超过 2 万份的报纸，即反对他的多家城市报纸。朗把这项措施称作“对谎言征税”，听上去像当时关于“假新闻”的说法。[22] 不过到 1936 年，他的这项税收被美国最高法院以侵犯新闻自由为由全票否决。

如今，许多国家走上了相反路线，用税收来鼓励而非惩罚包括数字形式在内的各种媒体。欧盟成员国绝大多数给纸质书籍提供增值税优惠，英国和爱尔兰走得最远，实施零税率。从 2020 年 12 月起，英国政府取消了对电子书籍与在线报纸的增值税，这一税种曾被反对者贴上“阅读税”的标签。[23] 1983 年，美国最高法院否决了明尼苏达州对报纸采用的纸张和墨水制品征税的法律。就像其他许多领域的税收政策一样，格莱斯顿的路线取得了胜利。

对坏事征税，放过好事

虽然关于税收设计的大多数箴言并不值得信任，这条却很难反驳。不过，指出哪些是坏事比较容易，但想用数据来说明坏到何种程度、由此应该课以多重的税收却相当不简单。所幸经济学家至少找到了考虑此类问题的一条清晰思路。

他们的思考方法的核心是“外部性”概念：某笔交易或某项行动给此事发生时没有发言权的人带来的损失或收益，由于没有发言权，他们的利益很可能被参与者忽略。例如，污染就是确定会造成有害外部性的现象，由于边际污染给外部性制造者带来的收益（包括不采用更清洁技术省下的成本）低于给其他人造成的损失，社会上的污染总量会过多。从原则上讲，收益与损失的这一差额会给污染者和受污染者留下共同改进的谈判空间：如果受污染者给污染者支付一笔金额，让对方减少排放，且其数额高于减排所花的费用，而低于自己遭受的污染损失，则双方的福利都能得到改善。[24] 这个结局很美好，因为污染最终会达到一个“有效率”的水平，也就是说，偏离这个水平必然造成污染者与受污染者双方净福利之和的减少。如此就完美地解决了外部性。

看起来，这是个巧妙的解决方案。[25] 但在实践中，外部性经常会影响太多的民众，导致上述污染者与受污染者的直接谈判难以实现。对此，税收可以发挥同样的作用，英国剑桥大学的经济学家阿瑟·庇古在一个世纪前最先认识到这个原理。[26] 他发现只需要对破坏性活动征税，且把税率设置为（超出效率水平的）边际行为给其他人造成的破坏的货币价值即可。这样一来，破坏活动给其他人带来的损失就会变成污染方需要考虑的成本，与他们有多自私无关。庇古的这个论述非常有说服力，自此之后，利用税收来纠正外部性（将其内部化）的建议就成为经济学家工具箱中的标准组件，剩下的唯一分歧只在于庇古税的英文名称到底是用“Pigouvian”还是“Pigovian”。[27]

污染行为是负外部性的经典案例，例如，洗衣房把脏水倒入河中，让下游的其他企业或居民受到损害。庇古税要求向洗衣房收取一笔费用，使其倾倒每单位污水的成本相当于受害者所受损失的货币价值。这一普遍原理有时被称作“污染者付费原则”，竟然很可悲地也被当作不值得信任的箴言，我们在注释中会对此宣泄有些书生气却发自肺腑的不快。[28] 当然，外部性也可以是正面的。例如，基础科学研究的成果能帮助其他科研人员取得进步，就属于正外部性，对这种情形应该提供庇古补贴。

多年来，一代代打瞌睡的学生枯坐教室，听老师讲洗衣房那种寡淡乏味的外部性的例子，借以理解庇古税的概念。[29] 但如今，我们有了一个来自现实生活的异常宏大的负外部性案例——气候变化。

拯救地球

科学家普遍认同，温室气体的大量累积——其中约65%来自燃烧化石燃料（石油、天然气、煤炭等）所产生的二氧化碳——正在吸收地球表面的热辐射，推高全球平均气温。气候模式由此发生的变化会带来巨大而令人忧虑的经济后果：更多和更具破坏力的极端天气事件，许多低收入国家的产出将大幅减少，电影《后天》里描述的那种灾难场景的风险加剧，如墨西哥湾暖流逆转、南极洲西部的冰盖崩塌等。[30]

针对这一“所有外部性之母”[31]，庇古式的应对办法很直接：对温室气体排放普遍征税，尤其是针对化石燃料消耗产生的部分，税率要充分反映它们对全球破坏的程度。众所周知，任何化石燃料消耗产生的二氧化碳数量都与燃料中的碳含量成正比，所以这样的碳税从原则上讲不难实施。[32] 我们只需要测算新增单位二氧化碳排放会带来多大的破坏，然后对在燃烧过程中产生二氧化碳的化石燃料征收与其燃烧产生的二氧化碳相同的税。对其他类型的温室气体同样如此，包括奶牛排放的气体，本章稍后部分还将讨论这个实施起来更复杂的部分。[33] 此类税收的全部或一部分可以转移到生产过程中用到碳基燃料的产品的消费者身上，促使其需求量下降。还有些税负可以被转移给化石燃料的销售商，促使其减少供给。[34] 通过这种方式，个人和企业将考虑自己造成的环境伤害，从而减少排放——不需要完全停止排放，但需要在减排成本与污染危害之间找到平衡点。另外，这会刺激碳税负担更轻的低碳能源技术的研发和投资。

从技术角度看，困难之处是如何设定理想的碳税标准。按照庇古的理论，碳税应该等于边际二氧化碳排放导致的社会损害。但这一边际损害具体有多大，各方存在分歧，碳税支持者也不得不承认这里没有魔法公式或完美数字。[35] 当然今天已有大致合理的估算，约为每吨二氧化碳35美元，相当于对每加仑汽油收取31美分。[36] 这听上去可能不算太多，甚至会被完全淹没在我们已经习以为常的汽油价格的波动之中。然而最大的问题不在于汽油，而是煤炭，它更“脏”（意思是能源生产中的碳密度更大），使用非常广泛，且储量极为巨大。从这个方面来说，碳税可谓由来已久。英格兰在1368年就首次引入了煤炭税，直到1889年，运到伦敦的煤炭都需要专门缴费——除其他用途外，筹集的资金还在1666年的大火灾之后被用来重建圣保罗大教堂。[37] 对煤炭而言，碳税会是极其沉重的负担：如果同样采用对每吨二氧化碳征收35美元的碳税，几乎会让煤炭价格翻番。所以为取得预期效果，对燃料征收的税费应该逐渐提高，比一般价格水平的上涨更快。如果我们要把全球升温幅度限制在2015年《巴黎协定》设定的限度之内，到2030年需要对每吨二氧化碳排放征收约75美元的税收。[38]

关键在于还有另外一条路径可以实现与碳税同等的效果，这说明税收和其他政策工具之间的界限有时很模糊。我们不妨假定，在每吨二氧化碳征收50美元税款的情况下，排放量为每年300亿吨。换个角度看，这意味着总共300亿吨的排放权可以按照每吨50美元的价格出售。于是我们就有了另外一套治理办法：创造排放300亿吨二氧化碳的权利，将它们出售，并允许在私人市场交易，价格同样会收敛到每吨50美元。这种排放权交易体系又被称作“限额与交易体系”（cap and trade），因为设置了排放总量的上限，同时排放权可以买卖，从原则上讲它可以达到碳税的同等效果，如果排放权通过拍卖出售，还可以给政府带来同样数额的财政收入。[39]

世界上大多数国家已认识到减少碳排放的必要性，包括欧盟国家在内的约190个国家批准了有里程碑意义的《巴黎协定》，参与国几乎都承诺了量化减排目标。[40] 经济学家无论政治倾向如何，对碳定价（碳税）是达成现有乃至更进一步减排目标最有效率和效果的关键办法，也取得了惊人的共识。不过全球还远没有完全接纳减排理念。尽管当前已推出了大约60种碳税或排放权交易系统，包括广受赞誉的加拿大不列颠哥伦比亚省的碳税以及整个欧盟范围的交易系统，全球平均的碳排放价格仍只有每吨 2 美元。令人不安的现实情况是，建立有影响的碳定价的努力经常遭遇强大的阻碍。许多国家的政府不愿意单方面采取行动，担心这会损害本国企业在世界市场上的竞争力。许多拥有大量化石能源储备的国家和企业担心碳排放税会导致自己的资产被搁浅而损失价值。消费者同样不喜欢更高的能源价格。低收入国家则不理解：为什么富裕国家导致的问题要让自己国家的穷人在正常获取能源时面对更多麻烦。

至少对上述大多数难题，我们还是有解决的办法。可以用转移支付来保护最贫困人群免受能源价格提高的冲击，给从事化石燃料生产的人群提供转型补贴。还有一种办法是针对碳作为投入品的使用来定价，这样做对减排的效果不变，同时不会给用碳来制造的产品的价格带来较大冲击。[41] 有庇古税作为工具，气候变化对我们而言算不上人类遇到的最大的智力难题。问题在于社会缺乏充分接纳这一关键解决方案的意愿。

挡风的牛，骇人的狗，可爱的猫

动物也会制造外部性。例如，我们可以把气候变化的很大一部分责任怪罪于奶牛打嗝和放屁。它们消化过程中“肠道发酵”产生的甲烷，占全部温室气体排放量的 6% 左右，这个数量绝对不容小觑，比航空和船运排放之和还要多。[42] 如果加上喂养它们消耗的饲料和带来的森林砍伐，牛肉和牛奶造成的温室气体排放量将占到全球总排放量的 9%。世界对牛肉的需求很可能呈继续增长趋势，表明这确实是个问题。很自然，我们会想到庇古式的解决方案。2010 年，联合国建议对牲畜排放征收全球性税收。但不出意料的是，农民对此并不接受。2003 年，他们拒绝缴纳新西兰针对肠胃气胀类型牲畜征收的一种税，并把一包包粪便送给政府的各位部长，以发泄自己的怨气。[43] 不过问题并未消失，牲畜税在未来数年很可能还会出现在政策清单上。而且这同样会带领我们穿越时空，因为在数千年的农业社会历史中，对牲畜征税一向举足轻重。

当然，饲养犬类仍经常会被征税。德国的养犬税规定，纳税义务取决于主人在哪里居住，对列入“危险”类型的犬只征收的税率更高，例如杜宾犬和罗威纳犬等，这或许反映了它们可能给其他人造成更大的危害。不过，谁会想到要对可爱的猫咪征税呢？德国马克斯·普朗克鸟类学研究所的禽流感专家彼得·贝特霍尔德（Peter Berthold）就是这号人物，他主张用“生态补偿税”来帮助控制猫给鸟类种群造成的伤害。老鼠和田鼠业界的游说者无疑会举起四肢表示赞成。[44]

让罪恶付出代价

伟大的足球运动员乔治·贝斯特在退役后生活陷入拮据，有人问他把那么多钱都花到哪里去了，他坦陈：“我花了很多在……酒宴、养鸟和跑车上，其余的都被挥霍掉了。”[45] 看起来，罪恶是我们中的很多人愿意为它付钱的东西。尽管罪恶的代价并不总是死亡，却往往是重税的对象。

恶习

欧洲的首批烟民刚刚把火点上，就不得不发出抱怨。1604 年，英格兰的詹姆斯一世国王发布《讨烟檄文》[46]，指出这种物质出现后产生的各种严重问题：吸烟成瘾变成一种无法舍弃的习惯，对任何地方的人来说都极具危害；吸烟给健康带来负面效应，像在人们的身体内部制造出一间厨房，用油腻腻的烟灰来弄脏他们，让他们得病；给易受影响的人群造成不良影响，因为许多人会像猿猴一样模仿别人的行为，最后给自己带来伤害；还有一些二手烟的负面影响，吸烟的丈夫把优雅、美丽、皮肤光润的妻子逼到绝境，要么让她们芬芳甘甜的呼吸受到污染，要么挣扎在永恒的恶臭和痛苦中，这些人应该为此感到羞愧。

这套长篇大论没有顾及我们今天那些敏感议题，带有强烈的种族主义色彩，把吸烟说成是模仿“野蛮、卑贱、不敬上帝的印第安人的原始兽性行为”。而我们在后文将会看到，这种污蔑将招来某种程度的报复。但无论如何，詹姆斯一世不是普通人，他可以把自己对这种“罪恶污秽”习俗的厌恶变成国家政策。于是，英格兰实施了严厉的烟草关税，以约束吸烟行为，这其实很符合庇古的理论精神：“我们推测通过对烟草施加一定的良性税收可以在很大程度上约束此类行为。”[47]

今天的民众依然普遍认为，对烟草计征高额税收的主要理由是烟民给其他人带来的外部性，包括损害健康和令人厌恶。不过，吸烟带来的外部性并不全是负面的。[48] 烟民自己寿命缩短，放弃继续领取养老金，由此会充实其他人的公共养老金与长期医疗护理的资金。不过，人们普遍认为母亲吸烟会给婴幼儿的健康带来显著的负面影响。[49] 总体而言，吸烟带来的外部性到底如何并不完全清楚，且可能在各国之间存在差异。[50] 但有一点是确定的，我们很难用外部性来充分解释如今在欧洲和美国的许多地方见到的高额烟草税。

外部性的理由不足以支持对烟草课以重税，但还有另外一套说法，烟民对此或许不会感到特别惊讶。这种说法认为，烟民难以自我控制。吸烟的麻烦在于，虽然人们可以理性地决定现在吸点烟，在未来某个时候戒掉，但是当未来到来后，他们会发现自己愿意继续吸下去。也就是说，人们缺乏自我控制力来做自己真正想做的事情。这样的麻烦不仅是上瘾，还有学者们说的“时间不一致性”现象：今天对未来的行动做了理性规划，但届时的理性选择则是不按照规划去行动。高额税收促使人们一开始就不要吸烟，有助于克服这种缺乏自我控制力的问题（又称内部性，因为伤害的对象是烟民自己）。有人认为，因为烟民普遍而言比较穷，烟草税具有累退性。[51] 但内部性观点不同意累退性观点的看法，它认为如果穷人因为缺乏自我控制力而受害越严重，那么帮助他们克服这个问题的税收给他们带来的收益就越大。[52] 尽管在某些人看来，以上论述带有父爱主义的味道，不过这或许是高额烟草税的最有力解释中的合乎逻辑的推论。

在 2002 年前后，有个被广泛引用的测算数据是，对每包香烟征收高达 9. 37 美元乃至更高的重税，可能会解决这种内部性。[53] 这在当时看似高得吓人，如今却已不那么离谱了。在纽约，每包香烟目前的平均价格约为 13 美元，其中包含 4. 35 美元的州税，1. 50 美元的城市税，1. 01 美元的联邦税。另外，1998 年的烟草大和解协议（见本书第 3 章）虽然不属于明确的税收，但也发挥了作用。自 2000 年以来，美国有 48 个州及哥伦比亚特区通过了 145 项州烟草税增税法规。[54] 烟草税的大幅提升并不限于美国，例如，法国每包香烟的平均价格在 2000—2015 年上涨了一倍多，英国在 2005—2017 年也是如此。[55]

因此，给烟草税提供解释的行为学理由混杂了外部性和内部性两方面的考虑，再加上一些表述不算充分的抗击罪恶的说法，或许可以称之为“罪恶内部性”。然而这项措施并不完全是为了改变行为，也涉及筹集财政收入。美国每年的烟草税收入超过 300 亿美元，欧盟超过 700 亿欧元，日本超过 2 万亿日元，占各自财政总收入的 1%左右。[56] 虽然烟草税在财政总收入中的份额已有所下降，然而与我们在本章后续要看到的其他许多税种类似，它在很大程度上依然反映着威利 · 萨顿（Willie Sutton）式的税收原则：到有钱的地方去找钱。[57]

这里存在一个显而易见的利弊权衡问题。提高烟草税会削弱需求——因为这种税收毕竟有矫正行为的作用——从而导致税收减少。不过，烟草的需求弹性从历史上看比较低，或者说较为缺乏弹性，即需求不会因为价格提高而受到太大的抑制。这对政府而言很合适：提高税率既可以增加财政收入，同时又能适度减少有害的吸烟行为。只是对于香烟以及其他罪恶产品的需求弹性很低的说法，我们不要过于迷信。年轻的烟民对价格就相当敏感，烟草产品的总需求事实上也不是人们经常以为的那样缺乏弹性。[58] 至少在许多发达经济体，财政收入与健康目标之间的利弊取舍问题已不容忽视。

某些国家的政府发现高税率对减小税基的影响非常显著，于是试图通过立法来消除这一影响。湖北省公安县的许多居民在 2009 年看到这么一份文件指示：要么吸烟，要么缴纳罚款。原来为刺激财政收入，当地官员决定给烟草销售设定配额。《每日电讯报》报道说，当地的教师被安排了吸烟的配额，有个村子被要求在一年里为干部购买 400 条香烟。[59] 其实，法国旧政权时期也发生过类似的事情，某些地方要求婴儿之外的所有人购买至少一定数量的含税盐。甚至在那个时期，政府决策者就已经喜欢给征税找冠冕堂皇的理由，例如在有些地区，这种做法被称作自愿税收，因为纳税额虽然是强制的，但你可以在自己愿意的任何时间缴纳。[60]

高税率可能刺激人们从邻近的低税率区域购买香烟，无论是通过合法跨境运输还是走私的方式，从而放大其对财政收入的影响。我们这里需要再继续讲述被詹姆斯一世国王诋毁的美洲土著和烟草税的故事。

在加拿大和美国，保留给美洲土著的土地都属于主权领地，意味着卖给保留地的部落成员的销售收入无须缴纳州税，包括烟草消费税。[61] 对于非部落成员的销售则需要缴税，但很难执行[62]，尤其是考虑到这些地区内部的执法行动面临的敏感议题乃至有时遇到的法律障碍。[63] 所以，这些地区的销售有扩大的趋势，涉及的数额可能相当大。例如有报道称，在 2010—2011 年，新墨西哥州有超过四分之一的烟民从部落零售商那里购买过香烟。[64]

在跨越加拿大和美国边境的保留地，此类问题最为严重。20 世纪 90 年代早期面临的问题是，大量香烟从保留地出口到加拿大，几乎完全免税，再以非法的无税进口香烟出现在其他地方。后来发现，某些大烟草制造商在此过程中有深度合谋。雷诺烟草公司因为协助和教唆走私行为被罚款3.25亿加元，部分高管遭到刑事起诉，其中一人在美国入狱服刑。[65] 到1993年，加拿大消费的大约三分之一香烟没有缴纳任何税收。[66] 这相当于使联邦消费税从每条香烟10.36加元减少至5.36加元。[67] 此后管制措施得到加强，税率也被提高，但美加边境带来的问题依然存在，如今的焦点是这些部落保留地开始制造香烟（包括造假烟），涉及的利益足够大，以至于吸引了有组织的犯罪。[68] 到2017年，在加拿大安大略省购买的香烟中，走私香烟的占比可能已经回升到三分之一以上。[69]

当然，这不过是更具普遍意义的一个问题的冰山一角。英国税务海关总署估计，在2016—2017年，约有18%的烟草产品税收被偷逃。[70] 从全球范围看，约有10%的香烟属于非法贩卖或生产，合计给各国年度财政收入造成高达400亿~500亿美元的损失。[71]

如今还出现了甚至更严重的税收挑战：电子烟。[72] 此类产品不是通过燃烧烟草，而是利用蒸汽来满足烟民对尼古丁的渴求。电子烟不含对吸烟者危害很大的焦油等物质，也不会导致严重的二手烟危害。关于电子烟的危害性比普通香烟更小，各方形成了广泛的共识，包括美国卫生局执行局长、美国癌症学会以及英国公共卫生部等。[73] 可是许多国家的政府表现出了近乎巴甫洛夫式的强烈的本能反应，打算对电子烟征税。[74] 美国有十多个州已付诸行动，更多的州在跃跃欲试[75]，还有20多个国家也在推行。[76] 不过，税收水平和形式差别很大，表明各国政府仍在探讨该如何对电子烟征税。[77] 这种产品的危害程度小于传统的燃烧型烟草，或许只有后者的十分之一左右，并可能提供一条完全戒烟的途径，说明对它的税收应该比传统香烟更轻[78]，然而应该轻到何种程度目前尚不清楚。除了增加财政收入，对电子烟征税的部分理由则是它们具有诱导吸烟的作用。由于我们完全不知道电子烟对吸烟的替代效应和诱导效应的相对强弱，所以在思考对电子烟设置一个相对较低的税率时，不清楚哪里才是恰当的平衡点。此时，考虑到政府对财政收入相当“上瘾”，电子烟可能被过度征税这种判断或许有一定的道理。[79]

嗜饮者的诅咒

自古以来，饮料一直是课税的对象。19 世纪早期，茶叶税占英国总税收收入的 5%左右。[80] 有些人甚至从饮茶中看到了罪恶，一位名叫托马斯·特纳（Thomas Turner）的英国食品店主在 1759 年感慨道：“喝茶这一奢侈习惯已经腐蚀了几乎所有阶层民众的道德。”[81]

当然，如今带来这种担忧的主要是酒精饮料——特纳先生把它们与茶饮归入一个类别。过度饮酒会导致各种可怕的后果：胎儿损伤与儿童虐待、婚姻不幸、交通事故、犯罪和暴力冲突、死亡率上升，以及 60 余种与酒精有关的疾病和身体症状。[82] 精确测算这些额外成本是困难的，但代价无疑极为巨大，例如在欧盟，额外成本估计平均达到 GDP 的 0.7%。[83]

对酒精饮料征收的税是世界上最古老的税种之一。据称，埃及的克利奥帕特拉（又称“埃及艳后”）是最早对啤酒征税的统治者，以此支持她与马克·安东尼同屋大维之间的那场注定失败的战争。[84] 埃及艳后的做法带有庇古税的特征，而她给政策制定者确立的基调是把控制醉酒作为征税的一大理由。自此之后，酒税就经常被当作约束劳工阶层遵纪守法的一种手段，以确保他们能够按时到农地和工厂去干活，正如奥斯卡·王尔德所说的那样，工作成了嗜饮者的诅咒。[85] 更普遍的作用是，确保他们不会在酒后发动起义或胡作非为。[86] 还有同样重要的一点，酒税带来了极为可观的财政收入。例如在维多利亚时代的英国，酒税占到国家总税收的三分之一，有时甚至更多。[87] 在一战爆发前夕的沙皇俄国，国家总税收中将近 30%来自伏特加酒。[88]

对酒类征税引起的许多议题同烟草税的情形大同小异。例如，年轻人的需求对价格相当敏感，嗜酒者则不然；高税率会鼓励走私和跨境购买等。酒税和烟草税还有一个共同特征是，高税率可能导致消费转向非法替代品。例如，印度的烟草市场以比迪烟为主，那是用印度乌木叶把碎烟叶卷起来的手工产品，直到近期，对比迪烟征收的税收都比普通烟轻得多。[89] 又如，俄罗斯政府在 2012 年大幅提高伏特加消费税之后，很快发现一半以上的市场被非法酒类抢占。不过吸烟和饮酒在这方面也有个关键区别。非法香烟通常不会杀死你，或者至少说杀死你的速度不会比合法香烟快很多。但是作为私酿酒的主要成分甲醇则可能致命和致盲，而且经常出事。例如在孟买，2015 年的一场事故就导致了 100 多人死亡。[90]

税收是美国禁酒时代的核心话题。在禁酒时代（1920—1933 年）之前，许多州高度依赖酒类销售中的消费税，比如在纽约，消费税贡献了全州财政收入的近 75%。禁酒以后，这一大笔收入就此断绝。我们之前介绍过，禁酒令支持者要求用所得税来减少对酒税的依赖。与之相应，当禁酒时代来临后，渴望喝酒的人，比如那些在密尔沃基一家酿酒厂外贴出告示的群体，建议取消禁令，以减少政府对所得税的依赖。

恢复卖酒，同时减税，一个双赢的建议——密尔沃基酿酒厂外的反禁酒宣传口号

资料来源：Photograph courtesy of the Milwaukee County Historical Society。

性

据我们目前所知，还没有哪个国家的政府像巨蟒剧团的小品剧里的窘迫公务员一般过分，讨论设立某种对那种“事儿”开征的税收。[91] 不过，世界各国从未忽略那种事儿及其衍生类型的创收潜力。

从公元 390 年开始，皈依基督教的皇帝就宣布同性恋在罗马帝国范围内为非法行为，违法者可以被处以火刑，却继续从男妓那里收取税款。[92] 古代雅典的妓女需要缴纳一种名为色情费的专门税收。古罗马的卡利古拉皇帝对妓女收取的税率相当于每天一次性交易的费用。这里采用推定式税收测算办法还算合理，毕竟交易行为不容易被观察到，然而精神不正常或者说有些病态幽默的卡利古拉还对不再从业的妓女征税。内华达州是美国唯一接受合法娼妓业的地方（但限于某些县），它在 2009 年提议收取这种卡利古拉税，税率为每次交易 5 美元，作为改善州财政状况的伎俩。不过，这一建议始终未得到批准。[93]

性演出有时也成为课税对象。2007 年，得克萨斯州的立法者对允许举办现场脱衣秀并销售酒品的机构征收每位顾客 5 美元的税收，后来被称作钢管舞税。在犹他州，提供“任何裸体或半裸体服务”的场所需要为商品、食品、饮料和服务销售收入以及入场费缴纳 10%的税收。[94]

有人或许认为，与担负重税的其他性产业和罪恶活动相比，色情作品也带有许多类似的特征。这方面有若干例子，意大利在 2005 年对硬核类色情作品开征 25%的税收（在增值税之外另收），法国则只有非色情类电影才能享受 5. 5%的优惠增值税税率。本书作者之一的某位同事有次承担了对色情演出与其他演出区别征税的实际执行工作，这当然很具挑战性，但相比我们将在第 9 章介绍的蛋糕和饼干的分类税收执行，或许要更有趣一些。在美国，有 9 位民主党参议员于 2005 年建议对大多数成人网站的收入开征 25%的税收，但没有得到采纳。[95]

还有毒品

对鸦片征税在中国历史上引起过轩然大波。英国人（这回又是东印度公司）极力确保自己在印度垄断生产的鸦片顺利输入中国，最终在第二次鸦片战争期间的1858年使这一贸易合法化。作为当时的“不平等条约”之一，它对中国的影响可谓流传至今。格莱斯顿曾说，我实在担心，鉴于我们在中国制造的罪孽，上帝会如何看待英国。[96]清朝不愿意接受鸦片带来的社会灾难，同时也急需支付英法两国在战后索要的高额赔款，于是对进口鸦片征收8%的关税。[97]到多灾多难的20世纪30年代，当时的中华民国政府及其各个省份、叛乱政权乃至英国在香港的殖民政府都严重依赖鸦片税，抗日战争时期的日伪政府也同样如此。近期的例子则有，阿富汗塔利班政权与哥伦比亚革命武装力量通过对毒品交易征税来筹集资金，然后在自己控制的地区保护毒品运输，开设海洛因配制实验室，更直接地卷入生产。[98]

如今的议题集中在大麻合法化与征税上。荷兰人自1976年开始就允许合法拥有少量大麻，到2008年时，每年可以从全国700多家所谓的“咖啡店”中获得大约4亿欧元的公司税。[99]对美国而言，这样做等于回到把更烈性的毒品也如此处理的过去。1914年的《哈里森麻醉药品税法案》规定了鸦片和古柯制品生产、进口和分销的规范与税收，要求麻醉药品的生产商和分销商到国税局登记，保存销售记录，并支付一笔联邦税。美国如今的趋势似乎是走向大麻合法化，至少部分原因是认识到这类税收“大有钱途”。2014年，科罗拉多州成为全美第一个允许把大麻用于消遣的州。与此同时，它要求消遣用途的大麻缴纳15%的货物税、10%的特别销售税以及2.9%的销售税，此外还向种植商和销售商收取申请费与许可费。结果，科罗拉多州从大麻销售中获取的财政收入达到酒税收入的两倍。[100]加利福尼亚州从2018年1月1日起实施大麻合法化，对消遣用途的大麻征收15%的税收，到 2020 年 3 月总共创造了 10 亿美元的财政收入。[101] 不过，从业者们仍然感到不轻松，因为大麻依旧被美国列为附表 1 里面的管制药品，意味着不能抵扣正常的营业费用，使他们还面临几乎相当于销售税的所得税。[102]

但摇滚要好一点

可惜的是，我们没有找到对摇滚乐或其他任何音乐类型征税的案例，不过摇滚明星对税收的故事却有两个显著的贡献。第一个贡献是甚至不需要回放也能听出来，他们对税收颇有怨言：不仅包括我们之前提到的甲壳虫乐队的歌曲《税务员》，还有谁人乐队（The Who）唱的“税务员拿走 6 份，乐队只剩下 1 份”，以及奇想乐队（The Kinks）所唱的“我没法开动游艇，税务员拿走了我所获得的一切”。[103] 第二个贡献则是有名的避税案例：且待本书第 12 章分解。

不健康的生活方式

高脂肪食品和含糖饮料似乎将成为新型烟草。鉴于它们导致的肥胖症、心脏病和中风问题——更多来自缺乏自我控制力而非产生负外部性——日益严重，政策制定者越来越倾向于对含有阻塞血管的高脂肪食品和含糖软饮料征税。

然而“脂肪税”遭遇了强烈的抵制。丹麦是目前为止唯一实施过脂肪税的国家，它在 2011 年引入了一项税收，导致小包装黄油的价格提升了约 30%，沉重打击了富含果酱、美味可口的斯潘达尔丹麦酥以及酥脆的椒盐卷饼的销售。但这项税收行动只持续了一年。在导致政策反转的原因中，有特定产品的高税收带来的常见问题：人们会跑到国外去购买。有人估计，将近一半的丹麦人驾车穿越边境，到德国或瑞典去采购他们喜欢的高脂肪食品，以逃避税收负担。[104]

脂肪税在当前遭遇了挫折，但对含糖饮料征税的做法正变得愈发普遍。这种想法其实也不算新鲜。早在 1914 年，美国总统伍德罗·

威尔逊就建议众议院筹款委员会（所有税收法案发起的地方）考虑对软饮料、啤酒以及专利药征税，以帮助满足一战的资金需要。该建议并未被采纳，但对此类饮料征税的做法目前在发展中国家已相当普遍，虽然未必是出于健康方面的考虑，而是作为合理的税收来源，特别是因为最贫困人群对软饮料的消费本来就不多。如今，苏打税或者更准确地说含糖饮料税正变得日益流行。2014 年，加利福尼亚州伯克利的选民首次投票支持实施这一税种，如今美国至少有 8 个地方政府采纳。其他若干发达国家也实施了苏打税，包括法国、爱尔兰、挪威和英国等。[105]

软饮料在墨西哥的消费量特别高，导致肥胖症泛滥，于是该国在 2014 年对含糖的非酒精饮料加征 10%的税收。[106] 这一做法似乎取得了某些成果，含糖饮料的销售额在次年减少了 10%左右，当然其他因素也可能发挥了作用，例如经济增长缓慢与消费者口味改变等。[107] 而且无论如何，软饮料消费减少并不必然带来体重下降或健康改善。墨西哥人或许只是转而消费其他未被征税的同样不健康的饮品，例如啤酒的销售额在苏打税实施后出现上升。更普遍地说，这是此类税收面临的一个悬而未决的大难题：由于上述的潜在转换效应，没有充分证据说明这些税收是否改善了民众的健康状况。或许还有读者会质疑：如果富裕国家的人总体来说都吃得太多，停止给食品设置优惠的低税率是不是更简单有效的办法？

其他税种有时候也被赞誉有促进健康的作用，例如，对红肉征税就着眼于解决生产牛肉带来的气候问题。[108] 还有对日光浴美容院的税收，在国际癌症研究机构把日光浴床提升到最高癌症风险类别（与石棉、砷和香烟并列）之后，美国随即对日光浴美容院开征 10%的消费税，这包含在 2010 年的《平价医疗法案》之中。

大部分此类“罪恶税”似乎都落到了穷人不那么无辜的享乐上面。我们真就找不到富人更喜好的“罪恶”吗？有人推定，特制毒品在某些上等收入家庭中较为流行，但它们没有被有效征税。许多富人或许是把拼命工作当作上瘾的事情，而内部性理论表明，上调所得税税率将有助于让这些可怜之人克服自己的心魔。[109]

直接拒绝？

税收不是劝阻人们远离不该做之事的唯一方式，给他们展示这些行为所致后果的相关信息也是一种方式。另外，经常还存在税收和监管之间的选择，后者并非完全禁止，而是一种不那么极端的非价格控制方式。彼得大帝用税收来打击蓄须的习俗，17 世纪清朝则用另一套办法来管制民众的发型。直至 1912 年清朝覆灭，中国男子如果不剃掉前额的头发并把其余部分梳成辫子作为臣服于清朝统治的象征，都是可能被判处死刑的大罪。俄国沙皇尼古拉二世担心滥饮伏特加会破坏他的战争计划，于是在 1914 年下令禁止生产这类烈酒，却也断绝了自己最大的财政来源。

除了创造财政收入，税收相对于监管措施的主要优势在于它能够借助价格机制的力量，以确保资源配置更有效率。相比完全禁止的做法，设计得当的税收让喜欢从事应税活动的人能够继续下去。以气候变化为例，减少总排放量的一种办法是给各家企业设定排放限额，给汽车、建筑物等设定排放标准。即便不考虑设定和执行此类目标的实际成本，这种监管办法仍有一个重大缺陷：我们无法确保总排放量的削减是以社会成本最低的方式实现的。

反之，税收却可以做到这一点。监管的难题在于：除非能够观察到每家企业为减少排放付出的成本（这不可能做到），否则给它们的排放设定限额无法保证某家企业（如钢铁厂）减排 1 吨二氧化碳的成本与另一家（如公交公司）的相同。在这种情况下，如果我们让减排成本更低的企业再多减排一些，而让另一家企业少减排一些，也能使总排放量的削减幅度不变（服务于缓解气候变化目标），而消耗更低的总成本。相较而言，给燃烧碳元素设定一个价格的聪明之处在于：它会自动确保所有企业在最后达到相同的边际减排成本。这是因为在碳价格影响下，企业将持续减少排放，直至减排的成本等于不减排的代价（碳价格）。只要每个人面对的碳价格相同，最终都会达到相同的边际减排成本。尽管政策制定者依然无法观察到各家企业的减排成本，但减排能以社会成本最低的方式实现。由此，在政府的少许助推之下，亚当·斯密所说的“看不见的手”发挥了奇效。

不过，税收存在一个缺陷：我们不确定有多少有害活动将存续。[110] 例如我们永远不能完全保证，给定某个水平的碳税，会导致多高的排放总量。当带有外部性的活动的细小水平差异可能导致严重的社会后果时，这会带来大麻烦。例如在一战中，英国首相劳合·乔治希望确保弹药工厂的工人在上班之前不要喝得酩酊大醉，因为微小的差错就可能导致整个厂房被炸翻天，他采取的部分措施是限制酒吧的开业时间。当科学家发现氟利昂会破坏大气臭氧层，带来全球外部性的时候，世界各国的做法是采取联合行动，直接禁止这一物质的生产和使用。

税收的局限性还突出地表现在我们时代另一个重要的外部性案例中，即新冠疫情。这里的外部性是通过各种类型的人际接触来传播病毒并让人感染。此时实施某种劝阻人际接触的庇古税显然在技术上难以实现，而且即使能够实现，也不是恰当的应对方式。在不同环境下受感染的风险有很大的不确定性，意味着税率的设定肯定不准确。如果税率设定过低，导致人际接触过多，可能造成巨大且无法逆转的严重后果。如果税率设定过高，又会加剧不必要的经济痛苦。针对社交距离的监管在理论上是更好的干预办法，也是在现实中唯一可行的办法。气候变化议题的不同则在于，损害大小取决于逐渐累积起来的排放总量，因此我们可以在长期中调整税率，以影响年度排放量的变化路径。对付新冠疫情可没有这样的操作空间。

还有些情形是税收与监管都能发挥显著的作用。对某些商品的购买征税毕竟不同于对它们的使用征税，而这些商品的具体使用方式可能在外部性影响上存在巨大差异。例如，试图通过对酒类产品征税来解决酗酒问题就面临一个根本难题：在一晚上喝掉 7 品脱（1 品脱约等于 0.5 升）啤酒的后果与一个星期里每天喝 1 品脱完全不同，但要对一个晚上消费的啤酒按照不同税率征税却很难（当然未来的技术进步或许能够解决）。而且有些研究表明，适度饮酒可以减轻冠心病的风险，缓解人们的紧张情绪，促进社会交往，这会给其他人带来有益的外部性，比如像老话里说的，醉汉若可爱，胜却无聊人。所以，对人们购买的全部酒饮按照同一比率征税是非常生硬的庇古式干预，由此也表明监管可以发挥作用，例如制定关于酒驾和汽车酒精锁装置的法律规定等。就香烟而言，公共场所禁烟的规定能够有效减轻给非吸烟者带来的危害。

与所有公共政策一样，此类禁令同样会带来意想不到的后果。例如，美国各个州为控制酒驾规定了法定最低饮酒年龄，似乎确实减少了年轻人卷入严重驾驶事故的情况。只不过，对于饮酒年龄限制设置较低的州的周边 25 英里范围内的情况有所不同。年轻人为了能合法饮酒，开车去邻近的这些州，于是卷入致命驾驶事故的 18～19 岁的司机人数反而上升了。[111]

出于同样的道理，即目标定向原则，税收对于损害产生的针对性越强，解决外部性的效果就越佳。例如，实施燃油税的理由之一是缓解交通拥堵，以减少每个司机因为更长时间无聊堵车而相互施加的成本。但随着技术的进步，直接对拥堵收费的办法正变得更为广泛和成熟。新加坡在这个领域冠居全球，它计划采取一种拥堵定价办法，不仅根据汽车型号以及大致出行时间而变化，而且可以按照预计交通速度做实时调整，在交通速度缓慢时增加收费。相关的通行和停车信息会实时分享给打算开车出行的人。[112] 对司机而言，这方面的进步至少还意味着其他一些改善潜力：随着拥堵费变得更加普遍，用燃油税来缓解交通的理由就不再成立，于是至少从原则上来讲，汽车燃油税应该下调。[113]

不过，税收与监管之间最显著的差异还在于，与限制或禁止措施相比，税收有增加财政收入的好处。这对政府来说极其重要，而且可能因此“上瘾”。就像约翰·皮姆的货物税一样，生活中很少有什么东西像临时性税收那样容易永远流传。

与本章讨论的许多例子不同，大部分税收的唯一目的是给政府筹集财政资金。这会带来很多意外的行为变化，而且大多数时候不受欢迎，偶尔还极其怪诞。

第9章
附带损害

为掏空纳税人的口袋，税务局在税法规定的范围内动用一切可能的手段，动作敏捷且充满理由。同样，纳税人也有权在诚实的前提下想方设法来阻止自己的财富被税务局收走。

——克莱德勋爵（Lord Clyde）[1]

英国在19世纪可以说是称霸了海洋，但大多数时候，它的商船被大海吞没的概率仍高得让人心忧，而且属于“欧洲最难看和最难以驾驭的船只”。[2] 原因当然在于税收。在1773年之后的近一个世纪中，船只需要缴纳港口和灯塔费，按照当时的计算方式，税费随着船只的长度和宽度而递增，但和吃水深度无关。[3] 于是在最大化载货量的同时最小化税负的办法就是制造船舱很深的高挑货船，可这样的设计稳定性较差。1830年《海事目录》（*Marine Directory*）的一位作者写道，在商船建造中，人们把更多注意力放在如何避税而不是如何在复杂的风向中保持平稳航行。[4] 结果使英国的商船适航性较差，尽管它们在避税方面颇为有效。

人们非常清楚，对某些物品征税会导致其消费和生产的数量减少，例如窗户税使建筑物的窗户变少。被鄙视的英国商船则表明，税收还会改变我们消费和生产的物品的特性。税收引发的数量和性质上的两种反应都意味着除纳税带来的单纯收入转移外，还会给人们造成其他方面的损失。本章将更为细致地考察此类额外负担的本质。

刺激创造性

据说约翰·梅纳德·凯恩斯曾说过，“避税是唯一还会带来回报的智力探索”。[5] 我们经常把避税想象成高档写字楼中西装笔挺的律师精心设计的古怪计划，这种情形虽然很多，包括本书第 11 章要介绍的国际税收的例子，但是很多时候避税只是把日常产品扭曲成表面上怪异的形状而已。这种怪异本身就是税收的额外负担的标志，因为我们看到的物品的样子不是它们的自然应有形态。无论是今天的新潮律师，还是 19 世纪的造船主，他们的怪异设计都出自相同的根源：一旦政府决定对某项事物征税，就必须明确定义这种事物是什么以及不是什么。然后纳税人会去搜寻或者发明跟应税事物大体相似但不用纳税的东西[6]，由此就会出现各种稀奇古怪的事情。

怪异的物品

鉴于其必要性，税收已被历史证明是“发明之母”。避税激发出了太多令人叹为观止的创造性，但其中大部分是把物品扭曲成非自然的形态，从社会角度看比毫无意义更加糟糕。对于被征重税的物品，这方面的后果往往最严重，也最清晰可见。多个世纪以来，住房、烟草、酒精饮品和汽车属于其中极为典型的案例。

建筑物在漫长历史中是很有吸引力的税基，因为它们是财富和盈利能力的清晰标识且不能移动，对它们征税尤其容易导致古怪的扭曲，例如建筑物会变得极其“瘦高”。大约 400 年前，波兰的房主们需要缴纳的房产税根据临街一面的宽度（和这面墙上的窗户数量）来计算，部分原因或许是更便于在街上勘察。读者很容易猜到此类规定的后果：出现了大量极为瘦高的房子，单位房屋面积负担的房产税大大下降。17 世纪的荷兰也按照房屋宽度来征税，而且把这种办法带到他们在加勒比地区的领地上，例如库拉索岛，那里的首府威廉斯塔德至今仍然在海边保留着许多极为瘦高但色彩缤纷的建筑物。德川幕府时期的日本政府按照房屋或店面的宽度来测算税收，结果使日本的许多古建筑也变得又窄又高，许多店铺还采用特意设计的狭小门面，以掩盖整座建筑的真实规模。[7] 店主甚至修造起小人国式的店门，希望以此说服税务人员自家的房子很小，应该降低税负。在越南，由于税收同样根据临街面的宽度来计算，住房和店铺被建造成“火箭”形状的建筑。[8]

火箭形状的房子

资料来源：Marla Holden/Alamy Stock Photo。

还有其他许多避税引发的怪异建筑的例子。例如在希腊，对未完工的建筑物有60%的税收减免，于是出现大量半拉子工程便是顺理成章的结果。在美国，1962年税法引入国内投资税收抵免之后，可移动办公室隔墙变得非常普遍，因为固定结构不能抵免税收，但移动隔墙可以。不过，最令人印象深刻（现实感受的确如此）的房产税闹剧还是风景如画的意大利东南部小城阿尔贝罗贝洛。这里的传统石制建筑名为特鲁利，只采用干砌石来修造，不使用砂浆。许多旅游网站的介绍中将此特色归因于税收，因为当税收稽查员可能出现时，这样的房子可以很快被拆掉。[9]

请找出图中的隐蔽建筑

资料来源：David Sanger Photography。

特鲁利建筑——避税的结果?

资料来源：Never Ending Voyage。

烟民也面临各种奇形怪状的产品。在欧盟的许多国家，雪茄缴纳的税率低于普通香烟，由此带来了制作外形像雪茄（出于避税目的）的香烟的激励。比如过滤小雪茄就曾经流行过一段时间，直至政府颁布雪茄要满足最低重量的规定。于是生产厂家便推出加长香烟，可以随时分拆为更小更轻的单位，导致欧盟对香烟产品的定义再度收紧。1990 年，德国推出了“烟草卷”产品，它把精细切碎的烟草包裹在可渗透纸中，只要塞入单独售卖的空烟管里，即可让你吞云吐雾。这种烟草卷不符合欧盟对香烟的定义，因为它们本身不能直接吸食，而是被归入税收负担低得多的细切烟草类别。最后还有“派对雪茄”。欧盟的许多国家对雪茄和小雪茄的销售税率是按照每个产品单位计算的，而未考虑重量，由此就出现了生产大重量雪茄的激励。例如，在波兰的市场上能够找到长达 35 厘米的派对雪茄，它用一张外包装大烟叶来包裹许多混合烟叶，以满足政府对雪茄或小雪茄的定义，只不过这种产品本身不是直接用于吸食，而是需要加工成 20 支香烟。[10]

酒类的避税创新同样层出不穷。1786 年，苏格兰调整蒸馏酒征税办法，根据实际使用的蒸馏器的容积按比例征收一笔执照税，理由是蒸馏器容积是烈酒数量的良好代理指标。不过在厂家的创新式应对之下，这一直观想法便不再成立。执照税导致厂家采用更浅、更宽的蒸馏器，大大加快了蒸馏速度。在税收史上屡见不鲜的此类猫鼠游戏中，政府再提高税率作为应对，酿酒商则再发挥更多创造天赋。到这项税制最终被取消时，执照税已从每加仑 1. 50 英镑提升至 54 英镑，而蒸馏 40 加仑烈酒的时间效率则被提高了 2 880 倍。[11] 类似的创举还表现在英格兰的杜松子酒狂热事件中（见本书第 12 章）：法律规定每加仑收取固定金额的税金，这促使制造商提高产品中的酒精含量，同时抬高销售价格。约翰逊博士指出，零售商“售卖的烈酒是应有烈度的 3 倍，利用这种发明，他们只需缴纳 1 品脱的税，就能卖出 3 品脱价钱的酒，这些酒能够稀释到原来的 3 倍，并依然保留应有的烈度”。[12]

税收还催生了样式古怪的汽车。智利曾经对小轿车开征比小型货车更高的税，对此市场迅速推出了一款重新设计的小型货车，在货架上安装玻璃窗户，并在后方加上有软垫的座位。[13] 印度尼西亚对摩托车实施税收优惠，结果出现了一种奇妙的车型，有 3 个轮子，后排带着长椅，最多可以坐下 8 名乘客，作用跟汽车类似，但又不完全一样，无须按照汽车的标准缴税。自 2009 年以来，美国对进口的乘用车征收 2.5%的关税，货用车则征收 25%的重税。福特公司找到的应对办法是进口 5 座的全顺车，按照乘用车的低税率缴税，然后去除后座、底板装饰和后窗，再加装新的底板。这样一套从乘用车改装成货用车的工艺只需要 11 分钟即可大功告成。[14]

税收引致创新的许多其他例子也值得一提。乔治王时代的英国政府创造性地引入了大量商品税，作为回应，纳税人以同样杰出的创造性来寻找避税方式。针对 1712 年引入的印刷墙纸税，建筑商先铺上素色的无印刷墙纸，再往墙纸上绘制花纹图案。[15]1745 年引入了一种根据最终产品重量计征的玻璃税[16]，被医学杂志《柳叶刀》批评为“对光照的荒唐征税”。[17] 结果出现了被称为“避税玻璃”的大量造型有趣的小型玻璃制品，有些还是中空设计，受到今天的收藏家们的追捧。[18]1784 年实施的砖瓦税对每块砖征收一定金额，建筑商很快发现，采用块头更大、数量更少的砖能够显著降低税负。最终政府发现了漏洞，于是对较大的砖块采用较高的税率。从下页的图片上，我们能看到建筑物在不同税收执行时期所用的大小不同的砖块。[19] 在差不多同一时期的 1795 年，丹麦—挪威联合王国对镜子征收的进口税按照面积大小计征累进税，使得面积扩大 1 倍的镜子需要多缴纳 1 倍以上的税。据说，人们转而进口小型镜子，然后将它们拼接成更大的镜子。

作为人类税收历史上出人意料的常客，狗也有自己的故事。有人说，英格兰王室在几百年前对犬只征税，但对于截断尾巴的工作类犬只免征。这种做法的出发点是允许穷人保留能帮忙干活的狗，但不会干扰贵族的狩猎活动，因为当时认为截断尾巴会破坏狗的平衡与运动

中空玻璃制品——最优雅的避税形态

资料来源：*Eighteenth Century English Drinking Glasses*：*An Illustrated Guide* by L. M Bickerton（Barrie & Jenkins 1971）；Page 148，Plate 385。

墙上采用的不同大小的砖块

资料来源：Courtesy of JRPG，CC BY-SA 3.0。

能力，从而制约其狩猎表现。手头拮据的平民确实为了减税而纷纷截断狗尾巴，到这项税收被取缔时，截断狗尾巴在英国已经成为一种习惯，甚至延续至今，远远超越最初的避税需要。不过这个故事有些瑕疵：犬只税领域的严肃学者（确实有这类人）不太相信。[20]

断尾能够避税的神秘传说

资料来源：Arterra Picture Library/Alamy Stock Photo。

上述案例的一个共性是，税收以产品的某种物理特性为基础来测算：船只的长度和宽度，墙纸上的印刷设计，烈酒蒸馏器的容积等。与我们在介绍所得税时讲的推定征税方法类似，这些物理特征被视为物品本身属性的代理指标。可是，许多物品有着复杂的属性组合，如果把税负放在一个或少数几个容易观察的属性上，有可能鼓励潜在避税者通过削弱物品的应税属性并强化免税属性，以维持物品的本质基本不变。[21] 以物理属性为基础的税收通常会导致意料之外的后果，而政府的反应则可能是重新对税基做具体规定，就像砖瓦税的调整那样。避税往往是纳税人发明应变策略与政府努力修补漏洞之间的长期竞赛。

对于以物理属性为基础的税收面临的这一难题——看似非常有创意的发明，但除了避税的好处，只会让产品本身变得更加糟糕——显而易见的解决方法是以价格为基础来计税：这就是从价税的理念。从价税的办法如今已成为规范，例如在增值税或零售税中。主要的例外情形是，某些物品的特定属性刚好是征税的目的（发挥矫正功能），例如饮品中的酒精含量等。[22]

划清界限

以物理属性为计征基础的税收刺激了人们的避税创造性，在采用从价税时，如果对不同产品适用不同税率，类似的创造性会被再度激发，因为此时必须选择某种属性来决定具体适用的税率，也就是说，需要为区别不同的产品而划清界限。我们将很快看到，这催生了某些声名狼藉的愚蠢法律案例。除了发明新产品的动力，税收的任何区别待遇都会强烈地刺激人们想方设法确保自己的产品或活动属于享受更多税收优惠的类型，无论是重组应税对象，还是聘请精明的律师。因此每当政府选择对不同对象适用不同税率时（这种情况很多），避税现象就会涌现。

有时候，采用差异化税率的理由远非一目了然。例如在荷兰，豚鼠饲料按照 21%的比例征税，兔子饲料的税率只有 9%。有时候，我们至少能看出这些差异化有某些理由，虽然税率设计得还是很糟糕。英国对食品免征增值税，目的是减轻穷人的税收负担，不过我们将在第 14 章探讨为什么这种做法非常缺乏效率。律师做梦都想弄清楚具体哪些类型的食品符合税收优惠条件。一种名为雅法蛋糕的经济增长发动机*就遇到了这种难题，它因为雅法柑橘而得名，属于饼干状的蛋糕（或蛋糕状的饼干）。如果雅法蛋糕被视为蛋糕，它们在 1991 年就可以免征增值税，但如果被视为由巧克力包裹的饼干，则适用高达 17.5%的基准增值税。英国一家税务法庭负责对此做出裁决，考虑了大量的影响因素：成分、大小、口感、包装、营销和物理属性等，还包括雅法蛋糕变质后的情形，以及消费者在食用的时候是用手还是叉子。最终，该法庭判决雅法蛋糕与蛋糕足够接近，可以享受免

---

* 今天位于以色列的雅法（Jaffa）出产的柑橘在历史上闻名遐迩。1927 年，英国饼干制造商推出了以之命名的“Jaffa Cake”（雅法蛋糕），进一步推动了当地的柑橘种植。——译者注

征增值税。当然这没有回答人们最初的疑问：为什么要对蛋糕和饼干按照不同税率计征增值税？

蛋糕还是饼干？——得问我的律师

资料来源：Kevin Wheal/Alamy Stock Photo。

雅法蛋糕的案例或许是英国特有的一种现象，但复杂而古怪的税收差别待遇却不是。如果你打算在美国威斯康星州销售一份或一小块冰激凌蛋糕，税务局在向你解释这是否应该纳税的时候，需要仔细查阅他们随身携带的一份有 1 437 个单词的备忘录，其中包含 10 个案例。[23]

有时候，政策制定者试图根据买方心里盘算的用途来区别税收待遇，这会自找麻烦。例如在美国艾奥瓦州、宾夕法尼亚州和新泽西州，南瓜只有作为食材时才可以免除销售税，用于雕刻则不能免税。但是，南瓜的销售商如何知道顾客买回去以后的实际用途，然后缴纳恰当金额的税收呢？一个类似的案例是美国对柴油收取的联邦税，不过涉及的金额要大得多。这一税种适用于运输类业务消耗的柴油，但对于农业用途、非运输类业务或飞机消耗的柴油则免税。为此尝试过一种解决方案，给免税柴油染色，然后在路边抽查货车，如果发现油箱中的燃料属于染色型号，则表明有逃税行为，我们将在第 13 章说明这一尝试的结果。另外在 2010 年，纽约市开始实施一项法规，对于在面包店里食用的面包圈征收销售税，但顾客带走的面包圈则免税。你如果在店里把面包圈切成小块，就会使交易变成应税类型——还有其他什么办法能够方便而不唐突地判断顾客会不会在店里吃掉面包圈呢？在 2014 年的加拿大曼尼托巴省，甜味烘烤食品如果按照不足 6 个的标准预先包装，就可以免征增值税。[24] 这种规定应该与预设的产品用途有关，但老实说，我们对于具体是指什么完全一头雾水。

当税收体系采用“档位”方式的时候，即跨越某个标准会导致纳税负担跃升（如之前第 3 章介绍的十分之一税），我们会看到某些极端的产品创新和其他反应案例。例如在日本，对含酒精麦芽饮料的税收会根据麦芽含量而调整。1996 年之前，如果麦芽含量在 25%～67%，则税率为每升 152.7 日元，麦芽含量高于或低于这个区间将分别面临更高或更低的税率。税收推动的产品创新尾随而至。1994 年，三得利公司推出了发泡酒——足以点起火花的酒精饮料——麦芽含量 65%，刚好在高税率档位之下。到 2003 年，发泡酒在啤酒与发泡酒的共同市场上所占的份额已经达到 40%。显而易见，或许出于税收流失的担忧，政府在 2003 年提高了发泡酒的税率。不出所料，三宝乐公司和三得利公司于 2004 年又推出了一款麦芽含量为零的饮品，适用最低税率。到 2008 年，这类饮品的销售量已经与麦芽含量中等的发泡酒旗鼓相当。[25] 以同样的干劲，当英国政府在 2018 年宣布征收糖类税时，苏格兰的流行软饮料（Irn-Bru 牌）的生产商也宣布，正在调低大部分饮品中的含糖量，使之缩减到纳税门槛之下。结果有 5 万多人联名请愿，反对这项税收引致的（糟糕的）产品创新。[26]

如果是涉及概念而非物品，划清界限遇到的问题可能更多，经济后果可能更严重。例如，企业雇员（雇主必须为其代扣代缴所得税）与独立承包商（不适用代扣代缴）之间就存在一条重要的界限。美国税法中包含一套有 20 个因素的检测办法，以决定劳动者身处这条界限的哪一边。随着点对点（p2p）商业模式大量兴起，例如优步或来福车等，雇主与雇员的区别变得更模糊，这变成了一个越来越重要的议题。2016 年，优步公司同意支付 1 亿美元以解决集体诉讼纠纷，让该公司继续把加利福尼亚州和马萨诸塞州的司机作为独立承包商对待。然而该和解方案在当年 8 月被一名联邦法官否决，理由是赔偿金额不足。因此到 2020 年这场官司仍在诉讼之中。加利福尼亚州官员起诉优步和来福车公司把司机错误归类为独立承包商而非雇员。不过在当年 11 月，加利福尼亚州选民压倒性地投票通过了一项有约束性的公投议案，允许优步、来福车和其他零工经济类型的企业继续把司机作为独立承包商对待。

税法中另一条重要的界限与企业的融资方式有关。如果企业通过借款筹集资金，即债务融资，它给贷款人支付的利息通常可以作为经营成本从应税收入中扣除。与之相反，如果企业通过发行股份筹集资金，它给股东带来的股息和资本利得等回报则不能从企业应税收入中扣除。所以，这两种基本的企业融资方式面临截然不同的税收待遇，税法对债务融资更有利。这于是刺激了人们寻找筹集资本的特殊方式，既有股权的特征（如对于回报没有任何承诺），又跟债权足够相似（例如有定期固定还款），以满足利息抵扣的税法规定。

受监管金融机构经常处在寻找此类“混合融资工具”的最前沿，它们的诀窍是找到那些既能带来利息支出抵扣，又能在满足资本金要求时被视作股份的工具。在全球金融危机过后，这项任务变得尤其迫切，因为银行都试图重建自己的资本缓冲，又尽量不放弃杠杆融资的优势，至少是税务方面的优势。它们推出的主要创新产品是或有可转换债券（CoCo），意指特定类型的付息债务，当某些特定触发事件发生时（例如银行资本下跌到监管要求的标准之下），此类债务可转换成能吸收损失的股份。在 2009—2015 年，市场上总共发行了超过 3 500 亿美元的或有可转换债券，这不是小数目。[27] 尽管税收不是推动以这种方式满足资本金要求的唯一因素，却显然是关键因素。例如在德国，直至 2014 年 5 月，还没有发行过任何或有可转换债券，然后官方明确宣布债券付息能获得税收抵扣，于是在次月，德意志银行便发行了价值 47 亿美元的此类工具。[28]

税收档位也可能出现在时间维度上。这通常来自税收规则的变化，例如税收规则会适用到纳税年度的最后一天，然后从第二天开始适用新规则。如果有效税率下调，人们便有激励推迟获得应税收入，如果有效税率提高，人们则会努力提前入账应税收入。这方面最惊人的一个案例是美国《1986 年税收改革法案》即将从 1987 年 1 月 1 日起生效，对许多人而言，意味着已实现资本利得的税率将急剧抬升。有大量累积资本利得的资产所有者对此格外关注，于是 1986 年 12 月实现的长期资本利得金额达到了上年同期水平的 7 倍，也是 1986 年其余月份平均水平的 6 倍。[29] 有大量证据表明，不仅年末的出生人数对税收敏感，甚至死亡日期也对税收敏感（更多介绍见本书第 12 章）。[30] 税收变化偶尔还会被刻意临时采用，以制造出不同时间断点，改变经济行为发生的时间。例如为刺激新冠疫情后复苏期的消费，德国在 2020 年 7 月宣布把基准增值税税率从 19%削减至 16%，为期 6 个月，就是故意创造尽快（而非拖延）购物的激励，特别是针对耐用产品。与之类似，在全球金融危机爆发后的 2008 年，英国政府临时把基准增值税税率从 17.5%削减至 15%，美国则采取了临时性的奖励折旧的规定，希望刺激投资。[31]

说到纳税年度，有一个奇怪之处是专家们绝不能忽略的。包括美国在内的大多数国家对个人纳税年度的划定与日历年度相同，但并非所有国家都是如此。例如在英国，新纳税年度的第一天居然是 4 月 6 日。这一特例的原因可以追溯到英格兰和爱尔兰在历史上长期采用 4 个重要的基督教节日（包括圣诞节）作为清算所有债务和账目、缴纳租金的日子。比如稍后将会介绍的英国复辟时期的炉灶税，就在一年中分两次缴纳：天使报喜节（3 月 25 日）和米迦勒节（9 月 29 日）。当时将 3 月 25 日作为新年来庆祝，也被视为（但谈不上庆祝）英国纳税年度的头一天。不过到 1752 年，英国转而采用格里高利历。

此前的英国日历比已经采取格里高利历的欧洲其他地方晚了 11 天，于是 1752 年 9 月 2 日周三之后的次日变成了 1752 年 9 月 14 日周四。为避免在短期内损失财政收入，英国财政部发出命令，要求从 1752 年 3 月 25 日开始计算的财政年度维持正常的 365 天，于是其结束日变成了 1753 年 4 月 4 日，下一个财政年度则从 4 月 5 日开始。这一做法持续到 1800 年，财政部又把财政年度的开始日期修改为 4 月 6 日。[32]

但无论如何，为什么税务会计期要设定为一年，而不是两年或者其他时长呢？采用双年制的办法无疑会节省征管成本，采用超越单一年份的视野还会更准确地反映人们的经济状况（缓解某些不正常年份的波动）。有位学者曾经从节约成本的角度主张采用双年制税收周期，但也指出这种理念没有获得广泛支持，他在文章中引用了一位“友人”的如下表述：“这是我有生以来听到过的最糟糕的建议。”[33] 本书的两位作者对这种批评表示绝不接受，而且提醒大家：古代埃及人确实是按照两年为周期来征税的。[34]

税收涉及的属性归类与界限划分导致了畸形的汽车设计、滑稽的法律纠纷以及其他许多事件，经常让人感到可笑。有时，税收遭遇的这种嘲讽完全是应得的。不过，税收差别待遇往往是为了追求善意的目标，具有现实的必要性。例如，为了节约行政管理资源（以用于其他目的），减轻小企业的合规成本，大部分国家的增值税规定，只有营业额超过某个门槛值的企业才需要缴纳。然而这个有良好初衷的档位设置却导致某些企业人为地把自己的规模和增长（至少在表面上）限制在门槛值以下。[35] 如果有人打算对食品和其他什么产品实施较低的税率，就不可避免会遇到雅法蛋糕那样的情形，并由此陷入尴尬境地。关键问题在于，与预先追求的目标相比，创造性避税措施带来的副作用是否过高和可控。除了税收执行的成本以及实际上缴给政府的税款，这些副作用中最主要的部分还是人们的行为变化带来的损害，也就是我们接下来要谈的税收的额外负担。

额外负担

通常来说，税收给纳税人造成的损失会高于其实际缴纳的税款，上文谈到的税收引致创新的诸多例子已经清晰地说明了这点。如果不是为了少缴税，谁愿意住在没有完工的建筑、装着低矮大门的房子里呢？它们都是学者所说的“扭曲”：纯粹是由于税收制度造成的激励，事情才会变成这种样子。关键之处在于，在私人部门因为转移给政府的资源而不可避免付出的成本之外，税收还带来了更多损害。税收会造成附加损失，即额外负担，这是我们在思考税收问题时要考虑的最基本和最重要的议题之一，但在现实的公共讨论中很少被人提及。这个概念关系重大，它看上去或许有些学究气，但并不那么神秘。

无火不生烟

在 1660 年复辟后不久，英格兰的查理二世国王也像他被砍头的父亲一样面临手头拮据的窘境。议会的态度非常坚决：国王不能重新启用任何古怪的封建义务，所有征税都必须得到议会批准。于是到 1662 年 5 月，议会允许英格兰征收炉灶税：针对当时用于做饭和取暖的火炉征税。[36] 税率为每个炉灶每年 2 先令，穷人可以免征。这是除了关税与货物税，国家在和平时期也日常征收的第一个税种。官方对炉灶税的征收记录大部分被保留至今，成为家族谱系学者的宝贵研究资料。稍加一点想象，这些记录也能够带给我们许多关于税收效应的知识。

对炉灶征税的想法有一定的道理，一所房子里的炉灶数量似乎是支付能力的合理代理指标，对炉灶征税也是现实可行的办法，因为跟人数或票数不同，炉灶不能随便移动，比较容易弄清楚数量。[37] 尽管有这些设计上的优点，炉灶税从一开始便遭到痛恨。塞缪尔·佩皮斯（Samuel Pepys）在日记中记述说，清点炉灶数量后的第一个月，人们就反对这种炉灶税，号称不会无缘无故地付钱。[38] 让人们痛苦的不仅是（或者不主要是）税款本身，还包括收税员有权力（其实是责任）进入居民家里去检查申报的炉灶数量是否如实。随即，抵抗行动爆发了。1668 年，“布里德波特的炉灶税征收员在镇子里被男女老少追赶，遭到石块袭击……奈特先生的脑袋被砸到两次，并因此死亡”。[39]

炉灶税于 1689 年被废除。[40] 这是新国王威廉三世在前一年爆发的光荣革命后采取的首批行动之一，他夺取王位几乎没有遭遇抵抗，此举又为他轻松赢得了民心。威廉三世还刻意让大家知道他反对炉灶税[41]，“在从托贝到伦敦的整个行军途中，普通民众三番五次地上前请求，让他帮助大家解除炉灶税带来的难以忍受的负担”。[42] 就像废除法案中所说的那样，这个税种已经成为“贴在全体民众身上的奴役标记，让每个人的房子都会被陌生人肆意闯入和搜查”。[43] 取缔炉灶税被明文载入英格兰议会于 1689 年通过的《权利法案》中。这项税收的短暂历程虽然伴随着很多麻烦，却提供了一种方式，让我们能通过普通纳税人的眼睛去审视税收的额外负担的本质与影响。

炉灶税刚刚实施后的 1662 年，约翰·温多弗（John Windover）住在英格兰南部海岸的南安普敦附近的荷里路德教区。[44] 他的家境还不错，房子里有 5 个炉灶，对于该教区里的应税人群而言，这基本属于平均水平。[45] 不过在 8 年后，温多弗先生家里只剩下 4 个炉灶了。我们并不清楚是不是税收促使他减少了 1 个炉灶，姑且假设如此。对于剩下的炉灶，温多弗先生每年共计缴纳 8 先令的税收。但税收带给他的真实成本其实更多：除了其他方面的花费减少，他如今住在更寒冷无疑也更不舒适的房子里。税款之外的更多成本，包括冻僵的手指、能捂住耳朵的睡帽等，都属于炉灶税给温多弗先生造成的额外负担。

这些负担不像温多弗先生交到收税员手里的 8 先令那么显眼，却同样真实。我们甚至可以计算出其货币价值。温多弗先生付出的额外成本就是他在 1670 年不再拥有的那个炉灶对自己的价值，那么这个价值（即超出炉灶成本本身的部分）是多少呢？显然该价值低于保留炉灶所需缴纳的 2 先令的税收，因为如果其价值高于 2 先令，温多弗先生就会愿意保留这个炉灶，而承受多增加的 2 先令税负。同时该价值对他来说也必然大于 0，否则他之前就不会拥有这个炉灶。因此他在 1670 年失去的这个炉灶对他的价值应该是 0~2 先令，我们可以比较合理地采用中间值 1 先令作为推测。这样一来，温多弗先生因为炉灶税而遭受的总损失就是 9 先令，其中 8 先令是非常明显的税收，从更广泛的社会角度看，至少发挥了支持政府运转的功效。而剩下的 1 先令额外负担则不仅很难被发现，而且对任何人都没有好处。对温多弗个人乃至复辟时期的英格兰社会而言，均属纯粹的浪费。

本章早些时候讨论的根据属性测算的税收和档位同样会造成额外负担，不过有不同的表现形式，有时比消失的炉灶更显而易见。例如，19 世纪的英国造船商在改变船只的形状之后，发现他们不仅要支付港口和其他费用（尽管比没有改变船只形状时更低），还要为制造成本更高且更容易倾覆的船只付出代价。由此导致的附加成本，包括可能需要更多压舱物或者支付更高保险费等，都是额外负担的表现。又如，规模保持在增值税门槛之下开展业务的企业尽管不需要缴纳这一税负，却会为此付出其他代价，包括人为限制自身的业务发展，或者不嫌麻烦地拆分成更小的企业（以继续享受纳税门槛之下的待遇）等。

炉灶税的额外负担在如今已不是重大政策问题，我们也找到了不那么危险的办法来对船只征税。不过，几乎所有税收都仍存在类似的难题，即纳税人（有时也包括非纳税人）的福利损失会超出直接缴纳的税额。某些税种会影响与经济活动和福利水平有关的重要指标，包括投资与企业扩张、劳动力市场参与率、储蓄水平、职业选择、借款与贷款决策等，并由此产生额外负担。只有纳税人无法逃避的税种才不会产生额外负担，例如本书第 4 章提到的一次性税收，这在下一章里还会深入讨论。其他所有税种除了把部分资金从纳税人手里抽走并转移给政府，还会给民众施加真实的附加成本。

这一规律或许也有例外情形，例如，以属性为依据的税收激发了某些很有实际用途的创新。印度尼西亚人发明的有三个轮子和狭长椅子的摩托式汽车或许算不上创新，但荷兰人在 16 世纪末前后发明的三桅商船却属于这种类型。显然，此类商船的起源与政府对穿行于厄勒海峡（连接北海与波罗的海的主要通道）的船只所征的税收有关。据说，税收是以甲板的面积为依据的，从而推动了顶部甲板较小、水线位置船体较宽的船型的发展。[46] 后来的结果表明，这一设计很适合在较浅的水域运载庞大货物，三桅商船由此成为 17 世纪荷兰创建海上帝国的主力船型。[47] 在这个案例中，根据甲板面积测算的税收导致的额外负担甚至变成了一件好事。当然，把三桅商船的创新完全归功于税收有些言过其实，在其他情况下，也可能出现同样的设计改进。但这个案例，或许还有优雅的避税玻璃制品的案例，毕竟是我们能够想到的税收引致创新发挥有益作用的最贴切的情形。更有可能的情形是，税收引致的创新事实上阻碍了更多有用的创造，例如要不是古怪的船只税收规定，英国人或许会更快开发出船壳较浅的快速帆船。[48]

税收能够激发创新，创新也能够激发税收。威廉·格莱斯顿曾请教科学家迈克尔·法拉第电力有哪些实际用途。据称法拉第这样回答："阁下无须顾虑，十有八九，您很快就能够对它征税了。"姑且不管法拉第是不是这么说的，实际情况的确如此。

税收的额外负担概念很久以来一直是经济学家关心的主题，例如约翰·斯图亚特·穆勒在近两个世纪前就有过论述。[49] 这个概念在现实中的表现则与税收本身同样久远。许多人认为税负沉重是西罗马帝国衰落的重要原因，他们不仅责怪总体税负过高，还强调税收的额外负担，主要表现为耕地撂荒和产业外迁等。[50]

不过事实也表明，把额外负担概念引入实际政策制定和讨论非常困难。麻烦之处在于这种负担相当不清晰，不会出现在任何人的预算

有效避税的船只——充满想象力的荷兰商船

资料来源：Courtesy of Vladimir Sitnik。

里，并经常表现为某些东西的缺失（例如温多弗先生家的壁炉减少了一个，波雅尔贵族喜欢的胡子被剃掉，投资项目没有实施而损失的利润和工资等）或者放弃的某些行动（例如舍弃的加班或舍弃的创业生涯等）。

有时候，税收的额外负担还会表现为本来不应该出现的某种东西。这是因为税收（或者补贴）会导致某些行动，它给直接影响对象带来的好处少于给其他人造成的损失。假如查理二世反向而行，给炉灶提供补贴，足以让温多弗先生决定修造第 6 个炉灶，他将会获得更温暖的生活环境。但我们知道，在他本人看来，修造第 6 个炉灶的好处应该不及其成本，否则不需要任何补贴，他自己就会把炉灶建起来。同样的道理，如果对汽车征收关税导致用高成本的国内产品取代低成本的进口货，国内汽车生产商固然可以从中得到好处，政府也能够获得一定的财政收入，但消费者承担的损失比这些好处更大，他们只能购买数量更少、价格更高的汽车。

额外负担概念的无形特性意味着，在实际的政策制定过程中，它获得的关注比更显而易见的因素要少。例如，纳税人损失以及政府的征税成本通常更显而易见也更容易理解，谈论简化税制很容易讨好公众，而主张减少税收的额外负担就极少能收获喝彩或者选票。

当然，公众讨论中忽略税收的额外负担是否会带来重大影响，还取决于这种负担本身的大小及其重要性。这里的关键在于人们对税收的行为反应。我们可以回到荷里路德教区，跟科尔内留·福克斯（Cornelius Fox）谈谈。与同教区的邻居约翰·温多弗一样，在 1662 年福克斯先生家里也有 5 个炉灶。到 1670 年时，面对每年 2 先令的税收，他家的节约规模更大，减少了 3 个炉灶。此时，福克斯先生的税负比温多弗先生更低，每年只有 4 先令。不过他的手指可能冻得更僵，夜晚也更加冰冷难熬，也就是说承受了更大的额外负担。根据前文的同一逻辑，他家里放弃的 3 个炉灶如果每个估值为 1 先令，那就可以合理地推测福克斯先生遭受的额外负担为 3 先令。对他来说，7 先令的总损失（4 先令的税款加上 3 先令的额外负担）中有几乎一半不是税款，而是附加成本。由于福克斯先生的行为反应比温多弗先生更为剧烈——他的需求弹性要高得多——他能够通过此类反应更多地降低自身的税负。但这同时表明，福克斯先生为此承受了更多的额外负担，表现为以货币形式测算的超出实际税款的部分。

因此，税收引起的行为反应越大，不仅意味着政府损失的税款越多，而且意味着纳税人承受的额外负担越重。测算此类行为反应的强弱是现代实证经济学研究的本职工作之一。学者们采用五花八门的统计技巧和研究设计，借助自然实验和随机控制田野实验，来确认各种税收带来的行为反应程度。例如有研究发现，对在职员工的劳动报酬征税造成的额外负担与税款收入相比很低。这并不表明劳动供给完全不受税收的影响，而只是说在不可避免地抽取他们的部分收入之外，造成的其他影响很小。另一方面，在不可避免的收入影响之外，是否参加工作的决策对税收的反应则相当大，对女性尤其明显，所以单位税款带来的打击劳动参与率的额外负担可能非常大。[51]

当我们在这种背景下思考行为反应时，它不仅涉及家里的炉灶数量或上班的时长这些现实情形，还包括为规避或逃脱税款而发生的所有成本。对此，不妨设想我们的朋友约翰·温多弗并没有封堵或者拆除他家的第5个炉灶，而是在“炉灶员”来访时设法将其遮蔽起来，或者直接贿赂对方。此时温多弗先生的手指将不会因为征税而被冻僵，但依然要为逃避炉灶税付出一定的代价，无论是想办法遮蔽炉子，还是给收税员塞点现金。这样的成本有多大呢？温多弗先生愿意为避免2先令税收而付出的贿赂（假如他对此类做法不避讳）应该介于0~2先令之间，我们不妨推测为1先令。但这正好等于我们之前讨论的他真正拆除炉灶时承受的额外负担。同样的逻辑也适用于其他任何避税或逃税办法伴随的成本。由此带给我们的教训是，无论纳税人的行为反应是实际经济活动的变化（如减少炉灶、减少劳动力供给或减少投资），还是某种类型的避税或逃税，他承受的额外负担都是大体相同的。[52] 直到最近，经济学家才开始认识到这一点。[53] 其实真相早已在本书第三篇开头引用的汉德尔斯曼所讲的故事中展示过：无论那条狗是真正清除了身上的跳蚤，还是想办法将其隐藏起来，从额外负担的角度来看都是一回事。

这一发现有个极其实用的启发，即我们可以通过观察税基（例如申报应税收入的数额）如何对税收做出反应，来弄清楚额外负担的主要驱动因素，而无须知道税基反应有多少是来自实际行为变化（如减少劳动力供给），有多少是来自其他方式的避税（如把收入转移到不需要纳税的员工福利项目）或逃税（如隐瞒部分收入）。所有这些反应都会导致税基减少，而真正重要的是总体效应。这个发现给经济学家创造了一类业务——测算此类税基反应的大小，他们有时也采用了超级聪明的办法。例如对所得税，有大量论文试图估计“应税收入的弹性”。近期一项对此类浩瀚文献的综述表明，应税收入的弹性通常为0.2~0.3。[54] 它是什么意思呢？假如所得税税率从30%提升至37%，那么“税后净收入比率”（纳税人自己留下的收入占比）将从70%降至63%，相当于10%的降幅。而应税收入弹性为0.2~

0.3 则意味着，随着这一税率提高，纳税人申报的应税收入将下降 2%~3%。

观察额外负担的一扇窗口

英格兰的炉灶税后来被窗户税取代，后者同样是反映房子富丽程度的指标，但可以用不那么冒犯主人的办法测量。之前提到过，某些英格兰房主的反应是用砖把部分窗户封起来。1848 年，伦敦木匠协会会长在议会作证说，苏豪区康普顿街几乎每所房子都曾请他去帮忙减少窗户的数量。[55] 窗户税的特点之一是当窗户数量达到某个标准后，税负会跃升，即上文提到的“档位”。几个世纪以后，这样的税率档位给我们提供了一个估计额外负担的绝妙办法。[56]

为此，让我们回到 1747 年，当时窗户数量不足 10 扇的房子无须纳税，而对于窗户数量在 10~14 扇的房子，每扇窗户（不只是对超出 10 扇的部分）都需要缴纳 6 便士的税款。因此，把窗户数量从 9 增加到 10，会带来 5 先令的税负（即 6 便士的 10 倍）。如此大幅度的税负提高让这第 10 扇窗户变得非常昂贵。如果民众没有对税收做出任何反应，那么我们会看到配有 10 扇窗户的房子会略少于配有 9 扇窗户的房子（因为负担得起 10 扇窗户的人比负担得起 9 扇窗户的要少），而配有 9 扇窗户的房子会略少于配有 8 扇窗户的房子。相反，如果民众对税收的反应很强烈，我们则会看到有大量（据说）配有 9 扇窗户的房子，刚好低于纳税的标准，其数量甚至可能多于配有 8 扇窗户的房子——对此无法用其他因素来解释——而刚好配有 10 扇窗户的房子会相当罕见。我们可以断定，这种“聚集”现象越明显，民众对窗户税的行为反应就越强烈，税收导致的相应额外负担也越大。

有项研究受此启发，分析了英格兰的 493 所房子在当地的窗户税记录，这些房子大部分位于什罗普郡的拉德洛镇，时间为 1747—1757 年。[57] 不出所料，这些记录显示有大量房屋刚好只有 9 扇窗户，相比 8 扇窗户的房子和 10 扇窗户的房子来说都多出 4 倍以上。而且在 14 扇窗户和 19 扇窗户的位置也有类似的数量激增现象，分别对应着税收档位在第 15 扇和第 20 扇窗户上的跃升。这样的聚集过于明显，无法归结为偶然因素。考虑到可以解释这一分布模式的行为反应，研究者估计税收带来的额外负担平均而言约为纳税额的 13%。不过，对于刚好压缩到税收档位（例如 14 扇）之下的房主而言，他们的额外负担要高得多，约为纳税额的 62%。而对于把窗户数量减少到 9 扇的房主来说，他们无须缴税，其损失全部来自额外负担。政府没有从他们身上获得任何税款收入，但税收扭曲了房主的行为。

税收制度中的此类档位设计通常不是什么好事，原因正是由此可能引发的强烈反应。不过，学者很喜欢这种设计，恰恰也是因为它们引发的行为反应的强度清晰可见。例如，我们可以用同样的思路来评估巴基斯坦的所得税制度（一度设置有许多档位，这在今天已不常见）带来的成本，或者英国的增值税纳税门槛导致的扭曲。[58]

即便不存在税负突然跃升的情况，边际税率（对最后 1 美元适用的税率）的变化，即税率表上的“节点”（kinks），也可能有类似的效应。例如，有人愿意在 20%的税负下再多挣 1 美元，但如果税负达到 50%就没有多挣钱的欲望了。因此，我们可以推测会有特别多的人的收入集中在边际税率提升的水平或附近。[59] 对税率表引起的纳税人反应的一项开创性研究利用了美国的劳动所得税抵免数据，如本书第 7 章所示，这项政策相当于给一定水平之下的收入提供补贴，补贴额在该水平上会达到最大值。而对于更高水平的收入，抵免额会开始“追回”，导致补贴数额减少。因此这种制度包含三处节点：从负的边际税率（补贴）到零税率，即抵免额达到最大值为止；从零税率到正的税率，即开始追回抵免；再从正的税率到零税率，即抵免政策在某个收入水平上完全消失。该研究发现，只有自雇人群在第一个节点处出现明显的聚集现象，因为他们对申报收入有更强的灵活性，说明此类行为主要是为获得更多抵免而夸大真实收入，属于逃税现象。[60]

在我们结束对窗户税的讨论之前，如果有读者认为对阳光征税已经成为历史，他们可以考虑访问意大利北部的古城科内利亚诺，普罗塞克酒就是当地的特色。在科内利亚诺，当店主把招牌装在户外，给公共人行道制造出一片阴影时，就得缴纳一笔特殊的税款。[61]

尽可能降低税收带来的额外负担，用专业术语来说就是让税收制度尽量有效率和尽量减少扭曲，是税收制度设计中的一个重要理念。正如本书第一篇所述，保证税收制度的公平也是关键所在。我们还看到了这些理想各自的要求，例如，效率特征要求对对税收反应较小的东西征收更重的税，纵向公平特征要求税负与支付能力挂钩。不过，此前对于效率和公平这两大要素的讨论是分别展开的，而我们真正需要的是在同时考虑二者的时候（现实中总是如此）该采取怎样的指导原则。

第 10 章
怎样给鹅拔毛

税收的艺术是指在给鹅拔毛的时候，既能收获最多的鹅毛，又能尽量减少它的嘶叫。

——让-巴普蒂斯特·柯尔贝尔[1]

如果你拥有一座煤矿，或身为武器制造商，那么至少对你的钱包而言，一战的爆发就是喜从天降。价格高涨将带来超出维持经营所需的最低水平的超额利润，也就是说，收获李嘉图定义的租金。但这种现象被人们盯上了，包括有儿子死在前线战壕里的民众，以及因开支大幅增加而急于筹款的政府。于是所有主要参战国（奥匈帝国、英国、法国、德国、意大利、俄国和美国）乃至其他许多国家都对此类租金征收“暴利税”[2]，且政策效果非常显著。战争结束时，通过此类税收筹集的资金占到美国联邦政府收入的四分之一[3]，以及英国中央政府收入的三分之一以上。[4]

此类税收的强大吸引力源于它们结合了两个特点。第一个有吸引力的特点是作为对租金的税收，它们从原则上讲不会导致扭曲。只要在没有税收的情况下生产武器能够获利，那么在有税收的情况下同样能够获利。因此，暴利税在本质上属于我们在第 4 章所讲的“一次性”税收，不会带来额外负担。一次性税收的关键并不在于对人们的行为没有影响，影响当然是有的：任何税收都会转走私人部门的资源，导致某些人在财务上受损，从而改变他们的行为。假如你在明天早上醒来，发现枕头边有一封政府留下的感谢信，表示他们已经从你的钱包里取走了100美元的税收，此时你将无可奈何。你只能少花点钱，或少存点钱，或多加点班，舍此之外恐怕就是发泄怒火了。这就是一次性税收的本质影响。

英国作家伍德豪斯（P. G. Wodehouse）在面临一大笔税款时，仍设法从中找出了某些积极的因素。他写道："从许多方面看，我对这一所得税事件的出现并不感到遗憾。之前的一切都十分轻松，以至于让我觉得有些无聊。现在我终于又可以摩拳擦掌开始努力写作了，因为我发现挣钱还真是个重要的事儿。"[5] 伍德豪斯面临的意外纳税通知正好反映了一次性税收的决定性特征：对于这笔收费，他怎么应对都无法改变。这笔税固然会让他的处境变糟糕——即便在精神上没有，在财务上也肯定有——并会给他的行为带来"收入效应"，可能促使他再多干些工作。然而此类效应是从他身上抽走税款之后无可逃避的后果，对任何税收来说都一样。一次性税收只会带来此类收入效应，额外负担则源自收入效应之外的附加效应。例如，假设伍德豪斯面临的不是已经缴纳的税单，而是对他未来的收入实施更高的税率，他或许会感到自己从写作中获得的收益将减少，此时就会产生税收的额外负担，例如表现为伯蒂·伍斯特、吉夫斯及他们的密友们*的笑话和恶作剧变少。这种情形之所以属于额外负担，是因为它导致了伍德豪斯在税收本身带来的收入效应之外的行为变化。这里的额外负担来自"替代效应"，由纳税人面对的价格或税后工资率的变化引起，这使税收不再属于一次性的。

暴利税的第二个有吸引力的特点是，它符合人们广泛赞同的税收公平与支付能力的观念。并非所有的一次性税收都能满足此类标准，例如，人头税也是一次性税收，却是出了名的不公平。但只要不破坏生产，有哪位爱国者会反对向战争暴利征税呢？

---

* 均为伍德豪斯的幽默小说《万能管家吉夫斯》中的人物。——译者注

类似的情形——既属于一次性税收又较为公平——在第 4 章介绍的针对社会地位的税收中也能看到：很少会改变行为，并且与潜在的支付能力有合理联系。我们还看到，所有这些税种都存在缺陷。毫无疑问，某些贵族其实比较穷，暴利税则容易被规避。但这两个例子部分展示了理想的税收制度在许多方面的样子：与个人的支付能力相称，并符合普遍的社会公平观念的一次性税收。这样的税收制度能够给柯尔贝尔提供鹅毛（税收收入），同时尽可能地减少嘶叫（额外负担或者不公平感）。

然而，建立这样的理想税收制度面临一个巨大障碍。它要求对每个人的支付能力找到某些可观察的指标，而且纳税人不能或不愿为应对税收而做出改变。对纳税人能够改变的任何东西征税，都会导致他们做出相应的改变（或在表面上做出改变），增加或减少工作，向外国移民，或者像第 9 章里的温多弗先生那样把炉灶封起来，从而导致额外负担。另外，至少目前还没有找到反映支付能力的完美指标，或许那种指标本来就不存在。因此本章将分析，在这样一个不完美的世界里，税收制度到底是什么样的以及可以被如何塑造，以便至少让我们接近税收研究的圣杯：无扭曲且较为公平的税收制度。

我们将首先探讨寻找较为公平的一次性税收的某些尝试，以及在某些时候激发的政治运动和博弈过程。然而，此类税收不太可能满足政府的全部财政需要。此外，税收的额外负担也是不可避免的，因此我们接下来将讨论税收引致浪费的真相以及如何限制这种浪费，以及由此可能导致的效率与公平之间的矛盾。

探寻税收领域的圣杯

寻找额外负担最小同时又公平的税基曾激起宗教般的狂热乃至对革命的恐惧。

再谈发战争财与公司税

到 1920 年，战争推动税务创新的观念已变得根深蒂固，暴利税也被盛赞为“本次战争期间在融资领域取得的唯一影响深远的发明”。[6] 这个说法并不对（美国佐治亚州在南北战争时期就实施过此类税收），却有一定的预见性，因为直至最近几年，我们才开始充分认识到它背后蕴含的全部启示。[7]

一战时期的暴利税采用了各种不同形式，而英国人也逐渐意识到美国采取的税收办法在技术上具有优越性。[8] 这种办法要求，投资资本获得的超过 8% 的全部回报都将被征税，它背后的理念是 8% 代表着投资者可以合理要求的最低回报水平。如此规定使暴利税的税基接近于李嘉图和马尔萨斯定义的租金。

暴利税在英国和美国都按照最高达 80% 的税率收取，我们已经知道，由此带来了数额巨大的财政收入。[9] 该税种的实施如此成功，以至于有人建议把暴利税延续到战后。不过，此类税收还是得以逐渐取消，它们在推出的时候即被明确说明属于暂时性措施，企业无疑也发现在和平时期更容易抵制，相比之下，战争时期的“逃税行为基本上会被当作叛国”。[10]1939 年早些时候，甚至在宣战之前，暴利税已经在法国、德国和英国重新出现。[11] 等到它完成历史使命后，人们对暴利税的记忆逐渐淡化，传统的公司税重新成为企业税种的主要部分。[12] 然而从 20 世纪 70 年代中期开始，越来越多的人看到了通行的公司税造成的扭曲。这是因为税收不仅针对租金，还包括股份融资的出资方要求的最低回报，从而给融资和投资决策带来了各种类型的扭曲。于是新的观点开始出现，认为这些扭曲或许能够被消除，可以用类似一次性税收的方式来筹集收入，把公司税转向对租金征税，另外保留对股东个人获得的股份回报（股息以及资本利得）征税的可能性。

对企业的租金征税要求允许扣除企业发生的全部成本。这很难做到，因为某些成本很难观察和核实，例如勤奋上进的业主和经理人的无报酬加班。但我们知道有什么办法能够得出大致的结果：以暴利税的逻辑为指导。

的确，有一种把标准的公司税转化成租金税的办法，同一战时期的暴利税颇为相似，那就是把企业股份的正常回报排除在公司税税基之外，在扣除利息之外，还允许企业抵扣公司股份投资的一个预设回报水平。此类税收——允许“公司股份收益抵扣”的公司税——从20世纪90年代以来在比利时、巴西、意大利等国开始试点，许多人认为它取得了成功。[13]

另外一种办法是给投资提供“现金流”待遇，它的意思是允许抵扣所有发生的投资成本（而非以折旧抵扣的形式逐渐减记），同时不再允许利息抵扣（如果两种抵扣都被允许等于对一项投资做了两次税收抵扣）。以这个办法，政府实际上会成为投资者的一位沉默合伙人。例如，我们假设税率为20%，那么在现金流税制下，通过直接抵扣（会减少企业的税负），政府事实上提供了20%的前期投资成本，但也会拿走投资在后来获得的回报的20%。[14] 政府作为沉默合伙人，在所有的成本和收入上都持有相同的份额，从而不会影响投资的吸引力，无论该份额是20%、80%或多少，都没有关系，税率只决定政府在租金中所占的份额。目前已有此类现金流税的某些实践。墨西哥曾尝试过。[15]2017年的美国税收改革使该国投资如今的税收待遇非常类似于现金流税，尽管因为债务利息依然可以抵扣，该制度仍不同于租金税。这给希望提供同等投资税收待遇吸引力的其他国家造成了压力，例如，促使加拿大在次年也采取了类似的措施。

很长时间以来，人们提出了针对自然资源（尤其是石油和天然气）的各种租金税的建议，并在某种程度上得以实施。[16] 在这些产业部门，大宗商品价格高涨时显然存在大量租金，政府也一直试图从中分一杯羹。另外毫无疑问，近期对租金有效课税的议题引发了人们的关注，部分原因还在于脸书、谷歌和其他一些高科技企业的巨额利润。

不过在一个关键的方面，相比数字时代的巨型跨国企业，对石油和天然气领域的租金征税更容易。油田和天然气田无法移动，它们产生的租金高度依赖于特定的地理区域。这就使得控制租金的企业难以（尽管远非不可能）随便转移到世界上税率最低的地区。但如果租金不是来自特定区域的地层下埋藏的油气，而是源于知识产权等要素，企业转移利润就会容易得多。如今大多数盈利丰厚、支配力强的跨国企业的商业模式正是以后者为核心的，它们的所有权随时可以调整到税收最优惠的区域。利润转移给跨国企业税收带来的问题将在本书第11章详细讨论，另外还有一个与地理位置有关的重要租金来源不容忽略，即土地。

给我土地，多多的土地[17]

在简要回顾税收史的过程中，我们已看到土地税在历朝历代的政府财政收入中一直是关键组成部分。其实，土地税的重要意义还不止于此。

土地的供给高度缺乏弹性，也是李嘉图和马尔萨斯用来阐述未来会出现大量经济租金的主要案例。[18] 延续李嘉图的思路，出现了对“未改良”土地的价值征税的强烈主张，所谓的未改良土地的价值意指当前对“土地的不可毁灭的原始功能”赋予的价值。[19] 这样的税收不受土地所有者的控制，故而不会带来额外负担。此外，由于地主的家境可能较为富裕（尤其是比较大的地主），这逐渐被视为一个重要的税基。约翰·斯图亚特·穆勒主张对土地价值中的“未来非劳动所得的增值”征税，因为这种增值在持续发生，无须业主的任何努力或投资，仅仅伴随着人口和财富的增长就会出现，所以应该用税收截取其中的很大一部分。[20] 今天的房产税通常是针对房产出租或出售带来的价值，与之相比，对未改良土地的价值征税不会打击人们改良和开发土地的激励，例如在土地上修建农舍、旅店等。对未改良土地的价值征税（即土地价值税）的理念非常有吸引力，赢得了近乎宗教狂热般的支持。[21]

美国经济学家和社会活动家亨利·乔治是该税种的倡导者之一，他从道德上非常反感土地增值带给地主们的好处，认为这些增值是来自其他人的努力（例如在附近修建铁路）以及政府的大量开支。乔治还进一步提出，征收土地价值税可以减轻对其他税种的依赖，于是他发起了“单一税制”运动。他在1879年出版的专著《进步与贫困》风靡一时，把经济学科的睿智同救世主式的情怀结合起来，宣称单一税制将带来“基督教精神的巅峰——在人世间创建一座碧玉砌墙、珍珠镶门的上帝之城”。[22] 用《经济学人》杂志的话来说，亨利·乔治“或许是历史上唯一一位把自身信念变成近乎邪教狂热的崇拜对象的税收理论家”。[23]

虽然乔治的大众号召力从未充分转化为选举的胜利，却仍为他在纽约市赢得了自亚伯拉罕·林肯之后最盛大的葬礼仪式。[24] 此外，他还获得了众多非同寻常的支持者，包括萧伯纳、列夫·托尔斯泰、孙中山等，据说孙中山在遇到某位“一手高举圣经，一手捧着《进步与贫困》的美国传教士”之后皈依了基督教。[25] 甚至对任何税收都不太支持的米尔顿·弗里德曼也勉强算得上乔治的粉丝，曾经表示“对未改良土地的价值征收财产税是最不坏的税收”。[26]

另一位不那么知名的信徒带来的影响或许更大，1906年，伊丽莎白·玛吉个人发布了一款棋盘游戏，以揭露土地所有权带来的不当利润之恶。这款“大地主游戏”是如今的“大富翁游戏”的前身（虽然对此存在争议）。[27] 这里顺便给此类游戏的爱好者提示一句，他们现在还能在易贝（eBay）平台上买到“困住国税局：避税游戏”，在这个游戏中，纳税最少的人将成为赢家。

乔治主义在早期取得过一些成功。新西兰于1878年推出了一项针对未改良土地的税收，但只维持了一年。[28] 亨利·乔治在澳大利亚的演讲之旅似乎也取得了某些效果：那里的几个地区（后来成为州）在19世纪90年代中期以前实施了这种税。我们还看到，英国首相劳

亨利·乔治的宣传画——依靠土地税在地球上创建上帝之城

合·乔治在 1909—1910 年的预算案中建议对土地价值中的非劳动所得的未来增值部分征税，但最终未被采纳。[29] 美国有几个州引入了“双轨税率”制度，对土地和建筑物执行不同的税率。[30] 孙中山则证明自己是一位有影响力的支持者，单一税制倡导者亨利·乔治的教导影响了其改革计划，后来台湾地区的改革延续了孙中山的主张。[31]

对于土地很少发生交易、缺乏有效的市场价格作为参考的情况，孙中山甚至提出了一个巧妙的纳税估值办法来补充乔治的税收主张。他的主意似乎借鉴了古代社会祭祀仪式上的做法，让地主自己申报作为纳税依据的土地价值，但附带规定政府可以选择按照这一申报价值买下土地。[32] 这种办法创造了如实申报土地价值的激励：申报价值过高，地主需要承担不必要的税负；申报价值过低，则可能让自己的土地被迫贱卖。事实上，1891 年之前的新西兰就确实推行过这一制度，王室有权以业主申报价值加 10%的溢价收购任何土地。[33] 孙中山的计划此后也在其他地方被采纳。1993 年，主要为了鼓励申报尚未登记的

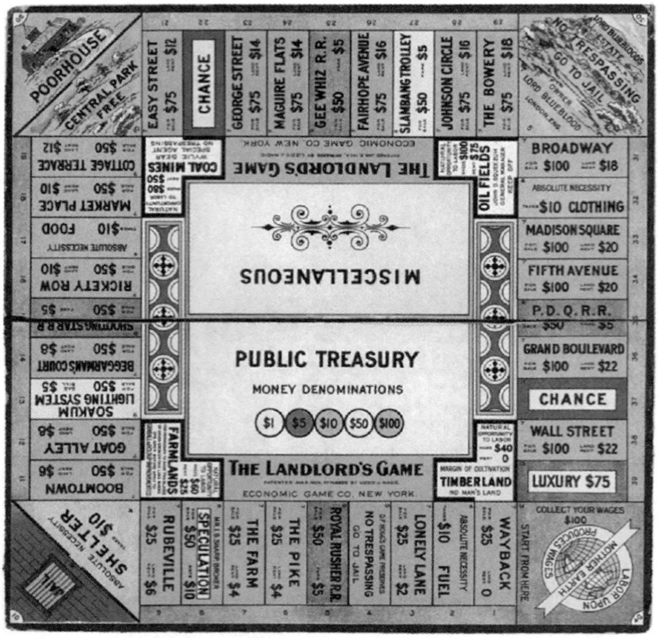

把经济理论做成桌面游戏

资料来源：Courtesy Thomas Forsyth，LandlordsGame。

土地，哥伦比亚的波哥大市推出了一项业主自我评估计划，政府可以选择以申报价值加25%的溢价强行收购土地。于是在1993—1994年，申报的土地数量翻了一番以上。

不过，我们并没有看到爆发土地税革命。到21世纪初，全世界仅有约25个国家对土地价值实施某种形式的差别税率，其他地方则将其废弃。[34] 在夏威夷，土地双轨税率在鼓励旅店和旅游景点发展方面做得或许过于成功，然后在2002年被终结。还有很多人宣称，音乐人乔尼·米歇尔（Joni Mitchell）的著名歌词“他们为天堂铺路，却建起了一座停车场”就是在夏威夷的威基基海滩度假时写下的。[35]

尽管如此，这一想法从未完全消失。[36] 一个关键挑战在于估值，未改良土地（比如在纽约市中心的位置）很少发生交易，于是没有现成的市场价格来直接评估土地不可毁灭的原始价值，这是非常现实的问题。另外还有概念上的争议，新西兰的早期定居者或许还能看到真正未改良的土地，但随着时间推移，我们已不太可能把土地从清理、排水、平整之类的基本改良结果中剥离出来。当然仍可能找到某些办法来合理评估土地的价值。[37] 事实上，目前看起来美国几乎所有评估机构都至少号称把土地与改良成果分开来评估，尽管它们被按照相同的税率征税。[38]

时至今日，恐怕亨利·乔治也很难相信能够用一种土地价值税来取代其他所有税种。例如，英国的房产税收入——其税基比土地价值税更宽，因为包括了改良部分的价值——需要放大几乎 10 倍，才能取代其他所有税种。[39] 但同时，这种税收的潜力仍不容小觑，而且还具有一种优势：随着某些税基在国际上变得更容易转移（本书第 11 章要探讨的主题），对位置固定的土地租金征税的吸引力正显得愈发突出。亨利·乔治的主张可能会迎来新生。

征用财产

一战结束时，欧洲各国政府尽管在暴利税上收获颇丰，却仍深陷债务泥潭。战胜国为取得战争胜利而大量借钱，战败国还要承担战争赔款。在英国，公共债务在 1922—1923 年达到国民收入的 186%。[40] 处理这一“可怕的战争纪念碑”的建议之一是征收财产税，即对现有财富的一次性税收。[41] 该税收的对象不限于租金，因为预期回报不超过最低要求的资产也具有正的价值。但它仍有一次性税收的性质，因为财富反映的是过去已经做出的决策，不能再对税收做出什么反应：没有什么比改变过去更加困难。[42] 因此，通过财产税来削减政府债务，相当于是用没有额外负担的、主要由富人阶层承担的一次性税收，来取代未来偿债所需要的效率更低的税收。

当然在那时的许多人看来，此类主张是纯粹的布尔什维克主义。尽管如此，财产税在 20 世纪 20 年代仍属于现实的政治议题。在英国，这类主张得到了一个奇怪联盟的支持，这个联盟由工党、财政部

（在初期）乃至温斯顿·丘吉尔组成。[43] 财产税在学术界的拥护者更是大名鼎鼎：庇古（以外部性研究而闻名）、熊彼特以及凯恩斯（在初期），他们都援引了李嘉图对于税收归宿的相关论述（在拿破仑战争之后债务高企的背景下）。不过，英国最终还是没有推行财产税，其他几个欧洲国家则采用了较温和版本的财产税。到二战之后，日本如法炮制并取得了更大成功。各个国家的实施经历并不都是非常令人愉快。[44]

财产税很少被采用或采用后经常令人失望的一个原因是，即便只是讨论这种税收的可能性也会提醒资本所有者，让他们有机会采取避税行动，包括把资产转移到海外、减少资产存量或者采取其他保护措施。由于存在避税的可能，这种税收就不再具有一次性税收的特性。只有出乎意料地宣布实施并立即生效——这在民主国家里很难想象，二战后的日本属于特殊情况——才能让财产税真正成为一次性税收。

还有一个原因使财产税的效果令人担忧，并带有更普遍的启示。如果某个国家的政府这次表现出了征收此类税收的意愿，它未来还会不会卷土重来？有位支持者总结说：该税种的倡导者再三强调其应急性特征，反对者则担忧这种税会一再重演。[45] 问题在于，无论政府如何承诺（乃至真心打算）坚持原则，但此类后顾性税收（backward-looking tax）在未来依然具有强烈的吸引力，所以关于不会再屈从于征税诱惑的承诺或许本来就不可信。假定如此，那么今天的行为就会受到未来征税的可能性的影响，于是再度产生额外负担。如果政府能够约束自己，未来不会再征类似的税，世界的福利状况确实可能得到改善。只是，没有哪个政府能有效约束其继任者。很不幸，各个政府能够做的，就是通过在今天屈从于征税诱惑，去打破在未来不屈从于征税诱惑的承诺。

这种“时间一致性”问题——承诺在未来不会做而到时候想要做的某些事情，此类承诺具有潜在合理性，本身却很难保证——对税收政策有着更为广泛的影响。它类似于我们在第 8 章讨论的（在个人层面而非政府层面的）缺乏自我控制力的问题，为实施矫正式税收提供了内部性理由。它也是纳税人切齿痛恨此类后顾性税收的一个原因：一旦政府屈从于诱惑，实施了纳税人在做决策时未曾预见的某项税收，以后就不会再度采用吗？它还是税收特赦——提出对过去逃税行动加以规范的优惠协议，并宣称这是最后一次特赦——具有重大风险的一个原因。如果政府在今天实施了特赦，那纳税人就不妨继续逃避税款，并期待还有下次特赦。对政府而言，唯一的解决方案只能是培育坚守税收承诺的声誉，要做到这一点殊为不易。

控制损失

如果政府能通过对租金征税，或者通过更广泛的一次性税收，或者通过对坏事征税来筹集所需的全部财政收入，并且都采用一个可接受的累进程度，那么税收史或许将变得简洁明了（同时枯燥乏味）。然而这显然做不到。某种程度的额外负担是难以避免的，例如第 9 章介绍的温多弗先生家里消失的炉灶，问题在于如何控制这些损失。连暴君也会注意这个问题，因为额外负担是一种对任何人都没有好处的纯浪费，并且最终会让某些人（例如某位感到不满的危险的市民）受损。幸运的是，我们有一些简单的指导原则可以限制尘世中的温多弗先生们的负担，另外也不要迷信某些箴言。

英格兰最聪明的人

剑桥大学国王学院院士弗兰克·拉姆齐（Frank Ramsey）是一位才华横溢的英国学者，他聪明绝顶，以至于有人曾经认真地讨论过他是否只花了一周时间学习德语，就能阅读康德的著作。遗憾的是，事实并非如此。[46] 他确实在还是本科生的时候就把维特根斯坦的书翻译成了英语，并因为纠正了某些“严重错误”而赢得作者的感谢。到 1930 年死于黄疸病的时候（年仅 26 岁），拉姆齐已经为哲学和数理逻辑（他的主要兴趣所在）做出了可以传世的贡献。在此期间他还撰写了两篇经济学论文，贡献了这门学科如今仍在使用的常见工具，尽管他本人视之为“浪费时间”（用他自己的标准来看或许的确如此）。其中在1927年发表的那篇论文为如何设计最优税收制度的严谨分析奠定了基础。[47]

拉姆齐的论文其实是回答庇古提出的一个问题，后者认为自己缺乏必要的数学工具。庇古的问题是：如果不考虑避税和征管的现实问题，政府在征集自己需要的财政收入时，应该如何对不同类型的产品和服务的消费征税（包括采用不同的税率，但暂不考虑所得税）以最小化税收带来的额外负担？

卓越的远见——弗兰克·拉姆齐于1925年在英国湖泊地区

资料来源：Photo courtesy of Stephen Burch。

对这个问题的解答可以从本书的第9章开始。通过比较温多弗先生与福克斯先生因炉灶税承受的额外负担，我们看到，课税对象对税收的反应越强烈，额外负担就越高。弗兰克·拉姆齐的论文用严格的推导证明了这一点，并得出我们今天熟知的“逆弹性法则”，意思是最小化额外负担要求对对税收反应较弱的课税对象实施较高的税率，具体来说，就是需求弹性或者供给弹性更接近于零的课税对象。我们还看到，不管税收反应是真实的（炉灶减少）还是假装的（在收税员来时遮蔽炉灶），都不会影响结论，这是半个世纪之后才得出的发现。[48] 最小化税收的额外负担，用专业术语来说就是追求“效率”或者尽量减少“扭曲”，要求对对税收反应较弱的税基实施较高的税率，通常的候选对象包括烟草制品、酒精饮品和燃料等，同时这还强化了第 8 章提到的以除弊兴利为名对这些物品征收重税的理由。当然之前也提到，这些物品的需求弹性并不像人们经常认为的那样低。

拉姆齐法则带来的一个启示是，我们可以非常确定地说，对于有良好替代品的东西征收重税是不明智的（除非对替代品也征收类似的重税），因为这些替代品的存在意味着价格弹性很高。[49] 也就是说，民众能够比较轻松地通过调整自己的活动来避税，导致你需要再度提高税率，去追赶缩小的税基。所以，对类似的东西应该按照类似的税率征税。

拉姆齐的数学推导还得出了一个教训：通常来说，对于民众在从事更多有偿劳动时消费更多的东西，最好实施较低的税率；或者反过来，对于俗称“闲暇的互补品”的东西，可以实施较高的税率。[50] 原因很简单，商品税会降低人们的购买力，使有偿劳动的回报下降，所以通常会导致民众减少工作。[51] 至少从理论上讲，缓和这种效应的一种办法就是对不同商品实施不同税率，奖励人们在努力工作时更看重的物品，而惩罚人们在闲暇时更看重的物品。[52] 例如，我们可以降低儿童看护服务的税率，而提高体育赛事门票的税率。

上述分析带给我们的一个普遍启示是，税收制度改革者要求对所有消费（或者所有收入类型）实施单一税收的标准主张，从原则上讲几乎都是错的。对某些特定物品实施特别高或特别低的税率，可以从效率角度找到充分的理由。当然麻烦在于，具体选择对哪些物品实施特殊税收待遇并非易事，这取决于它们的需求反应特性。如果我们在实践中对此仍难以确定，就没有信心去提供操作建议。[53]

所以，至少在我们的实证分析得到改进之前，理论上的真正难题（暂时不管实际操作问题）依旧是：如何在不完全了解需求反应的情况下，设计对各种产品和服务的税收。例如，假设我们需要征税来筹集财政收入，但对于各种应税商品的价格需求弹性一无所知，此时应该对它们统一实施较低的税率，还是用扔硬币的办法选出几种物品来课以重税，而对其他物品免税？显然有若干强大的现实因素支持采取统一税收的做法：多重税率要求划分类型，会导致前文提到过的各种博弈纠纷；一旦对某种物品的优惠税率做出让步，政策可能连续滑坡，给更多的优惠让步提供自圆其说的根据。此外，税收的额外负担的内在特征也提供了一个强大理由，表明统一税收往往是限制额外负担的合理做法。

拓宽税基，（或许还可以）降低税率

在本书第 9 章中，温多弗先生面对每个炉灶 2 先令的税收做出的反应是减少 1 个炉灶，然后我们估计他承受的额外负担约为 1 先令。根据是：我们确信他认为撤掉的炉灶不值 2 先令，但肯定比没有强，因此合理地推测为 1 先令。现在我们假设税率再提高 2 先令，达到每个炉灶 4 先令，由此导致温多弗先生再撤掉 1 个炉灶。那么根据同样的逻辑，他应该认为撤掉的 2 个炉灶的价值不及 4 先令（现在面临的税率），否则就会把炉灶留下来，但炉灶的价值肯定大于 0，否则他最初就不会建造炉灶。于是我们可以合理地推测：每个炉灶对他的价值约为 2 先令，损失 2 个炉灶带给他的额外负担则为 4 先令。

让人惊讶的是，税率翻番带来的额外负担不止翻了一番，而是翻了两番。这是一个非常重要的一般性结论：税率提高会造成额外负担的超比例增加。[54] 由此得出的广泛启示是：除了我们有把握适用逆弹性法则或闲暇的互补品法则的情形，降低额外负担的办法是对大量物品按低税率征税，而非对少数物品按高税率征税。

从上述发现可以得到税收设计中的一条金科玉律：宽税基，低税率。有一届即将卸任的美国政府为继任政府着想，将其刻在石头上，或至少说写在黑板上，并涂了蜡。[55] 这条原则确实包含许多真理和有用的成分，例如，它给我们在第 2 章主张的在时间维度上平滑税负的观点提供了可能的解释。当然，与其他说法一样，这条税收箴言也可能被过分夸大。

我们已经看到过一个可能是好主意的缩小税基的改革案例：允许预先设定的股份回报抵扣税收，从而把常见的企业所得税转化为租金税。由此改造的税收将不再具有扭曲性，尽管缩小了税基，却可以通过设定足够高的税率来筹集更多收入（在没有扭曲的情况下，税率提高不会影响基本经济活动）。这只是众多案例中的一个，提醒我们对于“因为税基很宽，可以实施极低税率，则某个税种必然有效率”之类的说法要保持高度警惕。

例如，相比采用零售税或者只对最终消费征收的增值税，对全部交易（包括企业与企业之间的交易）征收营业税可以筹集到同样数额的财政收入。然而对企业投入品征税通常来说是个坏主意，除非有某些特殊原因（如解决化石燃料使用带来的外部性等）。对企业投入品征税的缺陷在于，这样做不仅会扭曲最终消费品的构成，还可能导致生产中的浪费，因为它会鼓励企业采用在面临投入品税收时有商业价值但在不面临此类税收时没有商业价值的生产方式。企业可能采用免税的投入品来替代应税的投入品（比如放弃应税的印刷墙纸，转而在免税的素色墙纸上绘制图案），或者通过合并来减少一层应税的交易。[56] 生产商的此类反应意味着，由于它们做事的方式并不是原来状态下的自然选择，最终产品的价值将缩水（比如装饰精美的墙面减少），这就是人们所说的“生产效率损失”。鉴于损失的产出也有价值，采用这样的税收并不明智。

直至 20 世纪 70 年代，学者才对企业交易征税的不合理性给出规范的理论阐述，但政策制定者在很早之前就有了这方面的认知。[57] 窗户税法规就在没有最优税收论证的情况下做了正确选择，把工业和商业建筑排除在外，也对无人居住的房屋（例如乳品厂和食品储藏室等）免除了窗户税，这些豁免给征税带来了麻烦，例如当收税员来访时，有些房间会被装饰成商用或者空置的样子。[58] 采用企业投入品免税的原则总会遇到如何区分企业用品与个人用品的难题，但它依然是我们发现的最有用的税收原则之一。

糟糕的是，不是所有政策制定者对此都有良好的认知。奥地利在 1923 年实行的营业税针对特定的生产阶段，对每种商品只征收一次税，但税率的设计"通常反映商品的累计税负，等同于该商品在每个生产阶段都被征税"。换句话说，该税收有意识地模拟了营业税可能带来的损害效率的扭曲。这个例子引来了销售税领域中以客观冷峻著称的学者约翰·迪尤（John F. Due）的评论："对该税收的基本反对意见是，其依据的原理荒唐无比。"另外迪尤还认为，这个制度将是"税收怪诞博物馆的首选藏品之一"。现在我们知道，在几十年之后出版的本书正是这样一个博物馆。[59]

对企业投入品征税导致的普遍效率损失还让我们有理由怀疑，金融交易税——对所有金融交易征收的税率很低的税种——并不像听上去那么美好。该税种的拥护者兴高采烈地指出，金融交易的规模极其庞大，即使采用极低的税率也能创造巨额的财政收入。[60] 然而由于该税种是对类型广泛的中介交易征收，即便很低的税率仍可能带来严重的效率损失。例如，相对于某些交易带来的微薄利润而言，提议的税率其实也不是那么低。结果导致现实中的税收提案很快会把对极低税率也特别敏感的交易类型，如债券回购协议（证券的迅速卖出和回购），也排除在外。欧盟近年来的税收提案就遭遇了这种命运。而且总的来说，尽管此类税种的拥护者喜欢给它贴上"劫富济贫"的标签，却没有充分理由认为金融交易税的最终税负是由该产业的高薪员工承担，而不是落到为退休生活积蓄和打理资产的普通民众头上。[61]

税收制度设计的一个具体案例

假如最小化额外负担是需要解决的唯一问题，那么制定良好的税收政策并不困难。我们甚至无须担忧拉姆齐法则，对所有人一视同仁的人头税就能解决问题。假如公平是需要解决的唯一问题，那么制定良好的税收政策也非难事。我们可以采用第 5 章介绍过的埃奇沃思的方法，对一切事物全额征税，然后平均分享，即可实现人们所能想象的最平等的结果。可是当效率和公平均不容忽略的时候，税收设计就变成了难题。一旦我们试图把拉姆齐法则付诸实践，就需要在效率与公平之间保持恰当平衡。需求缺乏弹性的物品往往是维持体面生存的必需品，例如食品和住房。拉姆齐法则要求对它们实施较高的税率，这从效率的角度看虽然言之有理，却不符合公平的考虑。

不过，在税收设计如何平衡效率与公平的讨论中，最突出的争议还是所得税税率表的安排：累进的程度应该有多大？甚至累进性质本身是否合适？此处的累进是指，随着收入水平提高，面临的平均税率也总是更高，这点需要明确。不同时期和不同国家的做法千差万别。英国小皮特政府实施的所得税包含 28 种税率，但最高税率只有很温和的 10%。到一战结束时，美国执行的边际税率是从最低应税收入的 6%到最高档次的 77%；英国执行的边际税率则是从 11.3%到 52.5%。[62]1979 年，英国劳动所得面临的最高边际税率达到 83%，如今已降至 45%。所得税的累进程度在世界各国相差悬殊。[63] 俄罗斯和罗马尼亚等国采用单一税率，只有一种通常相当较低的边际所得税税率，往往适用于某个免征额以上的全部收入，因此从平均税率随着收入增长而提高的角度看，仍具有累进的性质，只是累进的程度较低。

所得税累进程度的差异大体上反映了影响各种税收制度公平性的道德价值观的区别与变化，而我们这些经济学家对于不同道德立场的正义性并无特别的研究心得。经济学家能够提供的帮助是弄清楚累进程度提高会带来多大的额外负担，即对人们在工作、收入和储蓄等方面的决策造成多大扭曲，并与所得税可能带来的分配收益进行权衡对比。多年以来，经济学家在这个领域的技艺日臻成熟，经常会借助政策制定者在几个世纪以来给税收制度留下的各种奇思妙想或异想天开，例如前文提到的18世纪的窗户税历史记录。另外，经济学家还越来越多地认识到此类扭曲给税收制度设计带来的有益启发。

在这些收获中，首先是认识到只关注人们所说的“个人所得税”是不够的。所得税制度的设计还需要考虑与个人收入有关的社会保障缴费和福利计划的设计及影响（例如劳动所得税抵免规定），以及消费税的纳税数额（与收入有着系统性的联系），等等。如果将以上这些因素都纳入分析，劳动所得的有效边际税率（收入增加1美元带来的更多税负）可能会变得非常高。例如，当个人所得税边际税率为30%，社保缴费率为15%，增值税税率为20%的时候，一个花掉自己全部收入的劳动者面临的有效边际税率将超过50%。

结合以上这些因素，并同时考虑额外负担和公平的目标，设计相应的所得税税率表将是极其复杂的数学难题，比弗兰克·拉姆齐求解的问题更伤脑筋，因为他只关注了额外负担而抽象掉了所得税的其他复杂影响。直至1971年，另一位来自英国剑桥大学的经济学家詹姆斯·莫里斯（James Mirrlees）才设法拓展了埃奇沃思的分析，以探索税收对获取收入的激励有何潜在负面影响。该成果是他在25年之后赢得诺贝尔经济学奖的主要贡献之一。不过，相比找到这个理论难题的解法，如何对它做出解释还要复杂得多。我们在这里将尽量做点尝试，想走捷径的读者也可以直接跳过以下几个段落。

设计所得税制度（具体是指与劳动所得相对应的应纳税款的税率表）的一条思路是，针对各个可能的收入水平，探讨在提高相应档位的边际税率，同时保持其他档位的税率不变时，会导致的两种效应的大小。[64] 边际税率提高带来的一种效应是：对初始收入刚好处于该水平的人来说，会打击其工作积极性，属于消极影响。另一种效应则是：会增加从所有收入更高者那里获得的税收（尽管这些人面临的最高边际税率没有改变，但下方档位的边际税率提高仍会导致他们面临的平均税率提高），这方面只属于收入效应，没有额外负担。从筹集更多财政收入的角度看，这属于正面影响。

提高边际税率带来的后一种正面影响，对于收入较低的人群来说尤其显著，因为他们的人数众多，而潜在税基更多集中在收入较高的人群。正面影响对穷人非常显著。最穷的群体并不需要缴纳很多税款，相反，他们可能接受大量补贴。较高的边际税率意味着随着收入增加，补贴会迅速减少，所以好处集中在收入最低的人群之中。

对于收入较高的人群来说，提高边际税率带来的影响将更为复杂。假设我们能够明确某个人是所有人中收入最高的，由于没有比他收入更高的纳税人，提高他面临的边际税率带来的就只有负面影响，没有正面影响。那么按照上述逻辑，对此人实施的边际税率就应该是零。这个结论非常让人吃惊，并且进一步意味着税收制度不应该在任何地方都是累进性的（根据上文对累进的定义）。[65] 它的基本逻辑并无瑕疵，但在现实中没有太大意义，因为即便我们能够预先找到这位收入最高者并知道他的收入是多少，也无法由此测算应该对收入次高者适用何种税率。更现实的办法是假设没有这样的收入最高者，或者说对人们可能获得多高的收入不设上限。此时，高边际税率带来的积极效应就能发挥作用，而且相当有力。从高收入人群那里筹集到更多财政收入，从而减轻低收入人群的税收负担，由此产生的正面公平效应可能压倒负面激励效应。

对于大多数工薪人群所在的中等收入区间来说，负面激励效应可能最普遍，因为可能影响到众多纳税人。对这个收入区间实行较低边际税率的理由可能特别充分。

把上述情形结合起来，我们得出的将是这样一种税收制度：给所有人都提供一笔基本收入，但对于较低收入区间实行较高的边际税率（部分表现为补贴逐级削减的形式），而对于中等收入区间实施较温和的边际税率。至于高收入区间的税率如何设计，则取决于收入分配状态和行为反应模式：这个区间的最优边际税率可能随收入而提高（像我们通常认为理所当然的那样），但也可能不是这样。最常见的观点或许是边际税率确实应该随收入而提高。[66] 假设如此，那么最优边际税率的整体安排可能是 U 形结构。另外，这样的安排还带来了一个非常现实的可能性：最优所得税不是处处累进的，也就是说在某些区间内，更高收入面临的平均税率可能更低，人们的常识在这方面并不完全适用。

至于以上分析应该如何转化为所得税设计中的具体数据，还取决于人们对税收激励的行为反应、收入能力的分布状况、社会对穷人和富人收入的相对价值的评估，以及政府除再分配外还需要多少税收收入等。针对此类议题，经济学家如今也能提供更多可行的建议。[67] 不过，要完整回答税收制度的累进程度应该有多大的问题，我们还得承认这里依然涉及众多尚待深入探讨的领域。例如，我们需要考虑同时采用商品税与所得税带来的潜在影响，关键的拉姆齐法则将依然适用，比如对工作的互补品应征收较低的税。[68] 其他悬而未决的议题还包括税收归宿：税收制度会如何影响税前收入（例如前文介绍过，劳动所得税抵免可能导致税前收入减少），以及观测收入中有多少其实来自租金（例如企业高管的过高薪酬），对这部分收入征税并不会造成任何额外负担。[69]

我们在这里讨论的主题，即最优税收理论，并没有提供直截了当的答案，但点出了关键所在，而且提醒人们小心那些似是而非的观点。最优税收理论还将越来越多地指导我们如何在特定条件下实现政策制定者预设的各种目标。

需要多少根羽毛？

在柯尔贝尔的比喻中，还有一个因素有待讨论。拉姆齐与莫里斯都试图探索：为筹集给定数额的税收收入，什么才是最好的办法？但他们没有考虑这个数额应该是多少。那么，政府应该筹集多少财政收入才好呢？负责拔鹅毛的人到底需要多少根羽毛？

出于某些原因，就税率而言（不见得是指政府在经济中的全部份额），10%这个数字带有历史光环。孔子曾把10%作为恰当的税率，成吉思汗在占领现在俄罗斯地区的原野时也只要求10%的赋税。[70] 英语中的“什一税”（tithe）这个词本身就是十分之一的意思，类似的还有西班牙语中的什一税（tenth）、威尼斯共和国的什一税（decima）、克伦威尔的什一税（decimation tax）以及法国在18世纪征收的什一税（dixième）等。小皮特在1799年推出的所得税的最高税率同样是10%。

当然，有人或许会期待经济学家拿出一些不那么主观臆断的看法。另外在发达国家的实践中，税率设定也相去遥远。丹麦和瑞典的税收收入接近甚至超过GDP的50%，而在美国，如此高的税率仍被广泛视为等同于布尔什维克主义——许多美国人很可能支持最高税率仅为13%的所得税制度，而斯大林在1943年设立的税制正是如此，它被沿用到苏联时代的多数时候，如今再度被俄罗斯采用。[71]

没有哪个国家是为了好玩才征税，除了我们在第8章介绍的打击不良行为的矫正式税收，征税都是为了给公共支出筹款。所以，决定政府必须征集多少收入的主导因素是支出的需要，至少从长期来看是如此，当然某些低收入国家还可能依靠国外援助。然而反方向的作用同样存在：在支出方面能够和应该取得的成就会受到税收制度的约束。例如我们在第9章谈到，对温多弗先生的炉灶征税获得了8先令的税收，但因为有额外负担，其真实社会成本并不止8先令，而是9先令。所以，要让这些税收真正物有所值，8先令的公共支出带来的社会价值（或者至少对查理一世及其政府而言的价值）需要超过9先令。这一逻辑听上去或许有些古怪。但如果政府认为，它们通过税收筹集到的每1元钱的价值都不如留在纳税人手里的1元钱的价值，那它们根本就不该开征任何税收。所以在其他条件相同的情况下，政府掌握的税收工具越有效率，给分配目标造成的危害越小，政府的规模就可能越大。

税收征集效率提高是否真的会导致政府规模扩大，这在实证中很难检验。预期公共支出较多的国家（例如为即将到来的战争投入军费）可能提前培养税收征集能力：招募更多的审计师，要求提供更多的信息报告，采购更先进的计算机等。于是更高效的征税能力可能先于税收收入增加而出现，但得出前者是因后者是果则属于错误的推论。

不过，增值税的历史经验为我们提供了某些分析线索。它是一项根本性的税收创新，在过去半个世纪从理论上的奇思妙想变成实践中的重要财政来源。特别是在许多欧洲国家，政府规模大致在同一时期出现了显著扩张。对于这种相关性有两种可能的解释。第一种解释是增值税的发明带来了筹集财政收入的更高效办法，使得这些国家的政府规模成长壮大，这正是反对美国引入增值税的人的担心所在。假定如此，我们应该看到增值税的扩大会伴随着对其他低效率税收收入的依赖减少。第二种解释是增值税是寻找有效满足政府支出增长需要的结果。假定如此，我们应该看到来自其他税种的政府收入同样在增加。结果表明，这两种效应在经合组织国家中都能找到支持证据，不过第一种可能性的证据稍强些，显示增值税确实成了一棵促使政府规模扩张的摇钱树。[72]

不那么明显但同样重要的一点是，人们还推测税收水平与经济增长之间是否存在某些联系，并由此给政府规模带来了约束。但结果表明，这两者之间不存在简单或普遍的联系。例如，富裕国家的长期增长率自19世纪后期以来就没有多大变化，而政府规模扩大了许多。此外，美国的长期增长率与比利时、丹麦和芬兰等国大致相当，它们在20世纪60年代早期的人均收入与税收差不多，但自此之后，后三个国家的税收占GDP的比例提高了10~15个百分点，甚至更多。税收与经济增长率之间不存在机制性的联系，这并不特别出人意料，因为尽管税收制度的某些方面可能对增长不利，会打击各种类型的私人经济活动，但由税收支持的某些公共支出（包括教育、基础设施建设等）却显然有利于增长。某些证据表明存在一个门槛效应，特别是在如今的发展中国家，只有当税收达到 GDP 的 15%之后，也就是支持政府基本职能良好运转所需的合理的最低水平，才会启动持续的经济增长。[73]

在漫长岁月中，人们发现了税收设计中的某些重要原则，部分来自直觉，更多源于近期的规范理论分析。不过，这些原则通常抽象掉了税收法规实际执行中遇到的各种问题，即贯穿各个时代的关键的税收征管事务。这些内容将是本书第四篇的主题。另外，我们探讨的原则也没有考虑税收效应跨境外溢带来的另外一些问题。此类议题是当前许多争议的焦点，也不乏各种荒诞表现。我们将在下一章展开讨论。

第11章 世界公民

股票投资者是真正的世界公民……他们可以随时抛弃让他们遭受无端调查的国家……转而投资能够更轻松地做生意与享受财富的其他国家的股票。

——亚当·斯密[1]

1962年10月，当全世界紧张关注着古巴导弹危机可能导致的核战争灾难时，另一场国际关系危机正在欧洲上演。这里的紧张局势随着封锁而加剧，它不是由强大的美国海军实施的封锁，而是来自六名浑身湿透的法国海关官员，他们正冒雨站在与摩纳哥这个独立小公国接壤的边境处。[2] 让法国人尤其是戴高乐总统感到恼火的不是摩纳哥那些光鲜亮丽的大楼和公寓中藏匿了弹道导弹，而是在当地没有实施任何所得税制度。

摩纳哥没有开征所得税，从而吸引了法国的国民和企业前去定居，或者假装去定居。这个小小的公国夹在法国与地中海之间，没有设置边境检查站，往来非常容易。让人难以想象的是，当时的财政大臣瓦莱里·吉斯卡尔·德斯坦（后来当选法国总统）用了一个晚上从摩纳哥的电话簿中随机挑选若干人名，然后打电话过去核查。他回忆说，自己联系到的人里有四分之三其实都身处巴黎。然后在1962年，由于阿尔及利亚独立，法国在当地的移民（俗称“黑脚人”）大量出走，其中较为富裕的群体喜欢把资金转移到摩纳哥，让问题变得更加严重。戴高乐大为光火，因为回归的法国移民中有些极端分子企图暗杀他，而他对这个群体本就缺乏好感。另外在美国影星格蕾丝·凯利与兰尼埃亲王结婚后，美国同摩纳哥的关系升温，令他更加心生厌烦。

边境封锁——更像克鲁索而非梅格雷的风格*

资料来源：Georges Lukomski—Archives du Palais de Monaco /Institut audiovisuel。

于是在1962年10月12日，海关官员被派往边境实施封锁。这一行动只持续了几个小时，边境拥堵则延续了更长时间。不管怎样，法国的态度是明确的。两国达成解决方案甚至比解除古巴导弹危机更劳心费时，不过到1963年5月协议还是达成了。协议规定居住在摩纳哥的法国公民仍需缴纳法国的所得税（除非他们到1962年10月已在摩纳哥居住了5年以上），总收入中超过四分之

* 克鲁索和梅格雷都是法国影视片中的知名侦探。——译者注

一来自摩纳哥之外的所有企业也需要在法国缴纳所得税。这样的规定一直延续至今。

法国与摩纳哥之间略显滑稽的冲突只是一个（罕见的对抗）例子，展示了亚当·斯密在250年前就发现的现象：当税基可以跨境移动时，它们（例如法国的国民和企业的收入）会转移到税率最低的地方。斯密没有预见但由1962年事件揭示的是：税基的转移会导致跨境溢出效应（与我们在第8章看到的外部性非常相似）和不公平感，并且成为政治冲突的源头。

此类事件是如今的新闻热点素材，富人阶层和大型跨国企业可以利用国际税收制度的漏洞来降低税负（包括合法与非法的行动），引发广泛的社会关注，并在政治议题中成为争论的焦点。全面追查税收方面的各种漏洞变得十分困难，如"巴拿马文件"、卢森堡泄密事件等例子所展示的，每个漏洞各有特点，但都让国际税收制度颜面无光。某些政客因为此类丑闻而辞职，如冰岛总理。某些企业遭到特别声讨（尽管知名公司被单独挑出来或许有失公允），例如人们了解到，明显赚到大钱的星巴克连锁店在十多年时间里为了减税一直在英国按亏损申报，由此引发社会抗议。受到公众与自身财政需求两方面的压力，发达国家的政府在最近数年中开始认真对待国际税收问题。它们或许不会再封锁边境，但G20成员方如今确实在经常讨论，需要对不遵守现有国际税收标准的司法辖区采取"防御性措施"。[3] 当然即便在其内部，G20各成员方对税收议题也存在争执。如本书第1章所述，这次是法国（及其他国家）扮演反派的角色，美国则威胁要对它们的数字服务税收议案采取报复性措施。

本章将探讨个人与企业在过去和今天如何利用各种机会实现跨境税负最小化，各国政府又如何做出回应，从中渔利，并在最近着手解决此类问题。

从米糕中挤出水来

聪明人利用国际税收规则为自己渔利，这是如今的热门话题，但在历史上并不算新鲜。今天仍在使用的许多基本技巧就是威斯蒂（Vesteys）食品王国的奠基者在一个世纪前发明的，他们对不缴税这件事引以为豪。

一战之初，威廉·威斯蒂与埃德蒙·威斯蒂创建了现代史上首批大型跨国企业之一威斯蒂食品公司。作为冷藏行业的先锋，他们在阿根廷、中国和俄国开展业务，把廉价的肉类输入全球大众市场。战争爆发时，他们已是百万富翁，到一战结束时更是掌控了向英国军队每天供应100万磅肉类的丰厚合同。战争还帮助他们启动了一系列创造性的税收财务规划，让英国国内税务局（现为税务海关总署）在几十年里深陷困惑与愤怒。有位税务官员宣称："要想从威斯蒂公司收税，就好比从米糕中挤出水一样费劲。"[4]

游戏始于1915年11月。随着战争进入血腥的相持阶段，以及或许完全凑巧开征的暴利税（见本书第10章），威斯蒂公司着手将业务转移到海外。它此前享受了如今所说的"延期纳税"规定的好处：只有当海外利润汇回英国的时候才需要缴税，于是可以直接采取不回款的方式无限期避免纳税。只是战争爆发后，英国政府转而采用对企业的海外利润即时征税的办法，并同时提高了所得税和遗产税的税率。接下来，作为早期的"反转"操作（把企业总部迁往海外）的典范，威斯蒂公司的业务以及兄弟俩中的至少一人转移到了阿根廷，那里是他们的业务中心并且不征收所得税，另外把集团利润转移到他们在美国的一家企业，那里依然采用延期纳税的方式。

不过在战后，威斯蒂兄弟试图返回英国。他们直接向首相劳合·乔治申请获得税收优待，但没有成功。后者依然给威廉·威斯蒂争取到了贵族爵位——这令国王乔治五世及其他人相当不悦，他们认为"让这样一个在战争时期为了避税把公司业务迁出祖国的人享受贵族称号，看不出有任何充分的理由”。[5] 可是，威斯蒂家族依然不肯轻易罢休，又去寻找其他的避税手段，然后在偶然间想到了使用信托基金的办法。

威斯蒂兄弟——尽量压低肉品价格和自身税负

信托工具可追溯到十字军东征时期，即将出征的骑士希望得到保证，让自己回家的时候不至于看到资产荡然无存。他们只能依赖负责照看其财产者的承诺，这种风险在几个世纪后又被一位名叫伍德豪斯的人遇到了：

> 一段时间之前，为欺骗所得税征收员，老派克把大量财富转移到……罗迪的账户里，以为罗迪……会在恰当的时候将其返还。我对罗迪说：“胆子大一点，把钱全部带上，发几封告别电报，然后跑到外国去。”[6]

信托工具发展起来，就是为了保护十字军骑士和老派克那样把自身财产交给他人管理的人。其本质是让财产所有权从委托人转移给受托人，而后者有义务按照委托人的具体要求来管理和使用这笔钱。按照威斯蒂兄弟在1921年建立的信托基金的规定，他们的业务被租赁给一家英国公司，后者则会每年支付固定数额的免税收益给一家信托基金（而非威斯蒂兄弟本人），该基金的受托人再将资金转移给威斯蒂兄弟拥有的一家控股公司。基金的受托人有权按照威斯蒂兄弟接受的任何条件发放贷款和预付款。这一系列安排听上去是否有些复杂呢？目的本就如此。

直至二战爆发后，英国国内税务局才认为自己有充足的信息和法律授权去质疑上述信托安排。但他们在上议院遭受了挫败，其中的部分理由是相关法律规定只针对“个人”，而被调查的信托基金则是由威斯蒂兄弟两人共同授权，如此牵强的诡辩让人不得不佩服。

通过这些安排，威斯蒂兄弟得以管理高度一体化的经营活动，让多家公司共同参与联系紧密的系列业务：他们拥有的大型牧场、食品加工厂、冷链运输船只、批发企业和零售肉店等。这种情形带来了跨国企业税收中最为核心且依然悬而未决的一道难题：对于威斯蒂食品公司这类跨越多个国家的企业，如果各国单独征税（现实情况就是如此），那么通过操纵“转移定价”（意指关联企业之间的内部交易价格）就可以将利润转移到跨国组合中税负最低的国家（或者逃离税负较高的国家）。牧场的税负很低？那就让你自己的其他企业用高价从牧场采购肉品。集团内部一家企业给另一家企业支付的价格高低，将完全取决于在税收方面有何影响。

针对此类问题，政府通常的解决办法是采用“公平定价”原则，意思是跨国企业内部的交易需要按照无关联企业之间开展的类似交易的价格来评估计税。只不过这种事情知易行难，例如威廉·威斯蒂曾在1919年对皇家所得税委员会做过如下的耐心解释：

> 在这种类型的业务中，你说不清在这个国家获得了多少利润，在那个国家又获得了多少。你屠宰了一头牲畜，然后把产品……卖到50个不同的国家。你不能随便说在英国挣了多少钱，

在海外又挣了多少。[7]

转移定价显然存在法律上的灰色地带，但有时候威斯蒂兄弟似乎越过了灰色地带。1934 年，已经开征所得税的阿根廷政府对于威斯蒂公司的肉类加工业的真实成本产生了兴趣（这可以帮助它们掌握该企业的实际盈利状况），然后在一艘准备开往伦敦的船只上，从鸟粪堆中若干标记为“腌制牛肉”的箱子里，他们找到了包含工资表、资产负债表和其他信息的大量文件。

这样的安排给长盛不衰的家族财富和避税传说奠定了基础。1978 年，有报道称威斯蒂集团拥有的杜赫斯特连锁肉店给超过 230 万英镑的营业收入仅缴了 10 英镑的税款。当英国女王于 1993 年宣布自己将缴纳所得税的时候，据说威斯蒂勋爵宣称：“那好吧，我成了最后一个还没缴税的人。”[8]

躲避税收风暴的天堂

威斯蒂家族及类似人群长期以来寻找国际税收制度漏洞的历史，也是许多国家与司法辖区长期以来想方设法为他们提供便利的历史。没错，这些地方就是世界各地的税收天堂。

在许多人的想象中，税收天堂是一幅蓝天白云、棕榈树、沙滩加上在日落时分饮酒作乐的画面。其实在不那么蓝天白云的欧洲北海周边，也有些发达国家同样提供非常优惠的税收待遇。尽管税收天堂这个词被人们广泛使用，关于它的确切定义却没有一致意见，有些人还认为它带有些贬义。[9] 因此，我们有理由慎用“天堂”的标签，决定在本书中采用“税收避难所”的说法，具体来说是指那些采用低税率甚至零税率，并帮助规避甚至偷逃其他地区税负的地方。

提供税收避难所功能的司法辖区从 19 世纪后期开始出现。[10]1862 年，瑞士的沃州制定了一项特殊税收规定，鼓励富裕的外国人来当地养老。其他早期先行者还包括美国的新泽西州和特拉华州，它们在19世纪80年代早期启动了“简易公司”的操作，允许任何人通过提交公司章程而组建公司，无须州议会的特别法案（以争取比其他州更低的特许经营费）来批准。一战后，由于税率在当时被提高至前所未有的水平，且各国广泛采用上一章介绍的财产税，税收避难所得到了更大发展。例如，1934年的《瑞士银行法》强化了银行的保密要求，把信息泄露的相关惩罚从民事责任提升到刑事责任。[11] 在营业税方面，卢森堡于1929年引入了一套控股公司制度，使持有股权的吸引力相比在英国和美国要强得多。[12] 这些现象促使美国财政部长摩根索在1937年提醒罗斯福总统：当心人们利用低税收辖区和隐瞒所有权等措施来逃避美国的税收。[13]

但直到二战之后，以及发达国家在20世纪70年代后期取消外汇管制之后，税收避难所才成为全球经济中的一支重要势力。每个这样的地方都有自己的故事和独特的税务安排。例如，巴哈马之所以出名，是因为在古巴革命后吸引了美国税收规划大佬迈耶·兰斯基（Meyer Lansky）的关注[14]；毛里求斯成为对印度投资的基地；香港则是进入中国内地的跳板。瑞士对外国富人继续散发着独有的魅力，特别是在查理·卓别林于1953年移居那里后，被人们熟知的“卓别林法”。它规定没有工作的外国人将按照其生活开支（通常仅限于支付的房租）来缴纳年度一次性税收，而不是执行标准的所得税。

并非所有税收避难所都能给你提供蓝色海岸、滑雪休闲的社交场所或者绚丽缤纷的夜生活。例如，美国的怀俄明州、特拉华州和南达科他州允许公司在注册时不披露所有者的真实身份，即便联邦政府前来调查，也必须首先证明涉事公司是空壳公司或者存在欺诈行为。奥巴马曾经强烈抨击开曼群岛的阿格兰屋，那座楼里注册了12 000多家公司，它“要么是全球最大的建筑物，要么是最大的税务骗局”。[15] 对此，开曼群岛金融服务管理局局长反驳说：他应该去看看美国特拉华州威尔明顿市北奥兰治街第1209号，那里注册了28.5万家独立企业。

开曼群岛的阿格兰屋（左）与特拉华州威尔明顿市北奥兰治街
第 1209 号——税收天堂未必都有棕榈树

资料来源：右图：DAVIDT8；Public Domain。

同样不属于热带天堂地带的荷兰，长期以来也有特殊的税收吸引力，那里是安排海外投资的关键中转站。沿着欧洲的北海之滨前行，还能看到一座名字有些绕口的德国小镇北腓特烈斯科格，它在多年之中一直没有征收地方营业税。[16] 于是，这座小镇成了德意志银行、汉莎航空及其他众多企业的税收避难所。为享受免税待遇，各家企业必须把注册记录、通信地址与核心业务活动放在北腓特烈斯科格小镇。当地的农民便因此通过出租阁楼、谷仓和畜舍赚取收入，本地人被聘用担任办公室经理，德意志电信公司还架设了更多电话线路，以应对激增的传真业务。所有这些行动在十多年的时间里导致了约 3 亿欧元的税收流失。不过好运没有持续下去，从 2004 年开始，法律要求德国所有城镇都必须以 9.1%的最低税率征收地方营业税。

所有税收避难所的共同之处不是棕榈树，而是规模。它们通常来说都很小，比如摩纳哥可以轻松装入纽约市的中央公园。[17] 原因显而易见，从机制上看小国家有着给国际流动的经济活动设置低税率的激励：由于国内经济活动少，降低税率不会让它们因此损失多少税收收入，却会从世界其他广大地区吸引大量税基流入。这样的税基流入不仅会带来（低税率的）公司税收入，还往往伴随着注册费之类的好处，以及旅游业、金融服务业、谷仓出租等各种附带收益。对那些自身经济没有太多亮点的司法辖区来说，此类收益非常有吸引力，于是它们便大力追求由当地身份衍生出来的各种收入。与发行受到收藏者追捧的邮票类似，税收避难所的出现也是本书第 3 章介绍的国家主权商业化的一个例子。[18]

还有个特点同样值得注意，成功的税收避难所在治理指数上往往表现不错。[19] 例如，其中许多地方是“大英帝国蜘蛛网”[20] 上的皇家属地或海外领地，它们最终能借助英国政府监督带来的信誉。投资者不仅想争取较低的税负，还需要确保合同得到执行，以便拿回自己的钱。提供这样的保证要求有严格遵守法治的声誉，与印刷少量的精美邮票相比，做到这点的挑战要大得多，当然最后带来的回报也会多得多。

税收避难所尽管通常规模很小，却给全球经济留下了深刻的印记。例如在 2018 年，卢森堡在全球外国直接投资中所占的份额高居世界第三位，占据首位的则是荷兰。[21] 毫无疑问，出现这种现象并不完全因为税收，然而小规模的低税收司法辖区显然产生了巨大的影响力。当然情况正在发生改变，各个大国目前正在推进某些从表面上看试图限制税收避难所作用的行动。本章稍后部分将对此展开讨论。

富豪不同于常人[22]

威斯蒂家族的故事表明，凭借一点创造性和更多胆量，纳税人长期以来找到了不少利用国际税收制度漏洞的办法。诸多税收避难所的兴起则显示，某些地方的政府很愿意为这些人效劳。此类行径引发的愤怒是可以理解的，但要解决其背后的根本问题，仅靠愤怒情绪还不够，我们必须弄清楚纳税人能够在各国之间玩什么把戏。威斯蒂家族给我们提供了某些例子，但还有大量内容有待发掘。

事实上，跨境避税的操纵手段可谓无穷无尽。甚至某些无生命物品（如飞机）也为了寻求低税负而四处转移。美国的某些州把飞机作为个人财产来征税，且以飞机在评估日期的具体停放地作为依据。理所当然，在评估日期临近时，我们会看到异常多的航班从征收此类税收的州飞往不征税的州。[23]

在各种利用跨境税收制度差异的手段中，我们接下来将重点介绍两大类核心策略，然后讨论可以采取何种政策应对措施，以及令人印象深刻的正在开展的行动。

他们不再住这里了

一种历史悠久的合法避税手段是住到某些税负较低、最好环境也不错的地方。人生多数时候深受税收问题困扰的作家伍德豪斯，或者说他聘请的会计师，就认识到了这点。伍德豪斯后来回忆说，“就算到了今天，我也不知道他是怎么操作的……我只看到他证明我们已有多年的非居民身份，而事实上得承认，我们刚离开英国三天”。[24] 到 1934 年，伍德豪斯实际上住在法国，不同寻常的是法国对境外产生的收入（如稿费）免税。在这场逃税行动中，伍德豪斯算得上所有做同类操作的富豪和名流的代表。

担心引发向外移民经常被作为限制对富人提高税率的理由。关于逃税，肯定有许多让人津津乐道的奇闻逸事。不过要做出合理的政策决定，我们还需要更系统的证据，以揭示典型富豪（假设存在这类代表人物）选择居住地的决策到底对税收制度有多敏感。少数几个流传深远的案例未必表明问题有多严重。例如研究发现，美国各州之间的税收制度差异会带来显著的行为反应，尤其是对退休人士，但力度并不太大。对于法国，也不容易找到具有重大影响的证据，只是法国的亿万富翁有大约三分之一住在比利时或瑞士，或者有大量资产登记在这两个国家。[25] 不过，某些人的移民机遇可能比其他人更多。按照这个思路，有一项研究考察了流动性极高的一个劳动力群体的就业决策：欧洲的职业足球运动员。结果发现他们的决策对税收的反应特别强烈，尤其是其中收入最高的那部分球员。[26] 这一现象的意义在于，足球明星或许属于典型的高技能职业人士，他们的工作很容易跨境转移。对此类世界公民而言，居住地选择对税收制度的敏感度可能真的很高。

除了降低税率以阻止向外移民，还有一种办法是制定法规，使移民并不能免除在母国的税负。例如在古希腊和古罗马，富人不仅要为自己居住城市的祭祀仪式出资，还得负担自己故乡城市的相应费用。[27] 罗马的戴克里先皇帝发现许多小农场主抛弃了自己的小块土地，且没有缴税，于是他下令，要求这些已经离开者继续承担自己拥有的土地的税负。[28] 美国在这方面几乎独树一帜，对国民的所有收入（无论他们居住在哪里）按照相同规则征税，只是给在国外缴纳的税款实施抵扣待遇。随着人们的流动性越来越高，这样的办法吸引了更多的关注：例如，以此来防止人们参加工作时在税率高的地方扣除养老金缴费，而在退休后到税率低的地方去享受养老金。按国籍征税的办法使美国人不容易变成逃税者，当然国籍也可以被放弃。[29] 选择这种操作的人中就有脸书公司的联合创始人爱德华多·萨维林（Eduardo Saverin），他变成了没有资本收益税的新加坡的永久居民。放弃美国国籍的人数在披露海外未申报资产的《海外账户税收合规法案》（FATCA）于 2014 年生效之前的两年里增至原来的 3 倍，这或许并非偶然。[30]

拒不申报

一种最简单的直接避税办法（在许多年里也是最安全的办法）是把银行存款和其他金融资产放在“离岸”的地方——基本上是指“境外”，通常是税率较低、容易隐藏财产的外国司法辖区，并且不向居住地的税务当局申报来自此类资产的任何收入。有个被广泛引用但存在争议的估计数据是，全球约 8% 的居民财富（近 6 万亿美元）是以离岸方式持有的，其中很多应该属于对税务当局隐瞒不报的。[31] 在某些海湾国家和拉丁美洲国家，这类资产可能达到 GDP 的 60%，即便在欧洲大陆也可能达到 GDP 的 15%。[32] 可以想象，离岸资产主要由富人阶层持有。据估计在斯堪的纳维亚国家，最富有的 0.01% 居民利用离岸账户逃避了约四分之一的应纳税额，不会受到随机审计的抽检，而这些国家还是以良好的依法纳税习惯而闻名的。[33] 由于很难获取准确的逃税数据，即便对这些估计报以十分谨慎的态度，其规模也相当巨大。

面对上述问题，显而易见的解决方案是，请求其他国家的税收当局收集本国居民在当地的收入和资产信息，同时作为回报，向对方提供自己境内其国民的相应信息。但同样显而易见的是，这样做并不符合许多大人物的利益，某些想从中渔利的司法辖区（和企业）也不愿意配合。因此直至最近，希望追踪本国居民离岸收入的税收当局经常无功而返。只有在达成相关国际协议，并找到逃税嫌疑的充分证据的情况下，才会要求对方分享此类信息。而接到要求的外国税务当局即使愿意配合，仍可能受阻于银行保密法规。

不过自全球金融危机爆发以来，这方面的形势发生了迅速的改变。保守地说，我们对离岸避税行为与金融危机之间有何联系还不太清楚。然而各国政府极度渴望增加财政收入，离岸避税行为由此成为一个在政治上很正确的打击目标，另外 G20 也随之积极行动起来。"自动信息交换机制"（AEOI）如今成为国际上的标准做法，意思是把本国的非居民银行存款、共同基金账户之类的信息（包括其价值及产生的收入等）作为惯例自动传递给他们居住国的税务当局。这一做法背后的理念是：不要给资产和收入留下任何藏身之地。

前文提到的美国《海外账户税收合规法案》是该领域的引领者，它要求大多数非美国银行和其他金融机构给国税局提供美国纳税人拥有的 5 万美元以上的所有账户的详细信息。[34] G20 在推动一个平行进程，由大名鼎鼎的"全球论坛"负责组织[35]，目标是让所有成员和司法辖区（目前超过 150 个）同意采纳自动信息交换机制。[36] 当前已有 100 多个国家开始实施此类自动信息交换。[37] 如人们预期的那样，这一成就的取得离不开强制因素。[38] 例如美国《海外账户税收合规法案》规定，拒不配合可能引来美国政府对本国金融机构发生的所有相关支付款项征收 30% 的预扣税。如果某个司法辖区未能达到全球论坛制定的标准，则可能遭遇他国的“防御性措施”的惩罚，虽然此类惩罚的具体内容还有待明确。[39]

上述措施似乎正在产生作用，承诺参与信息交换的司法辖区的银行账户开始受到影响。但同样明显的是，这些账户有很多随即转移到尚未承诺参与信息交换的地方。[40] 这里的困难在于，说服某些司法辖区提供此类信息，会使不参与信息交换地区的收益变得更大。[41] 另外这个安排也不是完美无缺。从海外税收当局那里获得数据是一回事，将此类信息跟国内纳税人实现有效的比对匹配是另一回事。[42] 某些发展中国家可能给其他国家提供了信息，但由于不能充分保证保密协议会得到遵守，而得不到对方的信息互换回馈。要判断上述措施能否带来税收收入的持续增加，还为时过早。[43] 另外没有多少迹象表明，各国政府已变得更有信心或者意愿提高对资本收入的税率，而不用担心金融财富会流失海外。当然这些还只是初步的尝试，今天已经取得的成绩在短短十年前从政治和技术上来讲还都是不可想象的。

虚假利润

威斯蒂家族采用的转移定价诡计只是一道不起眼的前菜，跨国公司的避税手段后来变得极其过分，乃至在英国触怒了部分情绪激动的星巴克消费者以及其他群体。关于跨国公司丑闻的报道（例如 2014 年的卢森堡泄密文件）助长了这种不满情绪，增强了要求政客采取行动的压力，最终把普华永道等专业服务企业定性为“把协助逃避税收当作主业”。[44] 许多受到公众抨击的跨国企业感觉需要做出回应。例如星巴克公司在遭遇抵制后，在社会的普遍鄙视之下，宣布将在之后两年里自愿给英国政府缴纳 2 000 万英镑税收。政策制定机构同样感到需要做些事情。如今人们普遍认为国际公司税制度破败不堪，需要修复。

如果是我，就不会从这里讲起

要理解现行的国际公司税制度以及该如何加以修复，第一步得认识到“国际公司税制度”并不存在。事实上，解决国际税收问题的是各国的法律加上大约 3 000 项双边税收协定，后者试图把各国的税收制度以较为合理的方式拼接起来，尤其是避免相同课税对象在不同司法辖区被重复征税。在所有这些协定和法律之下还有社会规范，它们是长期历史发展进程的产物——尽管不需要追溯到苏美尔文明那么久远。

国际合作方面的重大标志包括英国与瑞士的沃州于 1872 年达成的首份国际税收协定[45]，以处理在沃州离世的英国人被双重征收遗产税的事务[46]；还有 1899 年德国与奥匈帝国达成的首份所得税相关税收协定；以及国际联盟在 20 世纪 20 年代开展的工作，该联盟以四位知名经济学家的报告为基础，总结历史经验来制定税收规范。[47] 在此之后，捍卫国际税收标准的责任就落到联合国（尤其是经合组织）的肩上。不过我们今天的实践，包括所有税收协定的内容，并没有太多会让德意志帝国与奥匈帝国税收协定的设计者感到惊奇的东西。

把这段极其漫长的历史浓缩下来，现有国际税收制度的核心其实是两条规范。第一条规范就是我们已经在威斯蒂家族的案例中见到的公平定价原则：对跨国企业征税时，把收入分解到集团中的各个实体，再将它们都作为独立经营者来征税。于是每个司法辖区将首先对当地经营实体的“主动收入”（即与业务有关的收入）征税，接下来，母公司所在的司法辖区再决定是否也要征税，并且在征税时给予已经在他国缴纳的税收某些抵扣待遇。

第二条规范是，各司法辖区只能够对在当地注册、受当地管理或在当地有某些实际业务的实体的收入征税。例如，只是把美国的产品出口到德国，而没有在当地设立实体，那么德国就不能对这些产品销售带来的利润征税。

在德皇威廉二世与奥匈帝国皇帝弗朗茨·约瑟夫的时代，这两条规范或许能有效发挥作用，甚至能沿用到国际联盟时代。例如，公平定价原则可以确保独立公司实体在税收待遇方面与开展相同业务的跨国企业大致平等，我们在第 10 章曾谈到这普遍来说有益于促进生产效率。而在外国投资并不太常见的时候，要求存在实体机构是比较明显的标准，例如一家英国公司掌握着尼日利亚的铁路所有权的情形。可是到今天，这些规范的作用已经大打折扣。

先来看第一条规范：公平定价原则。我们已经知道，威斯蒂家族如何利用转移定价的办法，在集团内部把利润从面临较高税率的实体转移到面临较低税率的实体。实际上，改变集团内部的牛肉定价的效果也能够用其他很多方法来实现，其中之一是人为借贷。例如，把股权融资放到低税率司法辖区的某个实体（甚至是专门为此目的而创立的“现金牛”类型的实体），再让它给位于高税率司法辖区的实体提供借款。放出贷款的实体需要为自己获得的利息纳税，但税率较低，获得贷款的实体则能够在较高的税率环境下为支付的利息获得税收抵扣。因此总体而言，跨国企业减轻了在全球范围的税负，增加了税后利润。[48] 如果此类债务游戏让你感到乏味，那也可以用管理费或者专利、商标、商誉等无形资产的特许权使用费之类的办法，来达到同样的目的，而在无形资产成为经营活动的核心组成部分且很容易转移的当今世界，此等操作正变得愈发普遍。这就是星巴克公司在英国的红火业务几乎不用缴税的秘诀所在：它需要给位于荷兰的一家子公司支付商标特许权费和其他费用，需要给荷兰和瑞士的其他子公司付费购买和烤制咖啡豆，还需要从集团内部获得借款，等等。类似的案例不胜枚举。[49]

在跨国企业内部分解利润可能非常不易。我们不妨设想一下，某种新药在一个国家的研发实验室中被开发出来，在另一个国家获得专利权，从第三个国家取得融资，再安排到世界许多国家去生产和销售，此时该如何分解其收入来源？某些人或许觉得，即使面对此类复杂场景，多做点细致分析再加上些许天赋，即可有效适用公平定价原则。另一些人则认为，公平定价原则从本质上讲并没有什么意义，他们指出跨国公司之所以存在，恰恰是因为与彼此无关的企业相比，跨国企业能够用不同的方式开展经营，而且能把事情做得更好。所以，彼此无关的企业能接受的市场定价不仅是虚构的，而且纯属幻觉。

第二条规范，即需要在当地有某种形式的实体才可以被征税，在近年来也越来越成问题，越来越引发争议。原因在于，如今更有可能在并无多少实体的情况下在某个国家做生意，谷歌和脸书就是这方面的典型，虽然它们通过搜索服务或社交媒体平台收取了费用，却在许多国家没有实体，所以利润不是当地的课税对象。在许多普通人看来，此类互联网公司早已是自己日常生活中非常熟悉的供应商，他们会觉得：等一下，不应该是这个样子吧？然而在当前的税收法规下，的确如此。这种情形是否会持续下去，让我们拭目以待。目前的关键在于，避免在某个国家以实体形式存在已成为规避在当地纳税的一种手段，而且与过去相比，技术变革让此类操作变得容易了许多，涉及的资金规模也随之大增。

以上这些都属于跨国企业的最基础避税教程，它们还有很多其他办法来利用国际税收制度的这两条核心规范，以及借助其他漏洞来减轻自己的税收负担。直至 2017 年税收改革，美国的跨国企业仍可以像威斯蒂家族那样通过收益递延操作来避税，当时它们在海外实体中积累的收益已超过 2. 8 万亿美元。仅苹果公司一家避税（至少是延迟纳税）的利润额就超过 2 800 亿美元。另一种伎俩是利用各国的税收协定网络，在集团内部人为地安排付款路径，使整个流程的税负最小化，这被称作“税收协定滥用”。某些公司还利用各国税收法规的错配来避免在任何地方成为纳税居民。[50] 这些操作都变得极其复杂。我们在下图中展示了声名狼藉的“双份爱尔兰配一份荷兰的三明治式”

避税策略，该策略与谷歌的关系尤其紧密。[51] 与图中另一侧展示的希思·罗宾逊（Heath Robinson，英国漫画家）画的古怪装置相比，如此繁复的避税设计看上去一样荒唐可笑。[52]

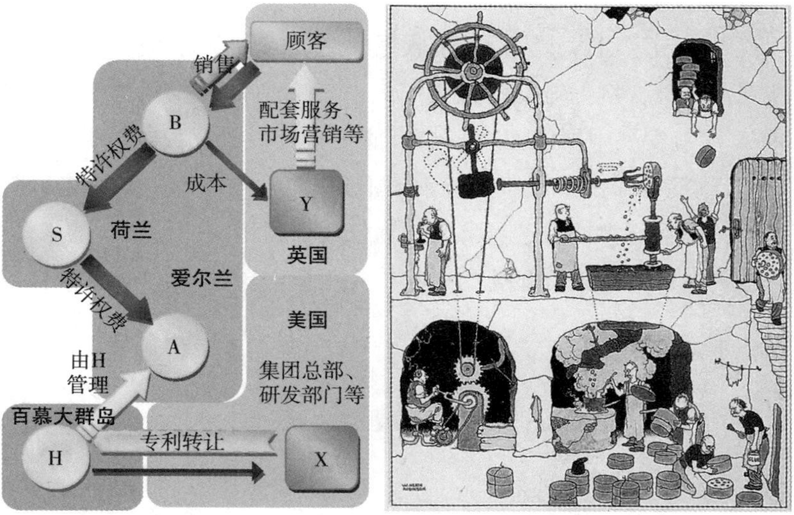

哪边是“双份爱尔兰配一份荷兰的三明治”，哪边是
“用格吕耶尔法复制格洛斯特奶酪”——避税策略的繁杂设计

资料来源：右图：William Heath Robinson, “Doubling Gloucester cheeses by the Gruyere method in an old Gloucester cheese works when cheese is scarce,” *The Sketch*, 15 May 1940; pen and wash, 390 x 295mm; with kind permission of the Heath Robinson Museum。

这些避税涉及的规模有多大？大量迹象显示，数额庞大的利润利用此类设计被转移到低税收司法辖区。有研究认为，美国企业 2012 年在低税收的百慕大群岛报告的利润额超过了在中国、法国、德国和日本报告的利润总和。[53] 单个案例涉及的金额可能极大，印度的一个案子涉及的税额就高达 26 亿美元。[54] 在过去几年兴起的一个研究领域，试图较为系统地量化分析跨国企业避税行为导致的税收损失。其中一项研究针对将近 50 个发达国家和新兴经济体，认为全球损失了 4%~10%的公司税，或者说每年 1 000 亿~2 400 亿美元。[55] 另一项研究覆盖了更多国家，认为经合组织国家每年的税收损失就有约 4 000

亿美元，其他国家的损失约为 2 000 亿美元。[56] 这些估计数字还存在较多争议，讨论具体国家所受影响的大小就更加困难。不过对于最受研究者关注、税收损失可能也较大的美国，损失额度的量级可能约为实际所征公司税收入的 15%~25%。[57]

就发达国家而言，人们对税收损失造成的后果的严重程度，可能存在观点分歧，例如对美国税收损失的较高估计额仅相当于 GDP 的 0.6%。但就发展中国家而言影响可能更大，税收损失或许超过 GDP 的 1%。这些国家的税收收入经常还不到 GDP 的 15%，其创收需求十分迫切，而且通常比发达经济体更为依赖公司税，能够增收的未开发资源也更少，所以如此显著的税收损失很值得重视。[58]

告别公平定价原则?

1961 年，美国总统约翰·肯尼迪就哀叹：

> 美国公司在海外建立起越来越多的企业，并精心策划其组织架构，加上母公司与分支机构之间在内部定价、专利授权费用、管理费之间的人为安排以及类似操作，尽可能增大它们在税收天堂的累积利润，从而大幅削减乃至完全消除它们在母国和其他国家的税负。[59]

然而，又过去了半个世纪，各国政府才针对跨国企业的避税行为采取重大行动。近期的政策措施的核心内容是 G20 与经合组织联合推进的“税基侵蚀与利润转移行动计划”（BEPS）。该计划在 2015 年达成了共同标准和期望，旨在解决税收协定滥用的问题，并鼓励各国采取严格限制利息支出的税收抵扣等措施。然而，税基侵蚀与利润转移行动计划并没有改变前文阐述的国际税收制度的规范，也从未将这些规范视作重点目标。即便最积极的支持者也只是把该计划作为一种“消防演习”。目前我们尚不清楚它实际取得了多大的成果，前文介绍的避税数据都是该计划实施前的情况。不过无论如何，火还没有熄灭，从根本上改变国际税收规范的议题如今正在引发严肃讨论，许多人会说，这一天总算到来了。

税基侵蚀与利润转移行动计划信奉的理念是“在创造价值的地方征税”。这是一条人们很难反驳的原则。另外对于在哪些地方没有创造价值，人们也比较容易达成共识。然而在 1923 年向国际联盟提交建议报告的四位经济学家就已经发现，把价值创造过程清晰分解并没有那么轻松：

> 美国加利福尼亚州的果树上结的橙子本身不能算既得财富，它们还需要被采摘下来，这也不够，还需要包装好，再运输到有市场需求的城市，并且放置到消费者可以享用的地方。[60]

与这种情形类似，从果实采摘到最后食用，生产过程的每个阶段都是价值链上的必要环节，很难找到唯一正确的办法把创造的全部价值分配给各个阶段。在涉及真金白银的时候，现实中的政策制定者尽管都认同理论上的原则，却会对价值创造的具体环节产生极大争执。很不幸，这一理念本质上非常空洞。

当我们思考如何对脸书或谷歌之类的公司征税时，上述痛苦现实就会展露无遗。它们属于企业能够在许多国家开展业务却不需要设立实体机构的典型。有些人认为，这种情况并不表明需要放弃国际税收制度中的第二条规范，因为在他们看来，这些企业创造的价值都是来自那些设计出基础算法以实现网络服务的人。另一些人则认为，前文提到的“不应该是这个样子”的反应包含某些合理成分，因为在他们看来，当你在谷歌网站上开展搜索，或者在脸书网站上发帖子的时候，你不仅是消费者，也正在做“用户贡献”，你提交的信息被网络公司采集并用于定向广告投放，因而参与了价值的创造。所以，你上网时所在的国家应该有权对这些公司的相关收入征税，等同于它们在当地设立了一间信息收集工厂的情形。还有一种理由能得出类似的结论。《经济学人》杂志已经把信息列为全世界最宝贵的资源，取代了石油的地位。[61] 这表明我们在税收议题上也可以参照石油来看待信息：将信息视为一种新型的潜在租金来源，对信息租金征税造成的效率损失最小。[62]

不过，这一征税权应该如何行使以及应税收入应该如何测算，目前尚未得出完整的答案。就短期而言，欧洲委员会与英国共同建议，首先可以对此类公司的广告收入征收“数字服务税”。法国则希望成为第一个付诸实践的国家。从信息与石油的类比看，可以将这样的税收视同如今在许多自然资源销售中经常收取的开采权费。但在最普遍的意义上，数字服务税可以被理解为尚待确立的基础利润税的过渡措施。而站在美国的立场看，所有这些行动都好像是发明一条原则，以掩盖赤裸裸的收益掠夺：因为在欧盟的建议下，可能遭到征税的很大一部分公司的总部在美国。[63] 由此出现了本书第 1 章就提到的国际税收关系中的紧张局势，以及美国发出的报复威胁。

尽管围绕数字巨头企业的税收争端非常引人注目，但事实上也只是上文讨论的现有国际税收制度的更广泛问题的一些表象，而非问题的实质。当前几乎所有活动和产品都在增加某些数字内容，例如电冰箱会把你的饮食和烹饪习惯的信息发送给生产商，很像我们之前谈到的用户贡献。这里的核心议题——包括测算使用某些无形资产要支付的恰当授权费——对于从事非数字业务的企业来说至少同样适用，例如销售咖啡。因此，对于税基侵蚀与利润转移行动计划实施后依然存在的问题还需要更基础的解决方案，G20 和经合组织也提出到 2021 年中期拿出更好的办法。至少可以认为，有几项深刻改变现行国际税收制度的建议在当前受到了充分的重视。[64]

某些建议与现行规范基本保持一致。有一种思路认为，其他国家应该追随美国在 2017 年《减税与就业法案》中制定的路线，其中涉及公司税的主要措施是把联邦税率从 35% 大幅削减至 21%，同时也改变了美国的国际税收规定，影响可能还更加深远。该法案中采用的英文缩略语也异常漂亮，例如其中的“GILTI”（与英文中有罪一词guilty接近）条款规定，超出基准回报率的海外利润如今需要在美国纳税，不得递延，但适用的税率为国内利润的一半。[65] 对设立在美国的母公司而言，这使它们把海外获得的高利润转移至低税率或零税率司法辖区的吸引力大减，因为最终无论如何都需要缴纳至少10.5%的联邦税。与此同时，针对美国国内利润收入的“BEAT”（有打击的含义）条款[66]，则限制了本地企业经常使用的通过抵扣某些支出把利润转移到海外的能力。[67] 其他国家在意识到上述两类措施的奥妙后，纷纷表现出如法炮制的兴趣。

不过，还有些建议对现行的两条国际税收规范提出了挑战。有的认为应该完全抛弃对跨国企业集团内部的实体单独征税的思路，转而采用某种测算公式，把跨国企业的全球利润分配到各个司法辖区，例如根据各个地方在该集团的全球销售额、资产状况、工资支出和就业人数中所占的份额等，有时被称作“公式分配法”。这样一来，跨国企业在集团内部到处转移利润的做法将失去意义，因为影响税负的只有集团的总利润。实际上，美国和加拿大的公司税在州或省层面的分配就是采用类似的做法，而公平定价方法在高度一体化的经济生活中难以适用。所以该建议的支持者认为，随着世界一体化程度的不断提升，公式分配法显然是未来的必由之路。[68] 类似方案已经在欧盟被正式提出。[69] 还有一种变形做法是剩余利润分配，即通过某种机制性规则来分配跨国企业利润中超出资产和业务最低回报的部分。这里的剩余利润概念大致相当于李嘉图当年所说的租金。[70]

另一些建议试图取消第二条规范，即以实体为基础征税，转而把部分征税权分配给做出用户贡献或者消费者所在的司法辖区。由消费者所在地征税的建议把税收因素引入“目的地国家”或“市场所在国家”，是对现行规范的更深刻背离：即便跨国公司在某个司法辖区没有实体，而只是发生销售行为，也将因此承担税负。这类理念的支持者逐渐增多。其支持者提出的一个理由是，用户贡献很难测算，而最终消费者所处的位置难以改变（例如，相对于某些专利权所在的国家的位置），按照最终销售发生的地方来征税就非常适合防止避税行为。基于上述理由，有些人呼吁采用（我们这里要介绍的最后一种解决方案）“基于目的地的现金流税”，只可惜其英文缩写 DBCFT 着实不堪。

基于目的地的现金流税在美国特朗普政府早期曾短暂成为热门建议，其本质是认为出口不应该被征税，进口应该作为课税对象（对企业可以抵扣），同时所有的投资应该立即抵扣。这一办法可以理解为增值税（它的税基也扣除出口价值，包含进口部分）与工资成本抵扣的简单结合。如果得到普遍采用，基于目的地的现金流税会有很多优点。与增值税类似，它不受利润转移的影响。例如在这两种税制下，出口都不征税，企业为进口支付的价格不纳入税基，因此操纵转移定价将失去意义。[71] 还有，基于目的地的现金流税对于在某个国家而非另一个国家开展生产并不带来税收优惠。[72] 最后一个关键是，这种税制对所有成本给予立即抵扣，即本书第 10 章介绍的现金流待遇，所以作用相当于租金税。[73] 许多经济学家因此很欣赏基于目的地的现金流税的理念，但它的时代尚未到来。

当然从技术和政治的角度看，以上这些建议也有各自的问题。例如，利用公式在各国之间分配利润要求各国之间史无前例地达成税收分享的共同规则，这点即便是欧盟也还没能做到。放弃以实体为基础的税收规范则需要对现行的全部跨国税收协定进行修订。当然，我们只是用很简洁的方式描述了各种改革建议，具体的制度设计完全可以做得比这里的介绍更加完善。

事实上，我们也看到了一些积极的迹象。2019 年，在国际税收规则经历了约一个世纪的缓慢演进之后，经合组织牵头组织的对包容性框架的讨论突然加快，表现出前所未有的推进速度和打破陈规的开放精神，并汇集了 135 个国家和地区。经合组织秘书处自身也建议普遍采用类似于上文介绍的剩余利润分配计划，针对最大型跨国企业的某些收入，把部分剩余利润分配到市场所在地。[74] 根据建议，这一行动从涉及的资金规模来看可能不算太大。[75] 另外它并不是要取代现行国际税收制度，而是作为补充，跟简化的方向相反。此外，这一建议或许不会得到实施，因为新冠疫情让本就艰难的国际谈判变得更加复杂。不过令人瞩目和鼓舞的是，经合组织曾是国际税收制度中两条核心规范的长期捍卫者，有时态度还较为粗暴，目前接受了这些规范可能已经过时的现实。

翻滚的税收游戏

在很大程度上，不属于税收避难所的各个国家的政府在国际税收领域属于自寻烦恼，或者说至少参与了共谋。某些跨国企业缴纳的税收太少，可能引来社会对它们的愤怒，但这些企业也完全可以认为自己只是在法律允许的最大范围内给股东谋取利益，正如克莱德勋爵鼓励的那样。归根到底，税收规则毕竟是各国政府制定的，而它们长期以来彼此激烈竞争，试图让自己国家的税收待遇比其他国家更具吸引力，当然能从中获利的个人也会鼓励它们这么做。此类“税收竞争”不仅导致对能跨境流动的物品普遍实施低税率，也创造出了上文提到的许多通过转移利润来捞取好处的机会。

税收避难所只是其中极端的案例。这样的游戏已延续了数个世纪之久，例如急于推动俄国工业发展的叶卡捷琳娜大帝在 1763 年下诏，对于“来到俄国兴建纺织厂，制造此前没有生产过的产品的外国人”，赋予“为期十年的此类产品的销售权和出口权，无须缴纳任何内陆通行费用、港口费用或边境海关费用”。[76] 据说，以改良蒸汽机而闻名于世的詹姆斯·瓦特就深受该法令的诱惑。[77] 试图在 1791 年建立实用制造业协会的亚历山大·汉密尔顿则主张实施十年期免税待遇，因为他相信制造商“为了摆脱在旧世界承受的负担和束缚……可能会成群结队地从欧洲搬迁至美国”。[78] 许多国家的政府在此后确实是这么操作的。有的除了税收优惠还提供直接补贴，例如普鲁士在18世纪50年代给参与西里西亚亚麻产业的移民免费提供织布机。[79] 我们甚至能找到许多更早的案例，例如在中世纪的威尼斯，玻璃和蕾丝制品的生产商等能获得两年期的免税优惠。[80]

游戏还在继续。自20世纪80年代中期以来，特别明显的是世界各国大幅下调了公司税的名义税率。发达经济体的税率中位数从1990年的大约38%下降至不足20%。看到这一问题之后，欧洲委员会在1992年收到的一份报告建议在欧盟内部执行30%的最低税率，这个数字在今天看起来可笑地不合时宜。[81] 美国联邦公司税税率大幅下调是2017年税收改革的核心内容之一，其实可以理解为对各国税率竞相下调的现实的迟来承认。然而，税收竞争不仅涉及名义税率，还可能包括各种类型的特殊优惠。比如，卢森堡泄密案暴露的显然就不是名义税率较低的问题，而是比利时、卢森堡与荷兰对转移定价安排之类事务的税收处理规定过于宽松。

这些对公司税税率的下行压力是非常现实的麻烦。从政府财政收入所受的直接影响看，普遍下调几个百分点的公司税税率带来的损失就超过跨国企业避税的总额。事实上，某些人甚至为公司税收入的这种萎缩叫好。他们认为这是“饿死野兽”的好办法，即减少了政府只会浪费的资源。他们还会提到，（有争议的）相关证据表明公司税比其他税种对增长和投资的损害更为严重。[82] 不过，为什么国际税收竞争的异想天开会是比正常财政规则更好的约束政府支出的方式，这背后的逻辑并不清晰。而且我们从第10章已经了解到，设计得当的公司税可能非常接近理想的没有扭曲的税种。此外，公司税税率下调还会带来下调个人所得税最高税率的压力，因为许多企业可以不采取公司这种组织形式，而选择合伙制等，然后以个人为基础来纳税。在如今这个社会不平等加剧引发政治紧张局势和全球化利益分享不够合理的时代，以上影响都不是什么好事。

国际税收竞争的核心是外部性问题，与我们在第8章讨论的内容很接近：每个国家都试图提供更优惠的税收待遇，以吸引投资或税基，却忽略了由此给其他国家造成的投资或税基损失。于是，所有国家的最终结果都比原来的更加糟糕。我们有理由相信，应该为此做些改变，但问题在于具体该怎么做？

正如欧洲在这些年来建议的那样，一个显而易见的解决方案是让所有国家达成共识：即使不能采用共同的公司税税率，也至少设定某个最低税率标准，任何地区都不能低于这个水平。关键之处在于，甚至那些需要提高税率的地区也可能从中获利。这是因为，税率原本就高于最低标准的其他地区将减轻对税收竞争的顾虑，于是倾向于提高税率，从而抵消被迫提高税率的原低税收地区可能遭受的投资和税基损失。非洲的一些区域集团目前已同意，将公司税税率设定为25%的最低水平。[83] 多年以来，这一理念似乎没有取得更大的进展。如今它可能获得了某些支持，包括上文提到的包容性框架也在考虑采用最低有效税率。[84] 实现办法要么是让跨国企业的母国在它们海外缴纳税款的基础上充分补征税款，以确保支付最低的纳税总额（有些类似于美国的GILTI条款），要么是让跨国企业产生收入的国家补征税款（有些类似于美国的BEAT条款）。当然，这两种办法的主要差异在于税款归属哪个国家，由此可能产生严重的分歧。另外，还会面临现实的技术困难。最低税率应该是多少这一关键问题仍悬而未决：可能应该在12%左右，但许多人会觉得太低。无论如何，这些改革建议将走向何方目前仍不清楚：或许在新冠疫情危机之后，各国充实财政收入的迫切需求有助于推动改革。当然我们面对的毕竟是个“美丽新世界”，传统上一直反对任何实质性国际税率合作的某些国家如今也愿意讨论设定全球最低税率标准的议题。

无论如何，除了最低税率标准，还有其他办法可以制止公司税竞争的恶化，甚至效果更好。其中之一是把目的地国家征税同基于目的地的现金流税的要素以清晰的方式结合起来。毕竟在增值税制度下很少发生税收竞争（因为最终消费者的位置基本是固定的），而大部分劳动力也是不跨境流动的（这方面的补贴是基于目的地的现金流税的另一部分内容）。出于同样的原因，这种办法不需要设定最低税率，各国可以完全忽略其他国家的做法，按照自己的需要设定税率即可。

税收竞争问题在公司税领域中表现得特别突出，但影响远不限于此。例如，各国不太愿意通过强有力的碳价格来应对气候危机的一个原因，就是担心如果其他国家不配合，这样做会让本国失去竞争优势。国际航运中使用燃料的历史经验就以极端方式揭示了这一点。[85]这些燃料占全球二氧化碳排放总量的3%左右并仍在增加，但它们不仅被排除在气候变化协定之外，甚至也不用承担通行的燃油税。为什么会这样？因为就像在1991年的美国加利福尼亚州看到的那样，当该州对远洋运输燃油征收销售税之后，如果某个港口试图对轮船加注的燃油征税，这些巨型船舶可以很轻松地调整航线，到其他港口去加油。于是在各港口的竞争中，税率被一路压低到零。为克服世界各国普遍不愿意单独采取有力措施来削减碳排放的现象——这虽然在远洋运输业特别突出，但其实普遍存在——有一种思路就是力争达成最低碳价格协议。[86]

如今，人员、货物和货币的跨境流动比过去任何时候都更让政策制定者关注。世界各国都小心翼翼地保护自己的税收权。当年摩纳哥大公兰尼埃三世认为，实施所得税将会“直接侵害我们国家主权的根基”。[87]然而纯粹的税收主权早已成为历史，是一个遥远的记忆，而且是基本错误的印象。今天的现实问题是各国应该如何汇集和行使它们依然掌握的集体主权。

* * *

本书第三篇主要讨论了税收设计与纳税人的问题：面对税收规则，他们会受到怎样的影响，会做何反应，这些反应又如何塑造合理的税收规则。不过，设计再精巧的税收规则也必须在现实中得到具体执行。因此，本书第四篇将重点探讨税收征管方面的议题。

第四篇

税收不会自动上缴

我跟（内地）税务局说了，因为住在海边，所以我一分钱也不欠他们。

——肯·多德（Ken Dodd，英国著名演员）[1]

第 12 章
穿刺大公弗拉德与优雅的征税艺术

我去税务局……站起身来，发誓要不停地撒谎，不停地行骗，不停地干坏事，直到我的灵魂被一层又一层的背信弃义覆盖，我的自尊被永远抛弃。但这又怎么样呢？这不就是全美国那几千个最高贵、最富有、最自豪、最受尊敬、受到最多褒奖和最被追捧的人每年都在做的事情吗？

——马克·吐温[1]

1459 年，布拉索夫市（在今天的罗马尼亚境内）的商人拒绝向瓦拉几亚大公缴纳税收。结果表明这是很糟糕的决定，因为大公将成为史书上记载的“穿刺大公弗拉德”。[2] 的确如此，弗拉德派兵攻击并焚烧了这座城市，刺穿了许多居民的身体。[3] 要确保税款征收上来，在很大程度上真的需要胡萝卜加大棒的办法，而且某些时候，大棒用得相当狠。

当然，税收征缴的基本问题在于民众不喜欢缴税。有时候他们会改变自己的行为方式以减轻税负，同时并不违反字面上的法律规定。这就是我们在第 9 章分析的避税现象。有时候他们干脆就不遵守纳税的法律规定，这属于逃税现象。避税和逃税之间的界限并不总是那么清晰，许多衣冠楚楚的税收顾问正是靠着测试这条界限而过上奢华的生活。避税与逃税之间的界限尽管不清晰却不容忽略，因为它“堪比监狱的围墙”。[4] 还有人认为这两者之间在道义上并无差别，于是主张采用“躲避税收”（tax dodging）或“非法流动”（illicit flows）的说法来一以概之，由此模糊它们在合法性方面的重要区别。无论如何，本章将聚焦于逃税问题以及政府采取的应对策略。

逃税是政府面临的最古老的税收挑战。公元前19世纪的一块苏美尔楔形文字陶板记录说，某位名叫普书肯的不走运商人因为接受走私货物而被投入监狱。公元前17世纪的一份古埃及纸莎草文件记录说，有位老人以低估价值把房产转移给他的几个儿子，试图逃避遗产税。[5] 后来留下的一幅墓室雕刻画则表明，逃税者这样做的后果是遭受鞭刑。政府如何确保税收得到有力征缴不仅关系到税收对经济和社会的实际影响，对政府自身的成就乃至生存也至关重要，这一点向来如此并将一如既往。

依靠鞭刑为法老征税

胡萝卜加大棒的比喻对我们思考逃税问题很有用：它与其他类型的赌博类似，例如投资高风险资产或者购买洪灾保险。[6] 这种观点认为，纳税人判断是否逃税以及在多大程度上逃税跟其他任何风险决策的情形大同小异：主要考虑预期收益（逃避的税负）是否超出预期损失（被抓住之后遭受的惩罚）。[7] 因此，强制执行就是更多地利用大棒而非胡萝卜，让逃税变成糟糕的赌博。我们将在本章看到，各国政府在数千年来采取的种种措施尽管有时显得滑稽甚至疯癫，背后的逻辑却没有多大改变。为解释这里的利害关系，我们将首先展示若干知名的税收“老赖”，并讨论逃税问题在现实中的严重程度，然后介绍历代政府尝试的各种解决办法。

关注税收缺口

有些逃税者被抓了，困难的地方在于找出那些还没有被抓的。

逃税流氓群像

层出不穷的高调逃税者让我们的历史变得精彩纷呈。美国著名黑帮首领阿尔·卡彭最终被送入恶魔岛监狱，不是以策划情人节大屠杀或其他什么罪名，而是他逃避了非法收入的所得税——精明的法律制定者总是力图确保非法收入也要像合法收入一样纳税。黑帮的律师同样精明，可惜还不够。卡彭的罪名得以成立，还因为美国最高法院在之前否决了被告方的如下主张：要求人们申报非法收入违背了不允许自证其罪的宪法保护。黑帮的律师继而提出，如果非法收入需要纳税，那么非法活动的费用也必然可以申请税收抵扣。霍姆斯法官对此回应称：“不妨等到哪位纳税人有胆量提起这方面的申请时，我们再考虑。”[8]

逃税对黑帮成员来说是一种生活方式，但还有其他许多出名的业余爱好者。政客就有乐于逃避自己制定和监督的税收法规的长期传统。例如，英国首相罗伯特·沃波尔曾同手下的海军大臣串通，从荷兰走私商品。[9] 理查德·尼克松的副总统斯皮罗·阿格纽面对所得税逃税指控未做抗辩，于 1973 年辞职。尼克松本人也遭遇了税收方面的麻烦，一位助理因为替他申请 57.6 万美元的欺诈税收抵扣而被判处4个月监禁。[10] 意大利前总理贝卢斯科尼则在2012年因为税收欺诈被判刑4年。[11]

对商务人士而言，逃税可以成为有效的资金来源，尤其是在艰难时期。英国企业家、维珍集团创始人理查德·布兰森在年轻时曾短暂入狱，罪名是虚假申报3万张唱片的出口（以此逃避其销售物品的购置税）。[12] 更一般地说，税收遵从度在经济衰退期往往会下降——尽管从实际效果看，可能对缓解衰退有积极的作用。当然，商人们并不总是拿艰难时期作为逃税的理由。纽约房地产大亨利昂娜·赫尔姆斯利（Leona Helmsley）在1992年被判税收欺诈，虚增260万美元的不合格业务费用，有报道称她讲出了一句名言：只有小人物才缴税。[13]

运动员对参与逃税运动同样充满激情。这场竞赛的失意者中包括美国棒球大联盟的传奇球星和教练皮特·罗斯，因为没有申报担任嘉宾和出版自传的收入，他被处以5万美元罚款，外加1 000小时社区服务。曾经世界排名第一的男子网球职业运动员鲍里斯·贝克尔由于声称居住在低税收的摩纳哥，而实际上安家在慕尼黑，被判决犯有“双重”（甚至多重）过错，补交了300万美元的税款和滞纳金。作为英国女王最喜欢的赛马师和9届德比赛事冠军，莱斯特·皮戈特在1987年因为超过300万英镑的税务欺诈被判处3年监禁，那次调查被公众戏称为“半人马行动”。当今许多声名显赫的足球运动员，包括梅西、罗纳尔多（俗称C罗）以及内马尔等，都跟各国税务当局发生过争执。甚至英国的板球运动员们也很没有风度地投资了若干合伙制企业，而被税务海关总署指控为滥用避税计划。[14]

接下来看看艺术家。作为埃文河畔斯特拉特福的谷物商与房产业主，莎士比亚显然就因为这些生意中的逃税而遇到过麻烦。[15] 摇滚明星更多是因对报税单不满，选择逃税，或更普遍地寻找避税方式，而非直接逃税。大卫·鲍伊甚至留下了一个以他自己命名的避税策略。[16] 然而在法律界限的另一头，威利·纳尔逊无疑尝到了忧郁的味道，他被指控参与虚假避税，受到 1 600 万美元的补税和罚款惩处，大部分资产于 1990 年被扣押。朱迪·加兰在 1964 年被发现偷逃了纽约州 400 万美元的税款，没能够靠她的红宝石拖鞋（电影《绿野仙踪》里的神奇宝物）脱身。中国知名女演员范冰冰则在 2018 年因为偷逃税被追缴和罚款超 8 亿元，并公开对自己所犯的错误表达羞愧和悔恨。[17]

有时候，某些极具创意的逃税计划来自不那么知名的人物。例如当让娜·卡尔芒于 1997 年在法国阿尔勒市去世时，媒体广泛报道说她是全世界最长寿的人。然而到 2018 年，两位研究者宣布在 1997 年去世的那位女性其实是让娜的女儿，她从 1934 年以来就一直冒充母亲的身份，以避免缴纳遗产税。[18] 如果说这种情况听上去还非常稀罕，那么本书的作者之一曾发现，当人们得知房产税率会提高（或降低）的时候，某些人的死亡报告时间会被提前（或推迟），该研究成果获得了另类诺贝尔奖。[19] 另一个没那么毛骨悚然而纯属厚颜无耻的例子来自德国的罗斯托克市，有人为了逃避德国的养犬税，宣称自己的西班牙水犬是一只（无须缴税的）绵羊。等兽医确认这只狗的身份之后，主人受到了罚款，可能还要面临诉讼。[20]

以上故事告诉我们，那些有权、有钱和有名望的人有时候会撒谎与行骗，这并不出人意料，聪明的小人物同样如此。当他们被抓获的时候，社会上的其他人有理由感到开心。不过，这些故事没有揭示逃税行为到底有多普遍。

已知的未知

这个问题相当棘手。假如逃税比较容易测算，那也就容易被发现和惩处，从而不太会发生。

大多数国家对于逃税的具体规模都不太清楚，这着实令人惊讶。美国投入了巨大资源去测算“税收缺口”，即本应该缴纳但事实上没有按时自愿缴纳的税收金额，或许是对逃税的规模和构成最有把握的评估。[21] 美国税务局对 2011—2013 年的最新估计表明，应该收到的联邦税中有大约六分之一没有缴纳，这个数字相当大。[22] 如今更多国家正在采取严肃措施来测算各自的税收缺口。例如，英国测算的个人所得税缺口在 2016—2017 年略高于 4%[23]，丹麦则在 3% 左右。[24] 很自然，发展中国家的税收缺口普遍来说比发达国家更大。例如欧盟的增值税缺口的中位数约为 10%，而非洲的乌干达接近 50%。[25]

此类研究还注意到一种不同于单纯欠缴税款的不合规表现：纳税人通过获取原本没有资格享受的税收抵扣和退还来进行欺诈。精明的罪犯们（据传闻，甚至包括某些资金拮据的国家情报机构）设计出极为巧妙的计划，获得了从未缴纳的税款的退税。例如欧盟出现了名为“消失的贸易商”（MTIC）之类的欺诈[26]，估计每年让成员国损失约 6 000 万欧元。[27] 在巅峰时期，此类欺诈带来的损失可能占英国增值税缺口的四分之一左右。这个数字当然不小，但也意味着增值税缺口中还有更多的重大漏洞。大规模犯罪欺诈虽然比小规模日常操作更容易登上媒体头条，但至少从金额上看，它们的问题却未必更为严重。

除了造成财政收入损失，逃税还会破坏社会对税收制度之公平与完整的信任。如果人们认为其他人在逃税，自己也就更愿意效仿，这既是因为逃税已然成为某种社会风气，也由于逃税的普遍存在表明被抓获的可能性较低。不过即便暂不考虑对制度公平感造成的破坏，只从收入损失的角度看，逃税问题在任何地方也始终不容忽视。逃税是一种精心策划的赌博，这种观点暗示了我们该如何约束它：提高被抓获的概率，增大被抓获之后的惩罚力度（大棒），同时给依法纳税的良好表现提供某些激励（胡萝卜）。

很多大棒，加上一两根胡萝卜

穿刺大公弗拉德远不是唯一采用极端暴力手段来催缴税收的统治

者。在法国的旧政权时期，对贩运私盐的惩罚包括用车轮碾死。1898年，有人指责德国在非洲乞力马扎罗地区的殖民当局处死了约 2 000 名抗税者。[28] 中国直至 2011 年才取消对税收欺诈犯罪的死刑惩罚规定*。[29] 历史上的惩罚行动五花八门。在莫卧儿王朝时期的印度，孟加拉地区的长官逼迫欠税者“穿上皮革长裤，再往里面塞好几只活猫”。[30] 对抗税者威廉·泰尔的处罚同样古怪（当然可能只是传说）[31]：1273 年，奥地利哈布斯堡王朝拒绝承认施维茨和乌里地区独立，于是包括泰尔在内的当地民众拒绝纳税。作为惩罚，泰尔被迫用箭射击他儿子头上顶着的苹果。

如今，顽固的纳税人不太需要像泰尔那样展示百步穿杨的神技，而更多是以补税、罚款和罚息的方式被迫支付罚金。不过，非货币形式的惩罚依然存在。对中世纪的宗教税收欠缴，最高惩罚是驱逐出教。[32] 其现代方式则是吊销驾照乃至护照等“附带欠税惩罚”，例如在美国，自 2015 年起对于“严重拖欠税款”的人就可以适用。今天对税收犯罪的终极惩罚往往是监禁，当然实际上获刑的人数比人们的普遍印象要少：美国每年约 2 000 人，英国仅有约 200 人。[33] 其中偶尔会包含一些富豪和名人，由此给民众传递出明确信号：税务当局既没有失去爪牙，也不会蒙头大睡。[34]

用来奖励依法纳税良好表现的胡萝卜的类型比大棒稀奇得多。这方面的建议包括给依法纳税者更快铺设电话线、减少公共交通收费、提供免费参观博物馆和参与文化活动的待遇，以及给企业颁发特别执照[35]，乃至给模范纳税户提供税率下调优待等。[36] 某些国家的政府已经把上述建议付诸实践。例如巴基斯坦给四类纳税人中每个类型的缴税冠军授予“纳税人特权及荣誉卡”，获奖人将受邀出席总理主持的

* 2011 年 2 月 25 日第十一届全国人大常委会第十九次会议表决通过刑法修正案（八），取消 13 个经济性非暴力犯罪的死刑，其中包括虚开增值税专用发票、用于骗取出口退税、抵扣税款发票罪，伪造、出售伪造的增值税专用发票罪等。——编者注

仪式，在巴基斯坦共和国日参加国宴，还可以得到免费护照等其他一些好处。然而，用这些方式来奖励纳税人的一个麻烦在于，它是以纳税规模作为评判好坏的依据，最终很可能表彰国内某些富豪，而这批人的税收遵从度未必那么好。更好的办法应该是奖励那些最按规矩办事的人，即使他们的纳税额并不多。在这一精神指引下，阿根廷的一个市政府随机选出了400位如实缴纳房产税的人，予以公开表彰，并修缮了获奖者家门口的人行道。20世纪50年代，有报道称日本政府非常认可居民按时如实缴税的市镇的努力，会邀请当地官员出席表彰仪式，有时还会请天皇莅临现场来接见优秀官员。

在严惩与奖励之间，税务当局在多个世纪以来发展出了若干强有力的高效税收征管的行动原则。

先拿到钱

本书第4章介绍过，英格兰亨利八世在1512年推出的社会阶层税并不新鲜，但其中包含的一个创举却成为标志性事件。课税对象包括仆人，甚至收入最低的人群。不过，这些人并不是自己缴税，而是让他们的雇主代缴，从各自的工资中扣除相应的税额。[37] 这就是我们今天知道的一条税收征管基本原则的最古老案例：当情况允许时，在最终收款人有机会藏匿、开销或怎么样弄丢资金之前，从较为可靠的源头那里先把税款收过来。这种“代扣代缴”成为所有高效税收制度的一个基本要素，如今被广泛应用于各种场合。

劳动所得税代扣代缴是人们最熟悉的上述原则的应用案例。我们会不经意地谈起所得税是对雇员收取的，但大家都很清楚，直接给税务当局付款的人是雇主。如此操作有两项优势。一是从发工资的雇主或各种企业那里收税的效率要高得多，因为代扣代缴可以成为工资发放流程的一部分。二是如果遇到不服从的情况，税务当局更容易追查数量有限的雇主，而无须寻找每个逃税的雇员。

代扣代缴制度对个人所得税的兴起关系重大。我们在第5章已看到，正是因为引入了对股息、租金与政府证券收入的代扣代缴制度（1806年），英国在1803年推行的所得税才取得了成功，效果远远胜过小皮特在1799年的类似行动。系统性的雇主代扣税制度则要很晚才出现，得等到二战。1939年之前，英国的雇员每6个月直接上缴一次税收。这种安排难以应付战争财政需求。于是在1944年，政府推出了如今我们所说的“现收现缴”制度（Pay As You Earn），结果取得了巨大成功。不过遗憾的是，该制度的一位主要倡导者——丘吉尔首相的财政大臣金斯利·伍德（Kingsley Wood）——在议案提交议会的当天去世，未能亲眼见证这段历史。

在美国，代扣代缴制度从第一笔所得税就开始了。到1865年，代扣税占政府税收的比例已接近40%。[38]1913年重新实施的所得税法案包含了广泛的代扣税规定，但结果很不受欢迎，此规定于1917年被废除。当然，一时受挫不会让山姆大叔就此罢休。20世纪30年代引入的社会保障制度仍旧依靠代扣代缴的工薪税作为资金来源。与英国一样，美国的雇主在二战中开始对工薪收入实施所得税代扣，于1943年取代了之前在次年3月15日（而不是在4月）之前缴税的制度。[39,40]这里需要补充两句，缴税截止日期并非完全无关痛痒。例如在美国，所得税申报截止日期伴随着致命汽车事故风险的增加（可能源自人们的紧张情绪），其程度堪比星期日超级碗比赛造成的事故增加。[41]

代扣税制度让所得税的大规模增长变成了现实，却也成为它的美国主要设计者之一的遗憾所在。诺贝尔经济学奖得主、小政府倡导者米尔顿·弗里德曼目睹了自己的研究成果被付诸实践。然而，弗里德曼后来哀叹说：“我从来没有想到自己帮助开发了这样一部机器，让我严厉批评的规模过大、侵扰过度、严重破坏自由的政府能够变成现实。”[42]

代扣税主导制度以及大量所得税收入的兴起还得感谢大型现代企业的诞生。因为归根到底，雇主及其员工如果串通起来，悄悄发放工资，把原本应该缴纳的税款在他们中间分掉，你能有什么办法呢？这

Daily Mirror

INCOME TAX 8/6: OFF BEFORE YOU GET WAGES

INCOME TAX WILL BE INCREASED FROM 7s. 6d. IN THE £ TO 8s. 6d. THIS YEAR — DEDUCTION OF TAX FROM SALARIES AND WAGES TO BE MADE COMPULSORY—ANNOUNCED THE CHANCELLOR OF THE EXCHEQUER, SIR KINGSLEY WOOD, IN PARLIAMENT YESTERDAY.

CHATTERBUG SENTENCES TO BE REVIEWED

ALL COUNCIL HOME GUARDS

BULGARIANS FOR BERLIN

STATES TAKE OVER LAND

Up to £639,000,000

Tax on Books

Beer, Tobacco

Two Rates

Raid Berlin? Winston Won't Be Drawn

FLEET AIR ARM SINK WARSHIP

£2,500 SENT TO YOUNG MEN ACCUSED OF PRETENCES

'TRAITOROUS' REMARK LED TO HIS DEATH

所得税代扣——钱包变瘪了

资料来源：Mary Evans Picture Library Ltd。

样做的危险在于，税收稽查员可能上门调查。大企业要隐藏自己的经营行动比较困难，不仅在实体经营上如此，在营销活动等方面也一样。另外，员工人数越多，企业税收违规现象被举报的风险越大，有些员工可能因为诚实守法而举报，也有些员工可能想借此获得税务当局的奖励。[43]

目前，让雇主代扣代缴劳动所得税已经成为惯例，当然具体方式在各国之间仍有很大差异。在经合组织国家中，只有瑞士没有采取这种做法，法国则是从2019年才开始执行。[44]大约一半的经合组织国家采用了类似英国的制度，在年终重新核算全年的总税收，以确保代扣数额准确无误，大多数劳动者无须再做纳税申报。美国的情况则不然，雇主代扣的结果是大多数劳动者在税收申报后还会获得退税。这种安排提供了报税的激励，有助于美国国税局保留潜在纳税人的记录，另外或许也能略微改善国税局不受欢迎的公众形象。代扣数额过多相当于纳税人给政府提供了无息贷款，但许多美国人明显喜欢在每年 5 月份收到政府的退税，或许是因为如果不这样安排，他们自己很难把那笔钱积攒下来，从而使这种制度变成了受大家欢迎的强制储蓄方式。[45]

代扣代缴原则还可以很有力地应用于商品税（包含产品和服务）领域，它属于增值税的核心要素。增值税的标志性特征是每家企业都需要按全部销售额纳税，但购买方（如果也是企业）能获得抵扣或退还。这就好比，每个买家都把客户的一部分税款代扣下来并缴给税务当局，否则后者就需要在今后的销售中缴纳。在理想情况下，这一税制的结果将与零售营业税完全相同。在去除各种税收抵扣和退款后，剩下的税收完全针对最终消费者的销售额。但世界的运行并不总是那么完美，而增值税采取的分阶段征收使它在现实操作中比零售营业税有巨大优势。我们不妨假设，由于某种原因，终端零售商没有缴纳税收。在零售营业税制度下，此时政府将收不到与这些销售有关的任何税收。根据经验，当税率达到 10%或更高的时候，逃税问题将非常严重。而在增值税制度下，我们可以希望，至少在零售商进货的环节，税收能够收上来。如果这个环节仍然没有缴税，那么至少在零售商的供应商进货的环节，税收能够收上来，依此类推。所以，增值税收入可以免受商业链条中某些环节的税收违规现象的影响。在发生违规的环节，至少其投入品的税收已经缴纳。这一安排不符合本书第 10 章提出的生产效率原则，但为满足税收收入的需要，可能值得付出这些代价。现实结果也表明，增值税确实是非常高效的税收，尽管在撒哈拉以南非洲地区的表现不如世界其他地区突出。[46] 另外我们还会看到，从某些角度看增值税或许显得过于高效了。

代扣税给征税带来了极大的便利，促使税务当局非常有创意地将其覆盖范围拓展到工资之外。如今，这种办法对利息（至少是居民获得的部分）和股息已经相当普遍，某些情况下也适用于股份的资本利得。[47] 税务当局经常采用特殊的代扣税制度覆盖某些不能轻易相信会主动纳税的群体。例如，许多发展中国家对进口实施代扣税，甚至还对手机之类的物品实施代扣税。[48]

但有个问题仍需解答：对现有的政策选项来说，代扣税是否真正带来了更多的财政收入。几个世纪以来，税务当局对此信以为真，政客也一样。与米尔顿·弗里德曼类似，美国的保守派议员多次提议取消代扣税制度，转而要求个人在每个月上缴所得税。例如共和党人迪克·阿米（Dick Armey）谈道："在民众见到自己的收入之前就将其拿走，正是依靠这种办法，政府才能够把税负提高到目前的程度，且没有引发起义。"[49] 然而，学院派经济学家普遍不愿意轻易相信几个世纪以来的经验和智慧，于是认真寻找代扣税制度带来影响的直接证据。毕竟，代扣税具有优势的理念与本书第 7 章分析的税收归宿的一条基本原则相悖：某种税收由什么人负责缴纳，与它最终由谁承担无关。

要估计所得税代扣制度给财政收入带来的影响很困难，因为这个制度在英国和美国（联邦层面）都是在战争时期引入的，所以几乎不可能将其影响与同时期的其他各种因素分开。然而，美国的各个州是在不同时间点上引入所得税代扣制度的。有项研究估计，平均而言，采纳代扣税制度伴随着大约 25%的财政收入增长。那么，财政收入增长真是由代扣税制度带来的，还是由于迫切希望增加收入的政府找到了其他创收办法呢？研究发现，在代扣税制度实施时，其他税种带来的收入也在增长，这表明引入代扣税制度的州确实在通过多种渠道增加财政收入，而且代扣税的引入受到了政府支出需求扩张的激励。考虑到这些因素之后，估计的代扣税制度在相应时期内给州所得税收入增长带来的贡献为 10%～12%。这个份额依然相当可观。[50]

无论实际影响有多大，代扣税制度确实会影响人们对征税的感受。在 19 世纪早期的爱尔兰，许多天主教佃农拒绝向新教教堂缴纳什一税。这种冲突在 1831—1836 年的什一税战争中严重激化，仅

1831 年就导致约 200 人死亡。[51] 解决办法是 1838 年通过的《什一税代偿法案》，要求地主替代佃农缴纳这笔税款。对于税收负担最后落到谁头上，该法案其实没有带来影响，因为地主会提高租金，以抵消自己代缴的税款。[52] 但它的确平息了爱尔兰的事态，至少在短时期内起到了作用。

宗教因素让缴税变得很重要

资料来源：Alamy Stock Photo/Image ID：ERGGN3。

大企业是税务当局的好朋友

代扣税的关键功能是把企业推到了税收征管的中心位置。在发达经济体，企业贡献了全部税收的 85%左右（包括代扣的部分）。在有可比数据的发展中国家印度也是如此。[53] 我们的先祖早在多个世纪前就已经总结出了这一经验：企业，尤其是大企业可以成为税收征管机构的福音。

在英格兰，尤其是在伦敦，廉价蒸馏酒（特别是杜松子酒）的泛滥在18世纪20年代已成为一个严峻的社会问题，政治影响也日益凸显。伦敦杜松子酒的消费量膨胀到每周平均每人2品脱（1英制品脱约为568毫升）左右。许多可怕的故事流传开来，把杜松子酒描述成乔治王时代的快克可卡因。有个传说讲，朱迪斯·杜福尔把两岁大的女儿从救济所领回来，同时得到了一套新的衬裙和外衣，然后她杀死了女儿，把尸体扔到水沟里，再以1先令4便士的价钱卖掉了新衣服，拿去买酒喝。[54] 杜松子酒被视为“贫困与下层人群中各种罪恶和堕落现象，乃至这座城市之中和附近犯下的诸多重罪及骚乱的主要根源”。[55] 当时的街道经常混乱不堪，或许跟如今许多英国城镇在周六晚上的情形大同小异。

英国政府决心对杜松子酒狂热现象采取行动，选择的办法就是征税。具体操作方式又是怎样的呢？当时的原酒生产商数量较少，在伦敦附近仅有二三十家，是进入门槛比较高的产业。[56] 另外有数百家“复合蒸馏厂商”负责把原酒制成杜松子酒，以及更多作为销售端的店家，很多还同时销售水果和调味品等。

英国政府的首次尝试是《1729年杜松子酒法案》，对杜松子酒零售商严格按照销售的加仑数征税，并要求它们购买年度许可证。但由于仅在米德尔塞克斯郡就有6 187家销售商，这一法案实际上很难有效执行。[57] 于是又推出了《1743年杜松子酒法案》，至少阻止了杜松子酒消费量迅猛增长的势头。到1751年名称“古雅”的《烈酒法案》推出后，消费量终于开始显著下降。[58] 毫无疑问这种转变背后有多种因素的作用，但其中一个重要区别是1743年及之后的法案不再针对为数众多的小零售商，而是瞄准少数容易监督的、从事批发业务的大蒸馏酒厂商。此时执行的税率比1729年对批发和零售业务的税率之和更低，实际效果则好得多。对大厂商征税的成本更低，并有助于减少逃税，英国人也因此变得稍微“清醒”了一些。

在税收征管得到改善的这个案例背后，我们看到了与代扣税制度类似的逻辑：把缴税责任交给组织更为完善的企业。另外一个启示是：不仅能够直接从企业那里获取较大份额的潜在税收，而且在企业中，规模最大的少数企业通常会占据潜在税收特别大的份额。

即使在乔治王时代的英国，人们也认识到大量税收能够从少数规模庞大的企业那里集中收取。我们在第 3 章曾谈到，都铎王朝与斯图亚特王朝都特意创立能轻松获得资金的垄断机构。而如今，现代税收征管机构几乎都包含名为“大型纳税人部”的核心部门，主要负责监督大型企业。约有 90%的各国税务当局设立了此类部门，它们负责的课税对象仅占全部企业总数的 2%，收到的款项却接近总数的一半。[59]

企业总体来说贡献了政府全部税收收入的 85%左右，但其中大型企业所占份额依然令人吃惊。例如在 2013 年的美国，数量占比 0.055%的最大的活跃企业在全部公司税收入中的份额约为 70%。[60] 在发展中国家，税收集中程度并不逊色，甚至更加突出：最大的 1%企业（通常包含银行、电信公司、自然资源企业等）可能占到政府全部税收收入（不只是公司税）的 70%。潜在税基如此显著地集中在数量较少的企业之中，对税收征管当局来说是价值无法估量的天赐礼物。[61] 它意味着建立高效税收征管的关键就是密切做好少数企业的监督，其数量在发展中国家往往屈指可数。这样做不仅是为了防止大企业逃税，而且确保一家巨型跨国企业按时缴税给政府带来的好处会远远胜过抓获大量未如实申报小费收入的餐饮服务者。

小企业则是税收征管的梦魇

如果说大企业是税务当局的好朋友（暂且不考虑第 11 章探讨的避税问题），那么小企业就堪称税务当局的梦魇。

上文提到的多项税收缺口研究一再发现，小企业群体中的纳税不遵从现象尤其普遍。例如在美国，小企业（包含自雇企业）有超过一半的收入逃避纳税，相比之下，工薪收入的逃避比例仅有 1%。这个数字累计起来规模巨大，美国的全部所得税缺口中有近一半可以归咎于低报企业收入。[62] 在日本，自雇劳动者和农民比企业雇员更容易逃税的现象甚至有了专门的术语：九六四。这个组合词的含义是，人们认为工薪劳动者有 90% 的收入会被税务当局掌握，自雇劳动者的这一比例为 60%，农民则只有 40%。[63] 类似情形在其他国家似乎没那么严重，却依然不容忽视。例如在英国，全部税收缺口中有超过 40% 是源于小企业逃税。[64] 问题不仅是各地的取巧者逃避缴纳增值税，也不限于小型服务业和制造业企业，很大程度上还是因为律师、会计师、建筑师之类的专业服务群体谎报自己的收入和支出。希腊最近发现，某些自雇类专业人士申报的收入甚至低于他们为消费贷款支付的利息。[65]

小企业群体中不遵从纳税义务的比例如此之高，原因并不复杂，包括上文介绍的让企业有效代扣税款的前提条件并不满足，如广泛缺失第三方信息，企业采购与个人消费之间的界限难以监督，会计记录可能不够完善（或许有意而为）等。政府采取的一种应对办法是我们在第 4 章介绍过的推定式税收方案。[66] 例如在瑞典，房屋装修和家政服务购买方可以给供应商支付全部材料费，但只付一半劳务费，其余部分交付给政府。然后让供应商向税务当局申请返还政府所收的劳务费，从而向税务当局披露这笔业务以及相应的所得税和增值税的税基。

小企业带来的税收难题在历史上屡见不鲜。罗马帝国后期，绝大多数商人不再保留账目，这主要是为了避税。[67] 1870 年，英国国内税务局宣称，非公司制企业约有 40% 低报收入。[68] 不过，围绕数字平台兴起的新商业模式可能愈发凸显小企业税收问题的重要性，例如我们在第 9 章介绍过，优步等平台的出现让自雇就业变得更加普遍。在很大程度上，这取决于让产业结构走向分散化的数字技术本身能否为税务当局所用，给政府提供原本不容易获得的小企业和自雇人群的收入信息。

信息法则

布拉索夫市商人痛恨的穿刺大公弗拉德娶了伊洛纳·西拉吉为妻。五个世纪之后的20世纪80年代初，美国国税局招聘了一位负责研究分析的官员约翰·西拉吉，他跟弗拉德家族肯定有关，人生有时真是充满诗意。他高度怀疑某些纳税人在虚假申报被供养人——例如有的给孩子取名“绒毛”——以获得额外税收抵扣。约翰·西拉吉于是建议让纳税人提供被供养人的社会保障号码，以便核查。这一建议于1986年被采纳，然后大约700万被供养人突然之间就消失了。他为此获得了2.5万美元的奖励，而有人估计，这个主意给美国带来的税收增幅约有140亿美元。[69] 有时候似乎能找到某些很简单的办法来增加逃税的难度，但别指望每个人都会感谢你做出的这种贡献。

西拉吉的故事还有一个更鼓舞人心的启示：能够利用独立的可验证信息来增加逃税的难度。聪明的税务当局想到了各种各样收集信息的办法。例如普鲁士的腓特烈大帝让嗅探犬在城里四处溜达，帮助找出他极其厌恶但可以征税的咖啡是在哪里烤制的。[70] 当然，还有更系统性的办法。

当其他办法都失灵时，就讲真话

这里的根本困难依然在于，纳税人没有激励如实报告其所作所为，因为这会带来税收负担。[71] 政府尝试了很多手段从纳税人那里了解实情，从非常严厉的惩罚到比较巧妙的自我估值策略（如用于古希腊的祭祀献金）。今天的变体则是利用新技术来诱导纳税人提供真实信息。强制采用电子发票就是一种产生可验证交易轨迹的手段，能够为增值税的征管服务，效果似乎很不错。[72] 不过，使用电子收款机的要求——希望借此提供关于小型零售商交易的可验证信息，不过，这受到了“zappers”软件的阻挠，这类软件能够随机且不可追踪地删除收款机上的信息。[73] 比如在著名歌手席琳·迪翁开办的尼科尔斯连锁餐厅里，就发现了类似的软件。[74] 为防范“zappers”软件的影响，几个欧洲国家要求零售商采用专门认证的收款机，其中包含一个只有税务当局可以访问的黑匣子。[75] 如今由俄罗斯领头的一个趋势是，要求采用在线收款机，把销售数据即时传送给税务当局。[76] 然而，所有这些手段仍无法解决一个没有那么巧妙的逃税办法，那就是在交易中不采用收款机。告诉人们要用电子手段来记录交易，并不意味着他们就会照办；把信息用电子手段储存下来，也并不意味着这些信息就反映了真实情况。

另一个补充策略是利用来自形形色色的“第三方”的信息，这些信息大多数时候来自各种企业，能够反映真实情况，并且通常没有造假的激励。[77] 有时候，此类第三方同时还处在代扣代缴税款的位置，此时能够更好地发挥作用；有时候它们只负责传递相关信息，角色会弱一些，但仍可以对税收遵从有潜在的促进作用。[78]

这方面的典型例子是，通常要求雇主把它们支付给员工的工资信息报告给税务当局，以此来核对员工自己的申报信息。此类安排并非天衣无缝，因为雇主与雇员可能串通来低报工资水平，让双方都获得好处。但对于更容易核查的大企业来说，跟代扣税的情形类似，承担与员工串谋的风险未必很划算。

信息报告的要求已远远超出雇主的范围，并在世界各国普遍采用。如今超过三分之二的经合组织国家要求利息、股息、某些类型的企业收入以及租金的支付方报告相关信息；几乎同样多的经合组织国家还要求报告股份出售、房地产出售以及租金方面的信息，这些项目通常不涉及代扣税。[79] 加强使用第三方信息的趋势也在持续，本书第11章介绍的跨境自动信息交换的行动只是其中最显著的案例。

历史给我们留下了若干警示。自2011年以来，美国要求信用卡公司（如维萨卡）和支付结算机构（如贝宝公司）向国税局报告各家企业的总收款金额。本意是让国税局能够据此核查某家企业报告的收入是否少于（或令人生疑地接近）通过支付卡获得的数额，这背后包含的假设是：对信用卡公司而言，同商家串谋带来的风险太大。某些证据显示，许多企业确实把申报销售额提高到至少与独立报告相当的水平。但这里有个隐患：许多申报销售额增加的企业同时也报告了更多难以核实的费用，由此削减了它们可能承受的更多税负。[80] 厄瓜多尔出现了类似的情形：在引入关于销售额的第三方信息后，部分企业申报的收入确实有所增加，但它们申报的抵扣部分（与信息报告的要求无关）也有几乎同等幅度的增加[81]，所以只看部分事实总是容易产生误导。

取消现金

对逃税者而言，自古以来都是现金为王，采用现金交割方式可以避免给税务当局以及其他人留下追踪探寻的信息轨迹。某些国家以提供税收优惠的方式来鼓励非现金支付。例如，对于收入未超过约 6 万美元标准的纳税人，韩国允许从应税收入中抵扣 15%的信用卡收费（上限约为 2 600 美元）。[82] 然而，这一措施带来的税收遵从度提高所增加的收益能否抵消降低税率造成的损失，目前并不清楚。

最直接的做法则是通过立法禁止使用现金，尤其是高面额纸币，这不只是出于税收方面的考虑。有的国家完全禁止超出某个限额的交易使用现金，例如意大利的标准是 1 000 欧元。最极端的情况是，印度在 2016 年宣布，占流通现金数量 86%的 500 卢比和 1 000 卢比面额的钞票将不再是法定货币，并且只给民众不到两个月的时间办理存款，或者把有限数额的旧钞票送到银行兑换新钞票。[83] 采取该措施的理由是大面额钞票会助长逃税和洗钱，而携带或隐藏 1 万张 100 元的钞票要比 1 000 张 1 000 元的钞票麻烦 10 倍。不过，并非所有人对使用现金都持这种消极态度。2019 年，瑞士发行了一套 1 000 瑞士法郎（约值 1 000 美元）面值的新钞票，瑞士国家银行副行长认为，没有迹象表明“这种钞票更容易被用于犯罪”。[84]2018 年，美国费城立法禁止开办无现金交易商店，原因是这会歧视没有信用卡或借记卡的民众。[85] 无论如何，废除现金有其必要性的舆论氛围在新冠疫情之前已变得很明显，如今则更为浓厚。

线人、雪貂和告密者

在杜松子酒狂热的高潮期，英国税收委员会获得招募线人的授权，每次定罪可以提供 5 英镑的奖励。[86] 不出意料，有几位这样的告密者遭到谋杀。[87] 法院则忙于应付大量琐碎的举报案件。[88] 但此类做法依然在延续。从 19 世纪早期开始，美国的许多地方当局偶尔会和私人承包商（绰号“雪貂”）签约，让他们核查未申报或低报的房产，并把增收的房产税收入的某个百分比作为回报。[89] 在金融危机巅峰时期的 2015 年 4 月，希腊政府建议招募游客、学生和其他人去核查零售商的纳税状况，让这些人“戴上录音录像设备……装作顾客光顾店家”。[90] 该建议未被采纳，但其他国家仍在悄悄地利用告密者。例如，澳大利亚税务局就提供了一条在线举报逃税嫌疑的通道，但表面上没有给举报人提供任何奖励。[91] 美国则相当慷慨，举报者提供信息带来的税收、罚金和其他增收金额中，有多达 30%可用作奖励。

这一政策最声名显赫的受益者（至少从公开资料来看）名叫布拉德利·比肯菲尔德（Bradley Birkenfeld），他从金融服务机构瑞银集团（UBS）离职后，很快就向美国国税局举报了该机构协助美国公民逃税的细节。瑞银集团最终同美国政府在 2009 年达成和解，支付了 7.8 亿美元的罚款（另外还向美国证监会上缴了 2 亿美元），并交出了 4 000 多名美国客户的信息。美国政府由此获得的最终收入估计高达约 40 亿美元。[92] 由于他自己在协助逃税中的作用，比肯菲尔德先生被判处了 3 年监禁——但不是在瑞士（他躲过了瑞士的控制），而是在美国。但他也获得了巨大的好处：美国国税局给了他 1.04 亿美

布拉德利·比肯菲尔德——幸福的告密者

资料来源：Photographer：Bradley C. Bower/Bloomberg via Getty Images；Reprinted by permission。

元的巨额奖励。[93]

还有些人属于揭发者：把逃税信息告知公众，而不是直接向税务当局报告，此类案例包括“巴拿马文件”、卢森堡泄密案、阿普尔比律师事务所（天堂文件）等。“巴拿马文件”泄露了巴拿马的莫萨克·丰塞卡律师事务所的活动，涉及21.4万家离岸实体的细节，牵连100多位政客以及梅西、西蒙·考埃尔等知名人士，产生的冲击最为强烈。[94]其中揭发的许多内容或许属于合法避税而非逃税，但足够让涉事者汗颜。这些揭发还极大地推动了我们在第11章介绍的国际税收制度的改革，同时也给学术研究提供了宝贵资料。正是借助英国汇丰银行与“巴拿马文件”泄露的信息，研究者推算了北欧国家中最富裕群体出人意料的高逃税率（同样见本书第11章）。另外，这些揭发行动同样给阴谋论者带来了意外之喜，例如“巴拿马文件”的泄密出处目前仍是一个谜，鉴于文件中明显缺少来自美国的大人物，许多人猜测中情局才是幕后黑手。[95]

信息曝光

美国在 1861 年推出的首部所得税法案规定，税收申报信息将被公开。[96] 因此前文提到的马克 · 吐温的小说中的讲述者会说："我认识一位相当阔绰的人，房子堪比宫殿，桌子气派豪华，开销数额巨大，可是……我时常注意到，从报税表看，他没有任何收入。"[97] 接下来，正是这位富豪朋友给出的慷慨建议让讲述者进入了本章开头描述的道德开悟状态。不过，税收申报信息公开的规定很不受社会欢迎，于是在 1870 年被终止。[98] 在意大利，公开披露纳税金额的实践甚至只持续了 1 天。[99]

公开纳税申报信息可以给潜在的举报者提供线索，或许还能给逃税者带来羞辱和恐吓。例如在古代雅典，个人的纳税额会被刻在石头上公之于众。[100] 无论出于何种原因，有证据表明信息公开能提高个人纳税额。例如，挪威自 1863 年以来一直公布此类信息。[101] 但如果你想知道丽芙 · 乌尔曼（著名演员）或萨米族牧民朋友的纳税收入数据，以前必须到政府办公室去查询。在这些信息于 2001 年被公布在网上之后，小企业主的申报收入出现了约 3%的增长。[102] 与之类似的是，巴基斯坦始于 2012 年的公开披露计划似乎也提高了自雇人群的申报纳税额，增幅近 10%。[103] 信息公开还能够提高问责性，例如巴基斯坦人民在几年前发现，仅有约 30%的国会议员和 40%的内阁成员申报所得税，这些信息或许会对他们有所启发。[104]

还有些行动的目标是公开企业的纳税状况，获取这些信息比人们通常设想的要困难得多，主要原因是许多跨国企业缴纳的税额明显太少。[105] 例如对自然资源产业，欧盟要求的"采掘业透明度行动倡议"鼓励增加信息披露，试图以此追踪各国政府付出与获得的所有款项，从而增加贿赂的难度。[106] 更普遍的一种做法是本书第 11 章介绍的 G20 与经合组织发起的税基侵蚀与利润转移行动计划，促成了大型跨国企业提供它们在所有国家的纳税数据。然而，目前收集的这些企业的信息只供各国税务当局使用，而没有向社会公布。企业通常强烈反对公开此类信息，商业机密或许能提供部分理由，但也源于它们担忧较低的纳税额（有些是因为往年的亏损所致）会引来错误解读。不过，部分企业如今已自愿公开自己的纳税额和纳税地点等信息。澳大利亚自 2015 年起开始发布大型上市和非上市企业的应税收入与纳税额信息，促使澳大利亚的非上市企业平均缴纳了更多税款。当然与日本的类似计划遇到的情形一样[107]，某些澳大利亚企业似乎采取了规避信息披露的行动，有意识地把申报收入控制在要求信息披露的门槛之下。[108]

信任但仍需核实

在征集大量税收时，不可能让评估员详细审查每个纳税人的应税细节。这种操作的成本过高，还会给贿赂和敲诈制造太多机会。因此，现代税收征管工作的本质特征之一是自我评估，美国国税局前局长甚至称之为“民主生活方式的根基所在”。[109] 具体办法是，由纳税人自己申报并缴纳他们认为应该承担的税额，同时也让他们知道，自己的申报有可能受到核查与审计。所以更一般地说，现代税收征管是一种风险管理操作：最高效地利用稀缺资源识别可能存在欺诈且数额较大的纳税人或相关交易，并采取有针对性的恰当处置行动。

这一风险管理的核心是选择性审计，只针对全部申报中的一部分做极其细致的审查，不仅要发现和纠正特定纳税人所犯的“错误”，还借此向全体纳税人发出明确信息：此类欺骗手段将给你们自己带来危险。为此，应该对纳税申报进行随机抽查。这是了解纳税人总体合规状况的最好方式。不过，能更直接地增加税收金额的方式是根据某些可疑迹象来挑选审计对象。这种评估可以基于税收审计官员的经验与直觉，但显然也伴随着发生腐败的风险。目前税务当局越来越多地采用规范算法来提供辅助，通过分析过去的审计行动以及其他信息来源，评估潜在审计对象的“分值”。例如，美国国税局就利用算法得出的一套评分作为基本标准（但不是唯一标准）来挑选审计对象。这套系统方法的普及程度或许没有人们预想的那么高，高收入国家的税务当局中仅有一半采用此类技术。[110] 已经采用的国家均对方案的细节秘而不宣，保密的理由却不太清晰。的确，如果大家都知道了具体的算法设计，人们就会减少触发警报的抵扣项目的申报，以降低自己受到审计的概率。但这样的结果本来也是政府希望得到的。

各国政府对于被审计的概率也讳莫如深，或许是因为往往低于人们的普遍预期。在经合组织国家中，仅有约 0.7%的个人纳税申报表受到审计。[111] 美国的纳税审计率在 21 世纪第二个十年大幅下跌，从 2010 年的 1%以上降至 2019 年的 0.45%，主要原因是财政收入紧缩，导致税务员人数减少了 39%。对于净收入超过 1 000 万美元的人来说，审计覆盖率的下降幅度超过三分之二。[112] 如果人们发现实际受到审计的概率有多微不足道，税收遵从度或许会降低。

在有效的审计与风险管理策略中可以加入胡萝卜类型的元素。有时候，可以向保持良好税收合规记录的纳税人提供“金卡”待遇，允许他们更快地通关，例如更快地获得增值税返还款项。但这样做也有自身的风险。果戈理的小说《死魂灵》的核心人物乞乞科夫在创造性的行骗生涯中曾担任海关官员，他处心积虑塑造了一个正直诚实的形象，但这一切都只是他最后的惊天骗局的前奏。[113] 在涉及税收问题的时候，信任永远都不会是绝对的。

纳税人也是人

以上介绍的各种手段都有一种“抓到你了”的意味：目的是增加躲避税负的难度。但纳税人除了尽量减少预期税负，还有更复杂的行为动机。有时他们出于某些原则而拒绝纳税，有时则因为做个诚实的人并不容易。

有原则（和爱唱歌）的逃税者

如果人们相信政府处事公平，并服务于自己的利益，则更愿意缴税，即使从短期利益来看逃税比较划算。[114] 地拉那市市长埃迪·拉马（Edi Rama，后来出任阿尔巴尼亚总理）曾负责监督一个建设项目，把共产主义时代的灰色建筑物重新涂抹得五彩斑斓。他回忆说："当我们开始刷漆的时候……民众也开始缴纳税款。"[115] 与之相反，当人们对政府的信任崩塌，或者不再支持财政收入的预定用途时，良好的税收遵从习惯也可能被抛弃。问问瓦特·泰勒或者约翰·汉考克就知道了。

有时抗税现象纯粹来自内心坚持的原则。至少从欧洲宗教改革运动以来，某些宗教人群就在纳税义务与和平主义之间挣扎。1776 年，在美国独立战争时期的费城，有一场贵格会教徒的会议做出决议：根据我们的基督教精神，不能缴纳为购买战鼓、彩旗或其他战争物资而征收的税款。[116] 亨利·戴维·梭罗（美国知名作家）为抗议 1846 年的美墨战争以及把奴隶制拓展到西南部地区而拒绝纳税，导致自己入狱一个晚上。据说，获释是因为他的姑母玛丽亚在次日早上替他缴了税。1968 年，有接近 500 位专家和编辑拒绝缴纳拟议中为支持越南战争而征收的 10%的附加税。[117] 还有些激情满满的人主张把税款转入不能被用于军事目的的"和平税收基金"。[118] 其实只要政府有足够多的非和平资金满足军事需要，这样的专项资金安排就无实际意义，但它会发出一种信号。

抗税行动甚至会带来诗歌创作的灵感。例如，1338—1339 年英格兰流传一首反对国王征税的歌曲，表达了民众对于因再度跟法国开战而征税的强烈不满。1626 年，参与抗议的奥地利农民经常同声高唱，他们的主调是一个有 55 小节（每节 14 行）的名为《巴伦之歌》或《法丁格之歌》的歌曲，借以表达自己的各种要求。在 1653 年的瑞士农民起义中，抵抗运动领导者谱写了一首进行曲以唤起民众对威廉·泰尔的记忆。[119]

不过，非暴力抗税行动中最奇特的案例还是“约翰逊崇拜”抗议事件，这一事件于1964年前后发生在巴布亚新几内亚的一个岛屿上。当地人希望把美国总统林登·约翰逊买过来（原文如此），并任命他为政治领袖，他们为此拒绝缴纳政府要求的2英镑人头税，说要把这笔钱存下来，用于购买约翰逊。[120]

让诚实守信成为最轻松的选择

我们中间至少有部分人愿意保持诚实的品质。[121] 所以，给如实纳税者提供便利是有意义的。那些铁了心偷税漏税的人永远需要打击，但现代税收征管当局通常假定：绝大部分纳税人有强烈的遵从税收法规的内在激励，它不同于因为害怕惩罚而产生的外部激励。

让人们如政府所愿履行纳税义务以及推行问责和民主制度的一个最基本要求是税收法规的内容要清晰，或至少尽量清晰，因为现代规范的税收制度都不是特别简洁。当然，税收法规的内容设计还是可以做得比古罗马的卡利古拉皇帝更好一些，他曾经仅靠口头传达的方式推行新税法。面对由此带来的不满和牢骚，他以独有的魅力“响应民众的迫切要求，把税收法规张榜公示，但字体非常小且排列极其密集，让人完全没有办法抄录”。[122]

弄清楚税收法规的内容之后，要在行动中完全如实操作往往并不容易。看懂和填写申报表格、保留必要的记录、雇用专家提供建议，所有这些事务都需要付出时间和精力。纳税人要承担的各种合规成本很难测算，而且我们也不太清楚税制设计会对此产生何种影响。但有如下两点是我们知道的。第一，税收合规的成本可能很高，经常远远超出税收征管本身的成本（后者更容易测算）。例如就美国的所得税而言，纳税人的合规成本约占税收收入的10%，几乎是政府征管成本的20倍。第二，合规成本对小企业而言尤其繁重，因为其中许多部分，如填写增值税报税表，与企业规模的关系不大。[123] 这些成本切实占用了本可以有更好用途的人力和资源。降低税收合规成本是税制设计需要考虑的内容，当然税收征管当局也越来越注重通过各种服务（包括电子归档、呼叫中心等）来帮助减少依法纳税的合规成本。

通过对人性的观察和操控，各国政府在不知不觉中成为如今流行的行为经济学的长期实践者。它们不仅尝试了威胁和促进的手段，还玩弄鼓励诚实的情感因素：良知和羞耻。古巴比伦的国王汉谟拉比曾大发雷霆："你为什么还没有给巴比伦送来30只羊作为赋税，不该为这种表现感到羞愧吗？"[124] 四千年之后，羞耻感依然被用来鼓励民众的税收遵从。例如在太平洋的一座小岛上，有人问税务当局会如何追究那些没有申报或纳税的人，本以为政府会采取某些强制行动，得到的回答很简单：我们会通知这些人的父亲。把拖欠税款或判决逃税者的名字公之于众，在很多国家是惯常做法。例如在新西兰，许多读者会失望地发现《逃税者公报》（*Tax Evaders' Gazette*）并非逃税操作指南，而是税务违法人员的公示名单。[125] 更不同寻常的是巴基斯坦税务当局的做法，他们有时让某些跨性别群体的成员（当地称"海吉拉"）到拖欠税款者的家或办公室，负责"击掌、喧哗以及各种吵闹"，直至对方把税款结清。这种做法据称使收缴率提升了15%。

各国政府还很善于利用爱国主义情绪，特别是在（但不限于）战争时期。[126] 即使动画人物唐老鸭也在二战期间尽了自己的绵薄之力，从繁忙的演艺日程中抽空出来鼓励美国人"高兴而自豪地"缴纳税款。在过去几年，针对如何利用人性来鼓励税收遵从（或避免打击纳税意识），还出现了更成体系的思考建议。

这方面的一种观念是："助推"，即汉谟拉比式的宣传以及更加微妙的方式，可能显著影响人们的行为。可是除了少数例外情形，多项随机现场实验发现：唤起纳税人的良知、强调税收支持的公共项目的好处、确保大多数其他纳税人也遵纪守法以及突出税收遵从的公民义务等做法，对于提高税收遵从度均收效甚微。[127] 另一种观念是，惩罚性的强制政策有可能导致反弹，挤出原有的依法纳税的内在激励，因为惩罚会让人们感受到纳税是被逼无奈而非自愿选择。[128] 在税收领域之外，确实能找到此类现象的证据。[129] 但有一项研究试图在德国的地方教堂税场景下（这里确实不存在强制手段，却依然有人自愿缴纳）寻找同类效应，却没有成功。当然，经常去教堂的德国新教徒算不上纳税人的典型代表，这一研究结论的普遍适用性或许有限。[130]

对纳税人内在的诚实本性，我们寄予的信心不能太高。英国的社区收费失败案例显示，即使在以普遍守法而著称的社会里，税收遵从度仍具有潜在脆弱性。传统和习俗的迅速瓦解似乎主要取决于是否诚实纳税的个人决策的相互依赖性。在其他条件相同时，对社区收费的不遵从现象越普遍，在邻近地点出现不遵从的概率也就越高。[131] 这或许是因为其他人的糟糕表现削弱了人们自己不遵从法规时产生的内在罪恶感，或许是因为从机制上看，其他人的大量违法表明被发现和遭受惩罚的风险很低。无论如何，这种决策之间的相互依赖性导致可能出现两种截然不同的税收遵从结果：一种是好的均衡，绝大多数人自觉遵从，因为其他人都遵从；一种是坏的均衡，几乎没有人遵纪守法。许多社会当前仍难以摆脱税收遵从的坏均衡，这在发展中国家尤其明显。

所以，强制手段依然是税收执行中的关键因素，税务当局的一项中心任务依然是利用本章介绍的“抓到你了”的各种手段，去影响纳税人的激励。这些工作的成效还取决于税务官员和税务当局自身面对的激励以及可用的技术，这也是我们下一章要探讨的主题。

第 13 章
必须有人去干活

我告诉你们，税吏和娼妓倒比你们先进入神的国。

——《马太福音》（21：31）[1]

公元前 88 年的某一天，在小亚细亚崛起的本都王国的米特拉达梯六世（又称“大王”，公元前 120—前 63 年在位）命令他的臣民屠杀他们能找到的每一位罗马人。民众则似乎不需要更多动员催促。主要的受害者中包括税务员，因为正是这些人的“高利贷和敲诈勒索”激起了反罗马情绪。[2] 在历朝历代，税务员显然参与了很多暴力行动，但他们也一直是受害者。最令人恐怖的下场之一则是在 18 世纪的英格兰，海关官员威廉·加利和告密嫌疑人丹尼尔·蔡特被走私犯掠走，他们被割掉生殖器，吊起来沉到井里，最后遭到活埋。在如今的很多国家，税务员的人生依旧被无处不在的暴力笼罩。而在其他一些地方，他们则在晚宴上享受最殷勤的招待。

出于同样的原因，耶稣基督在展示他的爱与宽恕的博大之时，就把向税吏（这些人在当时由于跟罗马人合作而被社会唾弃）敞开怀抱作为一种展示方式。在《路加福音》里，他对于税吏撒该的同情之举引发了民众的愤怒。不过最有说服力的例子还是他选择了来自加利利的马太作为自己的弟子之一。[3]

当然，我们这里关心的并非税务员的前世景象，而是他们的今生所为。第 12 章描绘了纳税人的各种潜逃路径，这里我们谈谈税务员。

税务员的群像

很少人能够以税务员的身份而闻名于世，但确实有不少服务于税务当局的人士因为其他原因被人们熟知。作为第 12 章描述的逃税者群像的补充，我们这里推出税务员的群像。

首先是税务员出身的两位美国独立战争的英雄，他们在税务局的业绩考评都一般。第一位是波士顿茶党事件中声名大噪的山姆·亚当斯（如今更让人熟悉的则是以他的名字做品牌的精酿啤酒）。[4] 亚当斯于 1756 年被推选为波士顿的税务员，关于他的业绩评价不一。有人认为他工作懈怠，以至于少收了约 4 000 英镑，并因此广受民众拥戴。另外，“从法律上讲（暂不考虑道德角度），他还是个贪污分子”，在 1766 年被勒令归还 1 463 英镑。[5] 不过在当时充满革命激情的时代，他没有全数归还。[6] 另一位英雄是托马斯·潘恩（《常识》与《美国危机》的作者）。潘恩在林肯郡做货物税征收员，于 1765 年因为弄虚作假而被解雇，但又被重新聘用。[7]1772 年，潘恩初次展示了自己的激进宣传威力，出版了一本小册子，主张提高货物税征收员的工资，并成为代表这批人利益的全职游说者。

历史上有些作家参与过征税（或在位置上消极怠工）。乔叟就是在 1374—1386 年担任伦敦港海关总监时期创作了《坎特伯雷故事集》。塞万提斯因为在税务员位置上挪用公款而被判入狱。赫尔曼·梅尔维尔更为正直些，在其名著《白鲸》石沉大海、没有激起反响后，他在纽约市担任海关稽查员，赢得了这个以腐败闻名的机构中唯一诚实员工的美誉。[8] 他关于办公室生活的短篇小说《书记员巴特尔比》是否来自这段履历，则不得而知。18 世纪的标志性苏格兰诗人罗伯特·彭斯也曾担任海关官员，并留下了令人费解的不朽诗句：

> 许多人大声感谢那个黑色恶魔梅克尔，
> 他陪着税务员跳了舞。[9]

彭斯跟自己的上司发生了矛盾，为避免遭到解雇，而被迫“屈辱地”道歉，但他至少为自己的作品找到了某些灵感。大卫·华莱士同样如此，他那本没有完成的小说《苍白之王》（*The Pale King*）被誉为“第一部关于税收题材的伟大文学作品”，正是植根于他1985—1986年在伊利诺伊州皮奥利亚市地方国税局的工作履历。[10] 华莱士记述说：“我在国税局工作时期体会到了乏味、信息与无关紧要的复杂性，那些无聊透顶的谈判，关于一块土地，它的高低起伏、树林与无尽的荒野。”[11]

哲学家同样体面地出现在历史上的税务员行列。约翰·洛克在1689—1704年担任货物税上诉专员，之后被约瑟夫·艾迪生接任，即《观察家》杂志的联合创始人与著名作家。我们将看到，尽管伏尔泰对法国旧政权时期税务员的行为感到愤怒，但有记录宣称，他自己却当上了税务专员。[12] 另外有个让人措手不及的讽刺是，自由贸易的布道者亚当·斯密在《国富论》出版之后很快担任了海关及盐税专员。[13]

相比之下，政客对征税的兴趣似乎还不如避税。美国历史上最默默无闻的总统之一切斯特·阿瑟属于少见的例外，按当时标准来看还相当值得尊敬。在因詹姆斯·加菲尔德遇刺而出人意料地就任美国第21任总统（1881—1885年在任）之前，阿瑟曾担任纽约港的海关税务员（同梅尔维尔的职业生涯有重合），该机构当时贡献的税收超过美国政府全部财政收入的三分之一。[14] 阿瑟的工资为1.2万美元，但由于“份额”奖励体系，他从工作中获得的总收入超过了5万美元。[15] 此类奖励是对被认定逃避关税的进口商收缴的货物和罚款的提成，完全合法合规。[16] 或许在这个行列中还勉强可以加入法国国王路易十五的情妇蓬帕杜夫人，她是一位包税人（很快会详细介绍）的女儿、另一位包税人的妻子，还有一位包税人门徒，而且自己也间接担任了包税人。

接下来就是五花八门的各色人等。安东尼·范·列文虎克——微生物学之父、荷兰科技发展黄金时代的知名人物——在1679年作为葡萄酒税务员加入代尔夫特市的包税行业，他的任务是测算给定尺寸的酒桶中的葡萄酒体积，以得出正确的征税额。[17] 不可避免，我们的故事中再度出现了狗的身影。据说在19世纪，有一位德国税务员对于在履行征管职责中遭遇的不敬和攻击感到厌倦，于是培育出了一种斗犬，其凶悍外貌足以震慑潜在攻击者。[18] 这位官员名为卡尔·杜宾，他培育的犬种沿袭了自己的名字，即大名鼎鼎的杜宾犬（Doberman Pinscher，拼写方式在历史上略有改变）。在教育子女方面，阿道夫·希特勒那位严酷且不近人情的父亲阿洛伊斯留下的影响相当突出。阿洛伊斯在奥地利的公务员系统中逐级晋升，成为邻近德国的因河畔布劳瑙市的海关督察。他儿子后来把税务员以及法官、牧师和妓女视为社会的渣滓，或许不是毫无缘由。[19] 更快乐一点的故事是关于后印象主义画家亨利·卢梭，他在年轻时负责对输入巴黎的货物收取入市税，被朋友们戏称为“海关大人”。诗人纪尧姆·阿波利奈尔更是在墓志铭中继续跟卢梭开玩笑：“让这些包裹不用缴税就进入天堂之门吧，我们将给你带去毛笔、颜料和画布。”[20]

税务员在历史上的典型命运都是默默无闻。有时这种工作令人感到无聊（如大卫·华莱士的描述），而对其他许多人来说则有致命的危险。当美国弗吉尼亚州于1909年引入州所得税之后，某些被派出去收款的税务员便从此人间蒸发。[21] 在今天的世界各地，仍有许多职员希望让税收体系高效公平运转，试图为社会做些好事，却经常身处难以想象的困境。正是因为有这些税务员的贡献，才有了当前的税收体系，乃至今天人们享受的文明生活。

谁来征收？

我们习惯性地认为，政府会把税收工作委派给某个税务机关负责，例如美国国税局、英国税务海关总署、澳大利亚税务局、中国国家税务总局等，它们都属于公务员体系的组成部分。政府给这些机构一笔预算，职员得到工资，然后每个人各司其职即可。

但事实上，税款征收还有其他许多组织形式，我们今天的做法从历史上看属于例外情形，而非普遍规律。税务员得到一笔固定工资，扣除费用之后的剩余部分都归政府，这只是一种极端的可能选择。事情完全可以倒过来安排：政府把征税权卖出去，得到某个固定的数额，超出上缴政府部分的数额则归买下征税权的人。这种制度安排就是包税制，它是世界历史上大多数时候的税收征缴方式。

包税制和包税人的兴衰

1794 年 5 月 8 日是税收征管历史上的糟糕日子，“现代化学之父”拉瓦锡与他父亲及其他 24 人被推上了断头台。他们的确切罪名并不非常清晰，但在罗伯斯庇尔掌权的巴黎，这丝毫不重要。法国的包税人早已被严厉诅咒了几十年，有此足矣。愤怒的马拉已经发出了警告：“颤抖吧，你们这些从不幸的人民那里吸血的人！”[22] 我们在第 4 章里曾经提到，巴黎的暴民在 1789 年 7 月瞄准的首批打击对象中就包括首都周边的围墙，那正是包税人为了向输入城市的货物收税而修造的。

法国的总包税人成了包税行动的典范，在许多方面代表着包税制的最高发展形态。[23] 不过，他们也只是在延续长期的传统而已。包税的做法从古代美索不达米亚就有了，于公元前 282 年由托勒密二世引入埃及，古希腊也沿袭了这种做法，罗马共和国则是于公元前 123 年采纳。在耶稣时代的朱迪亚地区，包税制颇为盛行。所谓“恺撒的归恺撒”，其实是把东西交给那些已经付给恺撒好处以获得征税权的人。印度的莫卧儿王朝（1526—1857 年）以及中国的清朝（1616—1911 年）同样广泛采用包税制，波斯的萨法维王朝（1501—1736 年）也不例外。这种做法在 16 世纪中期左右进入西欧，当时的君主习惯

拉瓦锡——参与征税并遭受厄运的科学家

资料来源：Geraldine Simonnet。

出租自己直辖的土地，于是把同样的原则应用于税收制度。因此，至少有一种理论认为，这是给包税制贴上“farming”（意指农场经营）标签的由来。[24]

在英国人看来，包税制已成为大英帝国的一块基石。英国势力在印度崛起的真正转折时刻并非他们于1757年的普拉西战役击败孟加拉行政长官及其法国同盟军，而是我们在本书第1章谈到的1765年的标志性事件：莫卧儿皇帝把征税权授予东印度公司。该公司以每年35万英镑接管了莫卧儿王朝的整个包税机器。罗伯特·克莱武（Robert Clive）——普拉西战役的受益者，绰号“印度的克莱武”——在谈及这笔交易的魅力时相当坦率，认为由此“可以获得对那些富裕王国的绝对掌控权，仅以不足总收入五分之一的代价，就得到了莫卧儿皇帝本人的许可”。[25] 这一切都似乎给东印度公司（以及英国政府）创造了轻松捞钱的大好机会，但我们已经介绍过，事情的发展并没有如他们所愿。

包税人事实上还经常成为王室的贷款人。他们提前向王室支付未来要征缴的税款，要么为此直接收取利息，要么借此调整包税条款，以得到同样的补偿。不过，君主们总是有违约的选择，要么取消包税合同，要么借钱不还，事实上也经常如此。在 1598—1655 年，仅有三分之一的法国包税合同执行到期。[26] 包税人有时还要给王室负担相当多的支出责任，例如给巴黎的街道铺路。[27] 他们把支出从上缴给政府的款项中扣除，免去运输铸币或者安排复杂银行交易的手续。这些包税人由此变得非常类似于各种类型的财政政策的执行代理人。当然，君主们也可以踢掉中间人，直接掌控财政收入，到其他地方借款。只是这里有个附加条件：建立有效的税收体系需要投资，投入的资金需要借款。而鉴于王室并没有太多的其他抵押品，借款又要求有效的税收体系作为支撑，因此，君主们在现实中也被束住了手脚。

包税人几乎总是被各方势力咒骂谴责，被当作勾结罗马的奸细或者法国国王的傀儡等。连温文尔雅的荷兰人也曾起来反抗包税人，1748 年的商人骚乱是“共和国历史上最严重的此类事件”。[28] 阿姆斯特丹的住户遭到洗劫，政客们被迫出面终止包税制。1874—1875 年，波斯尼亚的基督教徒发动起义，反抗奥斯曼帝国的包税人，导致这个地区被奥地利哈布斯堡王朝迅速接管。[29]

不过，包税制的终结并不总是那么暴力，各地的时机也大不相同，有些地方非常晚近才终结包税制。英国是在 17 世纪 80 年代早期结束包税制的。而在俄国，针对数百家地方伏特加酒辛迪加实施的包税制延续到 1863 年，他们贡献了俄罗斯帝国大约三分之一的财政收入。在奥斯曼帝国，“包税制……盛行于从地中海到印度洋的广大伊斯兰地区，从帝国建立之初直至现代早期阶段”。[30] 早已在本国废除包税制的荷兰人，直至 1925 年仍在爪哇岛上长期采取包税制。有报道称，直至最近，巴基斯坦还在对某些地方的货物入市税采用包税的做法。[31]

我们该如何理解如此漫长却并不完美的包税制历史？与招募工薪制的公务员来征收税赋相比，包税制有如下三个潜在优势。

第一个优势是效率。私人企业会追求利润最大化，从而要求最大限度地降低各种事务的成本，这也是私有化主张常见的核心理由。在效率方面，人们通常认为包税人的工作还是不错的，有些人的表现尤其一丝不苟。我们之所以能够这么说，部分应该归功于拉瓦锡留下了极其严谨且条理清晰的记录。还有一位包税人则利用自己的收益修建了法国南部的米迪运河。包税人投入包税行动的资金的收益率在人们想象中很高，其实并没有高得离谱。[32] 当法国人于1806年结束这种制度时，人们发现被雅各宾派宣称骗取了国王1.3亿里弗尔的包税人，实际上还被拖欠了7 000万里弗尔。[33] 可以说，他们是自食其果。如果这些包税人没有如此高效地征收间接税，政府就会产生更大的压力去解决土地税过度豁免的缺陷（原则上由实行工薪制的官僚机构来负责），更有希望建立起较为公平的税收体系。假如历史真的如此演进，这些包税人自己或许能存在更久一些。

包税制的第二个优势是，由于征税权是按照固定费用出售的，它给政府提供稳定的财政收入。如果因为歉收或者战争爆发等原因，收入比预期水平更低，承担损失的不是政府，而是包税人，当然他们在年景好于预期的时候也会获得额外的收益。但在现实操作中，如果情况糟糕，包税人往往能够和政府重新谈条件。例如在1744年，法国的包税人就达成了在战争时期减少上缴金额的条款，把部分风险转移给了王室。包税制的第三个优势是，它给税收征管提供了很强的激励，因为多征收的税款都归包税人所有。

与这些优势相对，包税制也有两个重要缺陷。第一个是包税人在增加投资以改善长期征税能力方面的动力可能不足。因为这些包税合同都有期限，他们并不确定能否收回全部的投资。针对这种问题，出现了“小团体”包税制：把包税权限制在少数长期参与的群体中。例如法国的总包税人就是仅包含60位可变动成员的合伙团体，他们确实在组织、人力和物力上完成了高效的税收基础设施建设。在拉瓦锡的建议下（后来又有卢梭等人的加入），他们得以在王室授权下修建起环绕巴黎的围墙，方便对进入城区的货物征税。[34] 从 1695 年起，奥斯曼帝国授予某些人终身包税权，希望借此来缓解投资不足的问题，但后来发现很难在包税人死亡后收回这一权力。[35]

第二个更基本的缺陷是强征收激励的黑暗面：包税制带来了在评估赋税时弄虚作假和敲诈勒索的强大诱惑。包税人没有与纳税人串谋低估赋税的动机，因为这会损害自己的收益，但他们可以索要贿赂，以免高估纳税人的赋税。更普遍的情况是，包税制意味着竭力压榨纳税人的一切资源，而不顾及给对方或者未来税基造成的伤害。亚当·斯密就认识到了这种风险：

> 与包税人相比，哪怕是糟糕的君主也会更加怜悯自己的臣民。因为他知道，自己王朝的持久辉煌有赖于臣民的富足昌盛，他永远不会因自己的财政需要而故意损害民间繁荣。给他提供财政收入的包税人则不然，这些人的辉煌很多时候可能来自破坏而非维护民众的富足生活。[36]

各国政府并没有忽视对此类问题的担忧及约束税收征管行动的必要性，甚至包税人自己也在关注。施洗约翰就催促抱有悔恨之心的税务员“只征收被授权的部分”（《路加福音》，3∶13）。罗马帝国对横征暴敛的税吏有处以钉刑或火刑的规定，总包税人则不辞辛苦地到各个行省巡视，检查此类违规现象。[37]

判断包税制带来的权力滥用程度并非易事。问题不在于是否存在此类滥权现象，或者包税人是否被民众仇视，古往今来答案显然都是肯定的。例如在印度，经常有包税人虐待纳税人、不堪重负的村民集体逃离的传说。[38] 的确，民众极其憎恶包税人擅自闯入和搜查的强势权力。伏尔泰就讲过这样一个故事，卫兵“以国王的名义把所有车辆拦下来，搜查所有的口袋，强行闯入所有的住房，制造各种破坏，强迫农民给自己好处……我无法想象民众为什么不会对他们敲响警钟……以及为什么不把他们消灭”。[39] 然而，真正的问题在于与采用税务机关的方式相比，包税制带来的滥权问题是否更为严重，因为在任何权力制度下都免不了衍生滥权和腐败的机会。

与官僚制税务机关相比，包税制的明显区别和争议之处在于，民众感觉包税制下的税收征管是直接为了少数人致富，通常还包括给君主及其亲信捞好处。英格兰的查理一世总是特别渴求不经过议会而得来的资金，他不仅每年从爱尔兰海关的包税人那里收获租金，还要拿走一半甚至更多的利润。[40] 在旧政权统治时期的法国，当民众得知分享包税利润的人群中竟然有国王的情妇蓬帕杜夫人与杜巴利伯爵夫人的时候，便群情激愤。包税制逐渐被视为极不公平税收体系的重要元素和象征。

回扣：合法与否

如今的政府税务机关作为公共部门，与包税人的形象大相径庭。不过，尽管形式已经改变，征集税收的核心问题却没有变，包税制时代面临的基本挑战大体上依旧存在。在理论上永续的公共部门中，短期承包的问题没有了，却仍然面临资源配置的选择：是投入当前行动，还是建设长期能力。税务官员的私人利益依旧可能与公共利益发生冲突。根本的激励问题也没有消除，无论是在单个雇员层面，还是在整个组织层面。各国政府用了各种办法来应对此类问题，某些采用了有别于包税制的市场激励措施，或许以后还会用得更多。毕竟，从完全的包税制（征收者的所得只取决于实际税收数额）到固定薪酬的官僚制度（税务官员的收入与实际税收完全无关）这两种极端形式之间，还有一系列可能的折中方案。

例如，给税务官员提供部分奖励，让他们能保留某个比例的税收收入，这种做法在历史上甚至比包税制更为普遍。克伦威尔实施的什一税的征收者，就可以保留3%的收入作为佣金。1662年的炉灶税法案规定，每征收1英镑的税款，警察将得到2先令，高级警察得到1先令，警长得到4先令，治安官得到1先令。[41] 在17世纪后期到18世纪，英国的货物税官员能截留约一半的赃款[42]，发现和抓获走私犯可以得到大约50英镑的奖励（约相当于1年的工资）[43]，还可以从正常征缴的税款中获得提成。在英国，税务官员截留部分税款的做法一直延续到1872年，名为"磅税"。前面我们还讲过切斯特·阿瑟如何从美国的份额奖励体系中获益的故事。

对此类做法的现代版本的研究表明，它们毫无疑问有效地促进了税收增长。例如巴西在1989年对负责欠税催缴的税务官员实施奖励制度，就使得每次检查的罚款金额比之前提升了75%。[44] 更有说服力的证据来自巴基斯坦旁遮普省的一个现场实验项目，考察不同激励机制对税务官员的实际效果。该研究发现，把最多可达40%的增收税款用于奖励的方案，让税款收入增加了大约65%。[45]

与包税制的情形一样，这种奖励计划的主要风险是敲诈勒索。对旁遮普省的研究确实发现平均的贿赂金额有所增加，尽管令人奇怪的是纳税人报告的"满意度"并没有下降。

当然，腐败现象同样会出现，特别是当税务官员只拿固定工资时，会表现为内外勾结低报赋税的形式。只要薪酬与业绩无关，就无法轻易抑制此类腐败。[46] 一种建议是把工资设定为税务官员在其他行业能获得的水平，但如果没有严厉的惩罚作为威胁，腐败对他们而言就是稳赚不赔的生意。另一种建议是把工资设定为低于其他行业的水平，因为我们知道官员会利用腐败收入补偿自己，这其实是放任自流。第三种建议是设定更高的工资水平，让官员把诚实尽责作为最优选择，而非铤而走险。这样做还能给征收效率带来良好激励，精明的普鲁士国王腓特烈二世系统性地招募受伤的战场老兵担任征税员时，或许正是打着这样的如意算盘：用工作岗位给老兵提供保障，而且这些人会比较尽心尽责，因为他们如果行为不端，被解聘后将很难维持生计。然而这种方法面临的一个普遍难题是，在许多情况下要求的工资水平可能过高：腐败分子放行一辆装载走私香烟的卡车，涉及的税款将高达几十万美元，从中获得的潜在收益远非工资的涨幅能比。

所以不足为奇的是，我们看到给税务官员安排佣金奖励的做法并未完全消失。当前的内部绩效考核通常与税款之外的指标挂钩，如电子申报的占比、审计的完成次数等。[47] 而上述对旁遮普省的研究发现，此类考核办法并无任何效果。若干迹象显示，与税款收入挂钩的激励机制没有消失。有一项针对 12 个税务机关的研究发现，其中 5 个机关把税款收入作为奖金评定的标准之一，某些地方的理由正是为了防止串谋低报赋税的腐败。[48] 例如在罗马尼亚，奖金评定的依据是超出既定目标的税款金额和侦测欺诈案件的数量，奖励额最高可达工资的 3 倍。该研究还提到了菲律宾，那些在走私案的侦探和查获中发挥关键作用的官员，最高可得到赃款 20%的奖励。

当然，各国税务机关处理相互往来事务的时候似乎也承认与税款收入挂钩的激励机制的威力。例如在欧盟内部，所有关税收入最终都不是归各成员国政府，而是用于维持联盟本身的运转。然而，税款必须依靠各国的海关征收。这不能完全指望各个国家凭良心做事，因为欧盟也不负担他们付出的征收成本：解决方案是让各成员国保留各自收取的关税收入的 10%。

税务机关很久以来还采取了其他措施来打击腐败。人事方面的晋升和资历体系或许可以发挥作用，等到忠诚度得到证实后，再显著提升工资待遇。法国的总包税人制度有过类似的尝试，在 1768 年引入了首个公务人员养老金体系。[49] 还有些更加简单的反腐败办法，其中最基本的一种是限制纳税人与评估人一对一的接触。例如，18 世纪的英国货物税官员就是结对开展工作，罗伯特·沃波尔认为这能促使“他们彼此监督，不容易被贿赂”。[50] 税务官员还会被定期重新调配到不同的地方。而清朝海关官员例行但无法预知地调换工作地点的做法（目的是防止他们过度卷入当地的关系网），其实是中国官僚体系古已有之的传统。[51] 另一种办法是给官员的行动留下不易篡改的信息记录，有时候比较简单，就是确保他们的分类账簿有序号连贯且不可替换的册页，然后审查未予解释的更改。18 世纪的一位英国税务官员就记录了自己的惊慌失措：在涂抹账本的一处污迹时给册页留下了一个破洞，他深知“擦去或改动任何数字”都是“不可原谅的过错”。[52]

尽管人们对如何防止税务机关的腐败有很多认识，但这在如今的许多国家依然是每天面对的令人头疼的现实痼疾。2015 年，巴西检察机关发起了一项调查，针对税务官员向大公司索贿以降低公司税负的行径，据估计在 15 年中给国家造成了 61 亿美元的财政损失。[53] 同年，危地马拉的现任和前任税务负责人在团伙犯罪打击行动中均被逮捕，团伙首领为副总统的一位高级助理，罪名是利用贿赂和逃税进行欺诈。[54] 当然，所有这些丑闻都不仅会破坏税收体系，还可能损害整个政府的合法地位。

政治干预是诚信守则的税务机关面临的另一种风险。马丁·路德·金曾被美国国税局反复调查，并在 1960 年成为亚拉巴马州历史上首位因为税收欺诈被刑事指控的人。但令人惊讶的是，全部由白人组成的陪审团裁决他无罪。[55] 理查德·尼克松则认为，政治干预是国税局局长的工作职责之一，并于 1971 年 5 月对助理约翰·埃利希曼和鲍勃·霍尔德曼这样讲道：

> 我要确保此人是个冷酷的浑蛋，按照我的吩咐办事，调查我想调查的每一笔所得税，他要针对我们的敌人，而不是朋友。就是这么简单。如果办不到，那他就不能坐这个位置。[56]

据称，以这种精神为指导，尼克松鼓励国税局通过“特勤人员”计划调查自己的政治对手，利用审计进行骚扰。[57]40 年后的 2013 年，美国再度出现此类争议，有人指控国税局针对保守派的非营利团体开展“特别”调查。

其他许多人也似乎有过利用税务机关实现政治企图的相似意图。2017 年，《经济学人》报道卢旺达政府以逃税为名扣押了一名反对派总统候选人及其母亲和姐姐。赞比亚税务局则以欠税为由关闭了一家表达不同政见的小报。另外在肯尼亚，对选举结果提出异议的两家非政府组织因为税收不合规的指控而被临时关闭。[58]

税收的独立性

改进税务机关业绩表现的一项创新（与流行）办法是把它们改造为“半自主性质的税收机构”，至少能够减少政治干预。此类做法起源于南美洲，其成功范例是帮助秘鲁在 1992—1997 年恢复了财政收入[59]，然后推广到非洲，并被加拿大和其他发达国家借鉴。

半自主税收机构依然属于公共服务部门，但各国之间差异很大。一般来说，它们与其他官僚机构有两方面的不同。其一是把税务机关的人员招聘和薪酬政策同普通的公务员体系分开，这意味着在操作中更类似于上文描述的模式：工资水平设定得足够高，以吸引有专业技能的人才，并鼓励勤奋诚恳，在一定程度上防止腐败。其二是给予税务机关足够的独立性，以防止征税行动受到政治干预。在许多国家，自主权增强的一个方面就是让税务机关保留某个比例的税款，这相当于较为温和的包税制。采用此类安排的常见理由包括：让税务机关免受财政资金安排的奇葩规定的影响，同时削弱强势人物对它的支配力。另外我们可以推测，这会对税务机关征收税款的热情产生某些作用。

许多实干家对于把传统税务机关改造为半自主税务机构的好处仍然持较为谨慎的态度。改造过程可能引起极大的混乱，某些地方为了根除腐败，要求税务机关的全体雇员重新申请工作岗位。在至少一个案例中，税务官员对此类改造建议举行了罢工抗议。改造中的扰动或许最终对税务机关乃至社会大众有利，却可能影响现有的工作运转，付出不菲的代价。许多实干家还提出，可以通过两条并行线来取得进步，而无须创立新的机构。当然目前的证据仍表明，转向半自主税务机构的改革能带来更多的财政收入。[60]

税款征收的私有化

包税制在今天听上去是个古老的概念，但包税的基本思想，即借用私人激励来为公共目标服务其实具有现代感。在某些地方，它近似于如今在石油开采权或无线电频谱使用权分配中广泛采用的收入最大化拍卖模式。例如在公元前 120 年前后，罗马就用报价拍卖的方式来分配各省的包税权。[61] 荷兰东印度公司在 1744—1795 年拍卖海关的包税权。回到欧洲，法国在 16 世纪中期的包税权同样主要采用公开竞价的方式来分配。英格兰的伊丽莎白一世如法炮制，试图“在有足够多的人报价的情况下，把我们的海关税收承包出去”。[62]

另外在最近几十年中，过去认为完全属于公共部门领域的越来越多的事务在很多国家被交给私人部门完成，包括铁路、空中交通管理、航空和能源供给等。例如在孟加拉国和印度，道路桥梁通行费和公共财产（如湖泊和森林）收费经常被出租给个人或企业。2006 年，美国印第安纳州从一家澳大利亚—西班牙商业联合财团手中收取 38 亿美元，以让渡 157 英里印第安纳收费公路在此后 75 年的收益。这些做法与包税制并无根本差异。

事实上，私有化还通过某些税收任务的外包进入税收征管领域，尽管规模还不算大。把某些基本功能分包给私人企业的做法已经极为常见，但内容还远不止于此。目前大约 67% 的各国税务当局都有任务外包的实践，其中近一半是信息技术服务。[63] 在某些国家，私有化已触及各国税务机关的最核心功能之一：征收欠缴税款。

例如从 2010 年 7 月开始，英国税务海关总署就把部分属于“低价值债务”的征税任务外包给债务催收机构。从全球范围来看，截至 2013 年，有 15% 的税务机关把债务催收外包，8% 把审计业务外包，而且这两个比例都在增长。[64] 美国有 40 多个州利用私人催债机构协助征收欠缴税款。2017 年，美国国税局宣布将开始利用 4 家私人催债公司来帮助催缴税务欠款。根据这一计划，催债公司将留下其收到的拖欠款项的 25%。国会税收联合委员会估计，外包行动将在未来十年带来约 24 亿美元的财政收入，但并非所有人都对此感到激动。美国纳税人权益保护办公室负责人妮娜·奥尔森（Nina Olson）指出在过去尝试类似做法的时候，外聘催收员利用"心理战术"胁迫欠税人，让他们付出本来无力承受的款项。以往的类似计划因为收不抵支而没有延续下去，但最新的计划却在 2019 财年带来了 2.13 亿美元的收入，成本仅为 0.65 亿美元。[65]

完整形态的包税制不会很快回归。不过，我们可以预期税务机关将继续尝试各种办法去利用私人激励，包括组织层面和个人层面，以克服数千年来平衡征税和征税权必然伴随的腐败与滥权的老问题。与在经济生活中其他领域看到的情形一样，在税收征管领域，市场激励措施的使用空间可能比人们通常认为的要大。

税收征管队伍的规模应该多大?

税收征管是门大生意，而且长期以来都是如此。据说，公元前 1 世纪负责比提尼亚（如今的土耳其安纳托利亚西北部）税收任务的辛迪加组织有数万名雇员[66]；奥古斯都时期的罗马则雇用了近 2 万名包税人。[67] 拉瓦锡估计，法国总包税人在 1774 年的全职雇员约有 2.4 万人，比他们人数更多的组织只有陆军和海军。英格兰在 1690 年的税务官员已多达约 2 500 人。

不过，各国税务当局的规模确实相差悬殊。以国际标准看，美国国税局的规模相对较小。截至 2013 年，其管理费用仅为所收税款的 0.47%，是有可比数据的 28 个经合组织国家中第五少的，例如远远低于英国税务海关总署的 0.73%。[68] 美国的税收成本较低或许有些充分的理由：比如与其他国家不同，美国国税局并不征收增值税或销售税。美国国内对此问题的看法同样五花八门，有人认为国税局已膨胀到可怕的地步，也有人认为给国税局的资源严重不足。谁对谁错呢？我们该如何判断税务机关的规模应该大一些还是小一些？

一个简单的回答是：在给定的税收法规之下，只要新增加的 1 元钱投入能带来超过 1 元钱的税收，税务机关的规模就应该继续扩大。如果按照该规则去做，就会使减去征收成本之后的净税收收入最大化。不过，尽管这个答案很有诱惑力，却是错误的。

这条规则的一个直接问题是，它忽略了税收征集行动扩展之后给纳税人带来的更多遵从成本。这些成本不仅发生在逃税者身上，也包括那些从未考虑过要逃避税收的人，由于需要保留更多的交易信息和受到审计抽查，他们会耗费更多的时间和精力。如之前所述，此类税收遵从成本甚至可能远远超出征管机构本身花费的成本。

但是净税收收入最大化规则还有一个潜在的问题。[69] 我们可以看看之前提到的案例：美国国税局把部分欠税催收业务外包，带来了 2.13 亿美元的收入，税务机关的成本则只有 0.65 亿美元。现在假设这些操作让遵从成本增加了 0.4 亿美元（当然我们并不知道真实情况），2.13 亿美元的新增税收超过 0.65 亿美元的成本，也超过再加上 0.4 亿美元之后的成本之和。但这样的比较参照的是不同类型的对象。0.65 亿美元的行政成本和 0.4 亿美元的遵从成本是真实的资源消耗，包括工时、电脑设备等。与之相比，增加的税款却会转化为政府的支出。而我们在之前已经知道，让税收有价值的前提是：政府相信由此支持的公共支出带来的社会价值高于私人部门支出的结果。也就是说，从私人部门转移过来的 1 美元支持的公共支出的社会价值更高，比如能够达到 1.2 美元，即与这笔钱没有转移给政府时相比，其价值增加了 0.2 美元。所以按照这个逻辑，欠税催收外包计划带来的 1.48 亿美元净税收收入的真实社会价值只有该金额的 20%，即 0.296 亿美元，远远低于征收税款消耗的 1.05 亿美元的资源成本。

这里的关键点在于，执行和遵守税收法规会耗费资源，而税收本身并不创造更多资源，只是转移给了政府。于是，在税款增长超出征收成本的情况下继续扩大税务机关的规模，将会导致税务机关的过分膨胀。

税收技术

技术在税收征管中一直扮演着重要角色。这方面最精致的例子或许来自中国国家博物馆和安徽博物院，那里有名为鄂君启金节的藏品，铸造于公元前323年，由楚怀王授予，作为货物运输时的免税凭证。它是件铸有错金铭文的青铜器，由两部分构成，其中一半由运货的商队携带，另一半掌握在税关的官员手里。只有当两个部分成功拼接，金节上镌刻的货物和运输路线的具体描述属实时，才能免税通过。器物的形状让我们想起一种更古老的用竹片拼接来核查信息的做法。在差不多同一时期，埃及托勒密王朝采用类似的技术来追踪尼罗河的水位高度（那是影响农作物收成的关键因素），然后用推断方法来决定税率的高低。[70]

多个世纪以来，税务机关充分利用各种现有技术来武装自己，但他们负责的基本任务没有太大改变，例如称重、计数、搜查和观察等。从统一度量衡到列文虎克测算酒桶容积的方法，各种技术进步让税务机关的工作受益，却很少带来深刻改变，比如，蒸汽机的出现对税收稽查员站在风雨之中数窗户的工作就没有什么帮助。真正给税款征收带来前所未有的巨大改变的，是收集、分析和利用庞大数据的能力的提升。

如果没有处理庞大数据的能力，将无法利用本书第12章描述的有效完成大规模税收的工具，即代扣、自我评估、抽样审计以及借助第三方信息。在短短20年之前，对数以百万计的增值税发票进行交叉比对，或者各国税务机关之间日常分享成千上万纳税人信息的做法还完全不可思议。而在如今的许多发达国家，电子税收申报的做法已成为惯例。有些国家更进一步，利用它们获得的第三方信息和其他信

税收征管中的美——中国古代的金节

息发出所谓“预填式”所得税申报表。在报税日期之前，纳税人经常会通过电子邮件收到已包含基本内容的报税表，只需要核实其真实性，并做出必要的修订即可。

新技术（或相对新颖的技术）的创造性应用在今天四处开花。2014年，阿根廷布宜诺斯艾利斯的省税务局利用无人机核查没有被业主申报的大约200栋豪宅和100个游泳池，然后收取了共计200万美元的罚款，相比每架无人机1万美元的成本而言有很高的回报率，即便用上文的苛刻标准测算回报率也很高。印度尼西亚税务部门则利用无人机核查低报种植园面积或矿产开采价值的逃税者。[71] 按照类似的思路，意大利政府于2007年发起了“鬼屋”行动计划，把航空照片与数字化土地登记地图做比对，以便查找那些没有纳入土地登记、向税务机关瞒报的房产。该计划找到了超过200

万块建有“鬼屋”的土地。[72]2010 年，希腊政府借助警用直升机拍摄富豪家族拥有的住房，找到了 16 974 个游泳池，远远超出业主们自己申报的 324 个。[73]

人们往往认为，技术本身可以提供解决方案，甚至能够让没有被传统技术拖累的发展中国家在税务实践中跳跃式超越某些发达国家。例如，爱沙尼亚就利用技术手段改进税收工作，在发达国家中取得了令人瞩目的成就，作为发展中国家的肯尼亚同样如此。[74] 但我们也不能对此寄予过大的希望。政府掌握大量信息（比如关于国民的海外资产状况）并不代表就能很好地加以吸收和利用。在升级信息系统等重大工程方面，各国政府也未必很擅长（这么说还算客气）。例如，英国从 2003 年起试图建立一套由税务局（而非社会保障部门）掌握的税收抵免系统，就是典型的失败经历。相关政策的目标和设计本身较为复杂，然后发现福利发放所需的技能和操作办法同征税截然不同。在此情形下，系统本身无法达到预期要求，有时甚至分不清姓名相似的人。这些并不全是信息系统的过错，但无论出于什么原因（包括遭遇有组织的犯罪欺诈），最终导致英国政府多发放了超过 10 亿英镑的税收抵免额。于是下一任政府赶紧改革抵免制度，把支出责任重新划归社会保障部门。

当然，纳税人同样可以利用技术手段为自己服务，尤其是试图逃避税负乃至获得欺诈款项的群体。我们来看一个本想利用技术手段加强税收征管的例子。之前的第 9 章提到，美国对柴油燃料设定的税率取决于最终用途，如果用于农业拖拉机或住房取暖等非运输用途，则税率较低，如果用于道路车辆，则税率较高。但税款是在柴油最终投入使用之前征收的，差异税率制度又该如何实施呢？自 1993 年起，美国政府制定了一套燃油染色规定，以方便判断道路车辆是否使用了低税率柴油。由于低税率柴油被染成红色，如果拦截一辆卡车，发现其油箱中装有染色柴油，那就是逃税的绝佳证据。这是个很巧妙的主意，也被世界上许多国家借鉴，但唯一的问题是染料有可能被去除。

2010年，北爱尔兰阿马郡的执法机构发现有家非法柴油加工厂能够每年去除850万升燃油中的染料，给纳税人带来约550万英镑的损失。[75]

纳税人找到欺骗税务机关的办法的例子比比皆是，比如之前已经提到，“zappers”软件如何破坏电子收款机的记录。造假者在利用新技术为自己服务方面一向表现出色，例如在2015年，某些犯罪分子利用偷来的数据，通过美国国税局网站上的应用程序掌握了10多万人的历史报税记录，然后利用这些信息来申请虚假退税，在国税局识破骗局之前，得到了5 000万美元的退税。[76] 在东欧，有人找到办法，由于电子系统遵照标准的“先进经验”，主要控制大额退款申请，他们就通过次数非常多的小额退款申请以获利。数字化或许会成为税务机关与狡猾的不良纳税人之间的军备竞赛。税务机关与避税策略玩猫鼠游戏已有数百年的漫长记录——私人部门想出某个避税策略，税务机关将漏洞堵上，私人部门想出另外一个策略，税务机关再度补漏，如此循环——让人对于税务机关能否最终获胜并无十足把握。

到目前为止，税务机关应用的绝大多数技术手段依然是为现有征管事务服务，只是力图做得更好一些。说到底，利用无人机侦测游泳池，跟派遣稽查员调查炉灶数量并无本质区别。几个世纪之前的海关官员也很容易理解对集装箱货柜的非侵入式扫描是为了什么。相比纸质发票，电子增值税发票提供了更便利的追踪与核查方式，但它们包含的信息基本相同。电子申报采用的表格与手工填写的表格也差不多。不过在后面的第15章，当我们试图展望未来的时候，会看到数字化带来的新机遇以及新问题可能会被证明具有深刻得多的影响。

* * *

大卫·华莱士在《苍白之王》中写道：“税收政策和税收征管的全部主题都是枯燥乏味的，是巨大而惊人的无聊。”[77] 能锲而不舍地跟随我们来到此处的读者，想必会有不同的感受。截至目前，我们对于什么是设计得当和执行有力的税收体系已有了比较清楚的了解，困难之处则在于把这样的智慧付诸实践。这是本书最后一篇的主题，从创立税收体系的现实入手，这往往丑陋不堪和令人沮丧，但有时也能取得惊人的成就。

第五篇

创造税收

这个国家应该有一个看起来像是由什么人特意设计出来的税收体系。

——威廉·西蒙（William E. Simon）[1]

第14章
负重和愉悦

征税和取悦，跟学会爱和学聪明一样，都跟天赋没有关系。

——埃德蒙·伯克[1]

在20世纪20年代初的苏联，政治局对农业税的未来展开了讨论：

> 李可夫：每个农民都在质疑，假如他不加入集体农庄，他是否就必须缴纳税收并承受各种负担……这将是个胁迫性的制度。
>
> 托洛茨基：算不上胁迫，只是有所激励而已。[2]

制定税收法规并不总是那么冷酷，但很少令人愉快。约翰·戈弗雷·萨克斯（美国诗人）曾说："法律跟香肠一样，当我们知道它是如何制造出来之后，就无法给予应有的尊重了。"[3]（这句话也可能出自俾斯麦）本章将考察现实中的税收法规是如何制定的，以及这个总是不愉快的过程如何在某些时候得出还算令人满意的结果。

财政部长的梦想

走私在18世纪的英格兰属于大生意，且充满暴力。在鬼鬼祟祟地享用白兰地的肥胖牧师以及与友人相聚品茗的儒雅店主身后，是高度组织化并经常铤而走险的犯罪团伙。在海滩和卸货处有人打斗，在海面上有激烈冲突，海关的船只往往火力不足，在内陆同样有暴力事件。在1723—1736年，共有250位海关官员遭到殴打，有6位被杀害。[4]

走私犯确保英国人能喝到一杯好茶

资料来源：*Smugglers* by John Augustus Atkinson, 1808。

走私货物中最重要的一种货物是茶叶。英国议会的一个委员会在1745年获知，仅在东海岸萨福克郡，就有1 835车逃税的茶叶被运上岸，由多达70人的武装人员将其运往内陆。帮派组织成员达到2万多名。[5] 尽管茶叶需求在增长，来自茶叶税的财政收入（政府的主要财源之一）却逐渐下滑。[6] 1745年，亨利·佩勒姆首相下决心解决这个社会与财政难题，他把茶叶税的税率减半，从高于100%下调至50%左右。[7] 这使得消费者面对的茶叶价格大跌，合法纳税的茶叶的销量增加至原来的3倍。纳税茶叶数量的增幅超过了税率的降幅，因此来自茶叶税的收入不降反增。降税后5年与降税前5年的情况相比，茶叶税收入几乎翻了一番。

这当然是每个财政部长梦寐以求的事情：降低税率，税收却会增加。每个人都感到高兴，或者至少受损者没有底气站出来抱怨。在下调税率之后，经济行为的反应（在18世纪的英格兰茶叶税案例中是走私现象减少）会导致税基大幅增加，使税收不降反增。这种想法即便在佩勒姆的时代也不算新奇，它至少可以追溯至穆斯林哲学家伊本·赫勒敦于1377年发表的论述："在王朝建立之初，从较小的估值中能获得很多的税收，而在王朝没落之时，从较大的估值中只能获得很少的税收。"[8]

在漫长的岁月中，其他人也提出过类似观点，如乔纳森·斯威夫特、亚当·斯密、大卫·休谟、让-巴蒂斯特·萨伊、詹姆斯·麦迪逊和亚历山大·汉密尔顿等。[9] 如今这种理念与"拉弗曲线"扯上了关系，据说是美国总统里根的经济政策顾问委员会委员阿瑟·拉弗于1974年在华盛顿特区的一家餐厅里，临时拿餐巾画出来的。拉弗曲线背后的逻辑很直观：对某种活动实施100%的高税率将不会带来任何财政收入，因为人们从中得不到任何好处，就完全不会从事这种活动。[10] 于是，只要降低税率能带来税收增长，就必然有某个低于100%的税率会让税收收入达到最高水平。反过来，如果税率超过使税收收入最大化时的税率，税收收入就会减少。这个逻辑非常清晰。不过，麻烦在于拉弗曲线并没有告诉我们实现税收最大化的关键税率水平到底是多少。而税收最大化究竟是在10%的税率水平上实现，还是在90%的税率水平上实现，有完全不同的政策含义。佩勒姆当时只是凭推测行事，初始的茶叶税设定确实也超出了使税收最大化的水平，但在今天的各种场合下，我们依然不太清楚自己究竟处于拉弗曲线的何种位置。

事实上，除了佩勒姆削减茶叶税或几年前下调咖啡消费税等少数情形[11]，我们并不容易找到通过降低税率带来持久税收增长的重大税收改革的成功案例。近年来有可能表现出拉弗曲线效应的一个主要案例是俄罗斯在 2001 年的单一税制改革（见本书第 5 章），它大幅削减了过去 20%～30%的较高税率，实行 13%的单一税率，并取消了部分减免规定。[12] 改革后的第一年，个人所得税收入增长了大约 23%。这看起来符合拉弗曲线的描述，并引来了很多人的关注乃至模仿：在之后几年中有十多个国家采纳了某种类型的单一税制。[13] 可是目前得出的共识是：俄罗斯的改革并未显著促进劳动供给或投资，税收遵从度确实有显著提高，部分原因在于为增加税收而同时采取的严厉打击，但遵从度的提高不足以抵消税率下调造成的负面影响。[14]

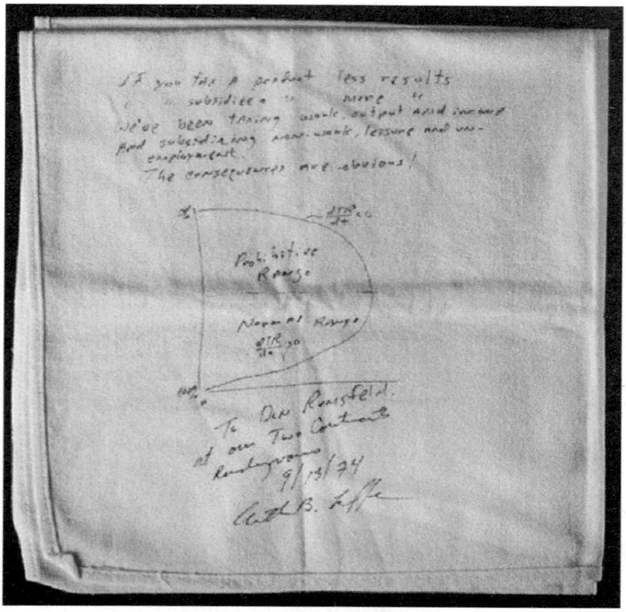

阿瑟·拉弗的餐巾

资料来源：Division of Work and Industry, National Museum of American History, Smithsonian Institution。

在美国，当里根政府于 1981 年大幅下调所得税税率之后，并没有像有人宣称的那样带来财政收入增长。堪萨斯州新任州长于 2012 年下调税率后，情形同样如此：在实施减税后，该州的经济表现严重落后于邻近地区，财政收入也下降了，迫使其削减了在道路和教育方面的支出。[15]

佩勒姆的成功已无法复现，几乎注定会失败，因为鲜有证据表明，世界各国主要税种的税率普遍高于减税会带来增收的水平。

当然，有一个关键的事实不容回避，即经济行为的反应会缓冲税率下调带来的税收损失，但不至于转而增加税收。“静态”税收估算不仅忽略人们对激励改变做出的反应和逃避税负的创造力，而且总是高估税率下调带来的损失和税率提高带来的收益。但要量化分析税率变化的行为反应对税收收入的影响（即所谓动态评估）颇为不易，而且可能引发争议。例如在美国，对特朗普总统 2017 年《减税与就业法案》的十年期静态财政收入损失估计约为 1.5 万亿美元。这项改革的支持者声称，它带来的行为反应非常强烈，足以弥补上述收入损失。可是无党派的税务联合委员会估计，行为反应只能弥补大约 0.5 万亿美元的损失。这固然是不太精确的推测，但精确性本就不是动态评估关注的焦点，其目的是给税收改革对财政收入的影响提供一个广泛的现实检验。这一点非常重要，因为在政客们已下定决心用减税来讨好选民的情况下，他们经常含糊其词地强调行为反应的作用，以推卸对自己在财政上不负责任的指控。

饿死野兽

财政部长的梦想是在降低税率的同时增加税收收入。其他梦想家喜欢减税的原因则恰恰是这样可以减少财政收入，以约束在他们眼中会为了自身利益或少数派系利益而膨胀的政府规模。我们已经在第 11 章提到，正是出于这种立场，有人认为国际税收竞争给公司税造成的下行压力是一件好事。

此类观点最强有力的表述来自杰弗里·布伦南（Geoffrey Brennan）与 1986 年诺贝尔经济学奖得主詹姆斯·布坎南（James Buchanan），他们把政府视为《圣经》中的海怪“利维坦”：丝毫不关心民众的福利，只想尽量扩大自身的规模，从而倾向于过度征税。当然，如何看待这种观点取决于人们对由税收支持的公共支出持何种态度。税款的确经常被浪费在毫无意义的项目上，让少数掌权者获利，或者被贪污盗窃。每个人都能讲出自己版本的“无用之桥”的故事，关于数千年来政府支出中的荒诞愚蠢，完全可以另外写本书。[16] 但话又说回来，有些人眼中纯属浪费的某些用途，另一些人却可能视为对公共资源的有效利用，包括再分配，有时候双方很难就此开展有意义的对话。

把政府视为利维坦的观点会完全颠覆我们对税收的通常理解。最有意思的是，这种观点意味着高效的税收是件坏事：改进税收技术以减少政府征税的成本实际上是不可取的，因为这会让本已臃肿的政府更加膨胀。[17] 由此得出的奇特推论是，只能够让政府采用额外负担非常高的税收工具。

另一种不通过低效税收政策来浪费资源的限制政府规模的办法是借助宪法。美国有大约一半的州宪法给政府收入或支出的水平或增速设定了上限，或者与人口、通胀率、个人收入水平等的增速挂钩。还有些州在提出新税收修正案时，要求得到州议会两院的绝对多数或全体选民的批准。在联邦层面，给宪法加入预算平衡修正案、明确要求联邦支出不得超过财政收入的建议，已经来回争论了很多年。比宪法约束低一个档次的办法是各种类型的法定财政规则，自 2008 年全球金融危机以来，这种做法迅速普及。到 2015 年，已经有 90 多个国家制定了此类规则。[18] 其目标经常是纠正赤字偏差，即试图扭转政府过度积累债务的倾向，而非限制政府规模。但遵守限制赤字或债务水平的规则不仅依靠节约支出，也可以通过增加收入来实现。给税收总收入明确设定上限的财政规则在现实中非常罕见，但可能采用间接的限制手段。全球有大约 20 个国家给财政支出设定了上限，其目标更多是为了限制政府的增速。[19] 例如，瑞典给政府支出设定了 3 年期的滚动限额。人们希望这些支出限制加上总体的财政责任约束以及关于债务和赤字的相关规则，也能够给税收收入设定隐含的上限。

还有就是有意识的"饿死野兽"的策略：明确要求用减税来制造赤字，促使担心赤字的立法者削减政府开支。[20] 这种办法的问题在于现有证据表明它并不奏效，甚至可能导致反弹。[21] 用增加赤字而非增加税收来筹款，可能让选民认为政府服务的供应并不依靠相应的税收，从而低估公共服务的实际成本，然后要求增加而非减少政府的行动。[22]

从考文垂到华盛顿 K 街

民众和企业界都时常为了自己的需要去努力影响税收政策，当有待表决的议案涉及巨额利益时，庞大的游说资金便蜂拥而至。例如，美国 2017 年的《减税与就业法案》通过前就属于这种情况。按照无党派监督组织公共公民（Public Citizen）的说法，有超过 4 600 名游说者专门参与此轮税收改革的游说活动。仅在当年第四季度，全国房地产经纪人协会就花费了 2 220 万美元游说经费，商业圆桌会组织出资 1 730 万美元，美国商会则花了 1 680 万美元。[23]

关于游说的赤裸裸的真相

但就像税收领域的常见情形那样，这本质上并不新奇。《鲁滨孙漂流记》的作者丹尼尔·笛福在杜松子酒狂热早期阶段为支持酿酒商奋笔疾书，后来则改换门庭，变成了反对派的得力干将。托马斯·潘恩花了两年时间在伦敦为提高税务官员的待遇而游说。不过，所有税收游说者中最浪漫的莫过于以一头金发而闻名的戈黛娃夫人，而非堆满黄金的政治行动委员会。[24]

据说在11世纪早期，戈黛娃夫人请求她的丈夫——默瑟伯爵、考文垂领主利奥弗里克——减轻市民的税负。轻视夫人意见的利奥弗里克表态说，如果戈黛娃夫人能裸身骑马走过市镇，他就同意减税。戈黛娃夫人没有退缩，她要求考文垂的民众都回到家里，关好门窗，然后松开一头秀发披在身上，骑马穿过了寂静无人的街道。传说只有一位名叫汤姆的家伙没有控制住偷看的念头，由此在英语里留下了“偷窥狂”（Peeping Tom）的说法。汤姆推开了自家窗户，但在得逞之前眼睛就瞎掉了。人们更少记住但与我们的主题有关的部分则是利奥弗里克兑现了自己的诺言，他免除了全城的通行费——只有马匹上驮的东西例外。[25,26]

戈黛娃夫人——著名的抗税人士

资料来源：*Lady Godiva* by John Collier (1897)。

戈黛娃夫人显然不是为任何特殊利益团体服务，但自古至今的绝大多数游说者总是这样。在17世纪后期呼吁英格兰取消皮革税的斗争中，皮革商行会从100多个地方向议会发起了150多次请愿行动。[27] 1694 年，扑克牌制造商征收了一笔会费，以填补取消扑克牌消费税的游说行动的开销。[28]

到 18 世纪早期，游说者们已发展出了五大类理由来反对增税提案，这些在今天依然是他们的常备武器。第一类理由是，被征税的产业或职业会遭受产量减少、失业增加以及其他悲惨后果。给美国《1986 年税收改革法案》前期准备工作留下经典记述的作者则很难掩饰自己对当时提出的反税主张的怀疑：

> 根据国会山上传阅的各项研究的说法，该法案（包括缩减投资激励措施的条款）将给建筑业强行“注入一剂琼斯镇类型的氰化物”*，把公寓租金价格抬升 20%~40%，摧毁古老的城市社区，并损害“美国人民的口腔健康”。马匹的培育数量会减少 18%，美属萨摩亚将遭到破坏，罐装金枪鱼将被淘汰。[29]

第二类理由是，增税提案没有效果，这将导致大量行政成本，使税收变得更为麻烦和昂贵，得不偿失。第三类理由是，在某些情况下，增税违宪。第四类理由则来自宏观经济方面，例如，增税会给对外收支造成负面影响。[30]

最后，游说者们经常会表现出看似无私的同情心，认为相关增税议案会损害其他人的福祉。例如，英国 1733 年货物税议案的反对者就提出，他们不只是在捍卫烟草与葡萄酒产业的经济利益，还在维护每个英国公民的政治权益，因为这一税收议案将剥夺英国人的自由。[31] 此类论点在今天极为常见，特殊利益集团的代表们表现得大公无私，他们并不强调对自身的影响，而是关注那些无辜、脆弱的普通民众。比如在 2017 年，针对一项对进口征税、对出口免税的“边境

---

* 1978 年，邪教组织“人民圣殿教”在琼斯镇利用氰化物制造集体自杀惨案。——译者注

调整式”营业税建议——其思路来自本书第 11 章提到的基于目的地的现金流税——科赫兄弟（有巨大的石油产业利益背景）支持的游说集团投放了一则电视广告，声称该建议将“损害辛苦工作的美国居民的利益，税收法规应该减轻民众的负担，而不是用新的消费税来加重日常用品的成本”。[32] 该广告并没有指出这笔税收实际上会伴随着相应的工资补贴，也未提及对石油进口相关产业的利润有何影响。借用美国政治家休伊·朗的精辟概括来说：“即便不是那样，你也必须说服对方：这是为了他们好。”[33]

就算是某些看似无伤大雅的税收改革也会威胁某些人的利益。例如，人们会觉得对于《2016 年税收申报简化法案》那样的关于免退税的规定，应该找不到反对的理由。但以行业领先的特波税务软件（TurboTax）为首的私人税务软件开发商们，却认为这种改革会给民众的利益造成惊人的损害：

> 改革不仅会把报税师、征税员、税务审计师和税务执行官等多种职责全部纳入国税局这个实体，从而给美国民众造成巨大且有潜在危害的利益冲突，而且创建这一体系本身也会给纳税人带来沉重负担……该议案会使国税局的核心税收征管工作无法完成，同时对纳税人极为不利。[34]

好吧，我们同样看不懂这套说辞的逻辑。

我无法相信这不是（同样税收待遇的）黄油

有时候，税收游说是为了消灭竞争对手。

19 世纪 60 年代，法国的黄油价格飙升，与普鲁士的迫在眉睫的战争有可能让黄油供应更加短缺。为此，拿破仑三世在 1866 年巴黎世界博览会上拿出了一笔悬赏金，以鼓励发明某种价格低廉、数量充足的黄油替代品。法国化学家伊波利特·米格·穆列斯想到，从牛油中可以提取出类似乳脂的纯油脂，然后与牛奶混合，就能形成一种类似黄油的廉价替代品，他称之为“人造黄油”。美国乳业公司于1874年购买了穆列斯在美国的专利，随后便把这种产品推向广大消费者。另外，穆列斯也确实拿到了拿破仑三世的奖金。

不过，美国的乳品行业很快注意到了这种低成本的黄油替代品，并催促议员们着手限制（最好是消灭）它带来的竞争。1877年，有两个州制定了“标签法”，名义上是为防止消费者受到愚弄，误以为自己购买的是真黄油。1882年，各地方乳业协会联合起来组建了“全国防止黄油掺假协会”，以抵御所谓由人造黄油带来的掺假行为与健康风险。在耸人听闻的反人造黄油的宣传中，充满了用令人作呕的原料来制作“假黄油”的恐怖故事。到1886年，有22个州制定了某种类型的反人造黄油法案，7个州直接禁止其生产和销售。[35] 到1900年，有30个州制定了规范人造黄油颜色的法律，以确保其外观和黄油的差异，有5个州要求把人造黄油染成粉红色。

税收很快也被加入黄油保卫战的武器库中。1886年，《联邦人造黄油法案》对人造黄油征收每磅2美分的特别税，并对人造黄油生产商征收每年600美元的许可费，批发商和零售商也分别需要每年缴纳480美元和48美元的特许费。这些税收的支持者甚至很少掩饰其真实意图。一位来自富产奶牛的威斯康星州的众议员就很热心地证明了丹尼尔·韦伯斯特对于税收威力的精准描述：“我高举旗帜，要利用税收来消灭人造黄油的生产。”[36] 到1937年，已有31个州对人造黄油征收特别税。

就这样，美国乳品行业极其成功地把税收政策争取到了自己阵容的一侧。毕竟对企业而言，不用缴税比缴税更好，只让自己的竞争对手缴税就再好不过了。[37]

借助税收实施连锁店“大屠杀”

20世纪20年代，美国连锁行业出现井喷式增长。杰西潘尼公司

（J. C. Penney）在 1920 年经营着 312 家店铺，到 1930 年增至 1 452 家。沃尔格林（Walgreens）在同一个十年中从 23 家店铺增至 440 家，A&P 则从 4 621 家增至 15 737 家。[38] 这一竞争态势引发了关注。

在地方政治中往往颇有势力的小商铺开始组织“本地购买”运动，各州的立法机构也着手研究抑制连锁店扩张的税收政策。[39] 第一批此类行动被法院制止，但是到 1929 年，北卡罗来纳州和印第安纳州针对连锁店的税收立法经受住了法院的审查。路易斯安那州批准对连锁店征收累进税，只对在当地开设的店征收，但税率以全国范围内的总店数为基础来测算，最终有 28 个州和某些市政府批准了某种类型的连锁店税。不过，这一势头在 1936 年遭到逆转，边际税率不折不扣地呈指数式增长的新连锁店税提案（第 1 家店征 1 美元，第 2 家征 2 美元，第 3 家征 4 美元……第 9 家征 256 美元，第 10 家及更多的店每家征 500 美元）在加利福尼亚州的公投中被选民否决。

与此同时，利用税收来实现某种预定目标（如打击大型连锁店）的做法不止一次带来适得其反的结果。连锁店发现：“减轻税收影响的最佳方式之一是把独立单位合并入超级商店，总营业额超过了之前独立店铺营业额之和。”[40] 到 20 世纪 40 年代初以后，不再有哪个州制定类似的连锁店税收，到 1980 年，仅有 6 个州在纸面上保留了连锁店税收法规，且都不算严厉。[41]

小企业与大公司之间的矛盾迄今依然存在，税收和监管措施同样受到影响。从 2004 年开始，旧金山市要求连锁店在该市特定区域开店须获得特别批准，并给其他零售商和市民提供表达异议的机会。沃尔玛已经成为摧毁夫妻店的巨头企业的象征，批评者指控说，沃尔顿家族的所有者从多项联邦税收规定以及州和地方政府的经济发展补贴中获得了大量好处，补贴额约为每年 7 000 万美元。[42]

出于某些原因，小企业还憎恨大型跨国公司利用我们在第 11 章介绍的狡猾避税方法来减轻税负的能力，这是小企业无法做到的。例如在对星巴克感到不满的群体中，就有众多地方性的小型咖啡店主。

而随着互联网的兴起，很多国家重新感受到 20 世纪 30 年代的类似担忧。亚马逊公司那样庞大而遥远的卖家不仅给夫妻店之类的小企业带来了冲击，也威胁到实体连锁企业，乃至沃尔玛这样的巨头。而税收或许正是助力它们快速崛起的原因之一。

直到最近，美国法律依然规定各州不能对其他州的卖家面向本州顾客的销售（包括但不限于互联网交易）征收零售税，但从本地商店购买同样的物品则需要纳税。小商贩们合理地指出，这种做法给外地卖家提供了竞争优势。当然情况正在改变。2018 年，美国最高法院判决南达科他州可以要求州外的卖家根据其对本州居民的销售额缴纳销售税。[43] 预计许多州将很快采纳同样的规则。

类似的问题也在国际层面出现，特别是与“无形服务”有关的部分，如专业服务或软件下载等，它们与实物产品不同，难以在边境上被拦截和征税。增值税法规越来越支持购买方所在国对此类服务征税，难点则在于对卖方的确认和登记——卖方可能在买方所在国家没有实体。产品贸易同样有要解决的问题，因为低价值进口产品经常免征增值税，而随着此类产品数量的大幅扩张，如今的改革趋势是降低对个人进口产品的增值税起征门槛。

走出新冠疫情之初，许多零售企业面临着不确定的未来。对政策制定者以及游说者而言，取消对远程卖家有利的税收偏袒很可能成为各方面更加关注的问题焦点。

对特定对象的豁免

从 17 世纪的扑克牌制造商到如今华盛顿特区 K 街两侧精致中庭里衣冠楚楚的高级管理人员，游说活动之所以兴盛，是因为都来自一种非对称性：特定税收措施的好处会集中在少数人手里，成本却由众多其他人分担。格莱斯顿曾提醒我们，“对一个人的豁免意味着让另一个人承担更多税负”，或者更有可能的是，让其他许多人多承受数额较小的税负。[44] 相比团结数量较少的受益者，把众多小受损者召集起来需要付出更多成本。

游说活动并不创造资源，只是改变资源的用途。尽管游说团体貌似关心普通民众的福祉，他们更多是出于私人而非公共利益。游说活动让特定团体获利，乃是经济学家在现实操作中不愿意推荐我们在第10章介绍的弗兰克·拉姆齐发现的对各类产品实施差别税率（使额外负担最小化）的原因之一。更好的办法是采取同等待遇，或者学者经常说的“税收中性”原则。

然而经验表明，经济学家的这一合理建议不太可能有效限制游说，更有希望的做法是设计出限制游说的规则。可以限制政界和游说产业之间的身份转换。宪法规则也能够发挥作用，例如在德国，就禁止采取让特殊团体获利的税收措施。我们在本章后续部分还将看到，政府利用了其他一些策略来对付游说活动。可是基本的非对称性仍在发挥作用，让各国政府——它们对政策措施后果的了解经常比不上受政策直接影响的群体——难以执行格莱斯顿式的平等待遇的方针。在过去几年，民间组织开始发挥作用，日益有效地审查某些特殊诉求，尽量从它们的角度出发维护公共利益。但通过专门游说来扭曲税收体系，依然是税收政策“香肠”制造过程中添加的不那么美味的作料之一。

绝对禁忌：长达4个世纪的英国食品免税

税收政策有自己的禁忌：某些事情即便没有特殊利益集团的强大游说，聪明的政府也发现最好别触碰这些事。许多东西对特定国家和文化来说有特殊意义，例如只有鲁莽无知的政策制定者才会反对销售《圣经》或《古兰经》的免税待遇。[45] 英国的禁忌则是对食品征税。

今天的英国不对食品销售征税。[46] 对此的标准解释是为了帮助穷人，他们花在食品上的收入占比比富人更高。然而，严肃分析这个议题的任何人都知道这个理由并不充分，甚至可以说没有意义。如果对食品征税，再把部分税收收入用来提高现有的社会福利，将有可能改善穷人的境遇，同时还可以用剩下的税款来支持削减其他税负或增加公共支出。[47] 这背后的原因是，零税率的好处其实主要归于富人，他们花在食品上的收入占比或许更低，但花费的绝对额更高，从免税中获得的好处也更多。食品免税并不是帮助穷人的有效办法，政策制定者对此心知肚明，却听之任之毫无作为，这到底是为什么？或许恰恰是因为有钱有势的人非常清楚自己才是真正的受益者。无论真相是否如此，英国不对食品征税都是一个长期传统，其中充满了政治教训。

英国在食品征税方面遇到的麻烦可以追溯到 17 世纪 40 年代的内战时期。此前有负担很低的货物税，该税种对国内产品征收，相对于对进口产品征收的关税。[48] 而在欧洲大陆，货物税，包括食品的货物税，已成为日常生活的组成部分。荷兰人于 1574 年引入了事实上的面包税[49]，许多城市很早就发现对进入城门的农产品和其他物品征税是极为便利的财政来源。[50] 在 1642 年爆发内战时，英国的保皇党人和议会双方都试图把货物税作为财政支撑。如本书第 2 章所述，议会方面的领路人是约翰·皮姆。他们从 1643 年起对啤酒和其他饮品征收货物税。与更广泛的税收政策制定传统一致，在货物税推出的几个月之前，若干议会成员义愤填膺地否认了计划开征该税种的谣言[51]；另外在引入货物税的时候，宣布这属于临时性措施。但很快，对于肉类、鱼类和其他食品也开始征收货物税，社会气氛随即变得紧张起来。1647 年，史密斯菲尔德市场上爆发了骚乱[52]，日益强大和激进的军方则提出要求："取消这片土地上的穷人赖以维持日常生存的商品……的货物税。"[53] 于是肉类、面包和蔬菜的货物税被废除，对其他一些产品的税收则在日常生活中被固定下来，特别是啤酒。[54]

标志就此被树立起来。对穷人看重的物品征税会引来政治麻烦，货物税也普遍不受欢迎。约翰逊博士（1709—1784 年，英国著名文学家）后来在描述社会气氛时把货物税定义为对商品征收的可恨的税种。[55] 局势变得非常激烈，甚至有位妇女因为诋毁税收舌头被钉在树上。[56] 实践证明，对穷人同样重视的其他一些产品的货物税在政治上或多或少可以持续，比如啤酒、肥皂、盐和蜡烛等。但如果试图对食品征税，英国人就会给你点颜色看看。

这一特征在1733—1734年的货物税危机中表现出来，那是“国王的大臣有史以来在公共舆论中遭受的最惨痛的失败”。[57] 当时其实并未提出食品税的建议，而只是打算引入对烟草和葡萄酒的货物税，同时会把土地税降至每英镑1先令。[58] 可是那些受够了首相罗伯特·沃波尔的人四处散布谣言，说范围广泛得多的货物税即将到来。赫维勋爵（Lord Hervey）报告说：“英格兰的城镇无论大小，十之八九的居民都认为这项计划是要开征一般货物税，他们的衣食住行都要被征税。”[59] 结果是一场政治风暴，令最精明强干的首相也难以幸免。前面的第7章还提到，一百年后围绕《谷物法》（涉及对食品进口的保护性关税）的斗争成为当时的决定性政治战场，其结果是赞成推高食品价格措施的托利党在一代人的时间里失去了掌权的机会。

又过了50年，明显没有吸取教训的保守党再度在食品税上栽了跟头。1903年，喜欢佩戴单片眼镜和兰花装饰的英国帝国主义政策的主要旗手约瑟夫·张伯伦发动了一场争取“帝国特惠制”的运动，意指对大英帝国内部的贸易实施低关税，而对外一律实行保护性高关税。但由于英国本土的大量食品进口自帝国之外，这会释放出食品价格上涨的幽灵。[60] 当时的托利党首相阿瑟·贝尔福——才华横溢，足以担任牛津大学万灵学院院士——熟谙英国历史。他指出“对小额食品税收的偏见根深蒂固，会影响很大数量的选民”。[61] 尽管有此疑虑，贝尔福却没有努力消除民众对于他的政党主张征收食品税的印象。大选灾难随之降临，保守党于1906年失去政权，直至一战过后才重新执政。[62]

过去，各国政府并没有如今可用的许多政策工具（例如社会救济金），以缓冲食品税对穷人的影响。约瑟夫·张伯伦确实思考过此类问题，希望把帝国之外的进口品关税作为扩大养老金的一个财源。[63] 可意料之中的是，无论英国政客对公共政策的缺陷有多么深刻的了解，但凡略有些历史常识，都绝不敢提出对食品征税的建议。如果有人忘记了这点，公众在 2012 年对“馅饼税”建议（很快被撤销）的激烈反应就是一次强有力的告诫。[64]

贸易大臣约瑟夫·张伯伦给食品加税

资料来源：“Free Trade and Protections,” London School of Economics。

各国政府的花招

政策制定者也可能像游说者一样狡黠。他们深知选民对税收政策的反应和政治压力取决于他们对税收的了解程度和感受，并经常相当自如地操控这两个方面。

消失的法案

1756 年的一位英国宣传册作者写到，“当税收被混入商品价格，它就会被忘掉，或者说不会给人们留下多少印象”，而如果税收是直接向消费者征收，“就会变得极其令人厌恶”。[65] 政客早就有同样的认识，并有明确的动机和能力掩饰税收，利用纳税人的行为习惯、认知局限乃至愚昧无知。

他们开发出了许多实施“隐性税收”的伎俩。税收可以表现为使用费，但实际付费却超出了相应服务的成本。税收阶梯和门槛可以用名义金额设定，而且不做指数化处理，以便利用通胀很快把人们带入更高的税率档位。有些社会科学家发现，所得税的设计会利用认知偏差来降低纳税人的税负感受，其中包括借助市场营销大师所说的“价格展示”技巧，例如采用折扣（对宽口径测算的收入进行扣减）和经常性的小额支付（例如雇主代扣的情形）等。[66] 实验室研究表明，此类策略行之有效，例如在税负分散到多个税种和小额组成部分的时候，人们往往会低估总税负。[67] 实际操作中的证据同样显示，缴税方式与缴税数额同样关系重大。从每次行程中人工扣缴的通行费变成自动化的电子计费，会使通行费涨价在政治上更容易通过，因为缴费行动对司机和选民来说变得更加隐蔽了。[68]

某些人认为，隐性税收表面上的无痛感意味着税收最终会过多，从而助长浪费性的政府支出。例如，美国的许多保守派人士之所以反对增值税，就是因为他们觉得这种税收对选民来说不可见，而且作为高效的“赚钱机器”会不可避免地导致大政府的后果——在他们看来过大的政府。[69] 不过在许多欧洲人看来，这种隐性税收的论点颇有些怪异，因为消费者收到的发票上通常都明确显示了其中包含的增值税的确切金额（在零售层面）。这些欧洲人或许还会恼火地发现，当他们在美国花钱购物，仔细盘算手里的预算时，货架上标识的价格通常并没有包含销售税。美国和欧洲的做法似乎都没有把税负隐藏得很深，当然与发票上显示税收信息相比，在结账时加入税款或许能给人们更明显的提示。不过其中的关键可能在于，无论是否反映了税负感受的差异，这两种做法带来的消费行为效应具有差异。有研究表明，当货架上展示的商品价格明确包含税负的时候，人们的购买量会减少。[70]

那么，隐性税收是好事还是坏事？它们或许有某些优点。毕竟，如果人们感知的所得税的抑制效应比实际水平更低，他们表现出来的带有社会成本的行为效应（比如减少工作量）就会比显性税收时更小。例如，许多人在判断行动时显然把平均所得税税率（总税负除以收入）当作边际所得税税率（新增收入所面临的税负）来考虑，至少在大多数人面临不止一个税率档次的情况下，平均税率更容易测算出来，并且几乎总是低于边际税率。所以，人们在决定是否多挣些钱（也多付出劳动）的时候，通常会低估由此带来的税收负担。[71]

当然，在任的政客喜欢隐性税收的原因在于这会削弱对他们的问责，而我们理应对此保持警惕。民众对自己转移给政府的资源数量心里有数，这是鼓励大家关注这些税款用途的有效办法。鉴于此，如今的一些评论家特别强调，纳税意识对于建立负责任、有响应的政府来说意义重大。还有迹象表明，在撒哈拉以南的部分非洲国家，对增值税的了解加深会带来更积极的纳税态度。[72] 要发挥税收对鼓励公民监督政府的潜在作用，最好让民众直接缴税，即采取最显著的征税办法。因此，除了最贫困的部分群体，让绝大多数人缴纳少量金额的税收或许是值得的，哪怕这样做不具成本效益。古代印加人就有过类似的奇怪认识，当某个省宣称无力支付标准贡赋的时候，当地的居民都必须定期缴纳一大批活虱子，以此方式来“教育和训练他们纳贡”。[73] 当然在此情况下，不是要求政府对自己的民众负责，而是迫使民众对统治者尽忠。相比高效和公平的税收，低效率和不公平的税收更加引人注目，所以这种世界观会导致一个有些疯狂的推理，认为某种税收越糟糕，它对推动政府问责的效果反而越好。不过我们不必考虑那样极端的假设，也可以理解提高显性税收对民众的好处远远超出对掌权政客的好处。

如何命名？

税收政策之争中的另一个前沿阵地是如何对税收命名。英国首相阿丁顿在1803年重新引入小皮特开征的不受欢迎的所得税时，面临的难题之一就是如何重新命名。有位评论家抱怨说："大臣们表现出相当不情愿的态度，认为这个税种不应该被称为所得税，但他们也还没有想到任何合适的名称。"[74]

而无论对于什么目标，反对方似乎总能巧妙地贴上令人讨厌的标签。这方面的一个典范是在20世纪90年代末，美国共和党人下决心永远用"死亡税"（让人联想起生活中两个更焦虑的方面）来称呼遗产税（让人联想起财富和地位）。[75] 全国独立企业联合会主席兼首席执行官杰克·法里斯（Jack Faris）要求办公室的所有人都采用死亡税的标签，忘记用的人每次需要给一家比萨基金捐1美元。这个标签在20世纪90年代末一路杀进国会山，被众议院议长纽特·金里奇（Newt Gingrich）等人纷纷采用。美国的遗产税税率在2002年得以下调，起征标准也被提高。[76] 这个巧妙的命名在这场争论中发挥了多大作用不得而知，但显然没有坏处。

其他人也玩过同样的游戏。英国保守党于2016年提出一项建议，试图削减与伴侣同居或结婚的单亲父母的福利，随即被自由民主党人贴上"恋爱税"的标签。保守党的另一项建议要求资产超过10万英镑的老年人为居家护理支付费用，则被工党幸灾乐祸地命名为"痴呆税"，把税收负担尽可能同这个群体可怜无助的形象联系起来。[77] 纽约市在1971年通过的一项法律把零售税扩大至价格不足1美元的餐食，被戏称为"热狗税"，并激起100多万人签署废除它的请愿书。[78] 最后还有上文提到的，英国尝试把增值税扩展到原本是热食，但会自然冷却的食品，这一尝试就是以失败告终的"馅饼税"。[79]

税收的支持者们也丝毫不缺乏想象力或者误导性。例如，对所有金融交易征收的一项小额税收被冠上"罗宾汉税"的称号，这传递了真实负担将落在富有的银行家头上的寓意。其实至少有同样多的理由认为，很大部分税负将落到储户身上，而且未必是高端储户，因为人们每次买卖金融资产的时候都会触发这项税收，包括储户自己直接买卖以及通过养老基金等机构间接购买的情况。

有时候，税收的名称或多或少反映了收益的指定用途。例如，印度有许多邦征收所谓的“奶牛税”，意思是这笔税款将专门用来建设牛棚、购买饲料，以照顾那些走失的奶牛。[80]

某些税收的名称似乎纯粹是无聊的设计者为了找乐子而选择的，比如“渗漏水地下储罐建设基金”，其英文简写 LUSTfund 带有“欲望基金”的含义。2010 年的美国《海外账户税收遵从法》的英文简写 FACTA 非常接近预想中针对的目标：fat cat（肥猫，意指富豪们）。人们也很容易推测，美国 2017 年的《减税与就业法案》中采用的某些简写词汇反映了法案起草者的心愿：打击跨国企业的避税策略。例如 GILTI［英文中近似 guilty（有罪）一词］和 BEAT（税基侵蚀与反滥用税，英文中有打击的含义）等。2020 年众议院第 H. R. 6690 号议案的标题《为北美洲当地的消费者带来创业进步》，看似生硬，其实打算用特定的英文简写来表达真实意图：BEAT CHINA（打击中国）。

名称有时候对税收确实很重要，而税收有时候也同样影响着名称。在东欧，大部分犹太人（除最富裕的部分之外）直至拿破仑时代前都没有姓氏。拿破仑要求俄国、波兰、德国和其他被占领国家的犹太人都要选个姓氏，主要是为征税和征兵服务。结果某些官员把这当成敲诈勒索、中饱私囊的天赐良机。有钱的犹太人可以购买包含美好寓意词根的姓氏，如 Gold（黄金）、Fein（美好）或 Blum（花朵）等，没钱的犹太人则往往被赋予带有贬义词根的姓氏标签，如 Schmalz（贪婪）、Ochsenschwanz（牛尾巴）或 Eselkopf（驴脑袋）等。[81]

哎呀，不好

有时候，政府直接把事情搞砸了。

1872 年，美国政府发布第 13 部税法，下调了许多进口制造品的税率。过去的税法规定对“用于培育或种植的热带和亚热带水果类植物”免征进口关税，但水果本身要缴纳很高的关税。可在 1872 年的税法文本中，在“水果”与“植物”之间出现了一个关键的逗号（原本应该是连字符），导致水果进口商将获得免税待遇，这是一笔价值数百万美元的飞来横财。起初，财政部长拒绝这种免税要求，认为法律文本“显然应该做另外的解读”。可是两年之后，政府屈服了，水果进口确实获得了免征关税的待遇。政府随后退还了已经征收的大约 200 万美元税款，约占 1875 年联邦总税收收入的 1%。[82]

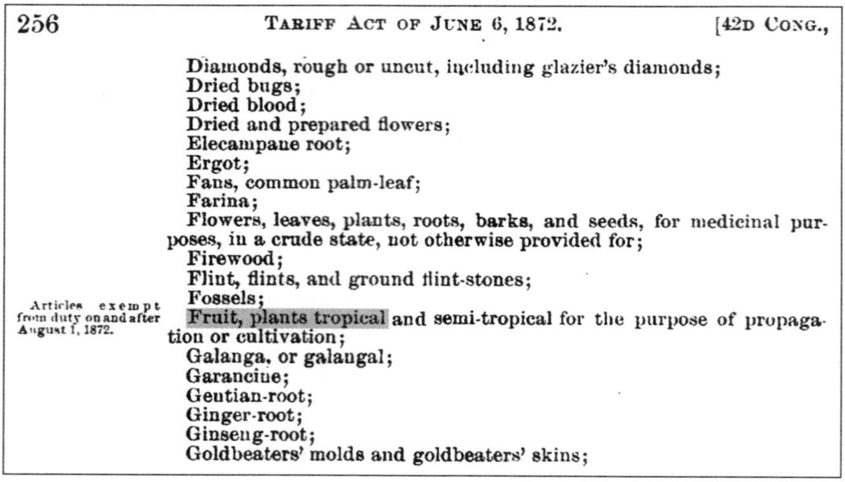
256 TARIFF ACT OF JUNE 6, 1872. [42D CONG.,

Diamonds, rough or uncut, including glazier's diamonds;
Dried bugs;
Dried blood;
Dried and prepared flowers;
Elecampane root;
Ergot;
Fans, common palm-leaf;
Farina;
Flowers, leaves, plants, roots, barks, and seeds, for medicinal purposes, in a crude state, not otherwise provided for;
Firewood;
Flint, flints, and ground flint-stones;
Fossels;

Articles exempt from duty on and after August 1, 1872.

Fruit, plants tropical and semi-tropical for the purpose of propagation or cultivation;
Galanga, or galangal;
Garancine;
Gentian-root;
Ginger-root;
Ginseng-root;
Goldbeaters' molds and goldbeaters' skins;

价值 200 万美元的逗号

这个故事还有个相当神奇的尾声。在 1883 年的税法中，水果获得免税，但蔬菜不行。这导致西红柿生产商指出，从植物学上讲，西红柿属于水果，所以应该免税。然而美国最高法院认为民众实际上把西红柿当作蔬菜（谁会把它当作甜点来吃呢），所以从法律上讲，西红柿仍然属于需要缴纳进口关税的蔬菜。[83] 这让我们又想起雅法蛋糕曾经引起的争议。

某些高效税收政策案例

各国政府随时都在调整自己的税收体系，这里调整税率，那里增加（或更为少见地取消）一些免税规定。许多税收政策的制定依然像 18 世纪的剧作家兼政治家理查德·布林斯利·谢里丹描述的那样[84]：

> 首先是推出征税法案，然后是修订征税法案的法案，接下来是解释修订法案的法案的法案，最后是弥补解释修订法案的法案的法案的缺陷的法案。
>
> 税收法案就像一艘船……送到海上开启处女航之后才发现忘了装船舵。在每次航行之后，都会暴露新的缺陷……必须给它补上漏洞，重新铺上船板，重新配上船帆，做倾斜检修，在所有这些代价不菲的改造后，又必须被拆解重造。[85]

在这种无休止的税收调整过程中，政府有时候把事情搞得比多加了一个逗号更加糟糕，但有时候它们也能做出卓有成效的深刻的结构性调整，足以配得上“改革”的称号。我们已经知道，战争耗费的巨额成本对刺激许多改革发挥了关键作用，但也有若干和平时期推出的重大改革，此处将介绍几个案例。“重大”并不代表它们的成果不存在争议，而是说即便反对者也不得不承认这些变革不同于简单的修修补补。

假如这些经历能明确告诉我们如何可以完成有效的税收改革，那固然好。但每项税收改革在制度架构、程序、选举规则及周期、自身特性上都各有不同，都有自己独特的经济、社会和政治背景。例如在英国，税收调整方案在从首相的红色手提箱（从格莱斯顿手中传下来的那个）取出来后通常不再做什么修改，对其中任何重大内容的否决都会被当作对政府的不信任投票。相反在美国，税收议案通常会在众议院、参议院以及两者之间的后续协商中得到实质性修订。[86] 各国税收改革发生的背景既有相似性，也存在巨大差异。对过去制度有所不满是先决条件（当然有时也不过是希望否认前任的工作成果）。此外，我们只能找出两个明显的必要条件，它们基本上是成功改革理念固有的同义反复的要素。[87] 第一是对于什么是更好的制度有清晰的设想，但这不代表改革必须有特别明晰的理论阐述，例如纵向公平、额外负担之类的内容，尽管其中许多理念已经在多年之中潜移默化地塑造了改革者心中的基本愿景。第二个老生常谈却实实在在的必要条件则是政府最高层要发挥的领导力。改革会制造出受益者和受损者，受损者的抱怨声音可能盖过受益者的庆祝欢呼。冲突恐怕不可避免，赢得胜利要求巧妙行使权力，包括纯粹的政治算计。除却这两个共同点，成功的税制改革彼此相差悬殊。

来自古驰峡谷以及其他地方的启示

自古以来，和平时期也可以通过政治上达成的共识来推进税收改革，尽管此类情况并不常见。[88] 美国《1986 年税收改革法案》（TRA86）算得上是现代的一个经典案例[89]，当时被视为美国所得税制度自二战以来的最重大调整。今天的人们在回看 1986 年时感到很震惊：如此全面的税收调整可以获得跨党派的广泛支持。大多数观察家（尽管肯定不是全部）鼓掌喝彩，称其为睿智地下调税率并扩大税基的成功举措，既可以保证税收收入，又能被普遍视作公平之举。

即便是那些最密切参与该议案政治运作的人士，也对成功结果感到吃惊。显然每个人都认识到所得税问题一团糟，社会的不满情绪酝酿已久。通胀把美国居民家庭推入更高的纳税档位，人们同时还感觉税收漏洞让这个制度高度失调且极不公平。不过，当时并没有兴起推动重大改革的山呼海啸般的政治运动，政治权力也呈分立的格局：共和党把持了白宫和参议院，民主党仍控制着众议院。陷入僵局似乎才是合理的预期结果。

有两件事情打破了僵局。其一是推动税收改革的人意识到，税率下调与税基拓宽相结合起来可以为达成历史性交易创造条件：税率下调让共和党人满意，而堵住富人的税收漏洞为民主党人所喜。双方都可以宣称获得了胜利。其二是里根总统的领导力，他当时民望极高——在税收法案通过两周之后，“伊朗门”事件的丑闻才爆发。里根虽然没有参与细节讨论，却通过干预在关键时刻挽救了改革：坚持税收中性原则（有助于制约特殊利益集团的影响），并愿意为大幅削减个人所得税的顶层税率而接受某些共和党人深恶痛绝的妥协交易。如果没有他的支持，这部改革法案不可能出台。

当然，达成此类税收改革的政治共识属于例外情形。特朗普总统2017年的《减税与就业法案》虽得以通过，却没有从民主党人那里获得哪怕一张赞成票。[90] 这几乎成了惯例，重大税收改革会遭到某些人的强烈反对，需要有能力、意愿和权势压倒反对力量的政府强行推进。

有时候这种反对是形式上的，归根到底，反对党做的事情就是表达反对。例如有许多政党曾反对设立增值税，但等到它们掌握政权的时候，却几乎没有人废除增值税。[91] 当然，反对也可能来自深层的本能，尤其是当改革措施带有阶级对立意味的时候。例如在1979年的英国，新上台的撒切尔政府发起对税收制度的根本性调整，在某些方面与后来美国的1986年税改有相似之处，同样是针对税率过高、税基收窄以及通胀引致的问题等，其中的荒唐标志是当时的非劳动所得的最高边际税率竟高达98%。撒切尔政府把个人劳动所得的最高边际税率从83%下调至60%，基准税率仅下调3个百分点，降至30%。[92] 增值税税率则有所提高，奢侈品和其他大部分产品的税率分别从12.5%和8%统一提高至15%。可是，她的改革与美国的税改有一个关键不同：在分配效应上不是中性的，而只是大幅减轻了富人阶层的潜在负担。许多经济学家或许认为税收制度的这一调整有助于提高效率，但改革本身造成的再分配效应显著，遭到了受损群体的强烈抵制。只是因为新政府在议会占有明显的优势，才得以强力推进。

有时候成功的改革需要经历漫长的过程，需要大张旗鼓的宣传，例如美国1986年的税改。但有时候税收改革进程很迅速，且很不透明，例如俄罗斯2001年单一税改革的主要推手是新任总统普京，他带领“联邦安全局官员与自由派经济学家组成的奇特团队”接掌政权[93]，普京决心让失控的税收体系恢复正常，很快表态称税收执法将严格推进，尤其是对寡头阶层。[94] 从宣布单一税建议到法案获得通过只用了约6个月时间，这种速度既反映了总统的强大权势，也被视为打算速战速决、让反对派利益集团没有时间做充分动员的重要策略。

类似的快速行动在成熟的民主国家基本上无法实现，也不符合更为传统的经验智慧：广泛咨询与谨慎研究是推动合理而持久的改革的必要条件。当然还有其他办法可以约束特殊利益集团的影响。例如，美国《1986年税收改革法案》的部分关键讨论采取了闭门方式。参议院财政委员会主席鲍勃·帕克伍德（Bob Packwood）评论说：“当我们闭门开会时，参议员们可以凭良心投票……然后走出去对游说者讲，‘上帝啊，我帮你说话了……可你也知道，帕克伍德那个家伙就是不肯让步，真是无能为力’。”[95] 后来，议员们抓紧时间在夏季休会前达成协议，因为担心继续拖延会让利益集团有时间重整旗鼓。

在不可避免地要对游说集团做出某些让步时，或许至少还有办法限制他们造成的税收成本，包括采用分化和压制他们的策略。美国人所说的“枪击”（rifle shots）类型的惊人条款或许就属于这种情况，此类规定会让某个特殊纳税人获益，却不需要在条款中专门指明。例如美国《1986年税收改革法案》中就包含一条规定，让“1916年10月13日在特拉华州创立的一家汽车生产商”获利，完全是为通用汽车公司量身定制。

有时候税收改革的发生是不得已而为之。财政危机即使不能创造共识，也至少会让人勉强承认变革不可避免。当然，即便在非来不可的情况下，税收改革依然可能无法实现，比如旧政权统治下的法国就不具备逃脱财政危机所需的长远眼光与领导魄力。

增值税的强势兴起

过去半个世纪最突出的财政成就故事，即增值税的兴起在很大程度上也源于形势使然。这个税种在 60 年前还鲜为人知，如今已遍及 160 多个国家，占全球税收收入的大约 30%。增值税的兴起始于 1967 年，欧洲经济共同体采用它作为一般类型的消费税，主要是因为增值税不针对出口产品，而将进口产品视同国内销售，即便各国实施不同的税率，它也不会干扰产品和服务的自由流动。增值税的实施区域如今已远远超出欧洲，事实上，它在 1985 年之后的拓展主要是在欧洲与南北美洲之外的低收入和中等收入国家。增值税的兴起在很大程度上受到各国税务专家的热烈欢迎，尤其是用范围广泛的增值税来取代关税和级联流转税（cascading turnover tax）。

必要性在增值税的兴起中发挥了推动作用。欧盟成员国需要实施增值税，后来加入的国家也必须采用增值税。对发展中国家而言，某些外部顾问也鼓励它们实施增值税，因为这也关系到能否获得国际货币基金组织的支持计划。[96] 当然关键还在于扩大财政收入的需要，以及征收增值税导致的扭曲程度较低。每个采纳增值税的国家都有自己的故事可讲，而在书写这整段历史的时候，领导力尤其值得一提。

其中最富戏剧性的例子之一是布莱恩·马尔罗尼（Brian Mulroney），于 1991 年引入联邦增值税（在当地被称为一般销售税，GST）的加拿大总理。这项税收很不受欢迎，通过采取极端措施（让女王任命更多参议员）才得以通过，并且是马尔罗尼辞职及随后大选惨败的主要原因。但引人注目的是，没有任何继任的加拿大政府试图取消这项税收。事实上，被迫下野的布莱恩·马尔罗尼的政治继任者还以各种方式把增值税推广到了大多数省份。

增值税的历史还提醒我们税收改革的远见卓识来自何处：经常是邻国。各国都在邻国中寻找能有效提升税收收入的现实办法，让增值税的推广表现出了区域性爆发的特征。[97] 与之类似，俄罗斯单一税改革的成功也吸引了众多中东欧国家的模仿，令它们非常感兴趣的是，税收收入在税率下调后还增加了（尽管我们看到这方面的证据并不太确切）。[98] 当然这并不新奇，政府总是乐于从国外借鉴好的税收建议。17 世纪 20 年代，为了筹集更多资金资助与西班牙的战争，荷兰给提出最佳新税收建议的人设置了一笔丰厚的奖金。印花税的建议从中胜出，并于 1624 年实施。理所当然的是，英国人很高兴地借用了荷兰人的印花税，就像法国人照搬英国人的窗户税一样。亚当・斯密就说："一个国家的政府向其他国家学习的时候，学得最快的莫过于从民众口袋里抽取资金的艺术。"[99]

然而，过去半个世纪中全球税收领域最成功的故事还没有在美国上演，这里尚未实行增值税。有人将此归咎于众议院筹款委员会主席艾尔・厄尔曼（Al Ullman）的"厄运"，众议院筹款委员会是美国所有税收法案发起的地方，曾于 1979 年提出 10%的增值税建议。已经在国会有 12 个任期的厄尔曼为此丢掉了议席。[100] 增值税是美国的税收禁忌这一说法就此延续下来。一个简单的解释是，美国人原本就害怕税收，一种全新的税收自然会立刻成为警惕的对象，尤其是它还起源于欧洲。各个州的政府则担心，联邦增值税会削弱自己所依赖的零售税。另一个比较精辟的解释来自前财政部长与哈佛大学前校长劳伦斯・萨默斯：共和党人因为赚钱机器的属性而反对增值税，民主党人则因为累退的属性而反对增值税，一旦有政治分歧的双方都认识到对方的正确一面之后，美国就会实行增值税。[101]

然而形势或许正在逆转。在 2016 年的共和党总统提名选举中，泰德・克鲁兹与兰德・保罗这两位候选人提出了增值税建议，当然深知名称重要性的他们都采用了别的说法。即便如此，这种偷梁换柱也没有逃脱竞选对手的眼睛。最生动的例子是一家政治行动委员会（支持另一位候选人马尔科・卢比奥）的电视广告，里面恐吓说："克鲁兹想实施增值税，跟加拿大和欧洲的社会主义国家一样"，同时在屏幕上乱七八糟地打上意大利、法国，特别是瑞典（用粗体）等国的名字。广告里的声音接着说：“保守主义者会把克鲁兹的计划称作进步派的梦想，因为这将让他们轻松收获大笔税款。”[102] 在这场角逐中，克鲁兹、保罗乃至卢比奥都没有获得提名，之后上台的特朗普政府则明确表示增值税不在考虑之列。为应对新冠疫情带来的特别支出需求，或许会进一步推动增值税在美国被采纳。即便如此，我们也有把握预测它不会采用增值税的名称。

增值税显然给许多国家展示了一个清晰的场景：比较理想的税收制度应该是什么样子的。领导力作为税收改革的另一个必要条件，当然也至关重要。初心良好的领导有可能陷入狂妄自大，例如本书第 4 章介绍的撒切尔夫人的财政计划因为人头税而失败的例子。即便是比较轻微地调整税收制度，领导力和政治技巧也往往不可或缺，比如如今致力于在非洲建立高效税务机关的许多特派员的表现。有时候，包括职业政客在内的掌权者会有做一番事业的特别冲动，但从罗伯特 · 皮尔到布莱恩 · 马尔罗尼的结局来看，他们往往会为此付出代价。

好了，回顾历史的篇幅已经够长。接下来该做些总结，并展望税收的未来。

第 15 章
未来场景

历史是个异域国度，那里有不同的做事方式。

——哈特利（L. P. Hartley，英国著名编剧）[1]

此话千真万确。只是，生活的基本内容并没有那么大的改变，无论是像哈特利的小说《送信人》中注定失败的恋情，还是征税，改变的只是具体场景和人物。与小说女主角玛丽安·莫德利失去理智的恋爱类似，政府也希望在征税时不要带来太多不愉快。他们由此面临的关键问题在历史上大同小异，这是本书传递的核心理念之一。

在这最后一章里，我们试图从数千年税收历史中总结出若干经验教训，并以此推测未来的情形。把注意力转向未来的一个不利之处是让我们没有传奇故事可讲，比如穿刺的酷刑或者塞了猫的裤子。但有些以想象未来为职业的人，或许已经给我们描绘了今后的税收制度是什么模样的。

纳布星球与乌托邦的税收

在电影《星球大战前传 1：幽灵的威胁》开篇，银河共和国陷入了混乱状态[2]：

对外围星系的贸易路线征税引起了争议。贪婪的贸易联盟打算用致命战舰建立的封锁来解决问题，完全切断了通往纳布星球的运输。在共和国议会对这一系列警报事件展开无休止讨论的同时，最高议长悄悄地派出了两名绝地武士……

以上描述听起来有些熟悉。科幻作家能赶在现实场景出现的很早之前就设想出登月旅行、潜水艇和机器人法则，却似乎没有用类似的天马行空的想象力来设计未来的税收制度。[3] 在科幻小说中出现税收制度的地方（经常无关紧要），往往都是引发古老形式的反抗。有时候，这些文学家太过喜欢在自己头脑里激发此类起义抗争。例如在小说《严厉的月亮》中，知名科幻作家罗伯特·海因莱因就策划了一场争取月球独立的革命，主要目标是建立一个免税的月球。[4] 书中的理论家贝尔纳多·德拉巴斯教授有着类似于丹尼尔·韦伯斯特的观点："一旦赋予了征税权，它就将贪得无厌；它会阻碍，直至摧毁……完全废除政府或许无法办到……但有可能使其维持小规模、匮乏与无害的状态。"[5]

在道格拉斯·亚当斯的《宇宙尽头的餐馆》里，超级有钱的摇滚明星霍特布拉克·德夏托有更为慵懒躺平的想法，"出于税收的考虑"，他将有一年时间进入死亡状态。[6]

的确，有人建议对科幻产业本身——包括文学作品、玩具、影视等——征税，以资助……宇航事业。理由是喜欢看科幻作品的人可能愿意给美国国家航空航天局出钱，使它能接着开发出更酷的东西。这一天才税务创意的始作俑者当时在竞选众议员，承认自己并没有对此做任何测算——当然也符合参与竞选的政客由来已久的惯例。[7] 不知道为什么，此人最终没有当选，又回到超市装袋工的日常岗位上。

所以令人失望的是，从科幻小说中我们很少发现对未来税收制度的深刻洞见。但本章稍后部分会指出，过去曾经被当成科学幻想的许多东西，如今正变成税收制度的现实。这里不妨换一个方向去寻找对税收制度发展趋势的思考。我们或许可以带着比较乐观的心态，去看看许多有识之士在过去两千年里对乌托邦有过什么样的设想。

当然，文学中畅想的乌托邦对税收细节往往轻描淡写。在托马斯·莫尔于 1516 年创立乌托邦一词的著作中，所有居民都需要把自己的产品交到中央仓库，然后从中拿走自己需要的东西。[8] 不过并非所有人都要做出贡献。老人、弱者、管理者以及幸运的专家学者并不需要。于是平均来说，其他人的缴纳多于其所得。这听起来跟税收类似，只不过没有用税收的名义。爱德华·贝拉米 1888 年发表的《回顾》也类似："我们没有陆军、海军这些军事组织，没有政府部门、税务部门，也没有税收和税务员。"[9] 那里没有正式的税收，但有着"不返还给公民个人的剩余产品，可以被视为某种税收"。[10] 他们的描写都属于社团主义乌托邦，资源将被平均分配或者按需分配。

右翼与自由意志主义的乌托邦不那么为普通人熟知，但确实存在。例如奥古斯特·施万于 1922 年发表的《走向新社会秩序》构想的场景里就几乎没有税收，为支持极其有限的必要政府行动（保护每个人的自由，提供道路、供水、消防等服务），公民自愿缴纳"一定的会费"，这是一种含糊不清的说法。唯一的例外是土地税，根据亨利·乔治提出的理由，认为地主排斥他人使用土地，从而妨碍了他人的自由。而在安·兰德的《阿特拉斯耸耸肩》一书中，自由意志主义的理想社会把税收视为自愿性质，只为获取需要的服务而缴纳。安·兰德提到了政府彩票，但没有探讨本书第 3 章介绍的由于不可能成为受益者而造成的隐性税收问题。

上述社团主义乌托邦和自由意志主义乌托邦的共同特点是税收最小化，毕竟它们都是乌托邦。它们的差异则在于，前者要求人们给社会做出贡献，当然是带着微笑去做；而后者认为贡献属于自愿性质，却没有详细阐述当自愿贡献不足以应付政府需要时会有何种不良后果。

或许反乌托邦作品至少能告诉我们哪些场景需要避免，而彩票在这些作品里也有出彩的表现。乔治·奥威尔显然非常清楚彩票在 20

世纪 30 年代的苏联被广泛采用，他的《一九八四》做了如此描述[11]：

> 这是普罗大众认真关注的唯一公共事件。可能对千百万民众而言，彩票即使不是唯一、也算他们要活下去的主要原因……温斯顿……乃至党内的所有人都知道，所谓奖金基本上存在于想象，只有很少的金额用来发奖，而且中大奖者的身份是虚构的。

从这些景象中几乎得不到什么启示，在展望税收制度的未来时，我们还得从过去的历史中寻找教训。

税收智慧的支柱

过去几千年对税收的忍受、讨论和思考，给我们留下了如下 11 条启示。[12]

税收反抗很少只针对税收

当税收问题在历史上被点燃的时候，通常是由于某种起义或抗争，但这些事件基本上总包含比税收更多的因素。税收事务在更多情况下是激起冲突的引爆点，深层原因则是更原则性的分歧，即关于更广泛的统治权的分配或行使方式。因为征税的强制力几乎等同于国家主权，也是其最显著的外在表现之一。

最激烈的税收反抗的最终目标不仅是调整税收制度，还涉及权力的重新分配，这样的结果有时确实能实现。无论是国家（包括尚未成立的国家）之间的冲突，例如被后世误解的波士顿茶党或 19 世纪的南美洲十分钱战争，还是各国内部的纷争，例如英国内战和法国革命等，情形莫不如此。瓦特·泰勒领导的起义农民在控制伦敦的时候，甚至都没有在诉求清单中把人头税列出来，他们的深刻不满其实是源于黑死病大瘟疫之后，仍有各种障碍在阻挠他们实现本已被提升的经济地位。而 1790 年遭到废除的引发众怒的法国旧政权的盐税，却在 1806 年被拿破仑悄悄恢复了。

尤其容易引发抗税行动的是明显的不公平，不仅来自税负水平和税收结构，也涉及征管方式，正如日本岛原的税吏及历史上各种不知名的腐败事件表明的那样。当然，被视为税收不公平的政府很可能在其他许多方面也会给人留下不公平的印象。比如 1990 年的英国人头税是在同工会爆发激烈争斗后推出的，法国的“黄马甲运动”是由上调燃油税引发的，但也被很多人理解为表达了“对马克龙政府为富人阶层和巴黎精英群体服务的普通愤怒”。[13] 在宣泄对政府的不满情绪时，反抗和抵制税收会很自然地成为焦点，因为这既否认了政府的合法性，又挑战了最基本的国家强制力的实际执行力。

用词需要谨慎

政府可以通过许多不被称为“税收”的渠道从私人部门获取资源。尽管如此，它们获得大量资源的能力最终仍取决于强制行动的权力，也就是征税权。例如，政府可以在贷款人相信能得到偿还的限度内借款，其最终保证是政府为偿还借款找到相应资源的能力，即在必要时对民众征税。通过创造货币来获取资源的铸币税只不过是税收强制力的另一种行使方式，表现为政府有能力决定采用何种法定货币。最后，无论在过程中采用何种名义，只要政府掌握了部分资源，私人部门中总是有人要遭受损失。

当然，各国政府不愿意提及的一个词就是“税收”，它们经常采用“费用”“收费”或者“征收额”之类的说法，意味着纳税人因为缴纳会获得某种回报，当然从广义上来说也对，尽管民众未必喜欢那样的回报。政府还通过误导性的命名来粉饰税收，例如撒切尔夫人的社区收费其实就是人头税，而 1381 年的人头税才是真正的社区收费。这些标签固然可以影响政治感受和支持度，并影响政府的账目登记，却不容易显著改变真实税负究竟落在什么人头上以及由此引发的行为反应。

然而语言确实很重要。它在税收的政治经济学中关系重大，因为政客和游说者都试图操纵政治讨论所用的术语，无论是狄更斯当年把窗户税痛斥为对阳光和空气收费，还是如今的美国共和党人给遗产税贴上“死亡税”的标签。通过各种或大或小的渠道，语言对税收的法律架构也意义深远。宪法的具体规定依然在以独特方式给税收政策施加限制，例如美国宪法中关于“直接税”的规定就给财富税制造了障碍。1935 年的《印度政府法案》则让如今的印度和巴基斯坦在推行全国性增值税时面临难题。[14] 某些国家旨在确保税收公平的宪法规定（类似 1634 年的弗吉尼亚税法的要求）听上去很好，却无法得到有效执行，比如意大利的宪法要求“税收制度应该以累进标准为基础”。[15] 法律细则的准确排版印刷同样重要，关税法规中标错的逗号可能让政府损失惨重，船只征税时采用的具体计算公式对船员而言可能性命攸关。

你可能成为给午餐买单的人

任何税收都要回答的最困难问题之一是到底由谁来承担税负，具体而言，谁会因此损失购买力。公共讨论中很少停下来思考这个问题，但号称“针对”某些人或某些活动的某种税收（或收费之类），并不意味着真实税负就是由这些人或从事此类活动的人承担。其中的关键在于，随着税收给供需双方带来影响，市场价格会做出相应调整，税负也可以并经常发生转移，尤其当我们谈论名义上由谁负责给政府缴纳（给定税基和税率的）税收的时候。在乔治王时代的英国，女仆税是由雇主负责缴纳的，结果却使许多女仆转而从事其他职业。给低收入的劳动者提供补贴，则可能压低补贴前的工资水平，让雇主拿走好处。这样的结果也许并非政府所愿，而对于真实税负应该落到哪里，政府或许本来另有目标。可任何税收的真正归宿并不取决于政府的愿望，而是税收导致的各种行为反应的博弈结果。

要弄清楚某种税收的负担究竟由哪些人承担并不容易。例如，企业所得税最终由哪些人承担——员工、股东还是消费者——这样的基本问题至今仍没有明确的答案并存在激烈争议。对税收归宿的实证研究尽管进步很快，成就却依然有限。现代分析方法似乎很适合考察特定环境下的狭义税种的税收归宿，如欧洲某些地方下调理发税带来的结果，但政策制定者在面临许多问题时仍缺乏理论指导，例如提高基准增值税率是完全传递到消费价格上，还是会部分转嫁给员工和企业主。

经济学家对许多税收的真实归宿知之甚少，对整个税收体系的税收归宿更没有把握，这着实令人汗颜。不过从英国维多利亚时代的《谷物法》之争以来，就有一条预示税负可能出自何处的直观原则：税负往往会落在对被课税物品或活动最缺乏其他替代选择的人身上。这方面的极端例子是租金，即超出资产所有者要求的最低水平的收入，它来自供给不变的某些基础资产：此时税负将由资产的所有者承担。另一个极端则是有良好替代选项的物品，例如只针对红葡萄酒而不包含白葡萄酒的税收就不太会完全落在红酒爱好者头上。

某些税收的负担最终会落在何处，我们对此不可能知道得特别清楚。上述直观原则的关键作用在于，它可以让我们把讨论焦点放在真正的议题上，而非简单地贴上标签，或者只从表面上领会政策制定者的意图。

无论选取何种标准，税收公平均不易实现

针对不同的人，除了他们之间的支付能力差异，还可以在何种基础上给予不同的税收待遇，与此有关的看法（即横向公平）随时间推移而改变。如今，很少有税种明确按照宗教、种族、性别或面部毛发的不同来给予区别待遇，现在的问题更多是隐性差异，并不直接点名任何群体，却在实际上反映了女性和男性，以及不同族裔群体之间的系统性偏好和需求差别。完全消除此类歧视或许不现实，甚至可能

与其他合理目标发生冲突。例如，从数学上讲，对单身家庭和已婚家庭实行平等待遇与累进所得税就无法同时实现。某些人缺乏行为反应或许与个人特征有关，从减少额外负担的角度考虑，对他们应该适用较高的税率。问题在于，隐性歧视在什么情况下会变得过于令人反感，进而需要采取相应措施。

公平的第二个维度，即“纵向公平”带来的问题甚至更加难解。至少从古代雅典的祭祀仪式起，税收负担该如何在富人和穷人之间分摊就是一个核心话题。19 世纪的税收政策辩论同样如此，当时还只需要为国防之类的基本政府功能筹集款项。随着福利国家制度的兴起，从富人到穷人的资源再分配已成为如今税收和支出政策的一个核心目标，纵向公平问题的重要性变得更加突出。然而，税收负担到底应该在多大程度上朝富人倾斜，仍部分取决于个人的价值判断，这更多属于哲学领域而非经济学范畴的课题。经济学家能做的是指出并最好能够量化税负倾斜可能带来的其他社会成本。在不与支付能力挂钩的一次性税收的情况下，困难在于无论选取哪种福利代理指标，都不可能在对富人多征税的同时，不打击其他人致富的激励。有些办法能够从较富裕的人那里筹集更多税收，而不会带来太多（甚至任何）额外负担，这就是亨利·乔治打算把天堂之城带到人间的土地税，以及让许多人着迷的改进公司税使其落到租金上面，从而由股东承担的想法。不过，确认租金的任务未必轻松，另外此类税收不太可能满足政府的全部财政需求，所以在累进制与效率之间最终仍不免做权衡取舍。这种艰难抉择依然是税收制度设计的核心议题之一，甚至是最根本的议题。

我们还必须记住，税收（包括现金福利类型的负税收）只是解决纵向公平问题的政策工具箱中的一类选择，甚至并非其中最高效的工具。尤其对低收入国家，政府扶持穷人的最强有力手段之一是提供基本的教育和医疗。相对于累进性质很强但税收收入太少的税种，像增值税之类累进性质不强却能带来大量收入的税种可以有力地支持政府的教育和医疗支出，从而更好地为穷人提供帮助。

征税的关键是找到良好的代理指标

税收制度要想摆脱反复无常的特性，就必须有可以测量的依据，并最好能够经得起法庭的检验。多个世纪以来，这样的观测能力有了大幅提升。在乔治王时代的英国，诺斯勋爵认为对私人教师和仆人征税是“恰当且合理的，因为这些是税收支付能力的显著标志”。[16] 如今我们主要把收入作为更好的指标。我们不需要数一栋房子的窗户数量就能比较准确地估算房子的市场价值。随着各经济体摆脱以小农户占据主导的状态，我们可以更多地依靠雇主，要求它们根据雇员的收入水平来报告、代扣代缴税款。这极大地增强了税收制度的力量。不过，我们在征税时依然经常不是直接针对某种对象，而是依据它的某种代理指标。

有时候采用代理指标比较便利。例如对商品征税时，我们需要对课税对象的本质做出明确定义，比如，香烟到底是指什么东西？税务法规对此类问题的回答可能引发一些古怪现象，但大体上仍可控。在利用税收应对外部性的情形下，如果我们能确认是什么因素造成了损失，什么因素应该被征税（比如燃料中的碳含量），就没有必要寻找代理指标。但对于其他某些情形，尤其是在试图确保税收制度公平的时候，寻找良好的代理指标将是一个持续的过程，它涉及税收制度的核心目标。

例如，房产价值就不能特别准确和完整地反映业主的经济状况或财富总额。即便对大公司来说，我们对其收入的测算也要根据关于资产价值的假设，其中包括无形资产，这些假设可能与实际情况相差悬殊。对小企业来说，今天仍经常采用对其收入的粗糙代理指标（如营业额）来计税。如今的政策讨论依然围绕着：为确保税基公平，什么才是最佳的收入测算方法（例如允许扣除哪些类型的医疗支出），应该将哪些内容纳入新设立或修订后的年度财富税的税基等。

但问题不仅仅是准确地测算收入和财富以及对其征税，尽管这些显然很重要，但还有更基本的问题，即虽然存在税负应该与支付能力挂钩的广泛共识，我们却没有可靠的办法从最有意义的角度测算这种支付能力。归根到底，它不是某个人实际获得的收入或财富，而是指此人可以掌握的数额。例如，税收因素可能诱使家庭中挣钱较少的一方放弃工作，此时用实际收入测算的支付能力就远低于其潜在水平。更高效的税收制度可以考虑这种潜力的影响，采用与是否就业无关的某种税负，从而避免打击参与工作的积极性。然而这样做依然反映了公平方面的判断：对潜在收入应该适用何种水平的税率。

一次性税收是理想形式：有公平方面的考虑，与纳税人的实际行为无关，只与潜在的支付能力挂钩。但麻烦在于，不管纳税人怎么想，他们都会有掩饰其潜在收入的动机。当我们直接询问个人和企业能挣多少钱的时候，他们不太可能如实回答。除了很少尝试的古代雅典祭祀献金和孙中山设想的自我评估计划，似乎没有什么聪明的办法能诱使人们讲出真相。因此，我们仍旧只有依靠代理指标去揭示未知的支付能力，纳税人可以通过改变自己的行为方式来操纵这些指标，由此成为税收额外负担的重要来源。这将是稍后要专门讨论的一个启示。

极具创造性的逃税和避税行为

历史表明，人们在逃避税收方面有着无尽的聪明才智。如果10扇及更多扇窗户会带来更大税负，有人肯定就会只保留9扇；如果税收按照临街面的大小计征，有人就会住到瘦高形状的房子里；人们用移动隔板来替代砖墙，因为前者符合投资税抵扣规定，而后者不符合；还有那些被砍掉尾巴的狗（假如传说是真的）……在上述例子中，若不是为了减轻税负，人们的表现都不可理喻。而这些做法还都在法律限度之内。在含糊不清的灰色地带的另一侧是逃税行为，就其本质而言属于欺诈，创造性通常要弱一些。但有人在给名叫“绒毛”

的孩子申请免税额时的厚脸皮，有人在设计“旋转木马”或其他更令人迷惑的增值税欺诈手段时的诡计多端，仍会给我们留下深刻印象。

从某种层面来讲，这种逃避税收的创造性只是小打小闹。各国政府必须想出某些办法来防止给虚报的儿童提供税收优惠，堵住纳税人不断寻找的其他漏洞。当然纳税人的创造性可能导致总税收收入减少，或者让他们中间较为诚实和不那么狡猾的人多承担些税负。然而最基本的问题是，避税和逃税等行为反应意味着资源利用的效率损失：无论对个人来说多么有利可图，这种情形纯粹是因为税收法规而产生的，所以从社会意义来讲造成了浪费。

税收的最大成本或许是你没有看到的部分

不管一个税种能够带来多少收入，这个数字肯定会低估税收给社会带来的真正成本。[17] 原因在于税收会改变个人与企业的决策，制造更多的社会成本，即所谓的额外负担。

此类扭曲很少会表现得像超长的香烟、火箭形的房屋那样夸张，也并不要求之前所介绍的那样有创造性的避税或逃税策略，它们可能只意味着少购买某些税负更重的物品，或少供应劳动之类的物品。这些反应无处不在，涉及许多重要决策，例如干多少工作付出多少努力，从事何种职业（比如选择容易逃税的自雇职业），把多少钱用于储蓄和投资以及选择何种方式（比如投资于住房，或者把钱存到低税收国家的银行里），是否承担创新的风险等。税收扭曲可以通过以上种种途径深刻影响经济表现。麻烦在于，封堵的窗户固然能让人们看到税收的恶果，但此类扭曲的影响并不总是那么一目了然，因为有很多并不显而易见，例如放弃的投资或者脱离劳动力队伍的人。这些真实成本可能数额庞大，却因为不容易被看到和理解，所以在税收政策的讨论中远未得到应有的关注。

所幸，对于税收会造成什么样的额外负担以及如何测算它们，我们已经有了比较完整的概念。关键的教训是，税基对税收措施的反应越强烈，带来的额外负担就越大。导致税基改变的行为变化可能是实实在在的，比如把炉灶拆除或者决定不从事兼职工作，也可能只是表现为避税或逃税，例如在企业融资时选择用借款而非新增资本，或者瞒报兼职工作获得的收入等。无论何种情况，税基对税率的反应越强烈，单位税收收入伴随的额外负担越大。

认识到这种联系能帮助我们仔细斟酌在税收设计中如何减轻额外负担。在极端情形下，我们知道怎样的税收设计不会刺激行为改变，从而不产生额外负担。这方面最显著的例子就是一次性税收：税额固定，不受纳税人的任何选择的影响。李嘉图与马尔萨斯就指出，土地可以获得“租金”，即超出地主要求的最低收益的额外收益，以此为基础可以设计出不会影响经济行为的种类广泛的政策工具。他们所说的租金可以有其他来源：拥有独特的技能，或开发出有特殊价值的产品等。在产生租金的地方，由于它们是确保供给所需的最低收益之上的额外部分，对租金征税就不会改变经济行为。两次世界大战中征收的暴利税就属于这种情形，今天的公司税也可以做相应的改造，确保完全抵扣各种成本，使其具有类似租金税的特征。

此外，减少（虽然不是完全消除）额外负担的基本策略是尽量不干预企业和个人正常做事情时的选择，除非另有充分理由。这背后的原因对企业和个人略有不同。干预企业的投入决策通常会使现有资源得到的总产出减少，这基本上不是什么好事。但对居民而言，只要有税收，就不可避免地会给他们的消费选择带来某些扭曲。原则上，引导居民在不同产品之间做选择有可能成为减轻额外负担的一种手段。当然除了某些基本理念，特别是从效率角度看，需求弹性较弱的产品是比较理想的高税收对象，我们对于在实践中应该如何操作还知之甚少。而且无论如何，任何类型的差别税收政策都会给游说和争取特殊待遇打开方便之门。

只有在有明确理由的时候，最典型的是解决外部性问题，或者实现公平目标的重要性显著压倒对额外负担的考虑，税收设计才可以偏离中性原则，也就是说，税收设计应该尽量避免干预消费者或企业的经济决策。

税收并不只是为了筹集资金

对污染或交通拥堵等社会意义上的“坏事”征税，这本身可能是件好事。此类庇古税是针对人们给其他人造成的损害（负外部性）而收取的，可以改善社会福利，即使它带来的好处并不反映在我们测算的 GDP 中，例如使空气或水源变得更清洁，交通拥堵得到缓解等。此类税收需要专门面向有害行为，比如对拥挤道路上的车辆收取，而非对所有车辆收取。而对于号称“所有外部性之母”的全球变暖问题，经济学家几乎一致建议采用碳价格（碳税）作为主要政策手段。税收还可以用来解决人们的自我控制力问题，即所谓的“内部性”，引导人们不要养成日后会后悔却又难以戒掉的习惯。这或许是如今对香烟课以重税的最强大理由，并将被应用到更广泛的领域，如今天成为舆论热点的软饮料和高脂肪食品，以及引发新问题的电子烟等。

当然，税收未必是不良行为的解决方案，至少不是完整解决方案。监管措施可以发挥补充作用，例如对于酒驾，惩罚或许是比对酒类征税更好的解决办法，即便在温和采用的情形下。有时候，监管可能是本质上更合理的应对措施，例如在新冠疫情期间实施的社交隔离法规。

但此类不以筹款为目的的税收也可能存在黑暗的一面。从欧洲中世纪时期的犹太人税到克伦威尔的什一税，从 20 世纪 30 年代的连锁店税到 2008 年全球金融危机后呼吁对银行家奖金征税的报复气息，我们看到税收总是被用作党同伐异的工具。且不管在现实中是否事出有因，报复性税收往往没有什么效果，就像流亡海外的保皇党人那样，反派角色经常在征税之前就消失了。而利用减免或特殊待遇给自己人输送好处的做法，同时意味着给其他人设置不利条件，不仅令人厌恶，也会带来额外负担。

民众缴纳税收是因为感到害怕

许多人能够心平气和地缴纳数额不菲的税收，背后有各种动机和考虑。对政府和官僚机构的一定程度的信任，以及认为税款不会被浪费肯定会发挥作用，并帮助建立起一种社会习俗，支持和巩固许多人内心对诚实守信的偏好。[18] 反方向的信任同样重要，让税务机关不要默认为纳税人都是潜在犯罪分子。强大的税收制度需要以彼此支撑的共同信任作为基础。

明智的税务机关会想办法方便民众履行纳税义务，并尽量保持应有的信任，但他们不会完全被动地坐等税款流入。在所有关于自觉守法或者把纳税人当作客户之类的好话背后，他们很清楚最终约束逃税的是对被抓获和惩罚的恐惧。尽管我们很难准确估算实际的逃税规模，但我们很清楚：逃税行为被抓获和惩罚的风险最小的群体，如自雇人员和小企业，逃税也总是更为严重。因此，税法必须强制执行。被抓获的知名逃税者会登上新闻热搜，而逃脱惩罚的人却会加重照章纳税的老实人的实际负担。逃税并不是没有受害人的犯罪，只是受害者范围广泛，不能一一列举。

税收执法往往采取令人惊悚的雷霆手段。在极其恐怖的一端，我们看到了岛原被活埋的农民、被弗拉德穿刺的商贩等很多案例。但多个世纪过去后，税务机关已发展出越来越高效且基本符合人道的办法来消除和遏制逃税。有针对性的审计就是一种成本相对不高的方式，给打算逃税的人制造普遍焦虑，并且为税收执法树立起公众形象。难以隐藏的大企业的崛起让代扣代缴制度得以广泛推行，让劳动者没有机会抢在被征税前挥霍和藏匿收入，在掌握如此高效的技术手段后，各国税务机关目前仍在想办法扩大其应用范围。雇主、金融机构和其他实体向税务机关提供的信息报告也正在发挥越来越关键的作用。

所有这些手段都没有让税务官员变得更受欢迎，没什么人愿意在庆典派对中扮演收税员的角色。但如果离开认真能干的税务官员，税收制度不可能做到基本的公平或效率。用何种办法鼓励他们高效而诚实地开展工作，同时摆脱政治势力的干扰，乃是所有国家一直以来的挑战。对腐败的担忧不应让我们忘记，数千年历史上仍有无数尽职甚至勇敢的税务官员，他们并未得到应有的报酬与认可。

税收主权正在成为历史

亚当·斯密很早就注意到，税基对税收的一种行为反应是迁至其他地方，全球化则将他所说的世界公民牢牢放置到税收议题的核心。这种流动性意味着，从任何国家的视角看，税收的额外负担都可能很高，而从全球视角看，如果联合征收某种税，额外负担则会很低，当然《星球大战》的场景除外，那里的税基很难在行星之间流动。它还意味着，国家拥有设定税率和税基的主权可能已经成为幻觉：一个国家或许有权以较高的税率向国内利润征税，但如果利润留不下来，这样做将失去意义。就像历史上的叶卡捷琳娜大帝差点用免税待遇把詹姆斯·瓦特吸引到俄国一样，今天的各国政府也在相互竞争，意图主动“窃取”对方的税基，或至少保住自己的税基，激烈程度或许前所未有。虽然不愿意承认，但各国在税收事务上的主权很大程度上已名不副实。而且在行使剩余的部分税收主权时，它们热衷的税收竞争很可能最终会损害广大国民的利益。

自 19 世纪后期以来，各国政府已采取了某些行动来联合行使税收主权，尤其是通过签订税收协定来确立各自的征税范围。但数十年以来，威斯蒂家族等衣着光鲜、见多识广的人群狡猾地利用了国际税收政策中欠缺合作的漏洞，令人不齿。自 2008 年全球金融危机以来，尤其是受“巴拿马文件”及其他泄密事件引发的公众压力，加上跨国企业最终缴纳的税收明显太低，各国政府终于在联合行使税收主权方面取得了显著进展，采取了某些措施来终结过分嚣张的偷逃税行为。如今，通过把资产放置在低税收辖区而隐匿收入的难度明显提升，人们也普遍承认国际公司税体系所依赖的规范难以为继，这给严肃的改革开辟了道路，包括对税收竞争的一定限制。当然目前开展的合作还远不足以应对挑战，有关数字服务税收的争议表明通过真正的集体行动来改革国际税收体系之路仍充满艰险。

不要轻信箴言

与其他领域类似，宣传语很少能为税收政策的制定提供良好的基础。有些口号纯属误导，例如“企业应该支付公平的税收份额”就落入了陷阱，仿佛税收的真实负担并不是落在真正的人身上（且不说围绕“公平”的争议）。有些口号则空洞无物，难以落实，例如G20与经合组织在“税基侵蚀与利润转移计划”中提出的口号应该“在创造价值的地方征税”听上去不错，但由于对具体测算无法达成共识，这一口号也无法给我们多少现实帮助。

箴言甚至可能是危险的，它们虽然包含一点真理，但会被过度引申。例如我们应该致力于“拓宽税基而降低税率”，的确，对广泛税基按统一税率征税造成的经济破坏通常小于对狭窄税基按较高税率征收相同税额的情形。可问题在于，某些表面上的宽税基却是劣质的税基，而优质税种的税基有可能较窄。

例如，对金融交易征税面临的税基非常大，却可能具有极强的扭曲性，因为即使很低的税率也可能在连续交易中累积很大的金额，最终打击对社会有利的金融活动。对全部销售额征收的营业税同样如此，由此造成的鼓励人为的企业合并等扭曲效应是全球许多国家转而采用增值税的关键理由之一。增值税的税基本质上要狭窄得多，因为（在执行得当的情况下）它并不针对企业的投入品。但也正是由于这个原因，增值税对经济活动的潜在扭曲要小得多。同样的逻辑还适用于公司税，例如，目前对债务融资的税收优惠超过股权融资，导致企业过度提高杠杆率，给金融稳定带来更多风险。在利息之外把股本回报也纳入抵扣虽然会缩小标准公司税的税基，但这会使公司税变成一种租金税，从而减轻扭曲效应。

把公司税改造成近似租金税以及推行增值税的例子都反映了本书介绍的税收设计的基本原则：尽量避免扭曲个人和企业的经济决策，除非有充分的理由，例如外部性过于显著，或者对公平目标的考虑远胜过额外负担。如果真的需要找一句指导箴言，这会是我们的首选，真希望这句话能说得更生动些。

当然，作为例外，以上列出的 11 条启示都算是值得信奉的箴言。

未来的超越

上述 11 条启示的目标是帮助我们应对未来的各种挑战。如新冠疫情所示，根据现有趋势预测未来远不是那么保险。当世界各国于 2020 年纷纷采取前所未有的应对措施时，许多人预测政府的角色将发生永久性的改变。但我们并不确定在疫情过去之后，支持大规模财政干预的广泛共识还能否持续，更不用说对民众生活与社交活动的空前监督。

我们感到有把握的是，这个世界的税收制度在今后几十年里将任务艰巨，它们需要为应对许多紧迫的全球性挑战，如高企的公共债务、迫切的发展需求、人口老龄化、不平等恶化、全球化、气候变化等而发挥关键作用。这些挑战会造成相互关联、错综复杂且往往相互叠加的影响，在此之上还有大规模快速技术变革带来的潜力与破坏。

艰难时代

为了走出新冠疫情危机，几乎所有国家的公共债务水平都有大幅提升。而此前的债务以和平时期的标准来看本就处于极高的水平：2019—2020 年，全球公共债务与 GDP 之比提升约 15 个百分点，达到近 100%，发达国家则超过 125%，是二战结束以来的最高水平。[19] 这一问题可以有多种解决办法：最理想的办法是依靠强劲的经济增长，当利率水平较低时，削减债务水平尤其见效；某些时候得靠债务违约或者债务减免；还可以通过货币融资或者削减开支。但无论何种选择，很可能都需要大幅增加税收收入。

税收收入的挑战在不同国家有不同的表现形式。对许多发展中国家而言（如今约有一半发展中国家的税收收入不及 GDP 的 15%）是保障民众过上体面的生活。实现 2030 年可持续发展目标要求发展中国家增加财政支出，为此需要再筹集占 GDP 15%的资金。[20] 很大一部分资金无疑必须依靠自身的税收制度建设，这是一个相当艰巨的任务，要求发展中国家在短短几年内实现今天的发达经济体用数十年取得的成就。上文介绍的启示都可以作为参考，但没有一条可以保证能轻松迅捷地实现如此规模的进步。

对几乎所有国家而言，筹集更多财政收入的现实压力来自人口严重老龄化，这一现实与未来密切相关。在今后 40 年左右，全球 65 岁以上人口占比预计将翻番，高龄老人（80 岁及以上）占比将增至目前的 3 倍。[21] 这种影响在发达国家尤其严重，到 2060 年，65 岁以上人口的数量将与劳动年龄人口相当，日本目前已经如此，尽管发展中国家的人口总体上更加年轻，还没有这样迫切的压力。[22] 于是，参与就业并缴纳收入相关税收的人口占比将下降，再加上大多数国家的政府负担了很大部分的医疗费用，公共卫生与长期看护的支出将飞涨。有一项研究估算，经合组织成员国的此类费用到 2060 年将大致翻番，需要再增加的税收相当于 GDP 的 8%。[23] 筹集更多养老资金的压力同样在加剧，尽管程度可能略轻。部分新增税收可以来自更年长的世代自身，例如推迟可以领取养老金的退休年龄，或者通过提高增值税和其他消费税的税率等更隐蔽的措施（此类税收的负担会更多由老年人承担，因为他们倾向于逐渐消耗收入而非积累储蓄）。当然，要指望年轻人既扶持老年人，又为自己积攒退休金，也会引发世代之间的横向公平难题。

更普遍地说，我们已看到税收制度如果被认为不够公平合理，其效力将大打折扣。因此，不平等的恶化引发了进一步的挑战，甚至被称作“我们时代的决定性挑战”（尽管还有其他许多挑战也在竞逐此称号），至少从它与民粹主义泛起的联系来看，确实如此。[24] 在全球范围内，如今大约1%的人口控制了总财富的一半。[25] 在许多（虽非全部）发达国家，收入不平等自20世纪80年代以来迅速加剧，例如，美国顶层1%群体在税前收入中所占的份额到2012年翻了一番多，达到20%。大多数其他国家的这一比例也在提升，但速度慢一些，英国从7%增至12%，法国从8%增至11%。到2008年全球金融危机及大衰退之后，这一提升势头似乎有所减弱。[26]

在过去，转移支付、医疗、教育等方面的公共支出对调节实际收入不平等至少发挥了与税收相当的作用。[27] 这当然也加强了筹集更多资金以满足此类支出的需要。从税收本身来看，要求提高税收累进程度的声音正在增强。假如新冠疫情让社会感受到弱势群体面对共同挑战时遭受的损失最为惨重，更富有的群体需要并愿意分摊负担，展示团结精神，这样的呼声还会被继续放大。[28]

以上所有趋势都表明税收制度在未来将面临更大压力，需要筹集更多收入，所用的手段要符合不断发展的公平观的要求。这种压力的大小在各个国家有所不同，各国也会采取不同的应对方式，但前文总结的若干启示依然可以为应对挑战提供帮助。各国会更加努力地寻找减少经济成本（额外负担）的办法，这可能意味着更多地依赖对不同类型的经济租金征税，虽然仅靠这些明显不足以满足财政需要。提高税收遵从度可以用更具公平感的方式增加税收收入。但与此同时，税收归宿问题会提醒我们，在试图对富人征税的时候要区分表面效应与实际效应。最终还是要回到上述的一条启示：设计得当的税收制度必须在公平与效率之间做好权衡，而这只有通过广泛的政治行动去解决。

作为又一个生存议题，气候变化为我们协调好税收收入需要与促进资源有效配置提供了机会。这对税收制度显而易见的指导意义是：

世界需要开征碳税，或者某些类似形式的碳价格。在许多国家，即使很小幅度的碳税也能筹集到相当于 GDP 1%的财政收入，这虽然还远不足以满足上述的财政需求，但仍是值得重视的贡献。[29]

当然在应对所有这些挑战时，我们还面临一个基本问题：税基的流动性正变得越来越强。在新冠疫情之后，各国试图更坚定地明确并捍卫国家利益，这可能减缓税基流动的势头，但问题依然存在。这将使各国更难以完成它们即将承担的各项任务，如筹集更多的资金，增加富人阶层的相对税负，实施更激进的碳税等，除非建立远比目前紧密的国际合作。这还将迫使各国政府更多地依靠跨境流动能力较弱的税基，例如流动性较弱的普通民众的消费，这不利于缓解不平等问题。对土地和涉及特定地点的其他类型的经济租金征税也会变得更重要，并更可能落在富人群体头上，然而此类税源产生的收入可能有限，不足以取代主要面向非流动消费者的税收。

解决此类挑战的唯一办法是深化国际税收合作。如若不然，依旧难以对高流动性的富人群体征税，国际税收制度将更加声名狼藉，有效的碳价格制度也将继续面临重重阻碍。从乐观的角度来看，我们能看到这种合作兴起的迹象，包括公司税改革的多边讨论与《巴黎协定》。但这些进步的幅度都还太小。我们显然需要更具创新性的办法，或许可以在国际上采用某种目前在联邦制国家内部普遍实施而国家之间却极少听说的税收分享协议；又或许在遥远的某一天，可以建立世界税收组织（World Tax Organization），就像世界贸易组织在贸易领域扮演的角色那样，负责制定和实施某些方面的税收法规。

美丽新世界

这些问题尽管艰巨，但 20 年前甚至一个世纪之前的政策制定者却很容易理解它们的实质。不过，技术的飞速进步则会让过去的人们深感震惊，它将给税收活动带来何种影响，我们今天依然难以估量。

我们在第 13 章看到，技术进步如何能够帮助税务机关以更高效的方式完成他们一向负责的各种任务：汇集多种来源的信息，采用预填报形式的纳税申报表，利用移动通信技术缴纳税款以及向纳税人传递重要信息，开发和利用跨境收集、比对纳税人信息的技术能力，借助无人机查看未申报的房产……还有其他很多例子。税务机关开始利用大数据的预测功能来提升侦测异常申报的能力，另外在澳大利亚和新西兰的纳税人客户服务中，已经采用语言识别系统来核实申请人的身份。在推动数字技术大显身手方面，新冠疫情冲击发挥了前所未有的作用。由于现场交流和纸质文件的工作方式被打断，政府机关更多地采用数字技术作为替代手段，其他人也由此意识到跟上潮流的重要性。

问题同样如影随形。诈骗犯也在利用数字技术，还有涉及安全和隐私的各种现实问题。例如，英国税务海关总署在 2007 年丢失了包含约 2 500 万名纳税人信息的数据磁盘。[30] 至少就目前而言，许多人似乎并不太介意让谷歌、亚马逊及其他企业了解自己的购物习惯并从中获利，却十分憎恶让（拥有更大强制力的）政府掌握自己太多底细的主张。

数字化还在改变目前处理税收事务的方式。以平台革命为例，如爱彼迎、优步和易贝等网站采用的商业模式，我们是应该把司机视为优步公司的雇员，从而要求企业为其代扣代缴所得税，还是应该将司机视为独立承包商，从而需要解决对自雇群体征税时面临的各种问题？我们还看到，企业在没有设立实体机构的国家开展经营活动的能力越来越强，从而削弱了国际公司税体系的一项核心规范的支持基础。

我们可以相当肯定地说，所有这些还只是开始。例如在预填式申报之外，有人建议采用一种数据检索平台，让纳税人和税务专家可以从政府维护的安全数据库中获取和下载纳税信息。[31] 于是，纳税人及其税务顾问就可以从此类中央信息交换中心获得帮助，而无须再到雇主、金融机构或第三方机构那里收集信息。这样的数据库能够大幅节约税收遵从成本，但也可能放大对隐私和安全的忧虑。

还有一个更根本的要点在于：数字化不仅是用不同方式（但愿是更好的方式）完成我们正在做的事情，它还能够让我们做之前不可想象的事情。[32]

我们不愿意看到对机器人征税，尽管有人建议用这种办法来缓解自动化对就业的冲击。[33]这种税收会压抑创新，更好的应对方式可能是确保技术进步的收益被较为合理地分配，而不是压倒性地归属极少数超级明星发明家。[34]信息本身堪称新型石油，它们附带的价值或许还会是更有前途的税基。

我们可以设想最终会出现更具颠覆性的变革，例如，区块链号称是一种可完整保持全部交易记录、防止篡改的工具，可以视为收税员记账簿的全新升级版。例如有人建议在区块链系统中嵌入“智能合约”，以此来自动缴纳增值税。但如果所有交易都以这种完美方式记录下来，包括面向最终消费者的销售（姑且想象已经找到了某些办法来确保执行），我们其实就不再需要增值税了，零售税同样能够解决问题，因为之前有过介绍，增值税的优点正是确保没有记录在案的交易也能至少缴纳部分税收。

当今税收制度的另一个核心要素——公司税——最终也可能面临根本性变化，甚至有可能消失。我们这里说的并非国际税收竞争导致的非预期的税基侵蚀，或者取消公平定价和实体机构存在标准等过时的规范，而是指随着获取和操控大量信息的能力提升，我们可以在未来某个时点放弃从公司层面对收入征税，转而将利润分摊到潜在股东头上。通过对这些个人的收入征税，能够更好地实现纵向公平。今天看这样的现实可能性还很小，但就在不久之前，如今正在变成日常操作的利息支付和资产的自动信息交换机制也曾被视作幻想。

还有一种可能是，放弃在大多数情况下以一年作为征税周期的古怪习惯，而是结合跨时期的信息，以类似生命周期为基础的方式来征税。这样一来，对支付能力的评估就可以超越我们在生活中经历的各种起伏变化。与此同时，政府还有可能更快速而完整地对这些起伏做出响应，在人们真正需要帮助的时候救急，比如就在今天之内，而不用等到几周之后或者税务年度结束时。这意味着把公共财政中的税收与福利两方面更紧密地结合起来，而传统上它们属于不同官僚机构负责的领域。毕竟对税收和福利事务而言，它们都需要大致相同的婚姻和个人状况的信息，如果此类信息变得更加丰富、及时且易于管理，采用更整体化的方式就能够提高干预措施的效率，并使制度设计更连贯一致。此类制度能兼顾长期和短期因素，可以根据生活中不断出现的意外情况，持续调整应纳（或应免）税额与获得的福利津贴。

不过，最剧烈的变化或许会来自人类基因组领域令人惊叹的技术进步。如果我们发现某些遗传标记与毕生收入水平或福利及支付能力的其他指标之间存在统计相关性，税收和转移支付制度就可以把它们作为一种输入变量，用于决定个人的应纳税额（可能为负值），类似于如今经常采用的残疾、年龄、婚姻状况等指标。[35] 这听起来又回到了科幻小说，但目前有报道宣称，学者们已经发现了一种可能影响某些智力表现的基因，并明确识别了影响罹患虚弱性疾病概率的若干基因。这些知识有可能帮助设计出更高效的税收：假如基因信息是不可改变的，并与人们的收入能力有关，那么原则上就可以利用它来设计理想的一次性税收。[36] 当然这会引发棘手的横向公平问题，给决定哪些因素才是（以及不是）可以接受的，并以此为基础实施差别待遇的古老难题带来新花样。例如，我比你更容易罹患某种可怕的疾病，这样的信息是否应该成为税收和福利制度中对你我给予不同待遇的合法基础？

当然，发挥技术进步的潜力还要求制度与观念方面的根本变革。有些涉及深层的哲学认识，有些更平淡无奇。例如，税务机关已越来越多承担起福利支付方面的任务，却发现征集税收与发放福利所对应的工作方式有很大差异。当英国税务海关总署开始负责劳动所得税抵免类型的福利发放时，它们原有的接待室都成了问题，因为没有足够多卫生间供孕妇使用。[37] 当然在这方面，我们至少已经有成熟的技术方案。

是非功过谁与说?

对我们今天的征税方式，后人无疑会看到许多荒唐的方面。在他们眼中，如今的公司所得税采用的“公平定价”逻辑，或许像我们看待中世纪神学讨论中关于针尖上能站多少个天使跳舞的逻辑一样稀奇古怪。另外，有些引人发笑的事情也会发生，例如注定会像转盘式拨号电话那样消失的纳税申报表，以及用地球围绕太阳公转的时间长度作为纳税依据的有趣习俗，等等。甚至增值税这项我们时代最伟大的税收进步，也可能引发后人宽容的微笑。

毫无疑问，后人还将从我们的不作为中看到许多荒唐之处。看到我们没有把公共支出的税收与福利两方面完全整合起来，他们可能会难以置信地摇头，然后又惊讶于我们极少利用私人企业去征集税收，还有税务机关粗糙的业绩奖励制度。看到我们容忍特殊利益集团操纵税收制度，为自身而非公共利益服务，他们是否仍有可能感到好笑?这也许是一种奢望。

反过来，他们能从我们身上看到哪些智慧呢?不妨畅想一下，假如我们现在采取坚决行动，及时建立有效的碳税制度，以防止气候变化导致的灾难，并且在国际税收事务中发展出有效的合作机制，这应该会赢得后人的崇敬。或许当情况变得足够糟糕时，我们真的会有如此作为。

但未来的政府所依靠的治理智慧不是我们这代人发明的，而源于我们前几代的税收设计者和执行者：高度重视纳税人在行为和特征方面的判断与信息，以此建立既警惕对经济活动的附带损害，又符合主流公平标准的税收制度。这是税收设计与征集的发展历程的一条通用线索，从古代中国圣贤采取井田制的建议，到 G20 决定将纳税人利息收入的自动信息交换作为国际惯例。如今，随着任何个人的潜在可用信息变得极其丰富，各种可能性开始超出我们的想象力。

未来的政府将如何利用超出想象的丰富信息来改造税收制度，这会在很大程度上展示它们如何更普遍地行使国家强制力。在新时代的机遇与敏感问题中上下求索时，政府将有很大的空间去做傻事，也迫切需要新的智慧。

致谢

我们要感谢的人非常多。密歇根大学的多名学生以及工作人员非常勤奋地帮助我们核对数据、查阅文献，以及证实或（令人遗憾地）否认各种传闻，包括 Garrett Anstreicher、Catherine Cox、Sophia Davis-Rodak、Ben Elkins、Adelaide Knights、Jennifer Mayo、Page O'Piela、Kendra Robbins、Ambika Sinha、Taylor Sloan、Michael Sternbach 以及 Lydia Wang 等。Claudia Capos 在早期写作阶段提供了编辑指导，多位教授——Reuven Avi-Yonah、James R. Hines Jr. 和 Jefrey Hoopes——为初稿补充了广泛的意见。此外还要感谢普林斯顿大学出版社的匿名审稿人。

有些出人意料的是，除了我们，还有一小群特殊人士同样对税收史的故事感到着迷。其中好些人与我们分享了他们的独特收获，帮助我们追查奇谈逸事，或者提供一些帮助，其中包括：Annette Alstadsæter、Matt Benge、Simon Black、Jean-Paul Bodin、David Bradbury、Gerard Chambas、Sijbren Cnossen、Israel Fainboim、Vitor Gaspar、Christian Gillitzer、Peter Harris、Shafik Hebous、Cory Hiller、Graham Holland、Edmund Keen、Alexander Klemm、Li Liu、Mario Mansour、Shalini Mathur、Adnan Mazarei、Jorge Martinez、Kiyoshi Nakayama、John Norregaard、Kazuki Onji、Ian Parry、Victoria Perry、Patrick Petit、Satya Poddar、Federico Salazar、Geraldine Simonnet、Janet Stotsky、Ricardo Varsano、Christophe Waerzeggers、Xiaxin Wang、Xuan Wang 和 Shih-ying Wu 等。当然，需要感谢的人不止于此。

乔尔感谢牛津大学企业税收研究中心（Center for Business Taxation）在2014年下半年本书初创时期的接待。迈克尔感谢杰拉尔丁在本书漫长创作过程中的深情陪伴，感谢从自己非常想念的爸爸妈妈和凯特那里得到的一切，也感谢国际货币基金组织的同事每天传递给自己的完善税收体系的乐趣以及重要意义。当然，国际货币基金组织的员工、管理层和执行董事对本书表达的所有观点均不负任何责任。本书的两位作者希望，多年来我们向许多人学习或与之合作得到的各种收获，都在本书的每一页中得到尽数呈现。

我们向普林斯顿大学出版社致以最大的谢意。编辑从创作初期便给予鼓励，并在书籍组织和基调方面提出了睿智的建议。其他主要参与者还包括：Lisa Black、Jacqueline Delaney、Kate Farquhar-Thomson、Kourtnay King、Angela Pilioura s、James Schneider和Cyd Westmoreland等。

撰写任何书的真正负担都落在作者身边的人头上，本书亦不例外。对他们的耐心与鼓舞，我们只能献上由衷的感激。

注释

前言

1. Mencken（1922, p. 279）.

2. Matthews（1958, p. viii）.

第一篇　掠夺与权力

1. Paine（1894/1792, p. 412）.

2. Schumpeter（1991/1918, p. 101）.

第 1 章　所有的公共事务

1. Burke（1935/1790, p. 223）.

2. University of Pennsylvania（2002）.

3. OECD（n. d. a）.

4. de Tocqueville（1866, p. 152）："Il n'y a presque pas d'affaires publiques qui ne naissent d'une taxe ou qui n'aboutissent à une taxe ..." 作者自法文版翻译而来。

5. 对国王之类的统治者而言，本书标注的是他们在位的时间。

6. 严格地说，约翰王并没有签字，而是盖上了印章。无论如何，他很快就反悔了。

7. Bank of England（n. d. , table A29）.

8. 引自 Brogan（1985, p. 116）。

9. Johnson（1998, p. 132）. 在当时，1 英镑为 20 先令，1 先令为 12 便士。

10. 引自 Robins（2012, p. 17）。

11. Davidson（2011, p. 25）.

12. 引自 Burke（1774, p. 9）。

13. 引自 Hibbert（1990, p. 18）。

14. Bowen（1991, table 2, p. 104）.

15. 引自 Dalrymple（2015）。"Jaghire"（封地）是印度的一种土地制度，是

指将某个地区的税收和收入分配给个人或团体的一种安排。

16. Robins（2012，p. 114）.

17. Bowen（1991）对东印度公司在 1772 年的危机做了介绍。

18. Bowen（1991，p. 122）.

19. Bowen（1991，p. 126）.

20. Dalrymple（2015）指出，当时有四分之一的议员持有该公司的股份。

21. Burke（1774，p. 12）.

22. Bowen（1991，p. 27）. 腓特烈·诺斯（Frederick North）是第二代吉尔福德伯爵（Earl of Guilford，1732—1792 年），于 1770—1782 年担任英国首相，其间跨越了美国独立战争。他之前在 1767 年出任财政大臣，此时兼任首相职务。

23. Labaree（1966，p. 7）. 这是对 18 世纪 60 年代实施汤森税之前的估计。

24. Burke（1774，p. 13）.

25. 最廉价的武夷茶当时在伦敦的拍卖价约为每磅 2 便士（Labaree，1966，p. 76）。1773 年造成的影响会比这里的分析更小，因为 60%的进口税已在 1772 年被免除。所以从这个角度看，1773 年茶叶法案最多是进一步加强对走私贩的挤压。

26. 这里的“publican”是指酒馆老板，而非如今不用的“收税员”的意思。两个含义都来自拉丁语中的 publicus，意指公共的，前者指公开营业的场所，后者涉及公共财政收入。

27. Johnson（1998，pp. 141-142）.

28. Adams（2001，p. 313）.

29. Brogan（1985，p. 159）.

30. 1786—1787 年的谢司起义（Shay's Rebellion）是马萨诸塞州的武装反抗，甚至在美国宪法制定完成前很早就爆发了。起义者当时生活困窘，税收只是他们争取诉求的领域之一。

31. 该税种适用于所有蒸馏烈酒类，但威士忌是其中的主要项目。

32. 该税收或者对每加仑征收 9 美分，或者对每桶征收一笔总额税。若选择后者，规模较大的酿酒商可以把税负降到每加仑约 6 美分。

33. 该税收在很大程度上依然无法执行，并在反联邦主义的杰斐逊于 1801 年就任总统后被废除。但这并非美国最后一次武装抗税起义，1799—1800 年的弗里斯叛乱（Fries's Rebellion）才是。

34. Roberts（2014，p. 48）.

35. Hernon（2003，p. 714）.

36. 如 Abraham（1974）认为的。

37. Hernon（2003，p. 728）.

38. 这次冲突的军事过程可参见 Hernon（2003）。

39. Hernon（2003，p. 717）.

40. Kup（1975，p. 187）.

41. *New African*（2011）.

42. 引自 Kup（1975，p. 181）。

43. Hernon（2003，p. 731）.

44. Ochiai（2017，p. 72）.

45. Kup（1975，p. 181）.

46. Hernon（2003，p. 709）.

47. Ochiai（2017，p. 75）.

48. Hernon（2003，p. 730）.

49. Ballara（1993）. 他所做的预测其实已经被证实：新西兰自 1819 年就有了对人征收的所得税，只是毛利人当时很少缴纳。

50. 这次反抗的详细描述可参见 Lewis（1977）。

51. Crawford（2002，p. 276）.

52. 当时的情况是，法国宣称有权对在法国营业的美国公司的全球利润征税，导致美国通过了允许实施大规模报复行动的条款。这些措施事实上并没有被采用，但人们没有忘记相关条文依然记录在案（Thorndike，2016）。

53. 也被称作"南美太平洋战争"或者"硝石战争"（Saltpeter War）。

54. de la Riva-Agüero（1929/1874–1875，p. 62）.

55. 1 公担为 100 磅的重量。该税收的实施是为应对 1877 年地震和海啸所造成的损害（Farcau，2000）。

56. 尤其引人注目的是，秘鲁军队的指挥官在 1880 年的阿里卡战役中阵亡。

57. International Court of Justice（n. d. ）.

58. *BBC News*（2018a），C. Mann（2011，p. 255）.

59. 窗户税从未在北美洲实施。在查尔斯·狄更斯的《马丁·瞿述伟》一书中，19 世纪 40 年代美国的一位当地人对马丁及其英国好友马克·塔普利（Mark Tapley）吹嘘说："先生们，这里没有窗户税的。"马克则回复说："也没有窗户去征吧。"苏格兰直至 1748 年才开征窗户税，爱尔兰则是从 1799 年开始。

60. Hughes and White（1991）. 窥探员是个轻蔑的说法，但随着时间过去，窗户税的征管得到了改进，包括在评估和申诉中最终采用集中控制的办法，而非让本地精英以合法或非法方式加以裁决，这成为培养公正和专业的税收征管队伍的关键，并有充分能力实施所得税等新的税种。参见 Ward（1952）。

61. 例如，参见 Eckert（2008）。

62. Smith（1868/1776，p. 357）. 自 1808 年以后，对这个问题做了某些调整，对给定窗户数量的房产，对其中租金较高者征收了更高的税额。如果有人认为税收的复杂性是新鲜的事情，不妨看看当时的规则，详见 Glantz（2008，p. 21）。

63. 这个故事转述自 Ydema and Vording（2014，p. 514）。额外负担也被称作无谓损失（deadweight loss）。

64. Stebbings（2011，p. 61）.

65. Glantz（2008，pp. 32–35）.

66. Franklin（1931，p. 20）.

67. Dickens（1850），引自 Oates and Schwab（2015，p. 163）。

68. Hugo（1982/1862，p. 29）.

69. Austen（1906，p. 244）. 窗户税给建筑造成了持续性的后果，可参见 Glantz（2008），包括目前可见的用砖块砌成的假窗户来装饰光秃秃的外墙的现象。

70. Braddick（1996，p. 159）.

71. 来自税收专员 1747 年的一份报告，引自 Glantz（2008，p. 25）。

72. Dowell（1884c，p. 201）.

73. Ward（1952，p. 536）.

74. Thornton and Ekelund（2004）.

75. 例如，Wood（1934，p. 88）所做的分析。近期对宗教改革的一些研究也得出了大致相同的结论。根据该观点，中世纪的天主教会依靠赎罪券的垄断权以及支持君主的世俗权威而收获大量利益，却逐渐变成一个效率低下、声誉不佳的垄断者，从而为新教教会的竞争敞开了大门。后者可以提供同样的服务，却不需要抽取那样高的利润，尤其是对君主（Ekelund，Hébert and Tollison，2002）。

76. 在与安妮·博林结婚并与教皇决裂之前的 1532 年，亨利八世只允许把 5%的教会收入转交给罗马，并威胁要将其全部占有。到 1534 年，他付诸行动。1536 年，解散修道院的行动开始推行。

77. Cunich（1999，p. 129）. 此外，这些税收只是他的经常性收入，没有包含一次性收入。

78. Cunich（1999，p. 135）.

79. Spartacus Educational（n. d. ）.

第2章 往日时光

1. Schumpeter（1991/1918，p. 100）. 在同一篇文章里，熊彼特（1883—1950年，20世纪最具影响力的经济学家之一，曾于1919年短暂担任奥地利财政部长）还提出，需要关注一个特定领域：财政社会学。这一思想直至20世纪末才被真正重视，稍后会提到，目前已成为非常活跃的研究领域。

2. Waugh（2012/1938，p. 95）.

3. 这句话来自Belsey（1985，p. 2）。

4. 我们这里介绍的来自新财政历史观（追随熊彼特提出的挑战）的思想，得到了其他研究的强烈呼应。其中一种很有影响的思路重点关注财政制度发展与国家发展之间的联系，并划分出四个发展阶段："贡赋国家"（我们称之为"掠夺者"），"领地国家"（除了以战争为主的特殊情况，统治者自己筹集资金），"税收国家"（通过明确的规则来筹集收入），"财政国家"（有能力管理和借还大规模债务）。不过，实际情况会更加复杂，因为这些阶段之间的演化并非总是只朝着一个方向，某些阶段可能被跳过，某个时期的社会可能具有不止一个阶段的特征，人们可以合理地产生分歧（例如，关于盎格鲁—撒克逊时代的英格兰算是贡赋国家还是税收国家）。而在简略的历史介绍中，我们忽略了这一理论框架。该理论的内容可参见Ormrod，Bonney and Bonney（1999）。

5. Beard（2015，pp. 214, 483）.

6. Hurstfield（1955，p. 57）.

7. *The Magnificent Seven*（1960）.

8. Strassler（2009，p. 12）. 罗马的提比略皇帝也看到了这点。当有人建议提高行省的税收时，他回答说，"好的牧羊人有剪羊毛的义务，但他不会剥掉羊皮"（Suetonius，1957/121，p. 126）。电影《豪勇七蛟龙》中的埃里·瓦拉赫对此补充说："如果上帝不想让它们被剪毛，就不会造出这些羊来。"

9. Goldsmith（1987，p. 33）.

10. Dietz（1921，p. 184）.

11. Machiavelli（1908/1515，p. 125）.

12. 在中文里，井田制的"井"字形象地表达了这样的意思。参见Huang

（2016）和 Theobald（2016）。

13. *Beijing Tax Museum*（2019，p. 1）.

14. “土地税”经常被作为一个临时的统称，指代以某种方式对农业活动征收的各种税。此类税收往往通过对农产品征税来间接收取。

15. Lactantius，罗马皇帝君士坦丁一世的顾问，引自 Bartlett（1994，p. 298）。

16. Gilmour（2006，p. 111）.

17. Chen（1911，p. 669）.

18. 关于古希腊和古罗马的祭祀活动，可参见 Webber and Wildavsky（1986，pp. 102–107）。

19. Bernardi（1970，p. 75）.

20. Goldsmith（1987，p. 32）.

21. 英语里的说法是 live of their own。法语和西班牙语里也有类似的说法：vivre du sien，conformare con lo suyo（Ferguson，2001，p. 53）。

22. Schumpeter（1991/1918，p. 105）强调了这一点。

23. 关于军事技术改进与国家结构发展之间的联系，可参见 Bobbitt（2003）。另外，Ferguson（2001）列出了过去几个世纪的军事技术进程与“物有所值”的成本。

24. Ferguson（2001，p. 57）.

25. Grapperhaus（1998，p. 17）. 其中提到的地方是 Roxanne，但我们认为应该是指今天的 Roanne。

26. Tarver and Slape（2016）.

27. Goldsmith（1987，p. 165）.

28. *Merriam-Webster's Collegiate Dictionary*（2005）.

29. 约翰·皮姆（John Pym，1584—1643 年）是反抗查理一世的领袖之一。后者试图在众议院会场将皮姆等五位议员逮捕，结果发现“鸟儿已经飞走了”，而且自己很快将陷入战争。

30. Webber and Wildavsky（1986，pp. 102–105）.

31. Dietz（1921，pp. 386–387）.

32. J. Marshall（1836，p. 37）.

33. 罗伯特·沃波尔是首任奥福德伯爵（Earl of Orford，1676—1745 年），通常被认为是英国的第一任首相。

34. 土地税重要性下降部分表明对应税资产重新估值是普遍的政治难题。例如，英国的土地税一直是基于 1682 年的价值来征收，这确实是它在 18 世纪的财政贡献率降低的原因之一（Mathias，2013，p. 462）。土地税收入在 19 世纪的英属印度地位下降，则主要是因为 1793 年在孟加拉的土地收入永久确立方案，将名义税负永远固定下来（Richards，2012，pp. 420-421）。第 4 章将会介绍，英国政府避免重新做财产估值的愿望导致了该国的第二次人头税灾难。

35. 引自 Dowell（1884b，p. 99）。

36. Clark（2006，p. 88）.

37. 不过，Grapperhaus（1998，p. 63）提到了巴达维亚共和国在 1797 年实行的所得税。

38. 劳合·乔治（1863—1945 年）是激进的自由党人，1908—1915 年担任英国财政大臣，1916—1922 年担任英国首相。

39. 关于谁才是现代增值税的发明人，存在某些争议。主要争议人物之一是美国经济学家托马斯·亚当斯（Thomas S. Adams），他可能早在 1911 年就提出了近似的想法。参见 James（2015）。

40. HM Revenue & Customs（2018，charts 8 and 9）. 应该承认，这个数字高得不同寻常，因为英国不仅对出口（各国通行），还对食品（占消费者支出的很多部分）实行“零税率”，即不对销售额征税，而且向企业全部返还其供应商已经缴纳的增值税。

41. 关于增值税的兴起，可参见 Ebrill et al.（2001），Keen and Lockwood（2010）以及 James（2015）。

42. Goode（1993，p. 37）.

43. Meade（1977，p. 320）.

44. Jones（2014，p. 120）.

45. Goldsmith（1987，p. 32）；这里去除了雅典从其领导的提洛同盟（Delian League）中其他城邦获得的收入。

46. Goldsmith（1987，p. 78）.

47. Goldsmith（1987，p. 92）.

48. Nakabayashi（2012，pp. 395-396）.

49. Goldsmith（1987，p. 122）.

50. Goldsmith（1987，p. 226）.

51. Ferguson（2001，p. 94）；另请参见 Hellie（1999，pp. 496-497）和 Gerschenkron（1970）。

52. Goldsmith（1987，p. 226）.

53. Williams（2017）.

54. Stubbs（1936/1870，p. 189）.

55. North and Weingast（1989，p. 809）；数字来自 1617 年。这里的测算排除了王室土地的收入并考虑了采买权的影响（见本书第 3 章的介绍）。

56. 丹麦属于例外情形，它的国家教会被视为“广义政府”的组成部分。

57. 休伊·朗（1893—1935 年）在 1928—1932 年担任路易斯安那州州长，1932 年担任参议员，直至 1935 年被刺杀。通过正当手段与极其下作的手段，他“比生前身后的任何政客都更牢固地控制了美国的一个州”（White，2006，p. ix）。

58. White（2006，p. 91）.

59. 本段中英国的数字来自 Bank of England（n. d.），只针对中央政府，并包含国家保险制度缴费。英国的地方税在工业革命时期约为文中提到的中央政府收入的 10%~17%；Hartwell（1981，pp. 137-138）。

60. Hungerford（2006），Office of Management and Budget（n. d.）.

61. Bank of England（n. d.，table A27）.

62. Office of Management and Budget（n. d.，table 14. 1）.

63. OECD（2019c，table 3. 1）.

64. OECD（2019c，table 3. 1）.

65. 非常机敏的喜剧演员乔恩·斯图尔特（Jon Stewart）也误解了税式支出的意思。在奥巴马于 2011 年呼吁减少税式支出后，斯图尔特质问：“什么？税法的内容并不是关于在哪里花钱，而是在哪里收钱……你想把税收的增加描述成支出的减少。这些东西以及你必须寄给乔治·奥威尔的版税支票，我们负担得起吗？”有位愤怒的公共财政经济学家为此批评了斯图尔特，并指出有大量支出计划是伪装成减税：“你不相信税法里面有花钱的内容？这里有个活生生的例子：鸡屎税收抵扣。”那是很奇怪却真实的案例，养鸡农场主如果用环保方式处理鸡屎，确实会得到税收抵扣。参见 Burman（2011）。

66. Gaspar et al.（2019）.

67. Bean（1973，p. 212）.

68. 有关的权威介绍可参见 Brewer（1988）。

69. Clark（2006，p. 88）.

70. Peacock and Wiseman（1961）.

71. 在《亚眠和约》期间的 1802—1803 年也被短暂取消过。

72. 但这个数字的国别差异非常大，从韩国占 GDP 的 11%到法国的 32%。

73. Handcock（1996, p. 127）.

74. Goldsmith（1987, pp. 55-57）.

75. Thane（2000, p. 108）.

76. 详见 Tanzi and Schuknecht（2000）。

77. Schumpeter（1991/1918, p. 131）.

78. 有大量的实证研究探索了政府规模的各种决定因素，近期的代表性文献包括：Le，Moreno-Dodson and Bayraktar（2012）以及 Bird，Martinez-Vazquez and Torgler（2008）等。此类研究并未发现高人均收入水平与更大规模政府存在必然联系（例如 Rodrik，1998），但指出有范围广泛的其他特征与高税负有关：对贸易较为开放，人口数量较少，比例制而非多数制选举制度，人口抚养比较高，农业部门规模较小，腐败情况较少，政治参与度较高，媒体自由度较大等。

79. Genovese, Scheve and Stasavage（2016）.

80. Scheve and Stasavage（2016, p. 80）.

81. Ferguson（2001）.

82. Guicciardini（1994/1534, p. 49）.

83. 艾尔顿（Ireton）是克伦威尔的女婿，英国内战中议会军队的主要将领之一。

84. Kekewich（1994, p. 45）.

85. Babbage（1851, p. 22）.

86. 格莱斯顿（1809—1898 年）是自由党人，19 世纪英国政坛的大人物，曾四度担任财政大臣（1852—1855 年，1859—1866 年，1873—1874 年以及 1880—1882 年），四度担任首相（1868—1874 年，1880—1885 年，1886 年以及 1892—1894 年）。

87. 引自 Matthew（1979, p. 630）。

88. Ferguson（2001, p. 86）.

89. Scheve and Stasavage（2016, p. 64）. 这个结果来自包含 15 个国家的样本。

90. 也就是说，每 1 英镑纳税 7 便士到 1 先令，后一个数字可参见 Daunton（2001, p. 361）。

91. 也就是说，每 1 英镑纳税 1 先令 8 便士（Daunton，2001, p. 361）。

92. 这个说法来自德比勋爵（Lord Derby），当时的英国首相。

93. 迪斯雷利还考虑过让投票权与所得税缴纳挂钩的办法（Ferguson，2001，p. 84），但他对这一提议的信心或许没有他后来声称的那样充足（Blake，1969）。

94. 当然，除非他们看到削弱富人能带来其他好处（即便这不会直接让自己致富）。

95. Kagan（2003，p. 452）.

96. *Hansard's Parliamentary Debates*（1854，p. 376）.

97. Goldsmith（1987，p. 214）.

98. Ferguson（2001，p. 121）.

99. Belasco（2014）.

100. 要弄清楚战争（以及其他任何特定开支项目）的资金来源，远不像通常看上去那么简单，例如，若没有"9·11"事件后的战争行动，或许税收会被削减。有学者全面回顾了美国在战争时期的税收历史（Bank，Stark and Thorndike，2008），尤其关注了牺牲概念在财政问题辩论中发挥的作用。

101. R. Barro（1987，p. 239）.

102. 例如，把 2 和 4 的平方加起来，即 4+16=20，这是 2 和 4 的平均数（3）的平方的两倍还多（9×2=18）。此外，在不同时期改变税率本身也可能扭曲激励，这是税收平滑观点的另一个理由，本书第 9 章将继续加以讨论。

103. Gaspar（2015）.

104. 意指背弃了用黄金赎回 1918 年的自由债券（Liberty Bonds）的承诺；Bott（2013）。但美国最高法院认为，结合相关措施来看，这一行动并不违宪。

105. Reinhart and Rogoff（2009，figure 5.7，p. 80）.

106. Koyama（2010，p. 397）.

107. Katznelson（2005，p. 119）.

108. Ferguson（2001，p. 172）.

109. 我们这里把实际负责创造货币的中央银行视作"政府"的组成部分。

110. Hopkins（1980，p. 123）.

111. Board of Governors of the Federal Reserve System（2017）.

112. 一种可能的例外是发行大面额的钞票，主要使用者很可能是特别令人厌恶的罪犯。有学者认为创造这种纸币是"反向洗钱"（Rogoff，2016，p. 4）。本书第 12 章将讨论纸币的缺陷。

113. Keynes（1919，p. 220）.

114. 这里的数字引自 Bernholz（2003，pp. 48, 107）。

115. 关于恶性通胀的这一定义可追溯至 Cagan（1956）。

116. Spang（2015，p. 63）.

117. 引自 Sargent and Velde（1995，p. 502）。

118. 1792—1795 年全部政府支出的 80%左右是由发行指券带来的铸币税支持的（Sargent and Velde，1995，p. 507）。

119. 根据标准定义，法国在 1795 年 5—11 月处于恶性通胀状态（Sargent and Velde，1995，fn. 37，p. 500）。

120. Levasseur（1894，p. 191）.

121. 法国政府于 1797 年正式拒付指券（Levasseur，1894，p. 195）。

122. Burke（1935/1790，p. 233）.

123. 引自 Spieth（2006，p. 22）。

124. Spang（2015，p. 216）.

125. 引自 Cooper（2001/1932，p. 39）。

126. Levasseur（1894，fn. 1，p. 189）.

127. Levasseur（1894，p. 187）.

128. Taylor（2013，p. 269）.

129. Keynes（1923，p. 46）.

130. Hanke and Kwok（2009，p. 355）.

131. Click（1998）.

132. Rogoff（2016，figure 6. 1，p. 84）.

133. Spicer（2015）.

134. 例如，参见 Blanchard and Pisani-Ferry（2020）。

第 3 章　改头换面

1. Hicks（1969，p. 81）.

2. Gibbon（1946/1776，p. 100）.

3. 英语里的 salad（沙拉）一词也来自 salt，这可以追溯到古代罗马人用盐腌制绿叶菜和其他蔬菜的行为。

4. Viard（2014）.

5. 这一垄断权已经被放松。到 2017 年，中国盐业总公司之外的食盐生产商也可以定价并直接向市场销售（Hancock，2017）。

6. Webber and Wildavsky（1986，p. 170）.

7. Newman（1985，pp. 90-91）.

8. Dowell（1884a，p. 206）.

9. Lockyer（1964，p. 209）.

10. 垄断权带来的收入约为10万英镑（Loades，1974，p. 385），总财政收入约为每年90万英镑（Bank of England，n. d.，table A26）。

11. Rapport（2009，p. 43），Beales and Biagini（2013，p. 88），Smith（2000，p. 62）.

12. Dupuit（1969/1844）.

13. 此类资产出售经常被列为一种财政收入来源，也确实会带来即期的收入，但也会损失出售资产的未来收入。如今的会计准则已识破了这种操作手段，政府出售金融资产最好被简单处理成不同资产之间的转换，对政府的赤字和净债务没有影响。不过，还有其他许多可能的操作手段，例如可参见Irwin（2012）。

14. Cramton（2010，p. 301）.

15. Binmore and Klemperer（2002），Klemperer（2004）. 人均数字的测算来自后一文献的第152页，也是按照该文献中的汇率将225亿英镑换算为390亿欧元的。

16. Roller（2001，p. 204）.

17. Palan（2002）.

18. Steinberg and McDowell（2003，p. 49）.

19. Slemrod（2008）显示，国家主权的商业化更容易发生在难以用其他办法筹集资金的国家。

20. Beech（2016）.

21. International Monetary Fund（2017b，p. 8）.

22. Henley & Partners（n. d.）.

23. BBC（2014）.

24. Webber and Wildavsky（1986，p. 68）. 更近期的人类学研究显示，劳动力人数更有可能在2万~2.5万，其中有些人可能是自愿参与金字塔的修建。

25. Carpenter（2003，p. 84）.

26. Judson（2016，p. 194）.

27. Rwanda Governance Board（n. d.）.

28. Olken and Singhal（2011）.

29. Grapperhaus（1998，p. 43）.

30. Levi（1997，p. 89）.

31. Meier（1994）.

32. Levi（1997，p. 97），Meier（1994）.

33. 福特的儿子叫埃德塞尔（Edsel），其主要事迹是以他命名的一系列汽车型号很不成功。

34. *BBC News*（2014）.

35. Scheve and Stasavage（2016）.

36. Chambers（1987，p. 213）.

37. Chambers（1987，p. 185）.

38. *New York Times*（1863）.

39. Ellis and Noyes（1990，p. 190）.

40. Levi（1997，p. 111）. 一个搞砸了的案例是海军士兵乔治·萨姆森（George Samson），他在着便服出席表彰自己的公众招待会的路上被递上了白羽毛，实际上他已经因为加里波利战役中的英勇表现被授予了维多利亚十字勋章。

41. MacFarlane（1844-1845，vol. 1，p. 130）.

42. 小皮特回忆说："从公正和平等贡献中退缩导致的卑劣已经……通过爱国主义精神的自愿展示……予以了补救。"（Seligman，1914，p. 71）

43. Marshall（1912，p. 30）.

44. 这是个讽刺说法，因为鲍德温家族的财富正是来自钢铁制造业。

45. Brunner and Sonstelie（2003，p. 2180）.

46. 此类捐款可以抵扣税收——如此安排有些古怪，因为抵扣会减少税收收入，相当于同等规模地增加政府债务。

47. Weir（1998，p. 265）.

48. Dowell（1884a，p. 243）.

49. 按惯例的编号为第 12 条：Bagley and Rowley（1968，p. 103）。

50. Hurstfield（1955，p. 53）.

51. Kenyon（1990，p. 118）.

52. Powicke（1950）.

53. Quintrell（2014）. 这个数字与他早期收取的船税几乎相当。

54. 当时通常换算为缴纳一定数额的货币，但伦敦并不总是如此（Gill，1990，p. 347）。

55. Dowell（1884a, p. 228）.

56. 无论如何，1636—1637 年的船税收入每年都接近 20 万英镑（Kenyon, 1990, p. 119）。

57. Gill（1990, p. 357）.

58. Dowell（1884a, pp. 240-241）.

59. Constitution Society（n. d.）.

60. Johnson, Coleman-Norton and Bourne（1961, p. 120）.

61. Aftalion（1990, p. 160）.

62. Cunich（1999, p. 126）. 最后的分期付款在 1534 年被取消，亨利当时接管了教皇的税收。

63. City of Doraville（2013）.

64. Simmons（2014）.

65. Seidl（2015）.

66. Philip Morris Inc., R. J. Reynolds, Brown & Williamson, and Lorillard.

67. 还要加上哥伦比亚特区、波多黎各和美属维尔京群岛。另外四个州已经在上年同主要烟草公司达成了和解协议。

68. 这里的条件是，其他烟草公司的销售额减少不超过该公司增加的部分。

69. Bulow and Klemperer（1998, p. 340）. 从理论上说，这一协议甚至有可能增加烟草公司的利润。因为当只有几家公司相互竞争时，税收增加可能让它们心照不宣地同意（公开串谋是非法行为）削减产量，提高售价（其幅度甚至可以超过税收增幅），使税后利润反而提高。这方面的例子可参见 Delipalla and Keen（1992）以及 Weyl and Fabinger（2013）。这方面的基本观点最早可追溯到伟大的数理经济学家奥古斯丁·古诺，真正的新见解在今天并不多（Augustin Cournot, 1897/1838）。

70. 分别来自他们所著的《理想国》和《政治学》。

71. Brewer（1988）认为英国的情况较为轻微是因为军事开支的需求较少。

72. Brewer（1988, p. 15）.

73. Doyle（1996, p. 9）.

74. 但这确实给七年战争提供了大约 5% 的便利资金来源（Doyle, 1996, p. 99）。

75. Doyle（1996, p. 60）.

76. Doyle（1996, p. 77）.

77. Doyle（1996，p. 12）.

78. 法理上不是，因为他是新教徒。

79. Doyle（1996，p. 266）.

80. Doyle（1996，p. 11）. 孟德斯鸠是极少数为卖官鬻爵现象说好话的人之一，他本人继承了买来的波尔多高等法院院长的职位（Doyle，1996，pp. 76–77）。孟德斯鸠的论点是，凭国王的个人好恶来安排官职可能更加腐败、更缺乏效率。伏尔泰反对卖官鬻爵，但这并未阻止他卖掉蓬帕杜夫人授予的卧房侍从职位，从中谋利（Doyle，1996，p. 250）。

81. Doyle（1996，pp. 275–276）.

82. 的确，指券发行的第一次大规模扩张（1790 年 9 月）就是为了补偿这些职位占有人。

83. 英国卖官鬻爵现象的一个有趣例子是，军官职位买卖延续到 1871 年，比其他国家晚很多。这种现象看上去尽管很可笑，却可能产生了理想的激励效果。怯懦表现可能受到惩罚，因为佣金会被没收。蛮干的结果也不好，在战场上牺牲同样会导致佣金被没收，把孤儿寡母留给军队令人怀疑的慈善组织。这个制度造就了卡迪根勋爵（Lord Cardigan），他在 1854 年领导了命运不佳的轻骑兵冲锋；也造就了威灵顿公爵（Duke of Wellington），他没有参加过任何战斗，就靠买官升到了上校职位（Allen，1998，p. 45）。

84. 据称有位受益者是威廉·威斯蒂，本书第 11 章将重点介绍他的事迹。

85. North and Weingast（1989，p. 811）.

86. 尽管参与者完全清楚获胜的概率很低，许多人依然认为购买彩票具有吸引力，参见 Clotfelter and Cook（1991）。

87. Pearson（2016）.

88. 例如，对纽约州彩票的一项研究发现，2009 年购买彩票的支出约占年收入 2 万美元者的家庭收入的 3%，但对年收入 6 万~8 万美元者的家庭，则只占 1%。平均损失额应该具有类似的累退性质。参见 Kramer（2010）。

89. Ezell（1960）.

90. Statista（2017a，2017b）. 没有开办州博彩业的六个州是：亚拉巴马州、阿拉斯加州、夏威夷州、密西西比州、内华达州（让人惊讶）和犹他州。

第二篇　受益者和受损者

1. Gibbon（1946/1746，p. 488）.

第4章　足够的公平

1. *De Cive*（Hobbes，1651，p. 199）.

2. 这里的卡西乌斯·迪奥的记述来自 Dio（1925/61，pp. 85, 87）。

3. 卡西乌斯·迪奥甚至让她谈到了继承税，“哪怕死亡也不能免除代价……对其他地方的人来说，死亡可以让奴隶得到解脱，而对罗马人来说，死人还需要继续为他们谋利”（Dio，1925/61，p. 87）。

4. 直接划分“穷人”和“富人”（本书也将如此）是很粗略的简化办法，忽略了许多对税收问题来说可能极具重要意义的内容。例如，今年收入较低的人可能在未来有高收入，某些收入较高的人可能拥有的资产很少。人们对富足也可能有不同看法，例如看重财富是来自继承还是创新事业。由此可见，这样的简化只是为了叙述方便。

5. Marx（1852，p. 1）.

6. 引自 Oman（1906，p. 9）。

7. 他们的憎恨内容包括租地继承税（heriot），即租户死亡时把自家最好的动产（通常是一头牲畜）供奉给领主；还有婚嫁费（merchet），为了让领主允许自家女儿（有时也包括儿子）结婚所支付的费用（Hilton，1969，p. 66）。

8. 这种税收最开始是本书第2章谈到的“萨拉丁什一税”，对动产按照10%收取，以支持1188年的第三次十字军东征（Dowell，1884a，p. 44）。

9. 最贫困的地区得以免除，切斯特和达勒姆等地区也因为某些特殊原因免税。

10. Dowell（1884a，p. 97）. 于是，十五分之一和十分之一税变成只是要求筹集约3.9万英镑的收入，在实践中对筹集既定收入所需的各种手段予以授权。

11. 这一问题，以及更普遍的财产估值滞后的问题，与总体富足程度关系并不太大，例如可以通过调整税率来解决（还有十五分之一和十分之一税的征收次数）。真正的问题是不同地区之间的相对富裕程度的变化。

12. 引自 Dowell（1884a，p. 102）。

13. 只有乞丐可以免税，已婚夫妇只按照一个人来征收（Oman，1906，p. 25）。

14. Oman（1906，p. 27）.

15. Oman（1906，p. 24）.

16. Oman（1906，p. 25）.

17. 但这点不能过分夸大。有时似乎是有意识采用累退制度，作为驯服不听话的低阶层民众的另一种手段，“英格兰的所有财富都落到了劳动者和工匠手里”，引自 Oman（1906，p. 24）。另外不是所有地方都像布鲁克利村一样。例如在邻近的切温顿，当地只有一位富裕的地主，最贫困的人也必须缴足 1 先令（Oman，1906，p. 27）。

18. McLean and Smith（1994，p. 132）.

19. Dickens（1914，p. 134）.

20. Oman（1906，p. 76）.

21. 不过在伦敦之外，动荡还持续了一段时间。

22. Oman（1906，p. 84）.

23. 引自 Dowell（1884a，p. 116）。

24. 本书第 7 章将更细致地考察税收负担究竟落在谁头上的问题。

25. 学生和福利接受者只需按照全额收费的 20%来缴纳。

26. Thatcher（1993，p. 648）.

27. Smith（1991，p. 429）.

28. 有关介绍可参见 Keen（2013）及其参考文献。

29. 社区收费制度最早由苏格兰于 1989 年引入，很快遭遇了强烈的抵制（Bagguley，1995，p. 699）。比较冷漠的人认为，保守党政府感觉在苏格兰开展实验无须多少成本，因为他们在当地的选情无论如何都非常糟糕。相比之下，这种税收从未在麻烦的北爱尔兰实施。

30. Smith（1991，p. 429）.

31. 这里的详细数据来自 Bowles and Jones（1993，p. 446）。

32. 引自 Bagguley（1995，p. 713）。

33. Smith（1991，p. 432）.

34. Bowles and Jones（1993）；Besley，Preston and Ridge（1997）.

35. Bagguley（1995）.

36. 市政税根据资本价值（而非租金）来征收，目前分为 8 个档位，单个居住者仅需缴纳基本收费标准的 75%。

37. 税负并不以选举登记为依据，但政府在征税时可以查阅选举登记册。

38. Oliver Letwin，引自 McLean and Smith（1994，p. 128）。

39. McLean and Smith（1994，pp. 141–142）. 此时的社区收费变得非常像美国南方某些州实施的人头税（详见本书第 6 章）。

40. 兵役免除税甚至可以追溯到盎格鲁—撒克逊时代（Hollister，1960）。

41. Bagley and Rowley（1968，p. 103）.

42. Clark（2006，pp. 91, 94）.

43. Judson（2016，p. 46）.

44. Dewald（1996，p. 32）.

45. Cobban（1963，p. 58）.

46. 伟大的军事工程师沃邦（Vauban）在 1707 年建议，用（事实上的）10%的所得税来取代土地税及其他税种，不允许免税。关于这项建议及法国关于所得税议题的更普遍的思想发展，可参见 Chambas and Combes（2001）。

47. 引自 Schama（1989，p. 86）。

48. 例如，1749—1790 年实施的二十分之一税（取代了十分之一税）就是对土地、职位和产业中获得的收入按照 6%收取（Kwass，1999，p. 359）。

49. 引自 Jeanneney（1982，p. 29；作者的译本）。杜邦家族后来在美国税收史上再度现身。皮埃尔 · 塞缪尔 · 杜邦是当时世界上最富有的人之一，执掌家族的庞大化学产业以及杜邦公司控制的通用汽车公司，为废除禁酒令而积极游说。他希望合法生产的啤酒带来的税收可以让自己厌恶的所得税不再必要。

50. Davies（2009，p. 20）.

51. Schama（1989，p. 386）.

52. 布莱恩曾三次代表民主党竞选总统失利（1896 年，1900 年，1908 年），他是极其能吸引听众的演说家，在威尔逊总统任上担任国务卿（由于看到政策滑向参战，出于原则而辞职），但不幸的是，如今最出名的事迹是他在 1925 年的“斯科普斯猴子”审判中为神创论辩护。

53. Bryan and Bryan（1900，p. 243）.

54. 对此的反对意见出现在 Compañía General de Tabacos de Filipinas v. Collector of Internal Revenue 275 U. S. 87（1927）。

55. Babbage（1851，p. 15）.

56. 也被称作“抵押”（hypothecation）。这一用法与美国普遍使用的“earmark”（专项拨款）有所不同，后者是指在法案中加入支出方式的规定，以不再需要履行通常的拨款程序。

57. Daunton（2001，p. 68）.

58. Bird and Jun（2005，p. 27）.

59. Pérez（2008）.

60. Daunton（2002，p. 130）.

61. Institute for Fiscal Studies（1993，pp. 64–65）.

62. Seligman（1914，p. 368）.

63. 所有这些问题都涉及我们能够和需要在多大程度上测算与比较（此类方法假定存在的）不同个人的量化福利指标。除了关注个人福利的此类“福利主义”方法，还有其他思路，例如强调人们全面参与更广泛社会生活的能力，如Sen（2009）所述。

64. Rawls（1971）.

65. 引自 Lockyer（1964，p. 33）。

66. Dowell（1884a，pp. 170–171）.

67. Dowell（1884a，pp. 105–107）. 1379 年和 1513 年的做法有区别，对公爵、侯爵和男爵的收费没有变化，但 1513 年采用了更为粗略的分类，并与收入水平部分挂钩。

68. 包括在出生、死亡和婚姻时收取的税收，对公爵、侯爵、子爵等也区别对待。

69. North（2012，p. 161）.

70. Hill（1892）.

71. Latham（1985，pp. 102–103）. 另外还记录说，佩皮斯很奇怪地没有出现在 1666 年的壁炉税申报名单里（Wareham，2017，p. 472）。

72. Hill（1892，p. 211）.

73. 例如，法国的人头税负担很快就开始在社会阶层内部发生分化。Seligman（1914，p. 50）声称到 1705 年，人头税实际上已在法国四分之三的地方变成所得税。而在德国税收制度下，税负从来不是只根据社会阶层来确定的。针对 1821 年阶级税（Klassensteuer）的部长指示对此说得很清楚：“阶级税的目标是在统一的人头税……与所得税之间寻求折中，后者的实施必须依靠对纳税人状况的深入调查，因此总免不了令人厌恶。”引自 Hill（1892，p. 210）。

74. 巴比伦和亚述还必须奉献出 500 名受阉的男孩，参见 Strassler（2009，pp. 250–255）。

75. Dowell（1884a，p. 98）.

76. 根据设计，这一税种属于粗略的所得税，例如，工薪是应税对象（陆军和海军的现役军官除外）。但它很快演变成了以土地税为主的税种。例如，公务员的纳税会被退还。从这种土地税开始，直接税成为一种惯常性质（年度征收）而非偶发性质的税（Ward，1953，pp. 7, 28, 16）。

77. Ward（1953，p. 20）.

78. Ward（1953，p. 3）.

79. Pezzolo（2012，p. 274）.

80. Nakabayashi（2012，p. 384）.

81. Gatrell（2012，p. 197）.

82. Goldsmith（1987，p. 73）.

83. Scott（1998，fn. 69，p. 38）.

84. Ward（1953，p. 37）. 引自 Plumb（1967，p. 148）的 *The Spectator* 中的一篇文章。

85. Goldsmith（1987，p. 226）.

86. 因为拥有一块伪造的印版，参见 Rickards（2000）。

87. 此前，法国在 1690 年实施过帽子税，参见 Dowell（1884d，p. 401）。

88. Uglow（2014，p. 149）. 帽子税延续到 1811 年，假发税延续到 1869 年。

89. 引自 Ward（1953，p. 123）。

90. Simons（1938，p. 40）.

91. Robertson's British Tax Tables（Robertson，1792，p. 58）. 用动物脂肪制作的蜡烛的使用寿命不如用植物蜡（或鲸油）制成的普通蜡烛，气味也难闻；灯芯草照明是利用灯芯草的干髓在油脂中浸泡来实现。蜡烛税的目的是针对家境更好的人，相关论述可参见 Plumb（1960，pp. 241-242）等。

92. Brown（2007，pp. 12-13）.

93. 引自 Dillon（2002，p. 136）。

94. Smith（1820，p. 78）.

95. 这一故事引自 *This Way Caribbean Islands*（2001，p. 167）。

96. 该税种延续至 1792 年，引自 Brown（2007，p. 19）。

97. Ward（1953，p. 123）.

98. Smith（1868/1776，Book V，chapter II，para v. 2. 155. ）.

99. 相关介绍可参见 Tax Research Foundation（1938，pp. 29-30）等。

100. 其他税种还有对纳税人主要居住房屋的窗户税和门户税，对房地产租金价值的税收，以及对个人财物（动产）的税收。

101. Rajaraman（1995），Yitzhaki（2007）. 与估算所得税法（*tachshiv*）一样，这些假定评估或许是可申诉的，即如果餐厅业主能证明其收入少于估算所得法公式的结果，则将征收较少数额的税款。

102. Paine（1894/1792，p. 496）.

第 5 章　如此庞大的财政发动机

1. Seligman（1914，p. 672）. 埃德温·塞利格曼（Edwin R. A. Seligman，1861—1939 年）是一位美国经济学家，1885—1931 年执教于哥伦比亚大学。他在税收和公共财政领域做出了开创性贡献，也是所得税方面的杰出学者，其代表作《所得税：国内外所得税的历史、理论和实践研究》（*The Income Tax: A Study of the History, Theory and Practice of Income Taxation at Home and Abroad*）于 1911 年首次出版。塞利格曼还是美国经济学会的创建者之一，也是本书的一位作者心目中的学术偶像。

2. Mitchell（1988，p. 580）.

3. 关于三部课征捐的详细介绍可参见 Dowell（1884b，pp. 221-222）和 Seligman（1914，pp. 65-66）。

4. 1778 年，诺斯勋爵引入了针对居住房屋的租金价值的税收（Shehab，1953，p. 35），除窗户税外还须缴纳该税。

5. 例如，1795 年的发粉税不是针对购买征收，而是针对使用的年度许可征收。直至 1900 年，该税种是在事实上的购置税之外另行征收（Jeffrey-Cook，2010，p. 384）。

6. Kennedy（1913，p. 169）.

7. 引自 Seligman（1914，p. 71）。

8. 所得税并未替代评估税，其中几种又保留了许多年，例如，窗户税直至 1851 年才被废除，土地税则延续至 1963 年。

9. 与通常情况类似，这不像看上去那么愚蠢。其本意是认为最高收入者应该按照全部收入的 10%来纳税，而非（像今天习惯的那样）只针对超过 60 英镑的收入。但如果在 60 英镑的收入门槛处适用 10%的税率，则纳税人的收入仅增加 1 英镑时，其纳税额将增加 6 英镑。多重税率可以减缓此类税负跳跃现象，但不能完全消除它。例如对刚超过 60 英镑的部分，税率设定为 1/120，可以使新增的税负仅为 10 先令。这种税负跳跃（档位）带来的问题在英国一直延续到一战之后。

10. 这些分类有着极长的历史，英国的劳动收入直至 2003 年还按照报税单 E 来申报。

11. Jeffrey-Cook（2010，p. 389）.

12. Daunton（2001，table 2. 1，p. 35）.

13. 这一故事来自 Shehab（1953, p. 60），其认为该税的取消更多源自政治需要，而非对税收本身的反对。

14. 罗伯特·皮尔（Robert Peel, 1788-1850 年）曾两度担任首相（1834—1835 年以及 1841—1846 年），是历届首相中在今天最受尊敬的人之一，也被视为保守党的创建者。此处的引文来自 Gladstone（1863, p. 18）。

15. Seligman（1914, pp. 128-129）.

16. Gladstone（1863, p. 48）.

17. Seligman（1914, p. 153）.

18. Seligman（1914, pp. 172-173）.

19. 从技术的角度来说，英国的所得税是每年 4 月 5 日到期的临时性税种，其效力必须通过年度预算法案的条款来更新。

20. Heilbroner（1999, p. 173）.

21. 和蔼但不幸的哈考特曾两次成为公众的笑柄。第一次是 1882 年有位不知名的排版工人在《泰晤士报》对他的演讲记录中插入了令人吃惊的评论："演讲者接下来说他想来点乐子。"第二次是在人生后期，他意外地获得了一笔遗产，需要缴纳他自己设立的遗产税，只不过他自己也很快去世了，让其继承者负担了更多的税收。

22. 反对意见是，如果需要依赖预扣方式以更高的税率征收，则可以获得退税的纳税人的数量将多到难以管理。

23. 该委员会的主席是天赋异禀的激进派查尔斯·迪尔克爵士（Sir Charles Dilke），他的职业生涯被"三人同床"的丑闻毁掉了。维多利亚时代的政治生活并不缺乏刺激。

24. 为保持预扣税制度，附加税被设计成一个单独税种。有理由认为自己需要纳税的人必须提交申报单，这也是自小皮特以来，首次要求把个人的总收入披露给政府。

25. Mallet（1913），由 Daunton（2001, p. 361）总结。

26. *The Public*（1909）.

27. *Hansard's Parliamentary Debates*（1909, p. 1959）.

28. 这里的"税基扣减"（deduction）是指从应税收入（或其他税基）之中扣减，其减税金额取决于纳税人面临的边际税率；相反，税负抵免（credit）是指直接从税负中扣减的数额。

29. 引自 Seligman（1914, p. 203）。

30. 迪斯雷利试图在1852年预算案中引入差别税率，但他所在的少数党政府被击败了。对于当时非常系统的政策讨论的记述，可参见 Daunton（2001）和 Shehab（1953）。

31. 分别为每1英镑9便士（2 000英镑以内的收入）和1先令（Daunton，2001，p. 361）。

32. Seligman（1914，p. 430）.

33. 南方在1863年实施了所得税，塞利格曼等人还认为其设计比北方的更合理（Seligman，1914，p. 492）。

34. Weisman（2002，p. 34）.

35. Seligman（1914，p. 439）.

36. Weisman（2002，p. 102）.

37. Seligman（1914，p. 472）.

38. 1880年，关税占美国联邦政府税收收入的56%，烟草和酒类的货物税则占34%，其余各类税收约占10%（Mehrotra，2013，table 1. 1，p. 7）。

39. 州政府与地方政府主要依赖财产税，这些税款由兼职评估员收取，逃税现象猖獗。尽管从原则上讲财产税涉及各种类型的财产，批评者却认为在实践中它对农民存在歧视，因为农民拥有的土地、牲畜和机器等很容易观察到，而城市里的财富持有者拥有的金融资产经常能够逃避评估（Mehrotra，2013，p. 44）。

40. *New York Times*（1891）.

41. 国会议员 David A. De Armond，引自 Seligman（1914，p. 502）。

42. Article 1，Section 9，Clause 4.

43. 这一解释也令人困惑，因为第4章介绍的法国的"capitation"显然不是真正的人头税。

44. Jensen（2016，p. 10）.

45. Seligman（1914，p. 568）.

46. Seligman（1914）甚至认为，南北战争之前关于所得税的讨论让所有人都认同了这一解释。

47. Seligman（1914，p. 435）.

48. 如今看起来很奇怪的这一解释可能源自18世纪重农主义的观点（第7章将做更多介绍），即所有税收负担最终都将落到土地（其实是地主）头上，因此把税收区分为直接由地主负担以及间接由地主负担两大类。在稍后介绍的波洛克案例中将引用这一观点。但塞利格曼以令人钦佩的学识指出（Seligman，1914，pp. 562–564），借用伟大的重农学派经济学家杜尔哥（Anne Robert Jacques Turgot，1727—1781 年）的备忘录来支持所得税属于间接税的说法完全是误导，杜尔哥的备忘录从来没有在法国出版，遑论被翻译成英文；只是在其他著作中，杜尔哥明确地把所得税归入“间接税”——由此可解释我们对塞利格曼的钦佩。至于对奴隶的看法是否符合这种逻辑，则并不清楚。

49. Article 1，Section 2，Clause 3.

50. Weisman（2002，p. 33），另外有理由认为不必太担心。1795 年，美国最高法院判决对马车的税收不是直接税（Hylton v. United States 一案），因为如果是直接税，那就必须按比例分配，后果将非常滑稽（马车较少的州要面临更高的税率），不可能符合美国宪法的宗旨。

51. Strong（1917，p. 225）.

52. Pollock v. Farmers’ Loan & Trust Company 158 U. S. 601.

53. 1857 年最高法院判决非洲人后裔不能成为美国公民，塞利格曼以此为类比，说明公众对于波洛克诉农民贷款和信托公司一案的反应（Seligman，1914，p. 589）。不寻常的是，认为这个判决非常糟糕的塞利格曼并未对此留下引用来源，但 Jones（1895）的记述与之很接近。

54. Blakey and Blakey（1940，p. 20）.

55. Roosevelt（1919）.

56. 在所得税于一战期间的快速发展之前，酒类税已取代关税成为美国联邦政府的最大税源。

57. Okrent（2010，p. 54）.

58. Weisman（2002，pp. 210–211）.

59. Weisman（2002，p. 102）.

60. 担任菲律宾总督的塔夫脱向国务卿鲁特（Elihu Root）报告说，自己在山里骑了马，鲁特发电报询问：马的情况还好吧？（Zimmerman，2002，p. 392）

61. 这一法案的合宪性受到了挑战，反对方认为，组建公司的特权是州的事务，因此只有各州可以对公司征税。但最高法院的判决（Flint v. Stone Tracy Co. 220 U. S. 107，1911）支持了该法案的效力。

62. 引自 Blakey and Blakey（1940，p. 62）。

63. Hormats（2007，p. 103）.

64. Paris and Hilgert（1983）.

65. 引自 Mehrotra（2004，p. 188）。

66. Internal Revenue Service（1918，1919）.

67. Mellon（1924，pp. 56–58）.

68. 这在斯堪的纳维亚半岛的双重所得税制度中非常明显，参见 Sørensen（2010）。

69. 卡约事件的记述参考了 Le Naour（2007）。

70. 以下讨论主要参考的文献包括 Seligman（1914），Jeanneney（1982）以及 Didier（2014）。

71. Institut des Politiques Publiques（2014，p. 2）.

72. Seligman（1914，p. 281）.

73. 引自 Seligman（1914，p. 318）。

74. 约瑟夫·卡约后来结局并不妙，他于 1917 年因为叛国罪入狱。但从另一方面看，他又有幸运的眷顾。7 月 31 日，民族主义者拉乌尔·维兰（Raoul Villain）带着一把刻了两个字母的手枪去害人。一个字母"J"代表让·饶勒斯（Jean Jaurès），法国左派的标志性领袖，坚定的反战者。维兰在蒙马特的一家咖啡馆找到他，将他射杀。另一个字母"C"则代表卡约。

75. 法国的所得税占比为 18.6%，经合组织成员国的平均水平为 23.9%，但法国的总体税率是经合组织成员国中最高的（OECD，2019c，table 1.1）。

76. 全部个人所得税（即前一条注释中占总税收收入的 18.6%）中大约五分之三是一般社会保障缴费及与之密切相关的税种（OECD，2019c，table 5.10）。

77. Chambas and Combes（2001）.

78. Chambas（2005，pp. 82–86）.

79. 讽刺的是，我们很难选出美国的一位开国元勋。候选人可能包括埃德温·塞利格曼，他为促进美国人对所得税的认识做了很多工作，还有亚历山大·达拉斯（Alexander Dallas），他作为财政部长，是前文提到的 1815 年建议的推动者。

80. 引自 Matthew（1979，p. 627）。

81. OECD（n. d. b，table I. 7）.

82. 我们将在第 14 章介绍这方面的情况。

83. 这个说法缺乏逻辑，因为除了法律含义，公司并不是具体的人。

84. Daunton（2001，p. 95）.

85. 两种做法的区别在于，在第二种做法之下，政府会成为参与分享储蓄回报（不管实际结果如何）的伙伴。美国读者可能会发现，第一种做法相当于个人退休账户（Roth IRA），第二种则相当于 401（k）账户。

86. 我们能想到的例外有托马斯·皮凯蒂（Thomas Piketty，2013）以及伊曼纽尔·赛斯和加布里埃尔·祖克曼（Emmanuel Saez and Gabriel Zucman，2019b），他们主张实施高税率的税。

87. Seligman（1914，p. 89）.

88. United Kingdom of Great Britain and Ireland（1920）.

89. 例如，请参见 Gordon（1992），Mintz（1994）以及 Sørensen（2007）。

第 6 章　有些人比其他人更平等

1. *Congressional Globe*（1870，p. 4038）. 鲁茨来自阿肯色州，担任过一届众议员。

2. Thornton（1983，p. 24）.

3. Dowell（1884a，p. 28）.

4. Holloway and Wilson（2017，p. 180）.

5. 这一观点来自拉塞尔·朗（Russell Long），他是来自路易斯安那州的民主党参议员，在 1966—1981 年担任参议院财务委员会主席，他也是休伊·朗之子（Pine，1978）。

6. 关于这一事件的讨论可参见 Sadasivan（2000，p. 394），Radhakrishnan（2009）以及 Surendranath（2013）。关于其历史真实性，有人认为是“没有在任何历史记录中被官方确认的乡村传说”（Arya，2016）。对此事件的发生时间也存在分歧，有人认为是在 1803 年。

7. Tutt（2010）.

8. Crawford（2003，pp. 293-294）.

9. 这一故事来自 Frances（2004）。

10. 截至 2018 年仍是如此，参见 U. S. Agency for International Development（2018，p. 28）。

11. 对公开和隐性性别歧视的区分来自 Stotsky（1997）。对女性的歧视也可以出现在税前定价中，被称作“粉红税”或者“女性税”。例如 2010 年的《消费者报告》（Consumer Reports）发现药店对面向女性的典型产品的定价较高（*New York Times*，2014）。

12. Larimer（2016），Leskin（2016），Geiger and Garcia（2016）.

13. 效率观点也可以用来论述应该对次要收入者（大多数为女性）征收比主要收入者更低的边际税率。大多数研究发现，平均而言，女性的劳动力市场决策（尤其是关于是否加入劳动力队伍）对税后收入的反应比男性更为强烈。我们将在第 10 章说明，这意味着对女性征税会带来更多的额外负担，因为相同的税负会导致女性的劳动力供给相比男性减少更多。所以减轻女性的税负，增加男性的税负，将增加总体的劳动力供给。参见 Boskin and Sheshinski（1983）。

14. Hitchman and Fong（2011）.

15. Thomas（1990，1993）；Lundberg，Pollak and Wales（1997）. 这或许导致若干国家（如印度和多哥）在应对新冠疫情时出现了一个显著的支出方面的特征，它们特意让女性得到的扶持超过男性。

16. Ogden（1958，p. 6）.

17. 这里对南方人头税的描述参考了 Ogden（1958，pp. 59–66），引文来自其中的第 59 页。

18. 引自 White（2006，p. 160）。

19. Johnson（2010，p. 93）.

20. 第二十四修正案只针对联邦选举，但 1966 年的一系列联邦法院裁决将废除效力延伸到了州选举。

21. The Sentencing Project（2016）.

22. Sheets（2017）.

23. 这里的记述引自 Clements（2016）。

24. 这事实上是指天主教徒。来自荷兰的新教徒给镇压岛原起义提供了协助，尽管对此并不情愿。有些人显然对于踏过基督像不觉得困难，这被用来作为识别基督教徒的测试，被称作踏绘（*fumi-e*）。

25. Clements（2016，p. 65）. 接下来的两段引文分别来自其中的第 79 页和第 54 页。

26. 又名 Amakusa Shirō 或者 Amakusa Shirō Tokisada。自 20 世纪 60 年代以来，这个名字的角色出现在许多流行的日本漫画、动画和视频游戏中。

27. Clements（2016，p. 200）.

28. Heemstra（2010）.

29. Koyama（2010）.

30. Katznelson（2005，p. 108）.

31. Dowell（1884b，pp. 62–63）.

32. Jewish Virtual Library（n. d.）.

33. Jewish Virtual Library（n. d.）. 这并不总是像人们想象的那样严厉，奥地利在 1244 年之前对尸体免税。

34. Gelber（1967）.

35. Act of Uniformity 1558.

36. 这一做法在空位时期被废除，但当时的所有法律到复辟时期都被否定，人们很少注意到，直至 1888 年，法律条文中依然包含此规定。

37. Weir（1998，p. 63）.

38. Ward（1953，p. 69）.

39. 有时会出现补贴。在法国路易十四统治时期（1643—1715 年），胡格诺派信徒（法国新教徒）如果皈依天主教将得到现金奖励。

40. Ansary（2009，p. 47）.

41. 引自 *Oxford Dictionary of Islam*（n. d.）.

42. 例如在沙特阿拉伯，天课由税务机关收取，资金转移给社会事务部，再按照伊斯兰教法的规定用于支出。

43. Eraly（1997，p. 405）.

44. Eraly（1997，p. 401）.

45. Montefiore（2011，pp. 198, 343–344）.

46. Hanioğlu（2008，p. 90）.

47. Ibrahim（2013）.

48. Ibrahim（2015）.

49. Dennett（1950，p. 74）.

50. Saleh（2018）.

51. Bowman（2000，p. 86）.

52. Gernet（1995，pp. 37, 57）.

53. Abbott and Johnson（1926，p. 225）.

54. Martinez（2011）.

55. Williams（1981）.

56. 这里补充一个案例，美国最高法院在 Bray v. Alexandria Women's Health Clinic 506 U. S. 263（1993）一案中认为，如果对某些活动给予不利待遇，而这些活动"恰好是由某一特定阶层的人专门或主要从事的，则可以很容易地推定为对该阶层不利的意图"。该判决中提到的例子（据我们所知是假设的）是"对戴圆顶小帽征税实际上就是对犹太人征税”。

57. Kraal and Kasipillai（2014，p. 277）.

58. Stiem（2016），Kassam（2016）.

59. U. S. Constitution Article. IV，Claus. 1.

60. 哈灵顿（Harington，1561—1612 年），英国皇家侍从兼作家，他对人类做出的更大贡献是发明了冲水马桶。

61. Hyden（2015）.

62. 之前被称作“特别税”（Extraordinary Tax），这个流行名称让人想起古罗马对怯战或反叛的军队实行十杀一的惩罚办法。此处的记述参考了 Durston（2001）。

63. 没有房产，但拥有的财产价值超过 1 500 英镑的人，每 1 500 英镑须缴税 100 英镑。

64. Vaughan（1840，p. 523）.

65. Hazlitt（1875/1744，p. 355）.

66. 来自威廉·戈夫（William Goffe）给奥利弗·克伦威尔护国公时期的国务大臣约翰·瑟洛（John Thurloe）的信件，引自 Birch（1742，p. 344）。

67. 已婚夫妇可以分别申报，但联合申报总是税负最小化的选择。

第 7 章　固定还是转移？

1. 证据来自 Colwyn Committee（1927，p. 65）。

2. 到 1280 年，关税（主要来自羊毛）达到王室正常财政收入的 40%左右（Barratt，1999，table 3. 6. 2，p. 77）。

3. 引自 Power（1941，p. 42）。

4. Dowell（1884a，pp. 135-136）.

5. Salpukas（1992）.

6. *Sun-Sentinel*（1993）.

7. 这一描述来自夏威夷税收基金会（Tax Foundation of Hawaii）执行主任，引自 Kalapa（2012）。

8. 这里有扭曲，采用 25%或者任何相同税率时，所得税与消费税并不完全相同。例如，我们设想 100%的税率会导致何种后果。对所得税实行 100%的税率，税后你将一无所有。但消费税并非如此，采用 100%的零售税或增值税时，如果被完全转移，只会让所有产品和服务的价格翻番，使你消费的数量减半，而非完全没有消费。因此，100%的消费税其实只相当于 50%的所得税，25%的消费税只相当于20%的所得税。

9. 这个故事来自 McCulloch（1975/1845, p. 156），这是他的译文。

10. Aguado（2018）.

11. Kopczuk et al. （2016）.

12. Rucker（2011）.

13. 对公司永续论的最生动描述来自英国法学家布莱克斯通爵士（Sir William Blackstone），他在著作《评论》（*Commentaries*）中指出，尽管公司的股东和经理人可以改变，公司本身却没有变化，正如“泰晤士河的组成部分随时在改变，它却依然是同一条河流”（Blackstone，1794，p. 495）。

14. Haig（1934，pp. 31-32）.

15. Haig（1934，p. 30）.

16. Kornhauser（2010，p. 334）.

17. 科罗拉多州、康涅狄格州、肯塔基州和内布拉斯加州。

18. Cole（2014）.

19. *BBC News*（2009）.

20. 这里的谷物（corn）不仅是美国人通常理解的玉米。

21. 东印度公司的足迹在本书中经常能看到。马尔萨斯是该公司在黑利伯里的培训学校的教授，稍后将提到的约翰·斯图亚特·穆勒是该公司的雇员，他的父亲、著名哲学家詹姆斯·穆勒也是（Robins，2012，p. 187）。

22. 马尔萨斯与李嘉图在1814—1815年的争论进一步催生了大量学术研究成果，而从分析角度来看他们基本上达成了共识。有学者考察了他们之间更广泛的联系（Dorfman，1989），另外可参见 Salvadori and Signorino（2015）。

23. 至于《谷物法》的实际保护程度，仍然存在争议，例如可参见 Sharp（2010）。

24. Dorfman（1989，fn. 12，p. 158）提到，詹姆斯·安德森（James Anderson）在1777年也有过类似的思想。

25. 李嘉图和马尔萨斯都认可这一分析，但对政策含义存在分歧。李嘉图认为地主的财富增加只会被用于消费，不能给增长做出贡献。马尔萨斯则认为这样做并无不妥，并提出哪怕人为扩张农业也对国家安全有好处。李嘉图反驳说，减少对英国的食品供给会严重损害外国供应商，导致他们事实上不会做此类选择。毕竟拿破仑统治下的法国仍在向英国出售食品。

26. *The Economist*（2018a）.

27. Irwin（1989, p. 54）.

28. 对货币工资按照价格做出调整，以测算工资的实际购买力。

29. Keynes（1923, p. 80）.

30. 这位人士是托马斯·汤普森（Thomas Thompson），来自《晚间太阳报》（*Evening Sun*）的报道（引自 Turner，1998，p. 1011）。

31. Peel（1853, p. 601）.

32. Peel（1853, p. 591）.

33. Peel（1853, p. 651）.

34. 引自 Blake（1969，p. 236）。在人生后期，迪斯雷利改变了自己对皮尔的看法（至少在公开表达中）：后人会认为他是英国有史以来最伟大的国会议员（Lexden，2011）。

35. Hurd（2007, pp. 368–370）.

36. Seligman（1899）.

37. Locke（1691, vol. 2, p. 36）.

38. Rothstein（2008）.

39. 福利转移现象并不局限于劳动所得税抵免制度。有项研究发现，在美国的“儿童和被抚养人看护抵免”制度下，每 1 美元中有 75~90 美分会通过价格和工资上涨被转移给看护服务提供者，而非降低儿童看护的价格。另有研究认为，面向高等教育的联邦学生资助给学生及其家庭带来的好处，有相当部分被高等院校的价格上涨所抵消。参见 Rodgers（2018）以及 Turner（2012）。

40. Churchill（1909）.

41. 这背后有宪法方面的考虑。1895 年判决所得税违宪的波洛克案件同时规定，对州和地方政府债券的利息征税也是违宪的，因为这会违反政府间税收豁免的原则。尽管支持联邦所得税的第十六修正案未涉及这一议题，1913 年的税收法案引入的所得税却特意把市政债券利息排除在联邦税收之外，而且至今有效。废除这一排除办法是否会引发宪法争议，目前没有定论。

42. 这里假设，持有两类债券的风险大致相当。新冠疫情之后，在我们撰写本书时，市政债券的收益率实际上高于联邦债券，很大程度上是因为市政债券的违约风险相比联邦债券有所提高。

43. 因为 $(1-0.233) \times 2.02 \approx 1.55$。

44. *Congressional Record*（1909, p. 3989）.

45. 消费者价格或许也会上涨，尽管由于能够从国外进口消费品，其幅度可能有限。

46. 有关的证据回顾，可参见 de Mooij（2011）。

47. Furman（2017）.

48. Summers（2017）.

49. Gravelle（2017，p. 33）.

50. 他们提出：资本与劳动之间的分配反映了经济学研究文献中对公司税负分配格局的估计区间的中间水平（Joint Committee on Taxation，2013，p. 30）。

51. Yglesias（2013）.

52. 一个主要目标是考察是否采用资本税，这次的主报告认为不应该。

53. Colwyn Committee（1927，par. 845，p. 66）.

54. Office for National Statistics（2020）. 这些研究在多年以来已不太受人关注，部分原因毫无疑问是我们将介绍的难题。但有个突出的例外是公平承诺研究所（Commitment to Equity Institute）发布的对中等收入和低收入国家的系列分析报告，其手册清晰描述了他们采用的研究方法（Lustig，2018）。

55. 可以比较 Saez and Zucman（2019a）以及 Splinter（2020）的研究。

56. 某些研究不仅试图考虑负税收形式的转移支付，也包含基本上无偿提供的公共服务，如基本教育和医疗。提供这些服务毕竟是征税的主要理由之一，所以该思路是好的，但研究中经常以生产成本来估算服务的价值，与服务对象对服务的货币估值可能相去甚远。

57. 一种办法是像《谷物法》的情形那样，把关税理解为消费税加上对国内生产的补贴，但在税收归宿的研究中通常不用这种办法来处理关税。

58. 例如，参考公平承诺研究所的相关研究，参见 Lustig（2018，p. lxv）。

59. 具体而言，这些研究通常假设消费税（如增值税）会被完全转嫁给消费者，工资所得税则会被完全转嫁给劳动者。本章前文提到的这两种税收的同等性质表明，此类假设中存在某些矛盾。如果应用这里介绍的一般原则，消费税要完全落到劳动者头上，其必要条件是消费品需求完全无弹性。但随着消费价格因为税收而上涨，劳动力供给也必须相应增加，以能够支付消费成本的提高。于是，劳动力供给就需要一定的弹性。此时，由于劳动力供给不是完全无弹性的，劳动者就不会承受工资所得税带来的全部负担。

60. Whalley（1984）.

61. 对国家统计办公室的此类研究的解释，可参见 Dilnot，Kay and Keen（1990）。

62. Benedek et al.（2020）的研究倾向于支持这一假设，但问题远没有完全得到解决。

第三篇　改变人们的行为

1. 来自《狗和会计》（The Dog and the Accountant），引自 Barzel（1976, p. 1177），原文见 1973 年 9 月 17 日《纽约客》第 40 页。

第 8 章　除弊兴利

1. 来自韦伯斯特（webster）在最高法院 McCulloch v. Maryland 17 U. S. 36（1819）判决中的证词。

2. 农民适用于改良版的胡须税，只需要在进入城市时剃须，或者支付 1 戈比（1 卢布的 1%）的税款。这里介绍一些当时的背景情况，彼得大帝时期的非技能劳动者的平均日工资为 5~8 戈比（Sudakov，2013）。对贵族或者商人而言，胡须税的税款可能达到每年 100 卢布（Eschner，2017），这一税种一直延续到 1772 年。

3. 可追溯至公元前 403 年的罗马（Peck，1898）。

4. 可以和英国今天的地方房产税对“富裕单身汉”实施的折扣做类比：对于只有 1 位纳税人的房产，提供 25%的市政税减免。地方政府部部长布兰登·刘易斯（Brandon Lewis）很会做命名宣传，将取消该折扣的建议称作“布里吉特·琼斯税”（*Bridget Jones* 是《单身日记》的主角）（Eleftheriou-Smith，2014）。

5. 引自 Redman（1959，p. 33）。

6. Forcucci（2010），Mann（1943）.

7. Kornhauser（2013）.

8. Matthews et al.（1919，p. 133）. Barnett（2013，pp. 18-19）隐约提到了种族方面的动机。

9. 这就是历史爱情小说《单身汉税》（*The Bachelor Tax*，Carolyn Davidson，2000）的背景。

10. *Los Angeles Herald*（1903）.

11. 这一附加税持续到 1992 年。

12. 所有年满 25 周岁且无子女者，无论是否结婚，都要承担可能达到每月 30 美元的税负，超过当时民众普通月收入的 10%。详见 Vâlsan（2014）。

13. 在第二个孩子出生那年，政府征收一笔“社会抚养费”或“抚养费”，按城市居民年度可支配收入或农村居民年度现金收入的一个百分比计征。超生父母会被罚款，并且由自己承担全部子女的学校教育费用和全家人的医疗费用。

14. *BBC News*（2019）.

15. Gans and Leigh（2009，p. 246）.

16. History House（n. d. ）.

17. Oats and Sadler（2007，p. 358）.

18. Oats and Sadler（2007，pp. 367–368）.

19. Jenkins（2002，pp. 226–227）.

20. Musson（1958，p. 411）.

21. *Printers' Ink*（1897）.

22. Kolbert（2006）.

23. Waterson（2020）.

24. 如果产权的初始配置是相反的，则污染者将没有天然的排污权，他需要给受污染者支付费用，以获得排污权。

25. 来自 Coase（1960）。

26. Pigou（1920）.

27. 外部性是“市场失灵”的一个例子，因为在此情况下，自由市场将不能实现资源的有效配置，例如，污染将会过多，或者房屋正面装饰和基础研究投入过少。

28. 庇古税不是惩罚性的，而是针对资源利用效率——产生负外部性的活动使用的资源太多，产生正外部性的活动使用的资源太少。庇古税逻辑的一个关键在于，如果税收与双方之间的恰当转移支付结合起来（类似双方的讨价还价带来的支付），则不仅受污染者，而且污染者的状况也能得到改善。对“罪恶税”而言，这点经常被忽略，但它可以支持如下普遍做法：把环境税的收入专门用于减轻企业向清洁能源技术转型的成本。

29. 一个更生动的例子是美国 1934 年《国家枪支法案》（U. S. National Firearms Act）规定对绝大多数枪支的生产和交易征收联邦税，这居然得到了全国步枪协会的支持！该税种目前依然在按照同样的名义金额征收。我们这里不讨论持有或交易枪支是否带来负外部性的问题，但提醒大家，自 2012 年以来美国至少有 12 个州提高了对枪支和弹药的税收。

30. 有一项估计指出，如果不采取减排行动，普通低收入国家的人均产出到 21 世纪末将比其他情况下低 10% 左右（International Monetary Fund，2017c，p. 119）。

31. Tol（2009，p. 29）.

32. 产生既定能量时，煤炭是所有化石燃料中排放二氧化碳水平最高的。汽油约为煤炭的三分之二，天然气仅为煤炭的一半。

33. 例如，请参见 International Monetary Fund（2019a）。

34. 这是另一个可以适用李嘉图和马尔萨斯论点的例子。化石燃料排放税的部分负担可能落到开采费用较低的矿主获得的租金上，对供给的影响将微乎其微。这个推理可能适用于石油，但似乎对煤炭意义不大，因为全球可利用的煤炭储量能开采数百年，其租金价值可能很小。

35. Carbon Tax Center（n. d.）.

36. 例如，美国环保署在 2015 年得出的中心估计值为每吨 36 美元（The U. S. Environmental Protection Agency，2016），诺德豪斯对 2015 年的估计为每吨 31 美元（Nordhaus，2017），他因为在该领域的研究而获得了诺贝尔经济学奖。

37. Dale（1922），Archer（2016）. 在伦敦，至今仍能找到标识煤炭税征集区域的方尖碑。

38. 这里假设在全球范围实施，同时需要采取非税收性质的措施。参见 International Monetary Fund（2019a，p. 7）。

39. 不过这两种方法仍有一些重要的差异。例如，限额与交易体系下的碳价格可以根据排放需求发生变化，碳税制度下则不会。关于两种方法的详细比较，可参见 Goulder and Parry（2008）。

40. 这些远不足以把全球平均气温升幅限制在比工业化时代前的水平仅高出 1.5~2 摄氏度的范围内（即实现《巴黎协定》的目标），这是开始行动的标志。

41. 例如，对低能源效率的汽车征收“油老虎税”，加上对高能源效率的汽车提供补贴，也可以抑制排放。然而这些方法的效果不如碳价格，因为它们对驾驶行为的抑制不够。

42. 温室气体的这些数据来自 Gerber et al.（2013）以及 Ritchie（2020）。与二氧化碳相比，甲烷的破坏性更强，但在大气中的停留时间会更短。

43. 我们感到有必要提及佛罗里达州的租奶牛混乱事件。该州有一部绿化带法案，为保护农田而实施优惠房地产税率。获得优惠税率的资格是，土地必须用于“善意的”农业目的。结果表明，租几头奶牛，带到你家的土地上待会儿，这就够了。关于该法案及其引发的创造性避税反应的讨论可参见 Weissmann（2012）。

44. Erb（2013b）.

45. 乔治·贝斯特（George Best）是 20 世纪 60 年代至 80 年代首位有摇滚明

星风范的足球运动员，作风放荡不羁（*BBC News*，2005）。

46. King James I（1604）.

47. King James I（1604）.

48. Smith（2008）；Crawford，Keen and Smith（2010）.

49. Shiono and Behrman（1995）.

50. 某些重要研究文献，如 Viscusi（1995）指出，净外部性很可能是负的，但这一结论至今依然存在相当大的争议。

51. 2008 年的盖洛普调查数据显示，比较穷的美国人吸烟的概率更大，参见 Goszkowski（2008）。

52. Gruber and Kőszegi（2004）；Allcott，Lockwood and Taubinsky（2019）.

53. Gruber and Kőszegi（2002）.

54. 各州税收状况的信息来自 Boonn（2020）。

55. Statista（2019a，2019b）.

56. Bouw（2017），Statista（2018），OECD（2018）.

57. 20 世纪 30 年代至 50 年代的这位美国银行抢劫犯颇具绅士气质，多次逃脱追捕，据说有人问他为何抢劫银行时，他回复说："因为那里是放钱的地方。"

58. Chaloupka，Powell and Warner（2019，p. 189）.

59. Foster（2009）.

60. Matthews（1958，pp. 95-98）.

61. 在加拿大，他们需要缴纳联邦香烟消费税，而不是货物与服务税（Lickers and Griffin，2015）。

62. 加拿大和美国都采取了各种类型的措施来强化对非印第安部落成员征收消费税，例如给部落免税香烟配额，参见 DeLong et al.（2016），Lickers and Griffin（2015）。

63. 例如在美国，各部落必须上缴联邦法律要求他们向非部落成员销售香烟时收取的销售税。

64. DeLong et al.（2016，p. 132）.

65. Marsden（2009），Dowd（2010）.

66. Petit and Nagy（2016，p. 11）.

67. Sen and Fatima（2011）.

68. Marsden（2009）.

69. National Coalition Against Contraband Tobacco（2017）.

70. HM Revenue & Customs（2018，table 1.2）. 目前似乎没有更近期的官方估计数据。

71. 参见 Petit and Nagy（2016，p. 9）以及其中引用的文献。

72. 或者更普遍的“电子尼古丁输送系统”（ENDS）。

73. 例如，引自 Fruits（2018）。某些只加热烟草但不燃烧的产品的危害性介于香烟与电子尼古丁输送系统之间。

74. 公平地说，这种趋势或许并不太令人吃惊，因为世界卫生组织支持的以下观念已经根深蒂固，即对所有的烟草产品都应该平等地征税。

75. 截至 2019 年 9 月的情形（Dadayan，2019）。

76. Fruits（2018）.

77. 某些国家按照液体或尼古丁的毫升数量对蒸汽产品征税，这符合阻止成瘾的目标（当然本章前文也提到过，该目标有自身的局限性）；还有些国家计征从价税。参见 Fruits（2018）和 Dadayan（2019）。

78. 这一观点的更详细讨论可参见 Chaloupka，Sweanor and Warner（2015），尤其是第 595 页。

79. 例如，美国有几个州发行了“烟草债券”，以本书第 3 章介绍的“烟草大和解协议”带来的预期收益做偿还保证。然而这些收益取决于香烟销售，由于电子烟出乎意料地占据了香烟市场的很大份额，政策制定者如果不想对它们同样征税，恐怕很难维持收益。

80. O'Brien（2007，table 1）.

81. Vaisey（1985，p. 159）.

82. Cnossen（2008，p. 514）.

83. 引自 Cnossen（2008，p. 518）对该领域的回顾分析，另外可参见 Crawford，Keen and Smith（2010）。

84. Oliver（2011，p. 48）.

85. 引自“工作是这个国家酒民们的诅咒”（Harris，1918，p. 166）。

86. Dorn（1983），Harrison（1994）.

87. Dingle（1972，p. 611）. 该数据是指 1850—1900 年，并包含许可证费。

88. Marks（2017）.

89. Sunley（2008）介绍了对比迪烟的税收。2017 年首次推出了对印度乌木叶的联邦税收，作为新的货物与服务税的一部分。参见 Kukreti（2017）。

90. Johari（2015），Nair（2015）.

91. *Monty Python*（1969）. 有位角色回应说，这种税收会使特许会计师的职业吸引力大增。

92. 这一税种最终在公元 498 年被废除（Kornhauser，2013）。

93. Ditmore（2009）. 这篇文章还介绍说，内华达州某些县的主要财政收入是妓院上缴的房产税。

94. Sahadi and Lobb（2004）.

95. 即便没有真正发生性行为，也可能引发相关的税收问题。2015 年，美国税务法庭审理了一起案件，有位女性在接受生殖医疗服务后卖掉了卵子，由于在这一过程中遭受的痛苦，她要求自己从中获得的报酬能获得免税待遇。税务法庭最终驳回了这一诉求（Wood，2015）。

96. 引自 Jenkins（2002，p. 60）。

97. Feige and Miron（2008）.

98. Peters（2006，p. 4）.

99. Grund and Breeksema（2013）.

100. 来自大麻销售的税收收入接近 7 000 万美元，酒类销售的税收收入约为 4 200 万美元（Basu，2015）。

101. Staggs（2020）.

102. Bishop-Henchman（2014）.

103. 在 1975 年录制的"成功故事"（Success Story）中。

104. *The Economist*（2012）.

105. Asen（2019）. 对这段经历的描述和总结来自 Petit，Mansour and Wingender（forthcoming）。

106. Watson and Treanor（2016）.

107. 引自 Gallucci（2015）。

108. University of Oxford（2018）.

109. Hamermesh and Slemrod（2008）.

110. 对于不完全信息造成的某些问题，监管规范也更能发挥作用。例如，税收很难解决消费者忽略的某些药物的副作用问题，要求必须有医生处方才能获得此类药物是更好的解决办法。

111. Lovenheim and Slemrod（2010）.

112. Wilson（2016）.

113. 这一下调幅度可能很大，有研究发现，在美国和英国，如果利用庇古税来解决拥堵外部性，需要增加的燃油税不少于解决气候变化所需的增幅（Parry and Small，2005）。

第 9 章　附带损害

1. 来自如下案件的判决：Ayrshire Pullman Motor Services and D. M. Ritchie v. The Commissioners of Inland Revenue 14 TC 754（1929）。

2. Graham（1956，p. 78）.

3. 看起来是因为海关官员们认为测算满载货船的吃水深度不容易（Lane，1964，p. 228），于是便直接假定船只的深度为长度的一半。这里面的细节及有些古怪的测算公式来自 French（1973）。该制度一直维持到 1836 年，而且新的方案又用了 20 年时间才完全投入应用（Graham，1956，p. 78）。

4. 引自 Graham（1956，fn. 2，p. 78）。

5. 引自 Mackay（1991）和其他文献，但原始出处不确定。

6. 关于税收推动的产品创新，可参见 Gillitzer，Kleven and Slemrod（2017）。

7. Nakamura and Maeguchi（2013）.

8. Sauvegrain（2001）.

9. 例如，参见 *Beautiful Puglia*（n. d. ）。

10. Laffer（2014）.

11. 这一事件的介绍可参见 McCulloch（1975/1845，pp. 159–160）。

12. Johnson（1787，p. 417）.

13. 这个汽车的案例来自 Harberger（1995）。

14. Atiyeh（2013）. 这被称作“鸡肉税”，是法国和德国对美国出口的鸡肉加征关税而引发的报复性措施。

15. 延续至 1836 年。

16. 延续至 1845 年。

17. *The Lancet*（1845，p. 214）.

18. Vose（1980）.

19. 对于这类砖瓦税有相当多的研究文献。例如，Exwood（1981），尤其是 Lucas（1997）激烈地反驳了用砖头大小作为避税手段的重要性的说法。

20. Festa（2009），Tague（2008）.

21. 对这一观点的经典阐述可参见 Barzel（1976）。

22. 不过，从价税也可能影响出售产品的特性。与从量税（对每个商品单位征收，与销售价格无关）相比，从价税对质量较低的产品有利。这是因为在征收从价税时，为补偿改进品质所花的 1 美元，需要让消费者面临的价格增幅超过 1 美元（其中一部分会被政府拿走）；而在征收从量税时，价格增幅 1 美元就足够了。这个区别听起来较为技术性，却可能导致很大的影响。例如在欧洲，烟草公司发现游说税率水平是错误路线，于是转而关注从量税与从价税之间的构成平衡，其立场选择取决于各家公司瞄准的是高端还是低端市场。参见 Keen（1998）。

23. State of Wisconsin（2010）.

24. *CBC News*（2014）.

25. Hays（2013）.

26. *The Economist*（2018b, p. 48）.

27. McHugh（2016）.

28. Greene（2016, pp. 23–24）.

29. Burman, Clausing and O'Hare（1994）.

30. Gans and Leigh（2009）.

31. 折旧奖励条款允许把截至 2008 年底获得的大部分资产（房地产除外）的一半价值在购买当年冲销，另外一半适用正常折扣规则；该条款随后还被扩大适用范围。

32. Tax Advisory Partnership（n. d.）. 对这一天的调整（与闰年有关）的解释参见 taxback. com（n. d.）。

33. Soled（1997）.

34. 直到埃及中王国时期，参见 Webber and Wildavsky（1986, p. 71）。

35. 例如，参见 Liu et al.（2019）。

36. 更准确地讲，包括英格兰、威尔士以及在英格兰与苏格兰之间存在争议的特威德河畔的贝里克镇。苏格兰在 1691—1695 年征收过炉灶税，爱尔兰也在 1663—1795 年征收过。

37. Petty（1662, p. 74）.

38. 这是他对 1662 年 6 月的记录，参见 Latham（1985, p. 210）。

39. Hervey（1905, p. xxi）.

40. 爱尔兰除外，那里一直维持到 19 世纪早期。

41. Douglas（1999, p. 13）.

42. Macaulay（1855, p. 11）.

43. *Hansard's Parliamentary Debates*（1818, p. 243）.

44. 这里关于荷里路德教区的记录引自 Hughes and White（1991）。

45. 这是在炉灶税实施以后，看起来温多弗先生还没有对该税种做出反应。因为这是个很新的税种，在 3 月份制定法律，9 月份首次征缴，另外要用砖砌或者其他办法来改变家里的炉灶数量也需要一定的时间。还有，人们普遍认为这个税种是暂时性的，所以不打算做出改变。

46. 例如，参见 Misa（2011，p. 41）。尽管这种观点很常见，但我们没能找到准确的证据。其他记述资料则强调，该税收的实施采用了与过去的祭祀仪式献金（和后来的房产价值评估）类似的手段：货物的应税价值由船主自己报告，但丹麦国王有权按照该价格买下它（Haan et al.，2012）。

47. 在本章开头描述的英国计税方法中，是在吃水线的位置测算船只的宽度。

48. 这一观点来自 Graham（1956，p. 78）。

49. 穆勒在开创性的《政治经济学原理》（1848 年首次出版）中讨论了歧视性税收问题："税收造成了人为的激励，人们偏向选择两者中品质较差却免税的一种。因此，如果税收会带来什么效应，它这个效应就是降低生产出来的商品质量，或者更加耗费劳动力。它导致社会上大量劳动被浪费，并使资本被用来支持和回报这些无意义消耗的劳动力，就好比雇用人挖坑然后又将其填上。"（Mill，2009/1848，p. 654）

50. Bartlett（1994）.

51. Keane（2011）对这一课题在近期的计量经济学研究成果做了综述。

52. 当一个人对税收的反应还影响其他人的时候，社会损失可能多于或少于纳税人本身遭受的额外负担。例如，如果额外负担包含支付贿赂，社会损失可能就会更小，因为受贿者从中获得了一定好处——除非人们认为此类不法收益不应该计入社会收益。

53. 这一观点的首次规范论证来自 Feldstein（1999）。

54. Saez，Slemrod and Giertz（2012）.

55. 本节的内容参考了 Oates and Schwab（2015）。如今的谷歌地图在漫游苏豪区康普顿街的时候会展示一个半世纪前留下的这一景象。

56. 关于税收档位的更多价值，可参见 Slemrod（2013）。文章很自豪地用了"Buenas Notches"作为标题（类似西班牙语中的晚安）。

57. Oates and Schwab（2015）.

58. 关于巴基斯坦的研究来自 Kleven and Waseem（2013）；关于增值税的研

究来自 Liu et al.（2019）。

59. 这种“附近”的说法很重要。采用节点调整方式时，多出的几美元落到50%的税率档位不是大事。但处在错误档位就差别巨大，例如 10 扇窗户，而非9 扇。

60. Saez（2010）.

61. Kirchgaessner（2017）.

第 10 章　怎样给鹅拔毛

1. 柯尔贝尔于 1665—1683 年担任法国国王路易十四的财政大臣。

2. 这些国家包括澳大利亚、加拿大、荷兰、新西兰、西班牙和瑞士。丹麦和瑞典尽管是中立国，也较早采用了该税种。它们的企业从战争中获得了巨额利润，导致这一税种被人们戏称为“德国炖肉税”（Stamp，1917；*Encyclopedia Britannica*，1922）。

3. *Encyclopedia Britannica*（1922）.

4. Daunton（2002，p. 83）.

5. McCrum（2004，p. 216）.

6. Haig（1920，p. 1）.

7. *Encyclopedia Britannica*（1922）.

8. Haig（1920，p. 4）.

9. Buehler（1940，p. 292），*Encyclopedia Britannica*（1922）.

10. Haig（1920，p. 9）.

11. Buehler（1940）.

12. 新冠疫情危机让这一话题的兴趣被重新点燃，参见 Avi-Yonah（2020）。

13. 关于此类税收的设计和实践的回顾，可参见 International Monetary Fund（2016）以及 de Mooij（2012）。

14. 如果该企业没有其他税收义务，政府需要提供现金，或者在未来纳税中提供对等的扣减。

15. 这是一种最低限度税（IETU）。在正常公司税与 IETU 之间，企业支付税负较大的一种。事实证明这种做法较为尴尬，该税种于 2013 年被废除。

16. 关于对资源采掘业如何设计和适用租金税，可参见 Boadway and Keen（2010），Land（2010）以及 International Monetary Fund（2012）。

17. 引自 *Cole Porter* 的“Don't Fence Me In”（Porter，1944）。

18. 可用土地的供给总量在现实中并非完全固定不变，例如在中国香港、新加坡和荷兰，填海造地占了全部土地的很大一部分。供给真正缺乏弹性（能获得要求的最低回报）的是具有特定品质的土地。

19. Ricardo（2004/1817）.

20. Mill（1875，p. 225）.

21. 有时也称作“位置价值”或“地点价值”税。

22. George（2005/1879，p. 392）.

23. *The Economist*（2015）.

24. 乔治在1886年竞选纽约市市长，他失败了，但他的得票数超过了西奥多·罗斯福。

25. *New York Times*（1912，p. 12）.

26. Friedman（1978，p. 14）.

27. Pilon（2015）.

28. McCluskey，Grimes and Timmins（2002）.

29. Douglas（1999，2011–2012）.

30. 土地税在澳大利亚依然被保留下来，所有州和领地目前都有某种类型的土地税。关于全球各国的土地税的实践经历，可参见 Franzsen（2009）。

31. 有关报道来自 *The Public*（1912，p. 349）。另外可参见 Kaizen Certified Public Accountants Limited（n. d.）。

32. 另一变形办法来自 Harberger（1965）的建议，允许任何人以自我评估价值加上一定的溢价将土地买下。这种想法近期得到了 Posner and Weyl（2018）的拓展，其思路是对财富征收高额税收，让所有者自己给资产设定价格，但必须同意按照该设定价格出售资产。

33. 但这引起了法律上的纠纷，该条款似乎没有被大量采用，到1900年被废除。

34. Dye and England（2009，p. 5）.

35. Bourassa（2009，p. 17）.

36. 经济学家甚至得出了一条“亨利·乔治定理”：（当然是）在特定假设下，100%的土地租金税恰好能产生支持全部公共支出的财政收入（Stiglitz，1977）。

37. 一种长期使用的办法是从包含人工改善（如建筑物）的地块的价值中减去改善成本。更近期的办法则是利用统计建模：利用若干特征变量（包含位置）来解释地产的市场价格或评估价值，再从中估算与地块有关的内在价值。

关于有关方法及其在美国应用状况的详细介绍可参见 Bell, Bowman and German (2009), 以及 Mirrlees et al. (2011) 的第 16 章。

38. Brunori and Carr (2002).

39. 根据 OECD (2013) 的收入数据计算。

40. Bank of England (n. d.).

41. 休·道尔顿 (Hugh Dalton), 引自 Daunton (2002, p. 60)。道尔顿在 1945—1947 年担任英国财政大臣, 因为一起丑闻而辞职, 当时他在前往议会发表预算演讲的路上, 向一位记者介绍了自己要讲的某些税收调整方案。经济学家则高度评价道尔顿在不平等议题上的突破性研究贡献。

42. 这里说的"一次性税收", 是指应税金额不会因任何行为反应而改变。而在租金税中, 征收数额还是取决于开采的石油数量, 税收金额与行为相关。但这里的关键在于, 无论租金是否被征税, 行为本身不会被改变。

43. Daunton (2002, pp. 66, 69, 80).

44. 对这些事件的回顾可参见 Eichengreen (1990)。

45. John A. Hobson, 引自 Eichengreen (1990, p. 200)。

46. Duarte (2009, pp. 450-451).

47. Ramsey (1927). 在凯恩斯看来 (Keynes, 1933, p. 295), 拉姆齐"毫无困难地生活在大多数经济学家难以呼吸的稀薄空气中, 带着习惯于处理困难得多的问题的优雅从容来操控我们学科的技术设备"。

48. Feldstein (1999).

49. 的确, 上文介绍的逆弹性规则成立的条件正是应税商品之间完全没有替代性。

50. 对这一观点的正式理论阐述来自 Corlett and Hague (1953)。

51. 更准确地说, 打击工作积极性的是普通的高商品税率的替代效应——对额外负担有影响。

52. 这一观点涉及逆弹性规则: 如果某种产品的需求弹性较高, 那么其价格提高会导致购买支出的较大下跌, 这可能伴随着收入乃至工作努力的较大减少, 从额外负担的角度看是一件坏事。

53. 对这方面的困难的讨论, 可参见 Crawford, Keen and Smith (2010)。

54. 有些有怀疑精神的读者可能认为, 我们是通过特定的数字设定来得出这一结论的。但实情并非如此。例如, 假设税率提高到 4 先令, 温多弗先生的反应是再减少半个炉灶 (纯粹在假设情形下), 由于他给每个炉灶赋予的平均价值仍为 2 先令，额外负担将是 3 先令（2 先令乘以 1.5），这依然属于超比例增加。

55. 留下这个告诫的是格伦·哈伯德（R. Glenn Hubbard），他是老布什政府中负责税收政策的财政部副助理部长（Hubbard，2010）。

56. 营业税有很长的历史，但随着增值税的兴起，已基本上被取消。但近年来，营业税打着“总收入税”（gross receipts taxes）的名义在美国的几个州重新出现，包括特拉华州、伊利诺伊州、新墨西哥州和俄亥俄州。如本书第 4 章所述，营业税还被许多发展中国家作为对小企业的推定征税办法。

57. Diamond and Mirrlees（1971）.

58. Glantz（2008）.

59. Due（1957）.

60. 欧洲委员会在 2011 年提出的一项建议是对股票和债券交易征收 0.1%的税收，对衍生品合约征收 0.01%的税收，这两个税种每年可筹集 570 亿欧元。Matheson（2011）冷静地讨论了金融交易税的优缺点。

61. Matheson（2011）.

62. 英国的数据与劳动收入有关，来自 Daunton（2002，table 2.5）。

63. Peter，Buttrick and Duncan（2010）.

64. 我们这里忽略了对储蓄和资本收入的税收（已在本书第 5 章做过讨论）。

65. Phelps（1973），Sadka（1976），Seade（1977）.

66. 例如，参见 Dahan and Strawczynski（2000）。

67. 例如，参见 Brewer，Saez and Shephard（2010）。

68. 本书的一位作者参与发现了如下惊人结论，即在这种情况下，对最高收入者的边际所得税率实际上应该为负值，因为对“顶层零税率”结果的逻辑而言，关键在于总体的额外纳税数额，而消费税将随着收入提升而增加（Edwards，Keen and Tuomala，1994）。本书另一位作者提示说，埃奇沃思在另外的场景下指出，“只有绝顶聪明者会看到这一例外情形，而只有极其愚笨者会将它作为一般操作的基本原则”（Edgeworth，1915，p.9）。

69. Piketty，Saez and Stantcheva（2014）.

70. Adams（2001，p.46）.

71. Holzman（1955，pp.178-180）. 当然，拿共产主义经济体制中的名义税率来做比较可能造成误导，因为那里的所有人在名义上都为政府工作，我们所说的“税收”可能只是表现在报酬的减少上。

72. Keen and Lockwood（2006）.

73. Gaspar, Jaramillo and Wingender (2016).

第 11 章　世界公民

1. Smith (1868/1776, Book 5 Ch. 2 pt. 2).

2. 这里讲述的故事参考了 Bezias (2007), Hassan (2015) 以及 Askolovitch (2017)。

3. 在本章，我们经常会提到“司法辖区”而非“国家”，因为影响国际税收事务的可能是各国的附属领地、皇家殖民地或其他类型的地区，并可能在地方政府层面操作。

4. *The Guardian* (1999).

5. 国会议员弗雷德里克·班伯里 (Frederick Banbury) 爵士写给 *Morning Post* 的信件，引自 Knightley (1993, p. 47)。

6. McCrum (2004, p. 207).

7. 引自 Knightley (1993, p. 35)。

8. Knightley (1993, p. 8). 从技术角度说，是女王自愿向政府支付了一笔与应缴所得税金额相同的款项。

9. 经合组织 (OECD, 1998, p. 20) 对税收天堂的定义是不征收或只征收名义所得税的司法辖区，它是非当地居民逃避居住国税收的地方。但如今经合组织与国际货币基金组织都不再使用这个术语。

10. 这里的介绍参考了 Palan (2002) 和 Shaxson (2011)。

11. 有人解释说，这一限制是为了保护犹太人存放在瑞士的资产免受纳粹德国的侵犯，事实上也确实发挥了这种作用。还有人指出，当时发现巴塞尔商业银行 (Basler Handelsbank) 为两名主教、几名将军以及《费加罗报》(*Le Figaro*) 和《晨报》(*Le Matin*) 的老板逃避法国的税收，结果两年后推出了这一措施 (Shaxson, 2011, p. 157)。

12. 在这些制度下，控股公司 (控制其他公司的企业) 免于缴纳公司税，只支付一笔较少的金额，但此类企业可能从其下属公司那里获得很多股息收入。由于对企业所有者的国籍没有限制，还有保密条款拒绝向居住国披露所有者的收入信息，这些制度很受欢迎。

13. Higham, Hudson and Guevara (2013).

14. Shaxson (2011, p. 89).

15. Halperin and Palan (2015, p. 52).

16. 这座小镇的创建甚至都来自免税行动。大约 300 年前，当地的一位公爵发布法令，免除当地人缴纳“什一税和其他贡赋”的义务，以要求他们修筑堤坝，阻挡海水入侵（Larner and Collinson，2004）。

17. 出于某些原因，“税收天堂”的名单可能产生误导。作为参考，Gravelle（2015）罗列的50个税收天堂中有37个属于岛屿，平均人口为126万。

18. Palan（2002）.

19. Dharmapala and Hines（2009）.

20. Shaxson（2011，p. 19）.

21. 这一排名是根据对内和对外的外国直接投资总额计算的，数据来自International Monetary Fund（2020b）。

22. 有报道称，菲茨杰拉德曾经对海明威讲：“你知道，富豪跟你我不同。”海明威则回答说：“是啊，他们的钱更多。”

23. Strumpf（2017）.

24. McCrum（2004，p. 221）.

25. Trannoy（2015，p. 35）.

26. Kleven，Landais and Saez（2013）. 西班牙甲级足球联赛的主席推测，是该国的高税率导致C罗转会到意大利的尤文图斯俱乐部（Garcia，2018）。

27. Abbott，Frost and Johnson（1926，pp. 96-97）.

28. Webber and Wildavsky（1986，p. 141）. 秉持类似的精神，14世纪富有的佛罗伦萨商人在城市外面建立了逃避税收的居所，市政府的对策则是把城市边界拓展到郊外（Webber and Wildavsky，1986，pp. 201-202）。

29. 可能需要缴纳一笔“出境税”，计算方法是，脱离国籍者在出国之前出售全部资产所对应的需要缴纳的资本利得税。

30. Organ（2020）.

31. Zucman（2013）.

32. Alstadsæter，Johannesen and Zucman（2018）.

33. Alstadsæter，Johannesen and Zucman（2019）.

34. 欧盟有这方面的先例，2003年的一项指令要求成员国对其他成员国的非居民获得的款项，要么自动提供信息，要么执行预扣税，75%的此类收入将归属居住国，详见Keen and Ligthart（2006a）。

35. 更确切地说，是“纳税目的信息透明与交换全球论坛”（Global Forum on Transparency and Exchange of Information for Tax Purposes）。

36. 没有金融中心的发展中国家除外。

37. 参见经合组织的承诺声明（OECD，2018）。

38. 也可以采用其他办法：让各国从信息带来的财政收入中分享一定的份额，激励它们提供信息（Keen and Ligthart，2006b）。

39. 欧盟还制定了一个认定在税收事务中不配合的司法辖区“黑名单”，若想脱离该名单，就需要遵守信息交换标准以及其他事项。

40. Johannesen and Zucman（2014）；Beer，Coelho and Leduc（2019）.

41. 由此获得的绝对收益可能非常大（Elsayyad and Konrad，2012）。

42. 欧盟委员会报告的（收到的外国信息与本国纳税人的信息之间的）匹配成功率仅为37%~80%（European Commission，2018，p. 10）。

43. 许多国家在加强信息交换之前还制订了“自愿披露”计划，通常会对披露离岸资产信息的人减少惩罚和利息费用。这些行动带来了丰厚的收益，约950亿欧元（Kerfs，2019），但不会持续增加财政收入。

44. U. K. Parliament（2015）.

45. 至少在政策事务上是如此。第一份关于具体税收事务的国际协定可追溯至1843年，法国和比利时同意在征管方面开展合作（Jogarajan，2011，p. 687）。

46. Jogarajan（2011，p. 684）.

47. 这些经济学家中包括我们的偶像埃德温·塞利格曼。还有一位是英国税收问题专家乔赛亚·斯坦普爵士（Sir Josiah Stamp），他很不幸地遭遇了与第5章介绍的威廉·哈考特相似的命运。他和儿子一起在二战中被炸死，当时的法律认定他先死，从而需要缴纳两层的遗产税。

48. 为避免给人留下太玄妙的印象，我们来看个例子。假定一家跨国企业在税率为50%的A国有家子公司，在税率为10%的B国也有家子公司，现在让B国的子公司把1 000万美元借给A国的子公司，利率为5%。此时，利息收入50万美元将在B国纳税，税额为5万美元。但这笔利息在A国属于可抵扣的支出，于是那里的税款将减少，幅度为50万美元的50%，即25万美元。总体而言，该跨国企业节省了20万美元的税款。

49. 有关报道参见Bergin（2012）。这一操作只不过是更复杂架构的一部分，其他方法则是确保从英国获得的税款减扣不会在其他任何国家造成更多税负。星巴克在此后重新调整了在英国和欧洲的运营架构。

50. 具体方法如下，如果某个国家把在当地注册设立的公司作为居民，而另一个国家把在当地实际开展业务管理的公司当作居民，那么就在后者注册公司，而在前者实施管理。

51. 对这一避税策略的解释可参见 International Monetary Fund（2013）。

52. 希思·罗宾逊（Heath Robinson，1872—1944 年）是英国漫画家，与美国的鲁布·戈德堡（Rube Goldberg，1883—1970 年）地位相当。

53. Tax Justice Network et al. （2015）.

54. 这个案子与沃达丰公司出售当地资产有关。关于该事件及其引发的更广泛的避税问题，可参见 Platform for Collaboration on Tax（2020）。

55. OECD（2015a，p. 15）.

56. Crivelli，de Mooij and Keen（2016，figure 3）.

57. 可参见 International Monetary Fund（2019c）表 1 中国家特有的结果。其中提及美国的结果是在 2017 年《减税与就业法案》通过前的测算，此后的利润转移可能有所减少。

58. 例如，可参见 International Monetary Fund（2019c）的图 4。

59. Kennedy（1961）.

60. League of Nations（1923，p. 23）.

61. *The Economist*（2017b）.

62. 一经披露，事实的供给量就是固定的，就像一处石油储量被探明一样。关于信息与自然资源之间的类比，及其对税收问题的启示，可参见 Cui（2019），International Monetary Fund（2019c）以及 Aslam and Shah（2020）。

63. Hufbauer and Lu（2018）.

64. International Monetary Fund（2019c）清楚地介绍了这些建议。

65. 更准确地说，“全球无形资产的低税收收入条款”是把海外获得的超过有形资产 10%回报率以上的收入纳入美国的税基，没有递延，适用正常税率的一半；并对海外缴纳的税款给予部分抵扣（80%）。

66. The Base Erosion Anti-Abuse Tax.

67. 关于《减税与就业法案》中新国际条款的介绍，可参见 Chalk，Keen and Perry（2018）以及 Dharmapala（2018）。

68. 某些民间组织长期以来主张采用全球性的公式分配方法，例如“国际公司税收改革独立委员会”（Independent Commission for the Reform of International Corporate Taxation，2018）的建议。

69. The Common Consolidated Corporate Tax Base：See European Commission（2016）.

70. Devereux et al. （2019）.

71. 在增值税制度下，进口商品应该纳税，但对企业采购而言，这笔税收可完全抵扣销售税，影响将被完全抵消。

72. 有读者或许会问：这样会不会带来在高税率国家产生工资成本从而获得更大税收抵扣的激励？不过，增加对劳动力的需求会导致工资率提升或者货币升值（使得以外币计价的劳动力更加昂贵），从而抵消此类效应。更一般地说，汇率以及国内价格水平在原则上会做出调整，以抵消各国在采用基于目的地的现金流税时的跨国税率差异。这方面的问题以及该税种的设计和影响的更多讨论，可参见 Auerbach et al. （2017）。

73. 只有在所有国家都采用基于目的地的现金流税的情况下，这些优秀特性才会有效。而如果某些国家不采用该制度，则会产生一种激励，提高征收该税种的国家相对于不征收的国家的出口价格，因为这对在征收该税种的国家的税负没有影响，却能通过进口成本抵扣，降低在不征收该税种的国家的税负。

74. 有关建议来自 OECD（2019d）“支柱 1”（Pillar One）的 A 部分方案。

75. OECD（2020）.

76. Weightman（2007，p. 31）.

77. Weightman（2007，p. 32）.

78. Hamilton（1791，p. 13）.

79. Clark（2006，p. 176）.

80. Norwich（2003，p. 273）.

81. Ruding（1992）.

82. Djankov et al. （2010）.

83. The West African Economic and Monetary Union and Communauté Economique et Monétaire de l'Afrique Centrale.

84. 有关建议来自 OECD（2019b）“支柱 2”（Pillar Two）方案。

85. Keen，Parry and Strand（2013）.

86. International Monetary Fund（2019a，2019b）.

87. Mourlane（2005）；参见我们的译文。

第四篇　税收不会自动上缴

1. 肯·多德（1927—2018 年）是英国喜剧演员。*BBC News*（2018b）.

第 12 章　穿刺大公弗拉德与优雅的征税艺术

1. Twain（1870，p. 2）.

2. 他也以德古拉（Dracula）这个姓氏而闻名，但不是布拉姆·斯托克

(Bram Stoker) 或者鲍里斯·卡洛夫 (Boris Karloff) 这两个姓氏。

3. Tibballs (2017).

4. 出自 Denis Healey, 1974—1979 年担任工党政府劳工大臣, 引自 *The Economist* (2006)。

5. West (1908, pp. 11-12).

6. 这一方法的最早规范化描述来自 Allingham and Sandmo (1972), 把诺贝尔经济学奖得主贝克尔关于犯罪的开创性经济学分析应用 (Gary Becker, 1968) 到逃税问题。

7. 与任何其他赌博类似, 纳税人不仅要考虑预期净收益, 还要结合相应的风险。

8. United States v. Sullivan 274 U. S. 259. 潜在的帮会成员可能会又惊又喜地发现, 从事非法活动付出的必要成本如今通常可以抵扣, 除非被专门排除, 例如贿赂或违禁药品等。

9. Plumb (1960, pp. 121-122), Pearce (2011, p. 36).

10. Samson (2005).

11. 考虑到他年事已高, 贝卢斯科尼实际上只从事了一年的社区服务作为处罚。

12. Nelson (2014).

13. Wood (2015).

14. Conn (2015).

15. Lawless (2013).

16. 这被称作"鲍伊债券"(Bowie bond), 意思是发行一笔债券, 以过去作品的未来版税收入来保证偿还。通过精巧设计, 这种债券可以用免税方式立即获得未来的收入, 而利息支出被版税抵消。该策略还有其他的潜在优势, 版税低于预期的风险被传递给债权人, 鉴于流媒体之类的传播方式兴起, 实际情况确实如此 (Gupta, 2016)。

17. Myers (2018, p. A12).

18. 这一事件的争议可参见 Collins (2020)。

19. 前者可参见 Rowland (2019); 后者可参见 Kopczuk and Slemrod (2003)。某些变化或许是因为真实死亡时间的改变, 也有是对死亡日期的非法误报。前者更令人恐怖, 后者则属于逃税行为。

20. *DW News* (2017).

21. 这种归类比有意识地不纳税更为宽泛，例如，也包括诚实的差错现象（当然这种情形的低估税负大致会与高估税负相互抵消）。美国国税局采用的估计办法是结合密集随机审计的特别项目得到的信息，日常执法行动的信息，以及对审计可能忽略的特殊收入来源（例如小费收入、保姆和家庭油漆工的现金收入）的专门研究得到的信息。这些方法虽然已经非常详尽，却仍可能缺失隐藏在国外的资产的收入。

22. Internal Revenue Service (2019a).

23. 还包括国家保险缴费（National Insurance Contributions）（HM Revenue & Customs, 2018, table 1.2）。英国把某些避税行为纳入报告的缺口，这样的做法并不寻常。

24. Kleven et al. (2011, p. 668). 各国之间某些报告的差异可能源于定义和方法的不同。

25. 欧盟的数据来自 Poniatowski et al. (2019)。乌干达的数据来自 Hutton, Thackray and Wingender (2014)。

26. MTIC 欺诈的一种形式被重点报道，被称作“旋转木马欺诈”。其做法是：一个成员国进口另一个成员国的免征增值税的产品，违法进口商在没有缴纳增值税的情况下将其出售；这一链条持续下去，直至抵达一家出口企业，然后要求返还事实上从未缴纳的增值税；接下来这批产品又重新流通循环（即其名称的由来）。这一策略看似复杂，却是最初级的增值税欺诈方式，比这个复杂得多的策略还有很多。关于增值税欺诈的更多讨论，可参见 Keen and Smith (2006)。

27. Europol (n. d.).

28. Mwakikagile (2000, p. 66).

29. Hogg (2011).

30. Dalrymple (2019, p. 34).

31. 泰尔是否因为没有向奥地利总督表达敬意而被捕，乃至历史上是否真有这么一个人，并不确定。

32. Lunt (1909, p. 268).

33. 美国的数据来自 Internal Revenue Service (2020, table 24)；英国的数据来自 Houlder (2015)。

34. 21 世纪初期，美国司法部似乎形成了一个惯例，在纳税截止日期之前大量发布关于成功税收执行案例的媒体消息——考虑逃税的纳税人在此期间会特别留意（Blank and Levin，2010）。

35. Kornhauser（2007）.

36. Rosenberg（1996，p. 221）.

37. Soos（1997，pp. 36–37）.

38. Soos（1990，p. 124）.

39. 在 1913 年通过宪法第十六修正案的时候，众议院选择 3 月 1 日作为纳税申报截止日期，到 1918 年将其调整为 3 月 15 日，到 1955 年再度调整为 4 月 15 日。

40. 从之前在税务年度后缴纳税款的制度过渡到雇主同步代扣代缴制度，带来的问题是在过渡时期，需要为两年的收入一并缴纳税收。例如，美国 1943 年的税收原则上覆盖了 1942 年和 1943 年的收入。尽管美国当时急需为战争筹集资金，在 1943 年收取两年的税款还是显得太多了。于是通过当年的《现期纳税法案》（Current Tax Payment Act），国会基本上赦免了过渡时期 1942 年的税款。法国在 2019 年向代扣税制度过渡时也有类似安排。

41. Redelmeier and Yarnell（2012）.

42. Friedman and Friedman（1998，p. 123）. 代扣税制度在美国的一位主要倡导者是纽约联储董事比尔兹利·拉姆尔（Beardsley Ruml），他在担任梅西百货公司的高管时，显然已经认识到分期付款对消费者购物的吸引力，这与分期小额纳税（而非一次性大额纳税）没有太多不同。

43. 这一观点的规范化阐述参见 Kleven，Kreiner and Saez（2016）。串谋激励还会受到利润税之前的工资支出抵扣的阻碍：如果利润面临的税率高于工资面临的个人税率，对于雇主而言抵扣工资支出并代扣税款就比隐瞒工资支出更有利。

44. OECD（2019e）.

45. 纳税人可以提交一份表格，申请减少代扣额度，这样他们就不会获得税收返还，但大多数人没有选择这样做。参见 Fennell（2006）。

46. Keen and Lockwood（2010）. 关于撒哈拉以南非洲国家的不同结果，参见 Alavuotunki，Haapanen and Pirttila（2019）以及 Ebeke，Mansour and Rota-Graziosi（2016）。

47. 例如，参见 OECD（2015b，table 9.6）。

48. 关于此类税收在低收入国家的普及程度和潜在意义，可参见 Keen（2008）。

49. Armey（1996，p. 99）.

50. Dušek and Bagchi（2018，p. 5）. 细究起来，这一问题类似于之前探讨的问题，即增值税是政府规模扩张的原因还是结果？

51. Maseko（2008，p. 164）.

52. Douglas（1999）.

53. OECD（2017a），Slemrod and Velayudhan（2018）.

54. 完整的事件叙述可参见 Dillon（2002）。

55. George（1965，p. 44）.

56. Dillon（2002，p. 75）.

57. 势力雄厚的大酿酒商和大谷物种植商等地方精英很可能已完全预见了这一结果。沃波尔首相本人也显然有所准备。

58. 没有关于消费的数据，这里的数据来自 Mitchell（1988，p. 407），是指缴纳税款的家庭酿制的全部烈酒。

59. Crandall，Gavin and Masters（2019，table 34）.

60. Internal Revenue Service（2018，table 2. 1）.

61. 有些低收入国家的政府可能借助对容易收税的大企业的监管和其他限制，有意识地充分发挥这种天然优势，参见 Auriol and Warlters（2005）。

62. Internal Revenue Service（2019a，table 2）. 由低报导致的全部个人所得税缺口为 2 450 亿美元，其中 1 100 亿美元是营业收入；导致的公司所得税缺口为 380 亿美元，其中 110 亿美元是来自资产金额不足 1 000 万美元的公司。

63. Ishi（1993，p. 68）.

64. HM Revenue & Customs（2020，figure 1. 5）.

65. Artavanis，Morse and Tsoutsora（2016）.

66. 某些新兴市场和发展中经济体甚至在增值税制度下用这种方法，要求大型企业或上市公司根据其采购额缴纳部分税收，而卖方能从中获得税款返还。

67. Webber and Wildavsky（1986，p. 141）.

68. Daunton（2001，p. 197）.

69. 关于西拉吉的这段忧伤的故事参考了 Dubner and Levitt（2006）。

70. Weinberg and Bealer（2002，pp. 86–87）.

71. 本小节的标题来自唐纳德·里根（Donald Regan），他于 1981—1985 年担任美国财政部长，是《1986 年税收改革法案》的主要推动者。

72. 例如，Bellon et al.（2019）发现电子发票显著提升了秘鲁小企业报告的销售和采购金额。

73. OECD（2013）.

74. 最著名的美国“zappers”软件案例之一是中东连锁餐厅 La Shish，本书的一位作者所住的街道上就开设有一家店面（Ellison，2012）。

75. 这些政策的讨论可参见 Williams（2014，pp. 102-103）；关于“zappers”软件和其他政策反应的讨论可参见 Ainsworth（2010）。

76. 关于这一创新和电子收款机的其他类型，可参见 OECD（2019a）。

77. 第三方是指除纳税人和政府之外的其他人。

78. 例如，美国国税局（2019a，figure 3）报告说，在 2011—2013 年的税收遵从缺口中，1%为同时需要重大信息报告和代扣（工资和薪金）的收入类型，5%为只需要重大信息报告的类型，55%为既不需要代扣也不需要信息报告的类型。

79. OECD（2015b，table 9. 6）.

80. Slemrod et al. （2017）.

81. Carrillo，Pomeranz and Singhal（2017）.

82. Sung，Awasthi and Lee（2017）.

83. Rowlatt（2016）.

84. Blackstone（2019）.

85. Calvert（2019）.

86. Clark（1988，p. 80）.

87. 在英式英语中“grasses”有告密者的意思。

88. Warner and Ivis（1999，p. 309）.

89. Carver（1898，p. 426），有关讨论参见 Mehrotra（2013，pp. 202-203）。

90. 出自当时担任希腊财政部长的亚尼斯·瓦鲁法基斯（Yanis Varoufakis）给欧元区财政部长首脑的信件，引自 Traynor and Smith（2015）。

91. Australian Taxation Office（n. d. ）.

92. 瑞银的麻烦并不止于此，2019 年 2 月，法国一家法院以帮助客户逃税为由，判决对其罚款 37 亿欧元（Bisserbe and Blackstone，2019）。

93. Kocieniewski（2012）. 另外给读者们补充一点：这样的奖励金额本身也需要纳税（Saunders，2015）。

94. Kroll（2016），Watt et al. （2016）.

95. Addady（2016）.

96. 根据美国于1909年开始实施的公司税法，公司纳税申报表被列入公共记录，“并且接受开放核查”。然而这方面的资金安排没有被批准，于是公开披露并未得到执行。

97. Twain（1870，p. 2）.

98. Weisman（2002，p. 99）.

99. 意大利的数据保护机构在一天之后要求删除这些信息，宣布公开信息的行为是对隐私权的违法侵犯（Coronel，2013）。

100. 有关的图像介绍可参见 Webber and Wildavsky（1986，p. 298）。

101. 信息披露在北欧国家似乎确实是惯例。例如在瑞典，报税单自1903年以来就是对公众开放的，参见 Coronel（2013）。

102. 这一增长是指，相对于其他地方，网上发布信息让搜索变得更加便利，参见 Bø，Slemrod and Thoresen（2015）。

103. Slemrod，Ur Rehman and Waseem（forthcoming）. 为区分信息披露与2012年发生的其他许多变化的影响，这一研究对比了有普通名字者的申报收入（只公布了纳税人的部分名字和税负，并未披露其真实身份）与有特殊名字者的申报收入（他们的纳税信息被有效披露了出来）。

104. Boone（2012）.

105. 上市公司必须披露大量业务信息，但在大多数国家，应税收入的定义与财务报表中报告的收入差异很大，导致不容易推测公司的应缴税额与实际纳税额。上市公司通常也不需要报告实际缴纳的税款数额。关于企业税务申报信息公开披露的支持和反对意见的综述，可参见 Lenter，Shackelford and Slemrod（2003）。

106. 2016年4月，欧盟委员会建议要求所有跨国企业集团发布在每个业务活跃国家的利润和纳税的年度报告。欧洲议会在2017年批准了该建议的一个版本，但截至本书写作时尚未付诸实施。

107. Hasegawa et al.（2013）.

108. Hoopes，Robinson and Slemrod（2018）.

109. Johnnie Walters，引自 Langer（2014）。

110. Crandall，Gavin and Masters（2019，table 40）.

111. OECD（2017b，p. 99）. 受到审计的概率随收入提升而增加，对报告收入超过1 000万美元者来说接近20%。在美国和其他国家，审计过程对最大的企业来说基本是连续不断的。

112. Internal Revenue Service (2020).

113. 税收在《死魂灵》中还扮演了另一个更为人们熟知的角色：乞乞科夫试图创造通过收购农奴来为贷款提供抵押品，这些农奴已经死去，但还没有从纳税名单上去除，所以对领主而言是个负担，他们大多很高兴将其廉价卖出去。

114. Levi (1989).

115. Crevar (2015, p. 8, travel section).

116. Gross (2016).

117. 这些人包括 James Baldwin，Noam Chomsky，Lawrence Ferlinghetti，Betty Friedan，Allen Ginsberg，Norman Mailer，Thomas Pynchon，Susan Sontag，Benjamin Spock，Gloria Steinem，Hunter Thompson 以及 Kurt Vonnegut。

118. 例如，可参见美国国会众议院筹款委员会（2017）的立法提案。

119. Burg (2004, pp. 108-109, 193, 219).

120. Billings (1969). 与之不相上下的还有，太平洋岛屿瓦努阿图的 Yaohnanen 地区的人们认为菲利普亲王——英国女王伊丽莎白的丈夫及爱丁堡公爵——是神一般的人物，当然令人失望的是，在对菲利普亲王的崇拜中没有什么税收故事的题材。

121. 的确，世界各地的调查表明，大多数人宣称自己认为逃税是不对的，但这只是说说而已。

122. Suetonius（1957/121）. 税收在卡利古拉遇刺案中也发挥了一些作用，苏维托尼乌斯（Suetonius）认为这是因为卡利古拉指责（阴谋和谋杀团体的领导人）卡西乌斯·卡瑞（Cassius Chaerea）过于软弱，嗓音太小，在税收征收过程中不够强势（Barrett，1990，p. 161）。

123. Marcuss et al. (2013).

124. Webber and Wildavsky (1986, p. 58).

125. 如今已没有再继续。

126. 的确在爱国主义精神与税收遵从度之间找到了关联的证据，参见 Konrad and Qari (2012)。

127. 针对税收的第一项现场实验来自 Blumenthal，Christian and Slemrod (2001)。此后还有更多的实验，有关综述参见 Slemrod (2019)。

128. Frey (1997).

129. 有项针对以色列托儿所的研究发现，父母接孩子经常晚点，当引入货币罚款机制后，迟到的父母人数却上升了。引入惩罚机制可能改变这些父母的感受，把按时接孩子从自己有时未能完成的义务变成一种可以随意购买的商品（Gneezy and Rustichini，2000）。

130. Dwenger et al. （2016）.

131. Besley，Preston and Ridge（1997）；Besley，Jensen and Persson（2015）.

第 13 章　必须有人去干活

1. United States Conference of Catholic Bishops（2019）.

2. Doran and Tucker（2019，p. 828）.

3. 近期一篇关于早期基督教的文章风格很独特，却带有一种轻视税吏的感觉，虽然把他们纳入耶稣展示友爱的名单，却伴随着“精神病患者、恋童癖、肇事逃逸的司机、在大街上自言自语的疯子……会点火灼烧流浪汉、虐待儿童的光头党”（Carrère，2017，p. 261）。

4. 这带有讽刺性，因为他当时把家族酿造产业搞破产了。

5. Brogan（1985，p. 141）.

6. Unger（2011，pp. 100, 106）.

7. Conway（1970/1909，pp. 7–8）.

8. U. S. Customs and Border Protection（n. d. ）.

9. “many loud thanks to the big black devil. That danced away with the Exciseman.” 从当时的歌词翻译过来，这一故事及解释来自 Ferguson（2001，pp. 76, 444）。

10. Salih（2011）. 必须承认，这一荣誉没有太多的竞争对手。但我们还是可以想到马克·吐温不太知名的短篇小说《神秘的访问》（*Mysterious Visit*），本书第 12 章开头引用了该章的部分内容。

11. Wallace（2012，p. 87）. 需要提醒的是，《苍白之王》里的“事实”并不都是真的，尽管某些最怪异的部分是真实的，例如确实有一项在核打击来临时如何征税的计划（*New York Times*，1989）。

12. Davidson（2010，p. 429）.

13. 这个职位并不算清闲。“议会通过了 800 项涉及关税的独立法案需要监督，还有无数的裁决需要处理”（Phillipson，2010，p. 257）。

14. Karabell（2004，p. 4）.

15. Karabell（2004，p. 25）.

16. 1874 年，国会废除了份额奖励制度，把阿瑟的收入重新降至 1. 2 万美元（Reeves，1975）。

17. Lens on Leeuwenhoek（n. d. ）.

18. Pet Health Network（2014）.

19. Waite（1993，pp. 133, 221）.

20. Eisinger（2013）.

21. Weisman（2002，p. 253）.

22. Matthews（1958，p. 279）.

23. 例如，他们的某些包税合同非常成熟。雅克·内克（Jacques Necker）制定了 1774 年的租约，让包税人保留超出承包价的前 400 万里弗尔的 50%，超过承包价的 1 200 万里弗尔以上部分的 80%，这不禁让我们联想起本书第 10 章的建议，在某些情况下，对最高收入者的边际税率应该为零。

24. 但包税制也不是被普遍采用，例如在德川幕府时代的日本就不用，而中国则主要依靠复杂的官僚体系来征税，只在王朝势力孱弱的时候采用包税制。

25. Forrest（1918，p. 413）.

26. Johnson and Koyama（2014，p. 11）.

27. Matthews（1958，pp. 224–225）.

28. de Vries（1976，p. 202）.

29. McCarthy（2005，p. 640）.

30. Pamuk（2012，p. 317）.

31. 巴基斯坦直至 20 世纪 90 年代中期仍由私人承包商征收货物入市税（Zaidi，1996，pp. 2950–2951）。

32. White（2004）.

33. Matthews（1958，p. 283）.

34. 据说拉瓦锡的尸体与恐怖政权的其他受害者一起被丢弃在城墙下的一处地下墓穴里，这段城墙遗迹至今仍保留在斯大林格勒战役广场附近。

35. Salzmann（1993）.

36. Smith（1868/1776，p. 46）.

37. Adams（2001，p. 104）.

38. Copland and Godley（1993，p. 64）.

39. Davidson（2010，p. 429）.

40. Wedgwood（1961，pp. 196, 212）.

41. Hervey（1905，p. xxii）.

42. Plumb（1967，p. 123）.

43. Brewer (1988, p. 108).

44. Kahn, Silva and Ziliak (2001).

45. Khan, Khwaja and Olken (2016).

46. Besley and McLaren (1993).

47. Crandall (2010) 讨论了税收征管工作的业绩评估问题。

48. World Bank (2001).

49. Matthews (1958, p. 216).

50. Brewer (1988, p. 102).

51. Spence (1969, p. 113).

52. 感谢一位信任他的主管，他才逃脱了厄运（Brewer，1988，p. 109）。

53. Trevisani (2015).

54. Perez (2015).

55. Galloway (2017).

56. 在此事件中，他挑中的人选约翰尼·沃尔特斯（Johnnie Walters）在财政部长乔治·舒尔茨的支持下后来拒绝按照尼克松的对手名单进行调查。但故事还有更多内容。在白宫录音带里可以听到，尼克松抱怨前任政府对自己的审计，而沃尔特斯承认，“在肯尼迪时代，做了些不应该做的事情”（Langer，2014）。

57. 关于特勤人员历史的深入讨论可以参见 Andrew (2002)。

58. *The Economist* (2017a).

59. Mann (2004).

60. Ebeke, Mansour and Rota-Graziosi (2016).

61. Beard (2015, p. 263).

62. 引自 Johnson and Koyama (2014, p. 10)。

63. Cleary, Crandall and Masters (2017, table 5).

64. 根据 Cleary, Crandall and Masters (2017) 的表 5 计算。

65. Internal Revenue Service (2019b).

66. Webber and Wildavsky (1986, p. 116).

67. Goldsmith (1987, p. 50).

68. OECD (2015b).

69. 这里的观点主要参考了 Keen and Slemrod (2017)。

70. Romeo (2016).

71. Brummitt and Purnomo（2015）.

72. Casaburi and Troiano（2016）.

73. Daley（2010）.

74. 关于爱沙尼亚和肯尼亚的情况介绍，可参见 International Monetary Fund（2018）的附录 2；肯尼亚的情况介绍还可以参见 Ndung'u（2017）。

75. *BBC News*（2010）.

76. Smith（2015）.

77. Wallace（2012，p. 85）.

第五篇　创造税收

1. 威廉·爱德华·西蒙（William E. Simon，1927—2000 年），美国企业家、慈善家，于 1974—1977 年担任美国财政部长，引自 U. S. Department of the Treasury（1977，p. 1）。

第 14 章　负重和愉悦

1. Burke（1774）. 这一演讲是在 1774 年 4 月 19 日发表。

2. Service（2009，p. 350）.

3. 引自 *University Chronicle* of the University of Michigan（1869，p. 4）。萨克斯（Saxe，1816—1887 年）是一位美国诗人。类似说法经常被归在俾斯麦的头上，但没有得到证实。我们无法解释最先把法律和香肠做类比的人为什么是位诗人而非政客。

4. Jarvis（1987，p. 20）.

5. Jarvis（1987，p. 21）.

6. McCulloch（1975/1845，p. 344）.

7. 本段的数据来自 McCulloch（1975/1845，p. 332）或从中测算得出。严格来说，我们无法完全确定是不是减税导致合法购买量的增加，当时还发生了很多其他事情，而且减税也伴随着执法行动的强化。例如，死刑处罚被扩大至帮助隐匿走私犯的人，这一措施及其他内容可参见 Jarvis（1987，pp. 25-27）。但我们也很难否认，减税不是一个重要的因素。

8. Ibn Khaldûn（1967/1377，p. 89）.

9. 类似观点可参见 Bartlett（2012，pp. 1207-1208）。

10. 这里的 100%税率是指所得税，这使得收入的增加不会带来税后收入增加。请注意，与上文提及的佩勒姆调整关税的情况不同，100%的税率只会使价格翻番。

11. McCulloch（1975/1845，p. 340）.

12. 此外还略微提升了最低的税率水平，从 12%提高至 13%。

13. Keen，Kim and Varsano（2008）.

14. 对于俄罗斯单一税制的影响的分析，可参见 Ivanova，Keen and Klemm（2005）以及 Gorodnichenko，Martinez-Vazquez and Peter（2009）。

15. 关于 1981 年的税率下调，可参见 Slemrod and Bakija（2017，p. 224）。关于堪萨斯州的案例可参见 Ritholtz（2017）。

16. 美国的标志性案例是阿拉斯加的桥梁建造议案，拟建的桥梁跨越仅有 8 900 人口的凯奇坎及其在格拉维纳岛（仅 50 人居住）的机场，预计建造费用达 3. 2 亿美元。该议案最终未被采纳（Utt，2005）。

17. Becker and Mulligan（2003）.

18. Lledó et al. （2017）.

19. Cordes et al. （2015，p. 4）.

20. 社会活动家格罗弗·诺奎斯特（Grover Norquist）是该战略在美国的重要倡导者，他曾经谈到自己在 25 年内把政府规模缩减一半的志向，说要努力“将其规模缩小到我可以拖进浴室并放进浴缸里的程度”。来自 Liasson（2001）的一次采访。

21. Romer and Romer（2009）.

22. 这一解释来自著名的自由意志主义者威廉·尼斯卡宁（William Niskanen，2006）。

23. 这里的数据均来自 *CBS News*（2018）。

24. 政治行动委员会（PAC）是美国的一个组织，从会员那里筹集资金，然后捐赠给支持或反对特定候选人或议案的政治行动。

25. 主要参考 Ranulf Higden 的 *Polychronicon*（circa 1342）。

26. 但在爱德华一世统治时期开展的一次调查显示，当时在考文垂并没有征收通行费，只有马驮的例外（Barber，1855；Harris，1909）。

27. Brewer（1988，p. 233）.

28. Brewer（1988，p. 237）.

29. Birnbaum and Murray（1988，p. 111）.

30. Brewer（1988，pp. 243-244）.

31. Brewer（1988，p. 247）.

32. Jagoda（2017）.

33. White (2006, p. 253).

34. Free File Alliance (2016).

35. Sundelson (1941, p. 86).

36. Sundelson (1941, p. 87).

37. 时代已经改变。在英国和美国，出于健康方面的考虑，非黄油类的涂抹剂如今在商业上取得了优势。因此对某些重视营养成分的购物者来说，由混合油制成的名牌产品 I Can't Believe It's Not Butter! ®成了一种时尚的选择。

38. 这里的数据来自 Lebhar (1959, pp. 16, 20, 29)。

39. 夫妻零售店还试图通过监管和税收（通常以摊贩费的形式）来保护自身利益，以对抗规模更小、更缺乏组织的流动摊贩，并经常取得成功。密歇根州引以为傲的城市安阿伯曾一度对小商小贩使用的每辆车每年征收 150 美元的特许费。这一做法得到了法院判例的支持（People v. Riksen, 284 Mich. 284, 279 N. W. 513, 1938），判决指出摊贩虽然是一种合法的行为，却可能带来很大的社会滋扰。参见 Arlt (1941, p. 180)。

40. Lee (1941, p. 158).

41. Ross (1986). 路易斯安那州授权教区和市政当局征收年度连锁店税，马里兰州的各县收取连锁店特殊费，对于在该州的店铺数量达到 20 家及以上的连锁店，可以达到每家店铺每年 300 美元。

42. Americans for Tax Fairness (2014).

43. South Dakota v. Wayfair, Inc., et al.

44. 引自 Seligman (1914, p. 154).

45. 由于历史上的联系，税收可能被玷污的另一个例子是南非的增值税，在种族隔离时代结束之际被引入，如今征收较为困难，部分原因就在于此。参见 Naidoo (2012)。

46. 在英国的增值税体系下，食品实行零税率，意味着在销售环节不征税，而投入品的税收可以被退还。

47. 例如，参见 Crawford, Keen and Smith (2010)。

48. 大致如此，因为本书第 3 章探讨的垄断有着与税收类似的经济影响，另外对国内生产的某些自然资源例如煤炭征税。但对于日常生活用品，只对少数有明确的征税（O'Brien and Hunt, 1999, pp. 204-205）。英国没有货物税，在外国人看来确实足够怪异。例如，在 16 世纪 50 年代玛丽女王时代驻扎的威尼斯大使就认为这一现象“独特而有趣”（Dowell, 1884b, p. 8）。

49. de Vries（2012）.

50. Grapperhaus（1998，p. 24）.

51. Kennedy（1913，pp. 51–52）.

52. Kennedy（1913，p. 53）.

53. 出自他们提出的宪法解决方案："提案要点"（Heads of Proposal）（Hughes，1934，pp. 122–123）。

54. O'Brien and Hunt（1999，p. 210）.

55. Webber and Wildavsky（1986，p. 390）. 塞缪尔·约翰逊（Samuel Johnson）接着描述说："这不是由普通的财产法官来判决，而是让收取货物税的那些人雇用的恶棍来决定。"

56. O'Brien and Hunt（1999，p. 211）.

57. Langford（1975，p. 1）.

58. Plumb（1960，p. 241）.

59. Hervey（1848，p. 179）.

60. 这里展示的海报的左侧描绘了多位女性，她们急切地在实行自由贸易的店铺外排队，那里商品丰富，物价低廉。右侧描绘的是实行保护主义的情形，店铺橱窗里挂满蜘蛛网，商品种类稀少，价格高昂，画面中也看不到女性顾客，只有一位男性税务官员和一名面貌与约瑟夫·张伯伦惊人相似的店员。

61. Crosby（2011，p. 176）.

62. 帝国特惠制在1932—1937年曾以一种较弱的方式实施，当时淹没在其他被抱怨的议题里。

63. Crosby（2011，p. 164）.

64. 这里是指一种英式肉馅卷饼。更具体地说，该建议是把增值税按照基准税率引入新鲜制作的热食食品，也就是说，你在离开酒吧与搭乘最后一班火车回家之间可能想吃的东西。

65. 引自Seligman（1899，p. 87），他引用的是Anonymous（1756，p. 28）。

66. McCaffery（1994），Krishna and Slemrod（2003）.

67. McCaffery and Baron（2003）.

68. Finkelstein（2009）.

69. 之前提到的Keen and Lockwood（2006）的证据表明，这一猜测有某些真实的成分。

70. Chetty，Looney and Kroft（2009）.

71. Rees-Jones and Taubinsky (2020).

72. Ali, Fjeldstad and Sjursen (2014).

73. de León (2005, p. 71).

74. Courtenay (1803).

75. 这一标签很巧妙，却具有误导性。正如我们敬重的同事小詹姆斯·海恩斯（James Hines, Jr.）所述，遗产税可以同样准确地描述为“生活补贴”。此外还有研究指出，死亡对于触发美国的遗产和赠与税来说既非充分也非必要条件（Slemrod and Gale, 2001）。非必要是因为在世人员之间的财富转移可能触发赠与税。非充分是因为遗产税的免征额较高，99.8%的死者并不需要被征遗产税。

76. Alvarez (2001).

77. Mason and Campbell (2017).

78. Erb (2013a).

79. Quinn (2012).

80. 奶牛税的税基在各个邦均不相同，从房产转让到购买四轮车或酒类等。

81. Petersen (1997, p. 232).

82. Crockett (2014).

83. Nix v. Hedden 149 U. S. 304 (1893).

84. 他最著名的作品包括 *The Rivals* 以及 *The School for Scandal* 等。

85. 引自 Rhodes (1933, pp. 94–95)。

86. 两个国家的程序差异可参见 Daunton（2002, pp. 18 – 20）以及 Keen（2005）。

87. 这个课题的研究文献非常多，感兴趣的读者可以从 IMF（2013）及其援引的文献入手。

88. 美国国会税务起草委员会会议室外面的走廊被命名为古驰峡谷（Gucci Gulch），众多衣着光鲜的游说人士汇聚于此。

89. 《1986 年税收改革法案》的主要内容概述，可参见 Slemrod and Bakija（2017, pp. 392–395）。

90. 对于《减税与就业法案》的回顾及其与《1986 年税收改革法案》的比较，可参见 Slemrod (2018)。

91. 有六个国家曾取消增值税。除马来西亚在 2018 年取消之外，其他国家后来都重新征收增值税。

92. Adam and Shaw (2003, p. 24). 随后有更多的减税，非劳动收入 15%的

附加税于 1984 年被取消，最高税率于 1988 年下调至 40%，基础税率调整至 25%。公司税率最开始仍保留在 40%，到 1984 年下调至 30%（Corporation Tax Rates, n. d.）。

93. Treisman（2002, p. 60）. 联邦安全局（FSB）是克格勃的继任机构。

94. Gaddy and Gale（2005, p. 985）.

95. Birnbaum and Murray（1988, p. 260）.

96. Keen and Lockwood（2010）.

97. Keen and Lockwood（2010）.

98. 关于单一税制度的不同拓展形式，可参见 Keen, Kim and Varsano（2008）。

99. Smith（1868/1776, pp. 392–393）.

100. Thorndike（2013）. 但决定他的命运的是不是增值税提议，依然存在争议。

101. 同样的观点参见 Barro（2015）。

102. Neff（2016）.

第 15 章　未来场景

1. 这是《送信人》（*The Go-Between*）一书的开场白（Hartley, 1953, p. 17）。

2. *Star Wars*（1999）.

3. 这里的讨论参考了 Anders and Jackson（2011）对科幻小说中相当少见的税收问题的研究成果的综述。

4. Heinlein（2008, pp. 256–257）.

5. Heinlein（2008, pp. 308–309）.

6. Adams（1980, p. 115）. 该书是亚当斯的系列丛书《银河系漫游指南》（*The Hitchhiker's Guide to the Galaxy*）之中的一部分。该系列最开始是 1978 年播出的 BBC 广播剧，英国摇滚乐团平克·弗洛伊德（Pink Floyd）有成员于当年在英国之外待了一整年，也是为了避税。亚当斯很著名的事迹包括曾与该乐团一起登台演出。参见 Sale（2012）。

7. Manjoo（2002）.

8. 此处关于乌托邦的税收问题的讨论主要参考了 Goodwin（2008）。

9. Bellamy（1888, p. 134）.

10. Goodwin（2008, pp. 316–317）.

11. Orwell（1949, p. 85）.

12. 为什么是 11 条？好吧，因为这是在英国和世界其他地方盛行的英式足球和在世界其他地方很少知道的美式足球之间唯一的相同之处：每方有 11 名队员上场参赛。

13. *The Economist*（2018c）.

14. 该法案把对服务和产品征税的权力分别授予不同层级的政府：中央/联邦政府，以及省/邦政府。这种安排对增值税来说难以实行。印度只是在 2016 年修订宪法之后，才得以推行联邦增值税。而巴基斯坦的问题至今尚未解决。

15. 意大利宪法第 53 条。

16. Shehab（1953，p. 35）.

17. 这里先不管庇古税的情形。

18. 与税收遵从度正相关的因素包括：对政府的信任度，对公共服务的满意度，对腐败的遏制，甚至爱国主义的程度等。当然，各种结果之间差异较大，而且年龄和宗教信仰等其他因素也有重要影响。这方面的资料可参见 Ali，Fjeldstad and Sjursen（2014），Konrad and Qari（2012）以及 OECD（2019f）等。另外相关性不等于因果关系，例如，有可能从内心来讲更倾向于遵从纳税义务的人对自己获得的公共服务也更满意。

19. IMF（2020a，table 1. 2），这里的数据是指政府总债务。

20. Gaspar et al. （2019）.

21. He，Goodkind and Kowal（2016）.

22. United Nations（n. d. ）. 在低收入国家，65 岁及以上人口与 15～64 岁人口之比预计将接近翻番，但也只会提升到 11%左右。

23. 这一数字假设，没有采取政策措施来约束开支的增长趋势。

24. 这是奥巴马的评论：White House，Office of the Press Secretary（2013）。

25. Credit Suisse Research Institute（2017）.

26. World Inequality Database. https：//wid. world/world/#sptinc_p99p100_z/US;FR;DE;CN;ZA;GB;WO/last/eu/k/p/yearly/s/false/5. 11/30/curve/false/country.

27. 例如，发达经济体实现的再分配有四分之三左右是在支出侧发生（包括通过货币类型的转移支付），有关材料可参见 International Monetary Fund（2017a，p. ix）等。

28. 例如在英国，Blundell et al. （2020）指出在隔离时期过后，疫情不仅加剧了收入方面的已有不平等，还恶化了性别、年龄和地理等维度上的不平等。

29. 这一数字是根据许多人视为比较适中的每吨 35 美元的碳税水平来测算的（International Monetary Fund, 2019a, p. 28）。

30. Wintour（2007）.

31. Ventry（2011）.

32. 关于这里提到的更多类型猜想的讨论，可参见 Gupta et al.（2017）以及 Jacobs（2017）。

33. Seamans（2017）.

34. 关于对富豪阶层征税带来的问题的综述，可参见 Scheuer and Slemrod（2020）。

35. 关于在税收制度中利用基因信息的前景及问题的讨论，可参见 Logue and Slemrod（2008）。

36. 这里谈“假如”，是因为有朝一日基因本身也可能变得可以操控，对此的重点讨论可参见 Chen, Grimshaw and Myles（2017）。

37. King and Crewe（2013, p. 154）.

参考文献

Abbott, Frank Frost, and Allan Chester Johnson. 1926. *Municipal Administration in the Roman Empire.* Princeton, NJ: Princeton University Press.

Abraham, Arthur. 1974. "Bai Bureh, the British, and the Hut Tax War." *International Journal of African Historical Studies* 7 (1): 99–106.

Act of Uniformity 1559. Public Act, 1 Elizabeth I, c. 2.

Adam, Stuart, and Jonathan Shaw. 2003. *A Survey of the U.K. Tax System.* Institute for Fiscal Studies Briefing Note 9, London.

Adams, Charles. 2001. *For Good and Evil: The Impact of Taxes on the Course of Civilization*, 2nd ed. Lanham, MD: Madison Books.

Adams, Douglas. 1980. *The Restaurant at the End of the Galaxy*. New York: Harmony Books.

Addady, Michal. 2016. "Bank Whistleblower Believes CIA Is Behind the Panama Papers Leak." *Fortune*, April 13.

Aftalion, Florin. 1990. *The French Revolution: An Economic Interpretation*, translated by Martin Thom. Cambridge: Cambridge University Press.

Aguado, Jesús. 2018. "Spain to Change Law to Force Banks to Pay Mortgage Stamp Duty." *Reuters*, November 7.

Ainsworth, Richard Thomas. 2010. "Zappers—Retail VAT Fraud." Boston University School of Law Working Paper No. 10-04, Boston, MA.

Alavuotunki, Kaisa, Mika Haapanen, and Jukka Pirttila. 2019. "The Effects of the Value Added Tax on Revenue and Inequality." *Journal of Development Studies* 55 (4): 490–508.

Ali, Merima, Odd-Helge Fjeldstad, and Ingrid Hoem Sjursen. 2014. "To Pay or Not to Pay? Citizens' Attitudes toward Taxation in Kenya, Tanzania, Uganda, and South Africa." *World Development* 64: 828–842.

Allcott, Hunt, Benjamin B. Lockwood, and Dmitry Taubinsky. 2019. "Regressive Sin Taxes, with an Application to the Optimal Soda Tax." *Quarterly Journal of Economics* 134 (3): 1557–1626.

Allen, Douglas W. 1998. "Compatible Incentives and the Purchase of Military Commissions." *Journal of Legal Studies* 27 (1): 45–66.

Allingham, Michael, and Agnar Sandmo. 1972. "Income Tax Evasion: A Theoretical Analysis." *Journal of Public Economics* 1 (3–4): 323–338.

Alstadsæter, Annette, Niels Johannesen, and Gabriel Zucman. 2018. "Who Owns the Wealth in Tax Havens? Macro Evidence and Implications for Global Inequality." *Journal of Public Economics* 162: 89–100.

Alstadsæter, Annette, Niels Johannesen, and Gabriel Zucman. 2019. "Tax Evasion and Inequality." *American Economic Review* 109 (6): 2073–2103.

Alvarez, Lizette. 2001. "Capitol Hill Memo—In 2 Parties' War of Words, Shibboleths Emerge as Clear Winner." *New York Times*, April 27.

Americans for Tax Fairness. 2014. "Walmart on Tax Day: How Taxpayers Subsidize America's Biggest Employer and Richest Family." Americans for Tax Fairness, Washington, DC.

Anders, Charlie Jane, and Gordon Jackson. 2011. "Nobody Pays Taxes Today: Tax Revolts from Science Fiction and Fantasy." *Gizmodo*, April 14.

Andrew, John A. 2002. *Power to Destroy: The Political Uses of the IRS from Kennedy to Nixon*. Chicago: Ivan R. Dee.

Anonymous. 1756. *A Letter from a Member of Parliament, on the Plate-Tax*. London: Printed for J. Scott at the Black Swan.

Ansary, Tamim. 2009. *Destiny Disrupted: A History of the World through Islamic Eyes*. New York: Public Affairs.

Archer, Ian. 2016. "Facing Up to Catastrophe: The Great Fire of London." *The Oxford Historian*. Michaelmas Term. Faculty of History, University of Oxford.

Arlt, Carl T. 1941. "Discriminatory Vendor Licensing and Taxing of Out of-State Corporations." In *Tax Barriers to Trade*, by Mark Eisner, Robert L. Cochran, Edgar L. Burtis et al., 176–186. Philadelphia: University of Pennsylvania Tax Institute.

Armey, Dick. 1996. "Why America Needs the Flat Tax." In *Fairness and Efficiency in the Flat Tax*, by Robert E. Hall, Alvin Rabushka, Dick Armey, Robert Eisner, and Herbert Stein, 96–101. Washington, DC: AEI Press.

Artavanis, Nikolaos, Adair Morse, and Margarita Tsoutsoura. 2016. "Measuring Income Tax Evasion Using Bank Credit: Evidence from Greece." *Quarterly Journal of Economics* 131 (2): 739–798.

Arya, Divya. 2016. "The Woman Who Cut Off Her Breasts to Protest a Tax." *BBC News*, July 26.

Asen, Elke. 2019. "Soda Taxes in Europe." Tax Foundation online, September 5.

Askolovitch, Claude, 2017. "En 1962, le Général de Gaulle Lance La Guerre Fiscale contre Monaco." *France Inter*, March 19.

Aslam, Aqib, and Alpa Shah. 2020. "Tec(h)tonic Shifts: Taxing the 'Digital Economy.'" International Monetary Fund Working Paper No. 20/76, Washington, DC.

Atiyeh, Clifford. 2013. "Feds Watching: Ford's Run Around on 'Chicken Tax' Riles U.S. Customs Officials." *Car and Driver* online, September 26.

Auerbach, Alan J., Michael P. Devereux, Michael Keen, and John Vella. 2017. "Destination-Based Cash Flow Taxation." Saïd Business School Research Paper 2017–09, University of Oxford, Oxford, UK.

Auriol, Emmanuelle, and Michael Warlters. 2005. "Taxation Base in Developing Countries." *Journal of Public Economics* 89 (4): 625–646.

Austen, Jane. 1906. *Pride and Prejudice*. In *The Novels of Jane Austen*, edited by R. Brimley Johnson. New York: Frank S. Holby.

Australian Taxation Office. n.d. *ATO Tip Off Form*. Sydney.

Avi-Yonah, Reuven. 2020. "It's Time to Revive the Excess Profits Tax." *The American Prospect*, March 27.

Babbage, Charles. 1851. *Thoughts on the Principles of Taxation, with Reference to a Property Tax, and Its Exceptions*, 2nd ed. London: John Murray.

Bagguley, Paul. 1995. "Protest, Poverty and Power: A Case Study of the Anti-Poll Tax Movement." *The Sociological Review* 43 (4): 693–719.

Bagley, J. J., and P. B. Rowley. 1968. *A Documentary History of England: Vol. 1 (1066–1540)*. Harmondsworth, U.K.: Penguin.

Ballara, Angela. 1993. "Tōia, Hōne Riiwi." In *Dictionary of New Zealand Biography, Te Ara—The Encyclopedia of New Zealand*. Wellington, New Zealand.

Bank, Steven A., Kirk J. Stark, and Joseph J. Thorndike. 2008. *War and Taxes*. Washington, DC: Urban Institute Press.

Bank of England. n.d. *A Millennium of Macroeconomic Data*. https://www.bankofengland.co.uk/statistics/research-datasets.

Barber, John W. 1855. *European Historical Collections; Comprising England, Scotland, with Holland, Belgium, and Part of France*. New Haven, CT: John W. Barber.

Barnett, Le Roy. 2013. "The Attempts to Tax Bachelors in Michigan." *HSM Chronicle* 4 (35): 18–19.

Barratt, Nick. 1999. "English Royal Revenue in the Early Thirteenth Century and Its Wider Context, 1130–1330." In *Crises, Revolutions and Self-Sustained Growth: Essays in European Fiscal History, 1130–1830*, edited by William Mark Ormrod, Margaret Bonney, and Richard Bonney, 58–96. Stamford, U.K.: Shaun Tyas.

Barrett, Anthony A. 1990. *Caligula: The Corruption of Power*. New Haven, CT: Yale University Press.

Barro, Josh. 2015. "Rand Paul and the VAT That Dare Not Speak Its Name." *New York Times*, June 18.

Barro, Robert J. 1987. "Government Spending, Interest Rates, Prices, and Budget Deficits in the United Kingdom, 1701–1918." *Journal of Monetary Economics* 20 (2): 221–247.

Bartlett, Bruce. 1994. "How Excessive Government Killed Ancient Rome." *Cato Institute Journal* 14 (2): 297–299.

Bartlett, Bruce. 2012. "The Laffer Curve, Part 2." *Tax Notes* 136 (10): 1207–1209.

Barzel, Yoram. 1976. "An Alternative Approach to the Analysis of Taxation." *Journal of Political Economy* 84 (6): 1177–1197.

Basu, Tanya. 2015. "Colorado Raised More Tax Revenue from Marijuana Than from Alcohol." *Time*, September 16.

BBC. 2014. "Seven Man Made Wonders: Silbury Hill." September 24.

BBC News. 2005. "Best: Decline of the Golden Boy." June 4.

BBC News. 2009. "VAT Cut Boosts French Restaurants." July 1.

BBC News. 2010. "Customs Raid the Largest Illegal Fuel Plant Found in NI." February 5.

BBC News. 2014. "10 Big Myths about World War I Debunked." February 25.

BBC News. 2018a. "Bolivia Sea Dispute: UN Rules in Chile's Favour." October 1.

BBC News. 2018b. "Ken Dodd: 17 of His Funniest One-Liners." March 12.

BBC News. 2019. "Hungary Tries for Baby Boom with Tax Breaks and Loan Forgiveness." February 11.

BBC Radio. 2016. "Our Man in China: The Diaries." November 7.

Beales, Derek, and Eugenio F. Biagini. 2013. *The Risorgimento and the Unification of Italy*, 2nd ed. London: Routledge.

Bean, Richard. 1973. "War and the Birth of the Nation State." *Journal of Economic History* 33 (1): 203–221.

Beard, Mary. 2015. *SPQR: A History of Ancient Rome.* New York: Liveright.

Beatles, The. 1966. *Taxman.* Studio 2, EMI Studios, Abbey Road. Recorded April 20–22 as the first song on the *Revolver* album.

Beautiful Puglia. n.d. "Alberobello." Italy.

Becker, Gary S. 1968. "Crime and Punishment: An Economic Approach." *Journal of Political Economy* 76 (2): 169–217.

Becker, Gary S., and Casey B. Mulligan. 2003. "Deadweight Costs and the Size of Government." *Journal of Law & Economics* 46 (2): 293–340.

Beech, Samantha. 2016. "The Island Nation of Tuvalu Is Being Kept Afloat by Its Domain Name." *News Corp Australia Network*, March 7.

Beer, Sebastian, Maria Coelho, and Sebastien Leduc. 2019. "Hidden Treasure: The Impact of Automatic Exchange of Information on Cross-Border Tax Evasion." International Monetary Fund Working Paper No. 19/286, Washington, DC.

Beijing Tax Museum. 2019. *Introduction to Beijing Tax Museum.* Beijing.

Belasco, Amy. 2014. "The Cost of Iraq, Afghanistan, and Other Global War on Terror Operations since 9/11." Working paper, Congressional Research Service, Washington, DC.

Bell, Michael E., John H. Bowman, and Jerome C. German. 2009. "The Assessment Requirements for a Separate Tax on Land." In *Land Value Taxation: Theory, Evidence and Practice,* edited by Richard F. Dye and Richard W. England, 171–194. Cambridge, MA: Lincoln Institute of Land Policy.

Bellamy, Edward. 1888. *Looking Backward.* Boston: Ticknor and Co.

Bellon, Matthieu, Jillie Chang, Era Dabla-Norris, Salma Khalid, Frederico Lima, Enrique Rojas, and Pilar Villena. 2019. "Digitalization to Improve Tax Compliance: Evidence from VAT e-Invoicing in Peru." International Monetary Fund Working Paper No. 19/231, Washington, DC.

Belsey, Catherine. 1985. *The Subject of Tragedy: Identity and Difference in Renaissance Drama.* London: Methuen.

Benedek, Dora, Ruud de Mooij, Michael Keen, and Philippe Wingender. 2020. "Varieties of VAT Pass Through." *International Tax and Public Finance* 27 (4): 890–930.

Bergin, Tom. 2012. "Special Report—How Starbucks Avoids UK Taxes." *Reuters,* October 15.

Bernardi, Aurelio. 1970. "The Economic Problems of the Roman Empire at the Time of Its Decline." In *The Economic Decline of Empires,* edited by Carlo M. Cipolla, 16–83. London: Methuen.

Bernholz, Peter. 2003. *Monetary Regimes and Inflation: History, Economic and Political Relationships.* Northampton, MA: Edward Elgar.

Besley, Timothy, Anders Jensen, and Torsten Persson. 2015. "Norms, Enforcement, and Tax Evasion." Centre for Economic Policy Research Discussion Paper DP10372, London.

Besley, Timothy, and John McLaren. 1993. "Taxes and Bribery: The Role of Wage Incentives." *Economic Journal* 103 (416): 119–141.

Besley, Timothy, Ian Preston, and Michael Ridge. 1997. "Fiscal Anarchy in the UK: Modeling Poll Tax Noncompliance." *Journal of Public Economics* 64 (2): 137–152.

Bezias, Jean-Rémy. 2007. "Les Alpes-Maritimes et la Crise Franco-Monégasque de1962." *Cahiers de la Méditerranée* 74: 321–336.

Bickers, Robert. 2011. *The Scramble for China: Foreign Devils in the Qing Empire, 1832–1914*. London: Penguin Global.

Billings, Dorothy K. 1969. "The Johnson Cult of New Hanover." *Oceania* 40 (1): 13–19.

Binmore, Kenneth, and Paul Klemperer. 2002. "The Biggest Auction Ever: The Sale of the British 3G Telecom Licenses." *Economic Journal* 112 (478): C74–C96.

Birch, Thomas, ed. 1742. *A Collection of the State Papers of John Thurloe*. London: Fletcher Gyles.

Bird, Richard M., and Joosung Jun. 2005. "Earmarking in Theory and Korean Practice." International Tax Program Paper 0153, University of Toronto.

Bird, Richard M., Jorge Martinez-Vazquez, and Benno Torgler. 2008. "Tax Effort in Developing Countries and High Income Countries: The Impact of Corruption, Voice and Accountability." *Economic Analysis and Policy* 38 (1): 55–71.

Birnbaum, Jeffrey H., and Alan S. Murray. 1988. *Showdown at Gucci Gulch: Lawmakers, Lobbyists, and the Unlikely Triumph of Tax Reform*. New York: Vintage Books.

Bishop-Henchman, Joseph. 2014. "Tax Code Disallows Business Deductions for Marijuana Sales." Tax Foundation online, February 6.

Bisserbe, Noemie, and Brian Blackstone. 2019. "UBS Is Fined $4.2 Billion in French Tax-Evasion Case." *Wall Street Journal*, February 20.

Blackstone, Brian. 2019. "Big-Money Bills Get Little Love—Except in Switzerland." *Wall Street Journal*, March 5.

Blackstone, William. 1794. *Commentaries on the Laws of England*, 12th ed. Dublin: L. White, William Jones, and John Rice.

Blake, Robert. 1969. *Disraeli*. London: Methuen.

Blakey, Roy G., and Gladys C. Blakey. 1940. *The Federal Income Tax*. New York: Longmans, Green and Co.

Blanchard, Olivier, and Jean Pisani-Ferry. 2020. "Monetisation: Do Not Panic." *VoxEU*, April 10.

Blank, Joshua D., and Daniel Z. Levin. 2010. "When Is Tax Enforcement Publicized?" *Virginia Tax Review* 30 (1): 1–38.

Blumenthal, Marsha, Charles Christian, and Joel Slemrod. 2001. "Do Normative Appeals Affect Tax Compliance? Evidence from a Controlled Experiment in Minnesota." *National Tax Journal* 54 (1): 125–138.

Blundell, Richard, Monica Costa Dias, Robert Joyce, and Xiaowei Xu. 2020. "COVID-19 and Inequalities." *Fiscal Studies* 41 (2): 291–319.

Bø, Erlend E., Joel Slemrod, and Thor O. Thoresen. 2015. "Taxes on the Internet: Deterrence Effects of Public Disclosure." *American Economic Journal: Economic Policy* 7 (1): 36–62.

Boadway, Robin, and Michael Keen. 2010. "Theoretical Perspectives on Resource Tax Design." In *The Taxation of Petroleum and Minerals: Principles, Practices and Problems*, edited by Philip Daniel, Michael Keen, and Charles McPherson, 14–74. London: Routledge.

Board of Governors of the Federal Reserve System. 2017. "How Much Does It Cost to Produce Currency and Coin?" Washington, DC.

Bobbitt, Philip. 2003. *The Shield of Achilles: War, Peace, and the Course of History*. New York: Anchor Books.

Boone, Jon. 2012. "Pakistan Politicians Engulfed by Tax Evasion Storm." *The Guardian*, December 12.

Boonn, Ann. 2020. *Cigarette Tax Increases by State per Year 2000–2018*. Washington, DC: Campaign for Tobacco-Free Kids.

Boskin, Michael J., and Eytan Sheshinski. 1983. "Optimal Tax Treatment of the Family: Married Couples." *Journal of Public Economics* 20 (3): 281–297.

Bott, Uwe. 2013. "A Brief History of U.S. Defaults." *The Globalist*, January 16.

Bourassa, Steven. 2009. "The U.S. Experience." In *Land Value Taxation: Theory, Evidence, and Practice*, edited by Richard F. Dye and Richard W. England, 11–26. Cambridge, MA: Lincoln Institute of Land Policy.

Bouw, Annerie. 2017. "Tobacco Taxation in the European Union: An Overview." World Bank Group. Brussels, Belgium.

Bowen, H. V. 1991. *Revenue and Reform: The Indian Problem in British Politics, 1757–1773*. Cambridge: Cambridge University Press.

Bowles, Roger, and Philip Jones. 1993. "Nonpayment of Poll Tax: An Exploratory Analysis of Tax Resistance." *International Review of Law and Economics* 13 (4): 445–455.

Bowman, John. 2000. *Columbia Chronologies of Asia History and Culture*. New York: Columbia University Press.

Braddick. Michael J. 1996. *The Nerves of State: Taxation and the Financing of the English State, 1558–1714*. Manchester, U.K.: Manchester University Press.

Brewer, John. 1988. *The Sinews of Power: War, Money and the English State, 1688–1783*. New York: Alfred A. Knopf.

Brewer, Michael, Emmanuel Saez, and Andrew Shephard. 2010. "Means Testing and Tax Rates on Earnings." In *Dimensions of Tax Design: The Mirrlees Review*, edited by Stuart Adam, Tim Besley, Richard Blundell, Stephen Bond, Robert Chote et al., 90–173. Oxford: Oxford University Press.

Brogan, Hugh. 1985. *The Longman History of the United States of America*. New York: William Morrow.

Brown, Susan E. 2007. "Assessing Men and Maids: The Female Servant Tax and Meanings of Productive Labour in Late-Eighteenth-Century Britain." *Left History: An Interdisciplinary Journal of Historical Inquiry and Debate* 12 (2): 11–32.

Brummitt, Chris, and Herdaru Purnomo. 2015. "Indonesia Is Using Drones to Catch Tax Cheats." *Bloomberg* online, June 3.

Brunner, Eric, and Jon Sonstelie. 2003. "School Finance Reform and Voluntary Fiscal Federalism." *Journal of Public Economics* 87 (9–10): 2157–2185.

Brunori, David, and Jennifer Carr. 2002. "Valuing Land and Improvements: State Laws and Local Government Practices." *State Tax Notes* 25: 1023–1033.

Bryan, William Jennings, and Mary Baird Bryan. 1900. *The Life and Speeches of Hon. Wm. Jennings Bryan*. Baltimore, MD: R. H. Woodward Company.

Buehler, Alfred G. 1940. "The Taxation of Corporate Excess Profits in Peace and War Times." *Law and Contemporary Problems* 7 (Spring): 291–300.

Bulow, Jeremy, and Paul Klemperer. 1998. "The Tobacco Deal." *Brookings Papers on Economic Activity: Microeconomics*: 323–394.

Burg, David F. 2004. *A World History of Tax Rebellions: An Encyclopedia of Tax Rebels, Revolts, and Riots from Antiquity to the Present*. New York: Routledge.

Burke, Edmund. 1774. *Speech of Edmund Burke, Esq., on American Taxation, April 19, 1774*, 4th ed. London: J. Dodsley.

Burke, Edmund. [1790] 1935. *Reflections on the French Revolution*. Introduction by A. J. Grieve. London: J. M. Dent & Sons.

Burman, Leonard E. 2011. "Jon Stewart's Fake News on Tax Expenditures." *Forbes*, May 10.

Burman, Leonard E., Kimberly A. Clausing, and John O'Hare. 1994. "Tax Reform and Realizations of Capital Gains in 1986." *National Tax Journal* 47 (1): 1–18.

Cagan, Phillip. 1956. "The Monetary Dynamics of Hyperinflation." In *Studies in the Quantity Theory of Money*, edited by Milton Friedman, 25–117. Chicago: University of Chicago Press.

Calvert, Scott. 2019. "Philadelphia Is the First City to Ban Cashless Stores." *Wall Street Journal*, March 7.

Carbon Tax Center. n.d. *Carbon Tax FAQs*. New York.

Carpenter, David. 2003. *The Struggle for Mastery: The Penguin History of Britain 1066–1284*. London: Penguin.

Carrère, Emmanuel. 2017. *The Kingdom: A Novel*, translated by John Lambert. New York: Farrar, Straus, and Giroux.

Carrillo, Paul, Dina Pomeranz, and Monica Singhal. 2017. "Dodging the Taxman: Firm Misreporting and Limits to Tax Enforcement." *American Economic Journal: Applied Economics* 9 (2): 144–164.

Carver, Thomas Nixon. 1898. *The Ohio Tax Inquisitor Law*. New York: Macmillan.

Casaburi, Lorenzo, and Ugo Troiano. 2016. "Ghost-House Busters: The Electoral Response to a Large Anti-Tax Evasion Program." *Quarterly Journal of Economics* 131 (1): 273–314.

CBC News. 2014. "Twinkies, Pop Tarts among Tax-Exempt Foods." January 22.

CBS News. 2018. "Money Spent on Lobbying Skyrocketed During Tax Overhaul." February 2.

Chalk, Nigel A., Michael Keen, and Victoria J. Perry. 2018. "The Tax Cuts and Jobs Act: An Appraisal." International Monetary Fund Working Paper No. 18/185, Washington, DC.

Chaloupka, Frank J., Lisa W. Powell, and Kenneth E. Warner. 2019. "The Use of Excise Taxes to Reduce Tobacco, Alcohol, and Sugary Beverage Consumption." *Annual Review of Public Health* 40: 187–201.

Chaloupka, Frank J., David Sweanor, and Kenneth E. Warner. 2015. "Differential Taxes for Differential Risks—Toward Reduced Harm from Nicotine-Yielding Products." *New England Journal of Medicine* 373 (7): 594–597.

Chambas, Gérard. 2005. *Afrique au Sud du Sahara: Mobiliser des Ressources Fiscales pour le Développement*. Paris: Economica.

Chambas, Gérard, and Jean-Louis Combes. 2001. "L'impôt Progressif sur le Revenu: Deux siècles de débat sur la progressivité de l'impôt en France 1700–1917." *Revue Française de Finances Publiques* 74: 197–213.

Chambers, John Whiteclay II. 1987. *To Raise an Army: The Draft Comes to Modern America*. New York: Free Press.

Chang, Jung. 2013. *Empress Dowager Cixi*. New York: Alfred A. Knopf.

Chen, Huan-Chang. 1911. *The Economic Principles of Confucius and His School*, vol. 45, Studies in History, Economics and Public Law. New York: Columbia University.

Chen, Jignan (Cecilia), Shaun Grimshaw, and Gareth D. Myles. 2017. "Testing and Implementing Digital Tax Administration." In *Digital Revolutions in Public Finance*, edited by Sanjeev Gupta, Michael Keen, Alpa Shah, and Geneviève Verdier, 113–145. Washington, DC: International Monetary Fund.

Chetty, Raj, Adam Looney, and Kory Kroft. 2009. "Salience and Taxation: Theory and Evidence." *American Economic Review* 99 (4): 1145–1177.

Churchill, Winston. 1909. "On Land Monopoly." Speech in the House of Commons, May 4. London.

City of Doraville, GA. 2013. *Annual Financial Report*.

Clark, Christopher. 2006. *Iron Kingdom: The Rise and Downfall of Prussia*. Cambridge, MA: Harvard University Press.

Clark, Peter. 1988. "The 'Mother Gin' Controversy in the Early Eighteenth Century." *Transactions of the Royal Historical Society* 38: 63–84.

Cleary, Duncan, William Crandall, and Andrew Masters. 2017. "Understanding Revenue Administration: Results from the Second Survey of the Revenue Administration-Fiscal Information Tool." International Monetary Fund, Washington, DC.

Clements, Jonathan. 2016. *Christ's Samurai: The True Story of the Shimabara Rebellion*. London: Robinson.

Click, Reid W. 1998. "Seigniorage in a Cross-Section of Countries." *Journal of Money, Credit and Banking* 30 (2): 154–171.

Clotfelter, Charles T., and Philip J. Cook. 1991. *Selling Hope: State Lotteries in America*. Cambridge, MA: Harvard University Press.

Cnossen, Sijbren. 2008. "Do Drinkers Pay Their Way in the European Union?" *Finanzarchiv* 64 (4): 508–539.

Coase, Ronald H. 1960. "The Problem of Social Cost." *Journal of Law and Economics* 3: 1–44.

Cobban, Alfred. 1963. *A History of Modern France, Vol. 1: 1715–1799*, 3rd ed. Harmondsworth, U.K.: Penguin.

Cole, Gail. 2014. "It's Against the Law to Advertise No Sales Tax." *Sales Tax News*, March 14.

Collins, Lauren. 2020. "Was Jeanne Calment the Oldest Person Who Ever Lived—Or a Fraud?" *New Yorker*, February 10.

Colwyn Committee. 1927. *Minutes of Evidence Taken before the Committee on National Debt and Taxation*, vol. 1. London: His Majesty's Stationery Office.

Compañía General de Tabacos de Filipinas v. Collector of Internal Revenue, 275 U.S. 87 (1927).

Congressional Globe. 1870. 2nd sess. 41st Cong. *The Debates and Proceedings of the Second Session Forty-First Congress together with An Appendix, Embracing the Laws Passed at That Session*. Washington, DC.

Congressional Record 44. 1909. 3989. Statement of Senator William Borah.

Conn, David. 2015. "England Ashes Heroes among Cricketers Facing Large Bills for Tax Avoidance Schemes." *The Guardian*, March 15.

Constitution Society. n.d. "The Code of Hammurabi." San Antonio, TX.

Conway, Moncure Daniel. [1909] 1970. *The Life of Thomas Paine*. New York: Benjamin Blom.

Cooper, Duff. [1932] 2001. *Talleyrand*. London: Jonathan Cape.

Copland, Ian, and Michael R. Godley. 1993. "Revenue Farming in Comparative Perspective: Reflections on Taxation, Social Structure and Development in the Early-Modern Period." In *The Rise and Fall of Revenue Farming*, edited by John G. Butcher and Howard W. Dick, 45–68. London: Palgrave Macmillan.

Cordes, Till, Tidiane Kinda, Priscilla Muthoora, and Anke Weber. 2015. "Expenditure Rules: Effective Tools for Sound Fiscal Policy?" International Monetary Fund Working Paper No. 15/29, Washington, DC.

Corlett, Wilfred J., and Douglas C. Hague. 1953. "Complementarity and the Excess Burden of Taxation." *Review of Economic Studies* 21 (1): 21–30.

Coronel, Sheila. 2013. "Time for Public Officials to Disclose Their Tax Payments?" International Consortium of Investigative Journalists, Washington, DC.

Corporation Tax Rates. n.d. https://www.figurewizard.com/list-uk-corporation-tax-rates.html.

Cournot, Antoine Augustin. [1838] 1897. *Researches into the Mathematical Principles of the Theory of Wealth*, translated by Nathaniel T. Bacon. New York: Macmillan.

Courtenay, Thomas Peregrine. 1803. *Observations upon the Present State of the Finances of Great Britain; Suggested by Mr. Morgan's Supplement to His "Comparative View," and by Mr. Addington's Financial Measures*. London: J. Budd.

Cramton, Peter. 2010. "How Best to Auction Natural Resources." In *The Taxation of Petroleum and Minerals: Principles, Practices and Problems*, edited by Philip Daniel, Michael Keen, and Charles McPherson, 289–316. Abingdon, U.K.: Routledge.

Crandall, William. 2010. "Revenue Administration: Performance Measurement in Tax Administration." International Monetary Fund, Fiscal Affairs Department, Technical Notes and Manuals 10/11, Washington, DC.

Crandall, William, Elizabeth Gavin, and Andrew Masters. 2019. "ISORA 2016: Understanding Revenue Administration." International Monetary Fund, Fiscal Affairs Department, Paper 19/05, Washington, DC.

Crawford, Elizabeth. 2003. *The Women's Suffrage Movement: A Reference Guide 1866–1928*. London: UCL Press.

Crawford, Ian, Michael Keen, and Stephen Smith. 2010. "Value Added Tax and Excises." In *Dimensions of Tax Design: The Mirrlees Review*, edited by James Mirrlees, Stuart Adam, Timothy Besley, Richard Blundell, Stephen Bond et al., 275–362. Oxford: Oxford University Press.

Crawford, Neta C. 2002. *Argument and Change in World Politics: Ethics, Decolonization, and Humanitarian Intervention*. Cambridge: Cambridge University Press.

Credit Suisse Research Institute. 2017. *Global Wealth Report 2017: Where Are We Ten Years after the Crisis*? Online, November 14.

Crevar, Alex. 2015. "In the Heart of the Balkans, a City Transformed." *New York Times*, August 30.

Crivelli, Ernesto, Ruud de Mooij, and Michael Keen. 2016. "Base Erosion, Profit Shifting and Developing Countries." *Finanzarchiv* 72 (3): 268–301.

Crockett, Zachary. 2014. "The Most Expensive Typo in Legislative History." *Priceonomics Blog*, October 9.

Crosby, Travis L. 2011. *Joseph Chamberlain: A Most Radical Imperialist*. London: I. B. Tauris.

Cui, Wei. 2019. "The Digital Services Tax: A Conceptual Defense." *Tax Law Review* 73 (1): 69–111.

Cunich, Peter. 1999. "Revolution and Crisis in English State Finance, 1534–47." In *Crises, Revolutions and Self-Sustained Growth: Essays in European Fiscal History, 1130–1830*, edited by William Mark Ormrod, Margaret Bonney, and Richard Bonney, 110–137. Stamford, U.K.: Shaun Tyas.

Dadayan, Lucy. 2019. "Are States Betting on Sin? The Murky Future of State Taxation." Tax Policy Center Research Report, October. Washington, DC.

Dahan, Momi, and Michel Strawczynski. 2000. "Optimal Income Taxation: An Example with a U-Shaped Pattern of Optimal Marginal Tax Rates: Comment." *American Economic Review* 90 (3): 681–686.

Dale, Hylton B. 1922. "The Worshipful Company of the Woodmongers and The Coal Trade of London." *Journal of the Royal Society of Arts* 70: 816–823.

Daley, Suzanne. 2010. "Greek Wealth Is Everywhere but Tax Forms." *New York Times*, May 1.

Dalrymple, William. 2015. "The East India Company: The Original Corporate Raiders." *The Guardian*, March 4.

Dalrymple, William. 2019. *The Anarchy: The Relentless Rise of the East India Company*. London: Bloomsbury Publishing.

Daunton, Martin. 2001. *Trusting Leviathan: The Politics of Taxation in Britain, 1799–1914*. Cambridge: Cambridge University Press.

Daunton, Martin. 2002. *Just Taxes: The Politics of Taxation in Britain, 1914–1979*. Cambridge: Cambridge University Press.

Davidson, Carolyn. 2000. *The Bachelor Tax*. Toronto: Harlequin.

Davidson, Ian. 2010. *Voltaire: A Life*. New York: Pegasus Books.

Davidson, Jonathan. 2011. *Downing Street Blues: A History of Depression and Other Mental Afflictions in British Prime Ministers*. Jefferson, NC: McFarland and Company.

Davies, Peter. 2009. *The French Revolution: A Beginner's Guide*. Oxford: Oneworld.

de la Riva-Agüero, J. [1874–1875] 1929. "No. 25. The Treaty of Sucre or the Martinez-Baptista Agreement." In *University of Iowa Studies in the Social Sciences*, vol. 8, no. 3, edited by William Jefferson Dennis, 61–63. Iowa City, IA: University of Iowa.

de León, Pedro de Cieza. 2005. "Taxation and the Incas." In *The Peru Reader: History, Culture, Politics*, edited by Orin Starn, Robin Kirk, and Carlos Iván Degregori, 70–74. Durham, NC: Duke University Press.

Delipalla, Sofia, and Michael Keen. 1992. "The Comparison between Ad Valorem and Specific Taxation under Imperfect Competition." *Journal of Public Economics* 49 (3): 351–367.

DeLong, Hillary, Jamie Chriqui, Julien Leider, and Frank J. Chaloupka. 2016. "Common State Mechanisms Regulating Tribal Tobacco Taxation and Sales, the USA, 2015." *Tobacco Control* 25 (Suppl. 1): i32–i37.

de Mooij, Ruud. 2011. "The Tax Elasticity of Corporate Debt: A Synthesis of Size and Variations." International Monetary Fund Working Paper No. 11/95, Washington, DC.

de Mooij, Ruud. 2012. "Tax Biases to Debt Finance: Assessing the Problem, Finding Solutions." *Fiscal Studies* 33 (4): 489–512.

Dennett, Daniel C. 1950. *Conversion and the Poll Tax in Early Islam*. Cambridge, MA: Harvard University Press.

de Tocqueville, Alexis. 1866. *L'Ancien Régime et la Révolution*, 7th ed. Paris: Michel Lévy Frères.

Devereux, Michael P., Alan J. Auerbach, Michael Keen, Paul Oosterhuis, Wolfgang Schön, and John Vella. 2019. "Residual Profit Allocation by Income." Said Business School Working Paper No. 19/01, University of Oxford, Oxford, U.K.

de Vries, Jan. 1976. *The Economy of Europe in an Age of Crisis, 1600–1750*. Cambridge: Cambridge University Press.

de Vries, Jan. 2012. "Taxing the Staff of Life: The Dutch Bread Tax, 1574–1855." Paper for presentation to the Yale Economic History Seminar, April 23.

Dewald, Jonathan. 1996. *The European Nobility, 1400–1800*. Cambridge: Cambridge University Press.

Dharmapala, Dhammika. 2018. "International Spillovers from Proposed US Tax Reforms." *Australian Tax Forum* 33: 79–100.

Dharmapala, Dhammika, and James R. Hines Jr. 2009. "Which Countries Become Tax Havens?" *Journal of Public Economics* 93 (9–10): 1058–1068.

Diamond, Peter A., and James A. Mirrlees. 1971. "Optimal Taxation and Public Production I: Production Efficiency." *American Economic Review* 61 (1): 8–27.

Dickens, Charles. 1850. *Household Words*, vol. 1. London: Bradbury and Evans.

Dickens, Charles. 1914. *The Works of Charles Dickens*, vol. 4. London: Chapman & Hall.

Didier, Anne-Céline. 2014. "Impôt sur le Revenu, Contribution Sociale Généralisée (CSG): Quelles Réformes?" Conseil des Prélèvements Obligatoires, online.

Dietz, Frederick C. 1921. *English Government Finance, 1485–1558*. Urbana, IL: University of Illinois.

Dillon, Patrick. 2002. *Gin: The Much Lamented Death of Madam Geneva*. London: Review.

Dilnot, Andrew, John Kay, and Michael Keen. 1990. "Allocating Taxes to Households: A Methodology." *Oxford Economic Papers* 42: 210–230.

Dingle, Anthony E. 1972. "Drink and Working-Class Living Standards in Britain, 1870–1914." *Economic History Review* 25 (4): 608–622.

Dio, Cassius. [61] 1925. *Roman History*, vol. VIII. Cambridge, MA: Loeb Classical Library.

Ditmore, Melissa. 2009. "Sex and Taxes." *The Guardian*, April 16.

Djankov, Simeon, Tim Ganser, Caralee McLiesh, Rita Ramalho, and Andrei Shleifer. 2010. "The Effect of Corporate Taxes on Investment and Entrepreneurship." *American Economic Journal: Macroeconomics* 2 (3): 31–64.

Doran, Timothy, and Spencer C. Tucker. 2019. "Mithridates VI Eupator Dionysius (ca. 134–63 BCE)." In *Middle East Conflicts from Ancient Egypt to the 21st Century*, edited by Spencer C. Tucker, 827–828. Santa Barbara, CA: ABC-CLIO.

Dorfman, Robert. 1989. "Thomas Robert Malthus and David Ricardo." *Journal of Economic Perspectives* 3 (3): 153–164.

Dorn, Nicholas. 1983. *Alcohol, Youth, and the State*. London: Croom Helm.

Douglas, Roy. 1999. *Taxation in Britain since 1660*. Basingstoke, Hampshire, U.K.: Macmillan.

Douglas, Roy. 2011–2012. "The Lloyd George Land Taxes." *Journal of Liberal History* 73: 4–13.

Dowd, Allan. 2010. "Reynolds, JTI Settle Cigarette Smuggling Case." *The Globe and Mail*, April 13.

Dowell, Stephen. 1884a. *A History of Taxation and Taxes in England from the Earliest Times to the Present Day*, vol. 1. London: Routledge. First published by Longmans Green.

Dowell, Stephen. 1884b. *A History of Taxation and Taxes in England from the Earliest Times to the Present Day*, vol. 2. London: Routledge. First published by Longmans Green.

Dowell, Stephen. 1884c. *A History of Taxation and Taxes in England from the Earliest Times to the Present Day*, vol. 3. London: Routledge. First published by Longmans Green.

Dowell, Stephen. 1884d. *A History of Taxation and Taxes in England from the Earliest Times to the Present Day*, vol. 4. London: Routledge. First published by Longmans Green.

Doyle, William. 1996. *Venality: The Sale of Offices in Eighteenth-Century France*. Oxford: Clarendon Press.

Duarte, Pedro Garcia. 2009. "Frank P. Ramsey: A Cambridge Economist." *History of Political Economy* 41 (3): 445–470.

Dubner, Stephen J., and Steven J. Levitt. 2006. "Filling in the Tax Gap." *New York Times*, April 2.

Due, John F. 1957. *Sales Taxation*. Urbana, IL: University of Illinois Press.

Dupuit, Jules. [1844] 1969. "De la Mesure de l'Utilité des Travaux Publics." Reprinted in *Readings in Welfare Economics*, edited by Kenneth J. Arrow and Tibor Scitovsky, 255–283. Homewood, IL: Richard D. Irwin.

Durston, Christopher. 2001. *Cromwell's Major-Generals: Godly Government during the English Revolution*. Manchester, U.K.: Manchester University Press.

Dušek, Libor, and Sutirtha Bagchi. 2018. "Are Efficient Taxes Responsible for Big Government? Evidence from Tax Withholding." Working Paper, Villanova University, Villanova, PA.

DW News. 2017. "German Man Pretends His Dog Is a Sheep to Save Taxes." January 27.

Dwenger, Nadja, Henrik Kleven, Imran Rasul, and Johannes Rincke. 2016. "Extrinsic and Intrinsic Motivations for Tax Compliance: Evidence from a Field Experiment in Germany." *American Economic Journal: Economic Policy* 8 (3): 203–232.

Dye, Richard, and Richard England. 2009. "The Principles and Promises of Land Value Taxation." In *Land Value Taxation: Theory, Evidence, and Practice*, edited by Richard F. Dye and Richard W. England, 3–10. Cambridge, MA: Lincoln Institute of Land Policy.

Ebeke, Christian, Mario Mansour, and Grégoire Rota-Graziosi. 2016. "The Power to Tax in Sub-Saharan Africa: LTUs, VATs, and SARAs." Working Paper No. 201611, CERDI, Clermont-Ferrand, France.

Ebrill, Liam, Michael Keen, Jean-Paul Bodin, and Victoria Summers. 2001. *The Modern VAT*. Washington, DC: International Monetary Fund.

Eckert, Joseph. 2008. "Computer-Assisted Mass Appraisal Options for Transitional and Developing Countries." In *Making the Property Tax Work: Experiences in Developing and Transitional Countries*, edited by Roy Bahl, Jorge Martinez-Vazquez, and Joan Youngman. Cambridge, MA: Lincoln Institute of Land Policy.

Economist, The. 2006. "Holes in the Net." May 4.

Economist, The. 2012. "Denmark's Food Taxes: A Fat Chance." November 17.

Economist, The. 2015. "Why Henry George Had a Point." April 2.

Economist, The. 2017a. "Tax Authorities Are the Latest Tools of Repression in Africa." September 30.

Economist, The. 2017b. "The World's Most Valuable Resource Is No Longer Oil but Data." May 6.

Economist, The. 2018a. "A Manifesto for Renewing Liberalism." September 13.

Economist, The. 2018b. "Ditch Sugar or Raise Prices? Drinks-Makers Face a New Tax." April 5.
Economist, The. 2018c. "What, and Who, Are France's 'Gilets Jaunes'?" November 17.
Edgeworth, Francis Y. 1915. *On the Relations of Political Economy to War*. London: Oxford University Press.
Edwards, Jeremy, Michael Keen, and Matti Tuomala. 1994. "Income Tax, Commodity Taxes and Public Good Provision: A Brief Guide." *Finanzarchiv/Public Finance Analysis* 51 (4): 472–487.
Eichengreen, Barry. 1990. "The Capital Levy in Theory and Practice." In *Public Debt Management: Theory and History*, edited by Rudiger Dornbusch and Mario Draghi, 191–220. Cambridge: Cambridge University Press.
Eisinger, Dale. 2013. "Where the Graves of Famous Artists Are Located." *Complex* online. September 1.
Ekelund, Robert B., Robert F. Hébert, and Robert D. Tollison. 2002. "An Economic Analysis of the Protestant Reformation." *Journal of Political Economy* 110 (3): 646–671.
Eleftheriou-Smith, Loulla-Mae. 2014. "'Bridget Jones Tax': LGA Wants to Claw Back £200m Lost in 'Wealthy Bachelor' Council Tax Discounts to Rich Singletons Living Alone." *The Independent*, March 15.
Ellis, Susan J., and Katherine H. Noyes. 1990. *By the People: A History of Americans as Volunteers*. San Francisco: Jossey-Bass.
Ellison, Garrett. 2012. "New Michigan Law Cracks Down on Cheating 'Zapper' Technology." *MLive*. August 31.
Elsayyad, May, and Kai A. Konrad. 2012. "Fighting Multiple Tax Havens." *Journal of International Economics* 86 (2): 295–305.
Encyclopedia Britannica. 1922. "Excess Profits Duty and Tax." 31: 36–40.
Eraly, Abraham. 1997. *Emperors of the Peacock Throne*. New Delhi: Penguin.
Erb, Kelly Phillips. 2013a. "Remembering the 'Hot Dog Tax' on National Hot Dog Day." *Forbes*, July 23.
Erb, Kelly Phillips. 2013b. "Scientist Pitches Proposal to Curb Bird Deaths: A Tax on Cats." *Forbes*, May 14.
Eschner, Kat. 2017. "Why Peter the Great Established a Beard Tax." *Smithsonian Magazine* online, September 5.
European Commission. 2016. *Proposal for a Council Directive on a Common Corporate Tax Base and a Common Consolidated Corporate Tax Base*. COM No. 683, Brussels, Belgium.
European Commission. 2018. *Report from the Commission to the European Parliament and the Council on Overview and Assessment of the Statistics and Information on the Automatic Exchanges in the Field of Direct Taxation*. COM No. 844, Brussels, Belgium.
Europol. n.d. "MTIC (Missing Trader Intra Community) Fraud." The Netherlands.
Exwood, Maurice. 1981. "The Brick Tax and Large Bricks." *British Brick Society Information* 24: 5–7.
Ezell, John Samuel. 1960. *Fortune's Merry Wheel: The Lottery in America*. Cambridge, MA: Harvard University Press.
Farcau, Bruce W. 2000. *The Ten Cents War: Chile, Peru, and Bolivia in the War of the Pacific, 1879–1884*. Westport, CT: Praeger.

Feige, Chris, and Jeffrey Miron. 2008. "The Opium Wars, Opium Legalization and Opium Consumption in China." *Applied Economics Letters* 15 (12): 911–913.
Feldstein, Martin S. 1999. "Tax Avoidance and the Deadweight Loss of the Income Tax." *Review of Economics and Statistics* 81 (4): 674–680.
Fennell, Lee Anne. 2006. "Hyperopia in Public Finance." In *Behavioral Public Finance*, edited by Edward J. McCaffery and Joel Slemrod, 141–171. New York: Russell Sage Foundation.
Ferguson, Niall. 2001. *The Cash Nexus: Money and Power in the Modern World, 1700–2000*. New York: Basic Books.
Festa, Lynn. 2009. "Person, Animal, Thing: The 1796 Dog Tax and the Right to Superfluous Things." *Eighteenth-Century Life* 33 (2): 1–44.
Finkelstein, Amy. 2009. "E-ztax: Tax Salience and Tax Rates." *Quarterly Journal of Economics* 124 (3): 969–1010.
Forcucci, Lauren E. 2010. "Battle for Births: The Fascist Pronatalist Campaign in Italy 1925 to 1938." *Journal of the Society for the Anthropology of Europe* 10 (1): 4–13.
Forrest, George. 1918. *The Life of Lord Clive*, vol. 2. London: Cassell.
Foster, Peter. 2009. "Chinese Ordered to Smoke More to Boost Economy." *The Telegraph*, May 4.
Frances, Hilary. 2004. "Wilks [*née* Bennett], Elizabeth." *Oxford Dictionary of National Biography*. Oxford: Oxford University Press.
Franklin, Benjamin. 1931. "Daylight Saving: To the Authors of *The Journal of Paris, 1784*." In *The Ingenious Dr. Franklin: Selected Scientific Letters of Benjamin Franklin*, edited by Nathan G. Goodman, 17–22. Philadelphia: University of Pennsylvania Press.
Franzsen, Riël. 2009. "International Experience." In *Land Value Taxation: Theory, Evidence, and Practice*, edited by Richard F. Dye and Richard W. England, 27–50. Cambridge, MA: Lincoln Institute of Land Policy.
Free File Alliance. 2016. "Free File Program: 'Tax Filing Simplification Act' Would Create a Conflict of Interest & End a Free Program that's Working for Taxpayers." Centreville, VA, April 14.
French, Christopher J. 1973. "Eighteenth-Century Shipping Tonnage Measurements." *Journal of Economic History* 33 (2): 434–443.
Frey, Bruno S. 1997. "A Constitution of Knaves Crowds Out Civic Virtues." *Economic Journal* 107 (443): 1043–1053.
Friedman, Milton. 1978. "An Interview with Dr. Milton Friedman." *Human Events* 38 (46): 14.
Friedman, Milton, and Rose D. Friedman. 1998. *Two Lucky People: Memoirs*. Chicago: University of Chicago Press.
Fruits, Eric. 2018. "Vapor Products, Harm Reduction, and Taxation." International Center for Law and Economics, Portland, Oregon.
Furman, Jason. 2017. "No, the GOP Tax Plan Won't Give You a $9,000 Raise: The White House's Wild Claims about the Wage Effects of Corporate Rate Cuts Don't Add Up." *Wall Street Journal*, October 22.
Gaddy, Clifford G., and William G. Gale. 2005. "Demythologizing the Russian Flat Tax." *Tax Notes International* (March): 983–988.

Galloway, Jim. 2017. "That Time an Alabama Jury of 12 White Men Declared MLK 'Not Guilty.'" *Political Insider*, February 5.

Gallucci, Maria. 2015. "As Mexico's Sugary Drink Tax Turns 1 Year Old, US Health Proponents Hope It Can Sway American Voters." *International Business Times*, January 11.

Gans, Joshua S., and Andrew Leigh. 2009. "Born on the First of July: An (Un)natural Experiment in Birth Timing." *Journal of Public Economics* 93 (1–2): 246–263.

Garcia, Adriana. 2018. "Cristiano Ronaldo Move to Juventus Influenced by Spain Tax Rate—La Liga Chief." *ESPN*, July 19.

Gaspar, Vitor. 2015. "A Prudent Man's Curse." *Finance and Development* 52 (1): 50–51.

Gaspar, Vitor, David Amaglobeli, Mercedes Garcia-Escribano, Delphine Prady, and Mauricio Soto. 2019. "Fiscal Policy and Development: Human, Social, and Physical Investments for the SDGs." International Monetary Fund Staff Discussion Notes 19/03, Washington, DC.

Gaspar, Vitor, Laura Jaramillo, and Philippe Wingender. 2016. "Political Institutions, State Building, and Tax Capacity: Crossing the Tipping Point." International Monetary Fund Working Paper No. 16/233, Washington, DC.

Gatrell, Peter. 2012. "The Russian Fiscal State, 1600–1914." In *The Rise of Fiscal States: A Global History, 1500–1914*, edited by Yun-Casalilla Bartolomé and Patrick K. O'Brien, with Francisco Comín Comín, 191–212. Cambridge: Cambridge University Press.

Geiger, Kim, and Monique Garcia. 2016. "Rauner Approves Repeal of Sales Tax on Tampons." *Chicago Tribune*, August 19.

Gelber, Nathan M. 1967. "The Period of Austrian Rule, 1772–1848." In *The History of the Jews of Rzeszow*, translated by Jerrold Landau, 47–55. New York.

Genovese, Federica, Kenneth Scheve, and David Stasavage. 2016. *Comparative Income Taxation Database*. http://data.stanford.edu/citd.

George, Henry. [1879] 2005. *Progress and Poverty*. New York: Cosimo.

George, Mary Dorothy. 1965. *London Life in the 18th Century*. New York: Harper & Row.

Gerber, Pierre J., Henning Steinfeld, Benjamin Henderson, Anne Mottet, Carolyn Opio, Jeroen Dijkman, Alessandra Falcucci, and Giuseppe Tempio. 2013. *Tackling Climate Change through Livestock – A Global Assessment of Emissions and Mitigation Opportunities*. Rome: Food and Agriculture Organization of the United Nations.

Gernet, Jacques. 1995. *Buddhism in Chinese Society: An Economic History from the Fifth to the Tenth Centuries*, translated by Franciscus Verellen. New York: Columbia University Press.

Gerschenkron, Alexander. 1970. *Europe in the Russian Mirror: Four Lectures in Economic History*. Cambridge: Cambridge University Press.

Gibbon, Edward. [1776] 1946. *The Decline and Fall of the Roman Empire*, vol. 1, edited by J. B. Bury. New York: Heritage Press.

Gill, Alison Ann McKay 1990. "Ship Money during the Personal Rule of Charles I: Politics, Ideology and the Law 1643 to 1640." Ph.D. thesis, University of Sheffield.

Gillitzer, Christian, Henrik Jacobsen Kleven, and Joel Slemrod. 2017. "A Characteristics Approach to Optimal Taxation: Line Drawing and Tax-Driven Product Innovation." *Scandinavian Journal of Economics* 119 (2): 240–267.

Gilmour, David. 2006. *The Ruling Caste: Imperial Lives in the Victorian Raj*. New York: Farrar, Straus and Giroux.

Gladstone, William E. 1863. *The Financial Statements of 1853, 1860–1863: To Which Are Added, a Speech on Tax-Bills, 1861, and on Charities*. London: J. Murray.

Glantz, Andrew E. 2008. "A Tax on Light and Air: Impact of the Window Duty on Tax Administration and Architecture, 1696–1851." *Penn History Review* 15 (2): 18–40.

Gneezy, Uri, and Aldo Rustichini. 2000. "A Fine Is a Price." *Journal of Legal Studies* 29 (1): 1–17.

Goldsmith, Raymond W. 1987. *Premodern Financial Systems: A Historical Comparative Study*. Cambridge: Cambridge University Press.

Goode, Richard. 1993. "Tax Advice to Developing Countries: An Historical Survey." *World Development* 21 (1): 37–53.

Goodwin, Barbara. 2008. "Taxation in Utopia." *Utopian Studies* 19 (2): 313–332.

Gordon, Roger H. 1992. "Can Capital Income Taxes Survive in Open Economies?" *Journal of Finance* 47 (3): 1159–1180.

Gorodnichenko, Yuriy, Jorge Martinez-Vazquez, and Klara Sabirianova Peter. 2009. "Myth and Reality of Flat Tax Reform: Micro Estimates of Tax Evasion Response and Welfare Effects in Russia." *Journal of Political Economy* 117 (3): 504–554.

Goszkowski, Rob. 2008. "Among Americans, Smoking Decreases as Income Increases." *Gallup News*, March 21.

Goulder, Lawrence H., and Ian W. H. Parry. 2008. "Instrument Choice in Environmental Policy." *Review of Environmental Economics and Policy* 2: 152–174.

Graham, Gerald S. 1956. "The Ascendancy of the Sailing Ship 1850–85." *Economic History Review* 9 (1): 74–88.

Grapperhaus, Ferdinand H. M. 1998. *Tax Tales from the Second Millennium: Taxation in Europe (1000 to 2000), the United States of America (1765 to 1801) and India (1526 to 1709)*. Amsterdam: International Bureau of Fiscal Documentation.

Gravelle, Jane G. 2015. "Tax Havens: International Tax Avoidance and Evasion." Congressional Research Service Report, Washington, DC, January 15.

Gravelle, Jane G. 2017. "Corporate Tax Reform: Issues for Congress." Congressional Research Service Report, Washington, DC, September 22.

Greene, Robert W. 2016. "Understanding Cocos: What Operational Concerns & Global Trends Mean for U.S. Policymakers." Harvard Kennedy School, M-RCBG Associate Working Paper Series No. 62, Cambridge, MA.

Gross, David M. 2016. "How Quaker War Tax Resistance Came and Went, Twice." *Friends Journal*, February 1.

Gruber, Jonathan, and Botond Kőszegi. 2002. "A Theory of Government Regulation of Addictive Bads: Optimal Tax Levels and Tax Incidence for Cigarette Excise Taxation." NBER Working Paper No. 8777, Cambridge, MA.

Gruber, Jonathan, and Botond Kőszegi. 2004. "Tax Incidence When Individuals Are Time-Inconsistent: The Case of Cigarette Excise Taxes." *Journal of Public Economics* 88 (9–10): 1959–1987.

Grund, Jean-Paul, and Joost Breeksema. 2013. "Coffee Shops and Compromise: Separated Illicit Drug Markets in the Netherlands." Open Society Foundation, New York.

Guardian, The. 1999. "Heirs and Disgraces." August 10.

Guicciardini, Francesco. [1534] 1994. *Dialogue on the Government of Florence*, edited and translated by Alison Brown. Cambridge: Cambridge University Press.

Gupta, Ajay. 2016. "David Bowie: Rock Star of Tax Planning." *Tax Notes*, January 28.

Gupta, Sanjeev, Michael Keen, Alpa Shah, and Geneviève Verdier. 2017. "Introduction." In *Digital Revolutions in Public Finance*, by Sanjeev Gupta, Michael Keen, Alpa Shah, and Geneviève Verdier, 1–21. Washington, DC: International Monetary Fund.

Haan, Marco A., Pim Heijnen, Lambert Schoonbeek, and Linda A. Toolsma. 2012. "Sound Taxation? On the Use of Self-Declared Value." *European Economic Review* 56 (2): 205–215.

Haig, Robert Murray. 1920. "British Experience with Excess Profits Taxation." *American Economic Review* 10 (Supplement): 1–14.

Haig, Robert Murray. 1934. *The Sales Tax in the American States*. A study made under the direction of Robert Murray Haig by Carl Shoup with the assistance of Reavis Cox, Louis Shere, Edwin H. Spengler, and staff members. New York: Columbia University Press.

Hall, Basil E. Foster. 1977. "The Chinese Maritime Customs: An International Service, 1854–1950." Edited and updated by Robert Bickers. University of Bristol Occasional Papers No. 5, Bristol, U.K.

Halperin, Sandra, and Ronen Palan, eds. 2015. *Legacies of Empire: Imperial Roots of the Contemporary Global Order*. Cambridge: Cambridge University Press.

Hamermesh, Daniel, and Joel Slemrod. 2008. "The Economics of Workaholism: We Should Not Have Worked on This Paper." *BE Journal of Economic Analysis & Policy* 8 (1): 1–29.

Hamilton, Alexander. 1791. *Final Version of the Report on the Subject of Manufactures*. Philadelphia, December 5.

Hancock, Tom. 2017. "China Shakes up 2,000-Year-Old Salt Monopoly." *Financial Times*, January 2.

Handcock, W. D. 1996. *English Historical Documents*, vol. X. c. 1874–1914. Abingdon, U.K.: Routledge.

Hanioğlu, M. Sükrü. 2008. *A Brief History of the Late Ottoman Empire*. Princeton, N.J.: Princeton University Press.

Hanke, Steven H., and Alex K. F. Kwok. 2009. "On the Measurement of Zimbabwe's Hyperinflation." *Cato Journal* 29 (2): 353–364.

Hansard's Parliamentary Debates. 1818. From the Year 1803 to the Present Time, vol. 38. Comprising the Period from the Thirteenth Day of April to the Tenth Day of June. London: T. C. Hansard.

Hansard's Parliamentary Debates. 1854. Third Series, Second Volume of the Session. Commencing with the Accession of William IV, vol. 131. Comprising the Period from the Twenty-Eighth Day of February 1854 and the Twenty-Eighth Day of March 1854. London: T. C. Hansard.

Hansard's Parliamentary Debates. 1909. Income Tax, vol. 4, May 12. London: T. C. Hansard.

Harberger, Arnold C. 1965. "Issues of Tax Reform for Latin America." In *Fiscal Policy for Economic Growth in Latin America*. Conference on Fiscal Policy for Economic Growth in Latin America, 110–121. Baltimore, MD: Johns Hopkins Press.

Harberger, Arnold. 1995. "Tax Lore for Budding Reformers." In *Reform, Recovery, and Growth: Latin America and the Middle East*, edited by Rudiger Dornbusch and Sebastian Edwards, 291–310. Chicago: University of Chicago Press and NBER.

Harris, Frank. 1918. *Oscar Wilde: His Life and Confessions*, vol. 1. New York: Frank Harris.

Harris, Mary Dormer, trans. and ed. 1909. *The Coventry Leet Book: Or Manor's Register*. London: Early English Text Society.

Harrison, Brian Howard. 1994. *Drink and the Victorians: The Temperance Question in England 1815–1872*. Staffordshire, U.K.: Keele University Press.

Hartley, L. P. 1953. *The Go-Between*. New York: New York Review Books.

Hartwell, Ronald Max. 1981. "Taxation in England during the Industrial Revolution." *Cato Journal* 1 (1): 129–153.

Hasegawa, Makoto, Jeffrey L. Hoopes, Ryo Ishida, and Joel Slemrod. 2013. "The Effect of Public Disclosure on Reported Taxable Income: Evidence from Individuals and Corporations in Japan." *National Tax Journal* 66 (3): 571–608.

Hassan, Fabien. 2015. "Lessons from History #11—The Monaco Crisis from 1962–1963 and the Emancipation of Tax Havens." *Finance Watch*, April 27.

Hays, Jeffrey. 2013. "Beer in Japan: Asahi, Kirin, Sapporo, Suntory, Low Malt and Third Category Beers." Facts and Details online, January.

Hazlitt, William Carew. [1744] 1875. *A Select Collection of Old English Plays*, vol. 14. London: Robert Dodsley.

He, Wan, Daniel Goodkind, and Paul Kowal. 2016. "An Aging World: 2015." U.S. Census Bureau, International Population Reports, P95/16-1, Washington, DC.

Heemstra, Marius. 2010. *The Fiscus Judaicus and the Parting of the Ways*. Tübingen, Germany: Mohr Siebeck.

Heilbroner, Robert. 1999. *The Worldly Philosophers: The Lives, Times, and Ideas of the Great Economic Thinkers*, 7th ed. New York: Touchstone.

Heinlein, Robert A. 2008. *The Moon Is a Harsh Mistress*. London: Victor Gollancz.

Hellie, Richard. 1999. "Russia, 1200–1815." In *The Rise of the Fiscal State in Europe c.1200–1815*, edited by Richard Bonney, 496–497. Oxford: Oxford University Press.

Henley & Partners. n.d. *A Selection of Prime Citizenship Programs*. Malta.

Hernon, Ian. 2003. *Britain's Forgotten Wars: Colonial Campaigns of the 19th Century*. Stroud, U.K.: Sutton Publishing.

Hervey, Ian. 1848. *Memories of the Reign of George the Second from His Accession to the Death of Queen Caroline*, vol. 1. Philadelphia: Lea and Blanchard.

Hervey, Sydenham Henry Augustus. 1905. *Suffolk in 1674, Being the Hearth Tax Returns*, XI ed., vol. 13. Woodbridge, U.K.: George Booth.

Hibbert, Christopher. 1990. *Redcoats and Rebels: The American Revolution through British Eyes*. New York: W. W. Norton.

Hicks, John. 1969. *A Theory of Economic History*. Oxford: Oxford University Press.

Higham, Scott, Michael Hudson, and Marina Walker Guevara. 2013. "Piercing the Secrecy of Offshore Tax Havens." *Washington Post*, April 6.

Hill, Joseph A. 1892. "The Prussian Income Tax." *Quarterly Journal of Economics* 6 (2): 207–226.

Hilton, Rodney H. 1969. *The Decline of Serfdom in Medieval England*. London: Palgrave Macmillan.

History House. n.d. "What Was Known as a 'Tax on Knowledge'? Campaign against a Tax on Newspapers." https://historyhouse.co.uk/articles/tax_on_knowledge.html.

Hitchman, Sara C., and Geoffrey T. Fong. 2011. "Gender Empowerment and Female-to-Male Smoking Prevalence Ratios." *Bulletin of the World Health Organization* 89: 195–202.

HM Revenue & Customs. 2018. *Annual VAT Statistics. Commentary and Tables, 2017–2018*. https://assets.publishing.service.gov.uk/government/uploads/system/uploads/attachment_data/file/763555/Annual_VAT_Statistics_-_Commentary.pdf. London.

HM Revenue & Customs. 2020. *Measuring Tax Gaps 2020 Edition: Tax Gap Estimates for 2018–19*. London, July 9.

Hobbes, Thomas. 1651. *De Cive*. Translated as *Philosophical Rudiments Concerning Government and Society*. London: R. Royston.

Hogg, Chris. 2011. "China Ends Death Penalty for 13 Economic Crimes." *BBC News*, February 25.

Hollister, C. Warren. 1960. "The Significance of Scutage Rates in Eleventh- and Twelfth-Century England." *English Historical Review* 75 (297): 577–588.

Holloway, Carson, and Bradford P. Wilson, eds. 2017. *The Political Writings of Alexander Hamilton, Vol. 1: 1767–1789*. Cambridge: Cambridge University Press.

Holzman, Franklyn D. 1955. *Soviet Taxation: The Fiscal and Monetary Problems of a Planned Economy*. Cambridge, MA: Harvard University Press.

Hoopes, Jeffrey L., Leslie Robinson, and Joel Slemrod. 2018. "Public Tax-Return Disclosure." *Journal of Accounting and Economics* 66 (1): 142–162.

Hopkins, Keith. 1980. "Taxes and Trade in the Roman Empire (200 B.C.–A.D. 400)." *Journal of Roman Studies* 70: 101–125.

Hormats, Robert D. 2007. *The Price of Liberty: Paying for America's Wars*. New York: Macmillan.

Houlder, Vanessa. 2015. "More UK Tax Evaders Going to Jail but Prison Terms Are Falling." *Financial Times*, May 31.

Huang, Grace. 2016. "Well-Field System." In *Encyclopedia of Chinese History*, edited by Michael Dillon. Abingdon, U.K.: Routledge.

Hubbard, R. Glenn. 2010. "Left, Right and Wrong on Taxes." *New York Times*, November 15.

Hufbauer, Gary C., and Zhiyao (Lucy) Lu. 2018. "The European Union's Proposed Digital Services Tax: A De Facto Tariff." Petersen Institute for International Economics Policy Brief 18-15, Washington, DC.

Hughes, Edward. 1934. *Studies in Administration and Finance, 1558–1825: With Special Reference to the History of Salt Taxation in England*. Manchester, U.K.: Manchester University Press.

Hughes, Elizabeth, and Philippa White, eds. 1991. *The Hampshire Hearth Tax Assessment 1665 with the Southampton Assessments for 1662 and 1670*. Winchester, U.K.: Hampshire County Council.

Hugo, Victor. [1862] 1982. *Les Misérables*. Harmondsworth, U.K.: Penguin.

Hungerford, Thomas L. 2006. "U.S. Government Revenues: 1790 to the Present." Congressional Research Service Report, Washington, DC.

Hurd, Douglas. 2007. *Robert Peel: A Biography.* London: Weidenfeld & Nicolson.
Hurstfield, J. 1955. "The Profits of Fiscal Feudalism, 1541–1602." *Economic History Review* 8 (1): 53–61.
Hutton, Eric, Mick Thackray, and Philippe Wingender. 2014. "Uganda, Revenue Administration Gap Analysis Program—The Value-Added Tax Gap." International Monetary Fund, Fiscal Affairs Department, Washington, DC.
Hyden, Marc. 2015. "Lucius Cornelius Sulla: Guardian or Enemy of the Roman Republic." *Ancient History Encyclopedia* online. https://www.ancient.eu/article/818/lucius-cornelius-sulla-guardian-or-enemy-of-the-ro/.
Ibn Khaldûn. [1377] 1967. *The Muqaddimah: An Introduction to History*, vol. 2, 2nd ed., translated by Franz Rosenthal. Princeton, NJ: Princeton University Press.
Ibrahim, Raymond. 2013. "Brotherhood Imposes Jizya Tribute on Egypt's Christians." *Human Events*, September 10.
Ibrahim, Raymond. 2015. "Islamic Jizya: Fact and Fiction." *FrontPage*, May 28.
Independent Commission for the Reform of International Corporate Taxation. 2018. "A Roadmap to Improve Rules for Taxing Multinationals: A Fairer Future for Global Taxation." Online.
Institut des Politiques Publiques. 2014. "1914–2014: Cent Ans d'Impôt sur le Revenu." Les Notes de l'IPP No. 12, Paris.
Institute for Fiscal Studies. 1993. *Options for 1994: The Green Budget.* London: Institute for Fiscal Studies.
Internal Revenue Service. 1918. *Statistics of Income.* Washington, DC. U.S. Government Printing Office.
Internal Revenue Service. 1919. *Statistics of Income.* Washington, DC. U.S. Government Printing Office.
Internal Revenue Service. 2018. *SOI Tax Stats–Corporation Complete Report.* Washington, DC.
Internal Revenue Service. 2019a. *Federal Tax Compliance Research: Tax Gap Estimates for Tax Years 2011–2013.* Publication 1415 (Rev. 9-2019), Washington, DC.
Internal Revenue Service. 2019b. *Private Debt Collection Program 4th Quarter Update FY 2019.* Washington, DC.
Internal Revenue Service. 2020. *Data Book, 2019.* Publication 55-B. Washington, DC.
International Court of Justice. n.d. *Obligation to Negotiate Access to the Pacific Ocean (Bolivia v. Chile).* The Hague, Netherlands.
International Monetary Fund. 2012. *Fiscal Regimes for Extractive Industries—Design and Implementation.* Washington, DC.
International Monetary Fund. 2013. *Fiscal Monitor: Taxing Times.* Washington, DC.
International Monetary Fund. 2016. *Tax Policy, Leverage and Macroeconomic Stability.* Washington, DC.
International Monetary Fund. 2017a. *Fiscal Monitor: Tackling Inequality.* Washington, DC.
International Monetary Fund. 2017b. *St. Kitts and Nevis.* IMF Country Report No. 17/186. Washington, DC.
International Monetary Fund. 2017c. *World Economic Outlook: Seeking Sustainable Growth: Short-Term Recovery, Long-Term Challenges.* Washington, DC.

International Monetary Fund. 2018. *Fiscal Monitor: Capitalizing on Good Times*. Washington, DC.

International Monetary Fund. 2019a. *Fiscal Monitor: How to Mitigate Climate Change*. Washington, DC.

International Monetary Fund. 2019b. *Fiscal Policies for Paris Climate Strategies—From Principle to Practice*. Washington, DC.

International Monetary Fund. 2019c. *Corporate Taxation in the Global Economy*. Washington, DC.

International Monetary Fund. 2020a. *Fiscal Monitor: Policies for the Recovery*. Washington, DC.

International Monetary Fund. 2020b. *Coordinated Direct Investment Survey*. https://data.imf.org/?sk=40313609-F037-48C1-84B1-E1F1CE54D6D5.

Irwin, Douglas A. 1989. "Political Economy and Peel's Repeal of the Corn Laws." *Economics and Politics* 1 (1): 41–59.

Irwin, Timothy C. 2012. "Accounting Devices and Fiscal Illusions." IMF Staff Discussion Note 12/02. Washington, DC.

Ishi, Hiromitsu. 1993. *The Japanese Tax System*, 2nd ed. Oxford: Clarendon Press.

Ivanova, Anna, Michael Keen, and Alexander Klemm. 2005. "The Russian 'Flat Tax' Reform." *Economic Policy* 20 (43): 398–444.

Jacobs, Bas. 2017. "Digitalization and Taxation." In *Digital Revolutions in Public Finance*, edited by Sanjeev Gupta, Michael Keen, Alpa Shah, and Geneviève Verdier, 25–55. Washington, DC: International Monetary Fund.

Jagoda, Naomi. 2017. "Koch-Backed Group Unveils TV Ad against Border Tax." *The Hill*, April 10.

James, Kathryn. 2015. *The Rise of the Value-Added Tax*. Cambridge: Cambridge University Press.

Jarvis, Stan. 1987. *Smuggling in East Anglia 1700–1840*. Newbury, U.K.: Countryside Books.

Jeanneney, Jean-Noël. 1982. "La Bataille de la Progressivité sous la IIIe République." *Pouvoirs* 23: 21–31.

Jeffrey-Cook, John. 2010. "William Pitt and His Taxes." *British Tax Review* (4): 376–391.

Jenkins, Roy. 2002. *Gladstone*. New York: Random House.

Jensen, Erik M. 2016. "The Power to Tax." In *The Powers of the U.S. Congress: Where Constitutional Authority Begins and Ends*, edited by Brien Hallett, 1–14. Santa Barbara, CA: ABC-CLIO.

Jewish Virtual Library. n.d. "Louis XII." Online.

Jogarajan, Sunita. 2011. "Prelude to the International Tax Treaty Network: 1815–1914; Early Tax Treaties and the Conditions for Action." *Oxford Journal of Legal Studies* 31 (4): 679–707.

Johannesen, Niels, and Gabriel Zucman. 2014. "The End of Bank Secrecy? An Evaluation of the G20 Tax Crackdown." *American Economic Journal: Economic Policy* 6 (1): 65–91.

Johari, Aarefa. 2015. "Why Do Poor Indians Continue to Drink Deadly Moonshine?" *Quartz*, June 22.

Johnson, Allan Chester, Paul Robinson Coleman-Norton, and Frank Card Bourne. 1961. *Ancient Roman Statutes*. Clark, NJ: The Lawbook Exchange.

Johnson, Kimberley. 2010. *Reforming Jim Crow: Southern Politics and State in the Age before Brown*. Oxford: Oxford University Press.

Johnson, Noel D., and Mark Koyama. 2014. "Tax Farming and the Origins of State Capacity in England and France." *Explorations in Economic History* 51 (1): 1–20.

Johnson, Paul. 1998. *A History of the American People*. New York: Harper Collins.

Johnson, Samuel. 1787. *Debates in Parliament*, vol. 2. London: John Stockdale.

Joint Committee on Taxation. 2013. *Modeling the Distribution of Taxes on Business Income*. JCX-14-13. Washington, DC.

Jones, Dan. 2014. *The Plantagenets: The Warrior Kings and Queens Who Made England*, rev. ed. New York: Penguin.

Jones, Francis R. 1895. "Pollock v. Farmers' Loan and Trust Company." *Harvard Law Review* 9 (3): 198–211.

Judson, Pieter M. 2016. *The Habsburg Empire: A New History*. Cambridge, MA: Harvard University Press.

Kagan, Donald. 2003. *The Peloponnesian War*. London: Penguin Books.

Kahn, Charles M., Emilson C. D. Silva, and James P. Ziliak. 2001. "Performance-Based Wages in Tax Collection: The Brazilian Tax Collection Reform and Its Effects." *Economic Journal* 111 (468): 188–205.

Kaizen Certified Public Accountants Limited. n.d. "Guide to Taiwan Land Value Increment Tax." Hong Kong.

Kalapa, Lowell. 2012. "Unintended Consequences of Tapping the 'Rich.'" Foundation of Hawaii, Honolulu.

Karabell, Zachary. 2004. *Chester Alan Arthur*. New York: Time Books.

Kassam, Ashifa. 2016. "Vancouver Slaps 15% Tax on Foreign House Buyers in Effort to Cool Market." *The Guardian*, August 2.

Katznelson, Ira. 2005. "To Give Counsel and to Consent: Why the King (Edward I) Expelled the Jews (in 1290)." In *Preferences and Situations*, edited by Ira Katznelson and Barry Weingast, 88–126. New York: Russell Sage Foundation.

Keane, Michael P. 2011. "Labor Supply and Taxes: A Survey." *Journal of Economic Literature* 49 (4): 961–1075.

Keen, Michael. 1998. "The Balance between Specific and *Ad Valorem* Taxation." *Fiscal Studies* 19 (1): 1–37.

Keen, Michael. 2005. "Peculiar Institutions: A British Perspective on Tax Policy in the United States." *National Tax Journal* 18 (4): 371–400.

Keen, Michael. 2008. "VAT, Tariffs, and Withholding: Border Taxes and Informality in Developing Countries." *Journal of Public Economics* 92 (10–11): 1892–1906.

Keen, Michael. 2013. "Taxation and Development—Again." In *Studies of Critical Issues in Taxation and Development*, edited by Clemens Fuest and George Zodrow, 13–41. Cambridge, MA: MIT Press.

Keen, Michael, Yitae Kim, and Ricardo Varsano. 2008. "The Flat Tax(es): Principles and Experience." *International Tax and Public Finance* 15 (16): 712–751.

Keen, Michael, and Jenny E. Ligthart. 2006a. "Information Sharing and International Taxation: A Primer." *International Tax and Public Finance* 13 (1): 81–110.

Keen, Michael, and Jenny E. Ligthart. 2006b. "Incentives and Information Exchange in International Taxation." *International Tax and Public Finance* 13 (2): 163–180.

Keen, Michael, and Ben Lockwood. 2006. "Is the VAT a Money Machine?" *National Tax Journal* 59 (4): 905–928.
Keen, Michael, and Ben Lockwood. 2010. "The Value Added Tax: Its Causes and Consequences." *Journal of Development Economics* 92 (2): 138–151.
Keen, Michael, Ian Parry, and Jon Strand. 2013. "Planes, Ships, and Taxes: Charging for International Aviation and Maritime Emissions." *Economic Policy* 28 (76): 701–749.
Keen, Michael, and Joel Slemrod. 2017. "Optimal Tax Administration." *Journal of Public Economics* 152: 133–142.
Keen, Michael, and Stephen Smith. 2006. "VAT Fraud and Evasion: What Do We Know and What Can Be Done?" *National Tax Journal* 59 (4): 861–887.
Kekewich, Margaret Lucille, ed. 1994. *Princes and Peoples: France and the British Isles, 1620–1714*. Manchester, U.K.: Manchester University Press.
Kennedy, John F. 1961. "Special Message to the Congress on Taxation, April 20." Washington, DC.
Kennedy, William. 1913. *English Taxation 1640–1799: An Essay on Policy and Opinion*. London: G. Bell & Sons.
Kenyon, J. P. 1990. *Stuart England*, 2nd ed. London: Penguin.
Kerfs, Phillip. 2019. "Effective Use of CRS Data." Presentation, Tenth IMF-Japan High-Level Tax Conference for Asian Countries, Tokyo.
Keynes, John Maynard. 1919. *The Economic Consequences of the Peace*. New York: Harcourt, Brace and Howe.
Keynes, John Maynard. 1923. *A Tract on Monetary Reform*. London: Macmillan.
Keynes, John Maynard. 1933. *Essays in Biography*. New York: Harcourt, Brace.
Khan, Adnan Q., Asim I. Khwaja, and Benjamin Olken. 2016. "Tax Farming Redux: Experimental Evidence on Performance Pay for Tax Collectors." *Quarterly Journal of Economics* 131 (1): 219–271.
King, Antony, and Ivor Crewe. 2013. *The Blunders of Our Governments*. London: Oneworld Publications.
King James I. [1604] 2008. *A Counterblaste to Tobacco*. https://www.amazon.com/Counter-Blaste-Tobacco-King-James-I/dp/1438504829.
Kirchgaessner, Stephanie. 2017. "Shady Deal: Italian Shop Owners in Conegliano Fight Tax on Shadows." *The Guardian*, January 17.
Klemperer, Paul. 2004. *Auctions: Theory and Practice*. Princeton, NJ: Princeton University Press.
Kleven, Henrik, Martin Knudsen, Claus Kreiner, Søren Pedersen, and Emmanuel Saez. 2011. "Unwilling or Unable to Cheat? Evidence from a Randomized Tax Audit Experiment in Denmark." *Econometrica* 79 (3): 651–692.
Kleven, Henrik, Claus Kreiner, and Emmanuel Saez. 2016. "Why Can Modern Governments Tax So Much? An Agency Model of Firms as Fiscal Intermediaries." *Economica* 83 (330): 219–246.
Kleven, Henrik, Camille Landais, and Emmanuel Saez. 2013. "Taxation and International Migration of Superstars: Evidence from the European Football Market." *American Economic Review* 103 (5): 1892–1924.
Kleven, Henrik, and Mazhar Waseem. 2013. "Using Notches to Uncover Optimization Frictions and Structural Elasticities: Theory and Evidence from Pakistan." *Quarterly Journal of Economics* 128 (2): 669–723.

Knightley, Philip. 1993. *The Rise and Fall of the House of Vestey*, 2nd ed. London: Warner.
Kocieniewski, David. 2012. "Whistle-Blower Awarded $104 Million by I.R.S." *New York Times*, September 11.
Kolbert, Elizabeth. 2006. "The Big Sleazy." *The New Yorker*, June 12.
Konrad, Kai A., and Salmai Qari. 2012. "The Last Refuge of a Scoundrel? Patriotism and Tax Compliance." *Economica* 79 (315): 516–533.
Kopczuk, Wojciech, Justin Marion, Eric Muehlegger, and Joel Slemrod. 2016. "Does Tax-Collection Invariance Hold? Evasion and the Pass-Through of State Diesel Taxes." *American Economic Journal: Economic Policy* 8 (2): 251–286.
Kopczuk, Wojciech, and Joel Slemrod. 2003. "Dying to Save Taxes: Evidence from Estate Tax Returns on the Death Elasticity." *Review of Economics and Statistics* 85 (2): 256–265.
Kornhauser, Marjorie E. 2007. "Tax Morale Approach to Compliance: Recommendations for the IRS." *Florida Tax Review* 8 (6): 599–640.
Kornhauser, Marjorie E. 2010. "Remembering the 'Forgotten Man' (and Woman): Hidden Taxes and the 1936 Election." In *Studies in the History of Tax Law*, vol. 4, edited by John Tiley, 327–340. Oxford: Hart Publishing.
Kornhauser, Marjorie E. 2013. "Taxing Bachelors in America, 1895–1939." In *Studies in the History of Tax Law*, vol. 6, edited by John Tiley, 467–488. Oxford: Hart Publishing.
Koyama, Mark. 2010. "The Political Economy of Expulsion: The Regulation of Jewish Moneylending in Medieval England." *Constitutional Political Economy* 21 (4): 374–406.
Kraal, Diane, and Jeyapalan Kasipillai. 2014. "The Dutch East India Company's Tax Farming in 18th Century Malacca." *eJournal of Tax Research* 12 (1): 253–281.
Kramer, Brent. 2010. "The New York State Lottery: A Regressive Tax." *State Tax Notes* (March 29): 961–966.
Krishna, Aradhna, and Joel Slemrod. 2003. "Behavioral Public Finance: Tax Design as Price Presentation." *International Tax and Public Finance* 10 (2): 189–203.
Kroll, Luisa. 2016. "Billionaires, Former Billionaires Outed for Offshore Wealth by the Panama Papers." *Forbes*, April 3.
Kukreti, Ishan. 2017. "GST of 18% on Tendu Leaves: How It Will Impact Tribals." *DownToEarth*, July 17.
Kup, Alexander P. 1975. *Sierra Leone: A Concise History*. Vancouver, BC: Douglas Davis & Charles.
Kwass, Michael. 1999. "A Welfare State for the Privileged? Direct Taxation and the Changing Face of Absolutism from Louis XIV to the French Revolution." In *Crises, Revolutions and Self-Sustained Growth: Essays in European Fiscal History, 1130–1830*, edited by William Mark Ormrod, Margaret Bonney, and Richard Bonney, 344–376. Stamford, U.K.: Shaun Tyas.
Labaree, Benjamin Woods. 1966. *The Boston Tea Party*. Oxford: Oxford University Press.
Laffer, Arthur B. 2014. *Handbook of Tobacco Taxation: Theory and Practice*. San Francisco: The Laffer Center at the Pacific Research Institute.
Lancet, The. 1845. "The Duty on Glass," February 22.
Land, Bryan C. 2010. "Resource Rent Taxes: A Re-appraisal." In *The Taxation of Petroleum and Minerals: Principles, Practices and Problems*, edited by Philip Daniel, Michael Keen, and Charles McPherson, 241–262. London: Routledge.

Lane, Frederic C. 1964. "Tonnages, Medieval and Modern." *Economic History Review* 17 (2): 213–233.

Langer, Emily. 2014. "Johnnie Walters, IRS Commissioner under President Richard M. Nixon, Dies at 94." *Washington Post*, June 26.

Langford, Paul. 1975. *The Excise Crisis: Society and Politics in the Age of Walpole*. Oxford: Oxford University Press.

Larimer, Sarah. 2016. "The 'Tampon Tax' Explained." *Washington Post*, January 8.

Larner, Judith, and Patrick Collinson. 2004. "A Haven Right Here on Earth." *The Guardian*, February 21.

Latham, Robert, ed. 1985. *The Shorter Pepys*. London: Bell and Hyman.

Lawless, Jill. 2013. "William Shakespeare: Tax Dodger, Shady Businessman?" *Christian Science Monitor*, April 1.

Le, Tuan Minh, Blanca Moreno-Dodson, and Nihal Bayraktar. 2012. "Tax Capacity and Tax Effort: Extended Cross-Country Analysis from 1994 to 2009." Policy Research Working Paper No. 6252, World Bank, Washington, DC.

League of Nations. 1923. *Report on Double Taxation Submitted to the Financial Committee*. Economic and Financial Commission Report by the Experts on Double Taxation. Geneva.

Lebhar, Godfrey M. 1959. *Chain Stores in America, 1859–1959*. New York: Chain Store Publishing Company.

Lee, Maurice W. 1941. "Protectionism and Chain Store Taxes." In *Tax Barriers to Trade*, edited by Mark Eisner, Robert L. Cochran, Edgar L. Burtis et al., 151–164. Philadelphia: University of Pennsylvania Tax Institute.

Le Naour, Jean-Yves. 2007. *Meurtre au Figaro*. Paris: Larousse.

Lens on Leeuwenhoek. n.d. "Antony van Leeuwenhoek." https://lensonleeuwenhoek.net/.

Lenter, David, Douglas Shackelford, and Joel Slemrod. 2003. "Public Disclosure of Corporate Tax Return Information: Accounting, Economics, and Legal Perspectives." *National Tax Journal* 56 (4): 803–830.

Leskin, Paige. 2016. "'Tampon Tax' Officially Eliminated in New York." *PIX11News*, July 21.

Levasseur, E. 1894. "The Assignats: A Study in the Finances of the French Revolution." *Journal of Political Economy* 2 (2): 179–202.

Levi, Margaret. 1989. *Of Rule and Revenue*. Berkeley: University of California Press.

Levi, Margaret. 1997. *Consent, Dissent, and Patriotism*. Cambridge: Cambridge University Press.

Lewis, Gavin Llewellyn MacKenzie. 1977. *The Bondelswarts Rebellion of 1922*. Master of Arts thesis, Rhodes University, Grahamstown, South Africa.

Lexden, Lord Alistair. 2011. "Peel and Disraeli." https://www.alistairlexden.org.uk/news/peel-and-disraeli.

Liasson, Mara. 2001. "Conservative Advocate." Interview with Grover Norquist on National Public Radio, May 25.

Lickers, Kathleen, and Peter Griffin. 2015. *Review of the First Nations Cigarette Allocation System in Ontario*. Discussion Paper 2.0. Ontario, Canada.

Liu, Li, Ben Lockwood, Miguel Almunia, and Eddy H. F. Tam. 2019. "VAT Notches, Voluntary Registration, and Bunching: Theory and UK Evidence." *Review of Economics and Statistics*: 1–45.

Lledó, Victor, Sungwook Yoon, Xiangming Fang, Samba Mbaye, and Young Kim. 2017. *Fiscal Rules at a Glance*. International Monetary Fund. Washington, DC.

Loades, David M. 1974. *Politics and the Nation, 1450–1660: Obedience, Resistance, and Public Order*. London: William Collins, Sons.

Locke, John. 1691. *Some Considerations of the Consequences of the Lowering of Interest and Raising the Value of Money*. London: Printed for Awnsham and John Churchill.

Lockyer, Roger. 1964. *Tudor and Stuart Britain: 1471–1714*. London: Longman, Green.

Lofthouse, Lloyd F. 2013. *My Splendid Concubine*. San Diego: Three Clover Press.

Logue, Kyle, and Joel Slemrod. 2008. "Genes as Tags: The Tax Implications of Widely Available Genetic Information." *National Tax Journal* 61 (4, Part 2): 843–863.

Los Angeles Herald. 1903. "Hire Girls to Say 'No': Young Argentines Escape the Celibacy Tax." July 7. California Digital Newspaper Collection.

Lovenheim, Michael F., and Joel Slemrod. 2010. "The Fatal Toll of Driving to Drink: The Effect of Minimum Legal Drinking Age Evasion on Traffic Fatalities." *Journal of Health Economics* 29 (1): 62–77.

Lucas, Robin. 1997. "The Tax on Bricks and Tiles, 1784–1850: Its Application to the Country at Large and, in Particular, to the County of Norfolk." *Construction History* 13: 29–55.

Lundberg, Shelly J., Robert A. Pollak, and Terence J. Wales. 1997. "Do Husbands and Wives Pool Their Resources? Evidence from the United Kingdom Child Benefit." *Journal of Human Resources* 32 (3): 463–480.

Lunt, W. E. 1909. "The Financial System of the Medieval Papacy in Light of Recent Literature." *Quarterly Journal of Economics* 23 (2): 251–295.

Lustig, Nora, ed. 2018. *Commitment to Equity Handbook: Estimating the Impact of Fiscal Policy on Inequality and Poverty*. Washington, DC: Brookings Institution.

Macaulay, Thomas Babbington. 1855. *The History of England: From the Accession of James the Second*, vol. 3. London: Longman, Brown, Green, and Longmans.

MacFarlane, Charles. 1844–1845. *The French Revolution*, 4 vols. London: Charles Knight.

Machiavelli, Niccolò. [1515] 1908. *The Prince*. Translated with an introduction by W. K. Marriott. London: J. M. Dent & Sons.

Mackay, Alan. 1991. *A Dictionary of Scientific Quotations*. London: Institute of Physics Publishing.

Magnificent Seven, The. 1960. Directed by John Sturges. Beverly Hills, CA: United Artists and Mirish Company.

Mallet, Bernard. 1913. *British Budgets, 1887–88 to 1912–13*. London: Macmillan.

Manjoo, Farhad. 2002. "A Tax Plan to (and from) Space." *Wired.com*, April 26.

Mann, Arthur J. 2004. "Are Semi-Autonomous Revenue Authorities the Answer to Tax Administration Problems in Developing Countries? A Practical Guide." Research paper for the project titled Fiscal Reform in Support of Trade Liberalization.

Mann, Charles C. 2011. *1491: New Revelations of the Americas before Columbus*, 2nd ed. New York: Vintage Books.

Mann, Fritz Karl. 1943. "The Sociology of Taxation." *Review of Politics* 5 (2): 225–235.

Marcuss, Rosemary, George Contos, John Guyton, Patrick Langetieg, Allen Lerman, Susan Nelson, Brenda Schafer, and Melissa Vigil. 2013. "Income Taxes and Compliance Costs: How They Are Related?" *National Tax Journal* 66 (4): 833–854.

Marks, Steven G. 2017. "War Finance (Russian Empire)." *International Encyclopedia of the First World War*. Online.

Marsden, William. 2009, updated 2014. *Canada's Boom in Smuggled Cigarettes: Indian Tobacco Factories, Organized Crime Control a Billion-Dollar Black Market*. Center for Public Integrity, Washington, DC.

Marshall, Henrietta Elizabeth. 1912. *Through Great Britain and Ireland with Cromwell*. London: T. C. and E. C. Jack.

Marshall, John. 1836. *The Life of George Washington: Commander in Chief of the American Forces, during the War Which Established the Independence of His Country, and First President of the United States*, vol. 1. Philadelphia: James Crissy.

Martinez, Michael. 2011. "Arizona Church Is a House of Prostitution, Police Say." *CNN*, September 10.

Marx, Karl. 1852. "The Eighteenth Brumaire of Louis Bonaparte." *Die Revolution* 1.

Maseko, Achim Nkosi. 2008. *Church Schisms & Corruption: Tithes*. Book 5. Durban, South Africa.

Mason, Rowena, and Denis Campbell. 2017. "Theresa May under Pressure over 'Dementia Tax' Social Care Shakeup." *The Guardian*, May 21.

Matheson, Thornton. 2011. *Taxing Financial Transactions: Issues and Evidence*. International Monetary Fund Working Paper No. 11/54, Washington, DC.

Mathias, Peter. 2013. *The Transformation of England: Essays in the Economic and Social History of England in the Eighteenth Century*. London: Routledge.

Matthew, H. C. G. 1979. "Disraeli, Gladstone, and the Politics of Mid-Victorian Budgets." *Historical Journal* 22 (3): 615–643.

Matthews, E. L., G. M. Swift, G. Hartog, and Cecil Bayley. 1919. "South Africa." *Journal of Comparative Legislation and International Law* 1 (2): 103–136.

Matthews, George T. 1958. *The Royal General Farms in Eighteenth-Century France*. New York: Columbia University Press.

McCaffery, Edward J. 1994. "Cognitive Theory and Tax." *UCLA Law Review* 41 (7): 1861–1948.

McCaffery, Edward J., and Jonathan Baron. 2003. "The Humpty Dumpty Blues: Disaggregation Bias in the Evaluation of Tax Systems." *Organizational Behavior and Human Decision Processes* 91 (2): 230–242.

McCarthy, Katherine. 2005. "Bosnia-Hercegovina." In *Eastern Europe: An Introduction to the People, Lands, and Culture*, vol. 3 (Southeastern Europe), edited by Richard Frucht, 621–694. Santa Barbara, CA: ABC-CLIO.

McCluskey, William, with Arthur Grimes and Jason Timmins. 2002. "Property Taxation in New Zealand." Lincoln Institute of Land Policy Working Paper WP02WM1, Cambridge, MA.

McCrum, Robert. 2004. *Wodehouse: A Life*. New York: W. W. Norton.

McCulloch, John Ramsay. [1845] 1975. *A Treatise on the Principles and Practical Influence of Taxation and the Funding System*. Edited and with an Introduction by D. P. O'Brien. Edinburgh: Scottish Academic Press.

McHugh, Erin. 2016. "Understanding Contingent Convertible Securers: A Primer." NERA Economic Consulting, New York.

McLean, Iain, and Jeremy Smith. 1994. "The Poll Tax, the Electoral Register, and the 1991 Census: An Update." *British Elections and Parties Yearbook* 4 (1): 128–147.

Meade, Marion. 1977. *Eleanor of Aquitaine: A Biography*. New York: Penguin.

Mehrotra, Ajay K. 2004. "'More Mighty Than the Waves of the Sea': Toilers, Tariffs, and the Income Tax Movement, 1880–1913." *Labor History* 45 (2): 165–198.

Mehrotra, Ajay K. 2013. *Making the Modern American Fiscal State: Law, Politics, and the Rise of Progressive Taxation, 1877–1929*. Cambridge: Cambridge University Press.

Meier, Michael T. 1994. "Civil War Draft Records: Exemptions and Enrollments." *Prologue* 26 (4).

Mellon, Andrew M. 1924. *Taxation: The People's Business*. New York: Macmillan.

Mencken, Henry L. 1922. "The Dismal Science." In *Prejudices: Third Series*, Chapter 15. New York: Alfred A. Knopf.

Merriam-Webster's Collegiate Dictionary. 2005. 11th ed. s.v. "excise." Springfield, IL: Merriam-Webster.

Mill, John Stuart. [1848] 2009. *Principles of Political Economy*. Project Gutenberg Ebook.

Mill, John Stuart. 1875. "Papers on Land Tenure." In *Dissertations and Discussions: Political, Philosophical, and Historical*, vol. 5, 224–294. New York: Henry Holt and Co.

Miller, John C. 1943. *Origins of the American Revolution*. Boston: Little, Brown.

Mintz, Jack M. 1994. "Is There a Future for Capital Income Taxation?" *Canadian Tax Journal* 42 (6): 1469–1503.

Mirrlees, James, Stuart Adam, Tim Besley, Richard Blundell, Stephen Bond, Robert Chote, Malcom Gammie, Paul Johnson, Gareth Myles, and James M. Poterba. 2011. *Tax by Design*. Oxford: Oxford University Press.

Misa, Thomas J. 2011. *Leonardo to the Internet: Technology and Culture from the Renaissance to the Present*. Baltimore: The Johns Hopkins University Press.

Mitchell, Brian R. 1988. *British Historical Statistics*. Cambridge: Cambridge University Press.

Montefiore, Simon Sebag. 2011. *Jerusalem: The Biography*. New York: Vintage.

Monty Python. 1969. Television show featuring Graham Chapman, Eric Idle, Terry Gilliam, Terry Jones, John Cleese, and Michael Palin. BBC.

Mourlane, Stéphane. 2005. "La Crise Franco-monégasque de 1962–1963." *Recherches Régionales Côte d'Azur et Contrées Limitrophes* 46: 109–116.

Musson, Alfred Edward. 1958. "Newspaper Printing in the Industrial Revolution." *Economic History Review* 10 (3): 411–426.

Mwakikagile, Godfrey. 2000. *Africa and the West*. Hauppauge, NY: Nova Publishers.

Myers, Steven Lee. 2018. "Fan Bingbing, China's Most Famous Actress, Faces Huge Fines in Tax Evasion." *New York Times*, October 2.

Naidoo, Jay. 2012. "South Africa: Marikana Signals Our Second Chance." *Equal Times*, Opinions, September 1.

Nair, Smitha. 2015. "Mumbai Hooch Tragedy Claims Over 100 Lives, Main Supplier Arrested in Delhi." *News18*, June 23.

Nakabayashi, Masaki. 2012. "The Rise of a Japanese Fiscal State." In *The Rise of Fiscal States: A Global History, 1500–1914*, edited by Bartolomé Yun-Casalilla and Patrick K. O'Brien, with Francisco Comín Comín, 378–409. Cambridge: Cambridge University Press.

Nakamura, Yuko, and Aina Maeguchi. 2013. "Kyoto Machiya and Their Renovation." *The Kyoto Project*. Kyoto University of Foreign Studies, May 27.

National Coalition Against Contraband Tobacco. 2017. "1 in 3 Cigarettes Sold in Ontario Are Contraband." Ottawa, Canada.

Ndung'u, Njuguna. 2017. "Digitalization in Kenya: Revolutionizing Tax Design and Revenue Administration." In *Digital Revolutions in Public Finance*, edited by Sanjeev Gupta, Michael Keen, Alpa Shah, and Geneviève Verdier, 241–257. Washington, DC: International Monetary Fund.

Neff, Blake. 2016. "Rubio-Aligned PAC Hits Cruz for 'Canadian' Tax Plan." *Daily Caller*, January 19.

Nelson, Jerry. 2014. "Richard Branson: From Tax Fraud to Billionaire." *Liberty Voice*, May 29.

New African. 2011. "Sierra Leone: How Independence Was Won." August 9.

Newman, Peter C. 1985. *Company of Adventurers*, vol. 1. New York: Viking Press.

New Yorker. 1973. "FABLES: The Dog and the Accountant." September 17.

New York Times. 1863. "The Diseases and Infirmities Exempting from the Draft." November 15.

New York Times. 1891. "Taxing Food." June 1.

New York Times. 1912. "Single Tax Attracts Orient: Dr. Sen's Advocacy Due to Missionaries, Says Henry George, Jr." April 6.

New York Times. 1989. "Nuclear War Plan by I.R.S." March 28.

New York Times. 2014. "The Pink Tax." Editorial. November 12.

Niskanen, William A. 2006. "Limiting Government: The Failure of Starve the Beast." *Cato Journal* 26 (3): 553–558.

Nordhaus, William. 2017. "Revisiting the Social Cost of Carbon." *Proceedings of the National Academy of Sciences* 114 (7): 1518–1523.

North, Douglass C., and Barry R. Weingast. 1989. "Constitution and Commitment: The Evolution of Institutions Governing Public Choice in Seventeenth-Century England." *Journal of Economic History* 49 (4): 803–832.

North, Michael. 2012. "Finances and Power in the German State System." In *The Rise of Fiscal States: A Global History, 1500–1914*, edited by Yun-Casalilla Bartolomé and Patrick K. O'Brien, with Francisco Comín Comín, 145–163. Cambridge: Cambridge University Press.

Norwich, John Julius. 2003. *A History of Venice*, 2nd ed. London: Penguin.

Oates, Wallace, and Robert Schwab. 2015. "The Window Tax: A Case Study in Excess Burden." *Journal of Economic Perspectives* 29 (1): 163–180.

Oats, Lynne, and Pauline Sadler. 2007. "Securing the Repeal of a Tax on the 'Raw Material of Thought.'" *Accounting, Business & Financial History* 17 (3): 355–373.

O'Brien, Patrick K. 2007. "The Triumph and Denouement of the British Fiscal State: Taxation for the Wars against Revolutionary and Napoleonic France, 1793–1815." LSE Department of Economic History Working Paper No. 99/07, London.

O'Brien, Patrick K., and Philip A. Hunt. 1999. "Excises and the Rise of a Fiscal State in England, 1586–1688." In *Crises, Revolutions and Self-Sustained Growth: Essays in European Fiscal History, 1130–1830*, edited by William Mark Ormrod, Margaret Bonney, and Richard Bonney, 198–224. Stamford, U.K.: Shaun Tyas.

Ochiai, Takehiko. 2017. "In a Grove? Sierra Leone's 1898 Hut Tax War Reconsidered." *Asia Journal of African Studies* 41: 55–86.

OECD. 1998. *Harmful Tax Competition. An Emerging Global Issue*. Paris.

OECD. 2013. *Electronic Sales Suppression: A Threat to Tax Revenues*. Paris.

OECD. 2015a. *Measuring and Monitoring BEPS, Action 11-2015 Final Report*. Paris.

OECD. 2015b. *Tax Administration 2015: Comparative Information on OECD and Other Advanced and Emerging Economies*. Paris.

OECD. 2017a. "Legal Tax Liability, Legal Remittance Responsibility & Tax Incidence: Three Dimensions of Business Taxation." OECD Taxation Working Paper Series, Paris.

OECD. 2017b. *Tax Administration 2017: Comparative Information on OECD and Other Advanced and Emerging Economies*. Paris.

OECD. 2018. *Automatic Exchange of Information: Implementation Report 2018*. Paris.

OECD. 2019a. *Implementing Online Cash Registers: Benefits, Considerations and Guidance*. Paris.

OECD. 2019b. *Public Consultation Document: Global Anti-Base Erosion Proposal ("GloBE")—Pillar Two*. Paris.

OECD. 2019c. *Revenue Statistics 2019: Tax Revenue Trends in the OECD*. Paris.

OECD. 2019d. *Secretariat Proposal for a "Unified Approach" under Pillar One*. Paris.

OECD. 2019e. *Tax Administration 2019: Comparative Information on OECD and Other Advanced and Emerging Economies*. Paris.

OECD. 2019f. *Tax Morale: What Drives People and Businesses to Pay Tax?* Paris.

OECD. 2020. *Tax Challenges Arising from Digitalisation—Economic Impact Assessment*. Paris.

OECD. n.d.a. OECD Library. Definition of the Word "Tax."

OECD. n.d.b. Top Statutory Personal Income Tax Rates and Top Marginal Tax Rates for Employees. OECD.Stat. https://stats.oecd.org/index.aspx?DataSetCode=TABLE_I7.

Office for National Statistics. 2020. *Effects of Taxes and Benefits on UK Household Income: Financial Year Ending 2019*. London.

Office of Management and Budget. n.d. *Historical Tables*. Washington, DC. https://www.whitehouse.gov/omb/historical-tables/.

Ogden, Frederic D. 1958. *The Poll Tax in the South*. Tuscaloosa: University of Alabama Press.

Okrent, Daniel. 2010. *Last Call: The Rise and Fall of Prohibition*. New York: Scribner.

Oliver, Garrett, ed. 2011. *The Oxford Companion to Beer*. Oxford: Oxford University Press.

Olken, Ben, and Monica Singhal. 2011. "Informal Taxation." *American Economic Journal: Applied Economics* 3 (4): 1–28.

Oman, Charles. 1906. *The Great Revolt of 1381*. Oxford: Clarendon Press.

Organ, Paul. 2020. "U.S. Citizenship Renunciation and the Tax System." University of Michigan Working Paper, Ann Arbor, MI.

Ormrod, William Mark, Margaret Bonney, and Richard Bonney, eds. 1999. *Crises, Revolutions and Self-Sustained Growth: Essays in European Fiscal History, 1130–1830*. Stamford, U.K.: Shaun Tyas.

Orwell, George. 1949. *Nineteen Eighty-Four*. New York: Harcourt, Brace.

Oxford Dictionary of Islam. n.d. "Jizyah." Oxford Islamic Studies Online. http://www.oxfordislamicstudies.com/article/opr/t125/e1206.

Paine, Thomas. [1792] 1894. "Rights of Man." In *The Writings of Thomas Paine*, vol. 2, collected and edited by Moncure Daniel Conway, 398–523. New York: The Knickerbocker Press. First published by G. P. Putnam's Sons in London.

Palan, Ronen. 2002. "Tax Havens and the Commercialization of State Sovereignty." *International Organization* 56 (1): 151–176.
Pamuk, Şevket. 2012. "The Evolution of Fiscal Institutions in the Ottoman Empire, 1500–1914." In *The Rise of Fiscal States: A Global History, 1500–1914*, edited by Yun-Casalilla Bartolomé and Patrick K. O'Brien, with Francisco Comín Comín, 304–331. Cambridge: Cambridge University Press.
Paris, David, and Cecelia Hilgert. 1983. "70th Year of Individual Income and Tax Statistics, 1913–1982." *Statistics of Income Bulletin*. Internal Revenue Service, Winter 84: 1–10.
Parry, Ian W. H., and Kenneth A. Small. 2005. "Does Britain or the United States Have the Right Gasoline Tax?" *American Economic Review* 95 (4): 1276–1289.
Peacock, Alan T., and Jack Wiseman. 1961. *The Growth of Public Expenditure in the United Kingdom*. Princeton, NJ: Princeton University Press.
Pearce, Edward. 2011. *The Great Man. Sir Robert Walpole: Scoundrel, Genius and Britain's First Prime Minister*. London: Random House.
Pearson, Roger. 2016. "Voltaire's Luck." *Lapham's Quarterly* IX (3).
Peck, Harry Thurston, ed. 1898. *Harper's Dictionary of Classical Antiquities*. New York: Harper and Brothers.
Peel, Robert. 1853. *The Speeches of the Late Right Honourable Sir Robert Peel, Bart.*, vol. 3. Delivered in the House of Commons. London: Routledge.
Pérez, Arturo. 2008. "Earmarking State Taxes." National Conference of State Legislatures, Washington, DC.
Perez, Sonia. 2015. "Guatemala Arrests Current, Former Tax Chiefs, Over a Dozen Others, in Corruption Case." *Associated Press*, April 16.
Peter, Klara Sabirianova, Steve Buttrick, and Denvil Duncan. 2010. "Global Reform of Personal Income Taxation, 1981–2005: Evidence from 189 Countries." *National Tax Journal* 63 (3): 447–478.
Peters, Gretchen. 2006. "Taliban Drug Trade: Echoes of Colombia." *Christian Science Monitor*, November 21.
Petersen, William. 1997. *Ethnicity Counts*. New Brunswick, NJ: Transaction Publishers.
Pet Health Network. 2014. "The Doberman Pinscher." IDEXX Laboratories, Westbrook, ME.
Petit, Patrick, Mario Mansour, and Philippe Wingender. Forthcoming. *Excise Taxes and Obesity: A How to Note*. Washington, DC: International Monetary Fund.
Petit, Patrick, and Janos Nagy. 2016. *How to Design and Enforce Tobacco Excises?* Washington, DC: International Monetary Fund.
Petty, William. 1662. *A Treatise of Taxes & Contributions*. London: Cornhill.
Pezzolo, Luciano. 2012. "Republics and Principalities in Italy." In *The Rise of Fiscal States: A Global History, 1500–1914*, edited by Yun-Casalilla Bartolomé and Patrick K. O'Brien, with Francisco Comín Comín, 267–284. Cambridge: Cambridge University Press.
Phelps, Edmund S. 1973. "Taxation of Wage Income for Economic Justice." *Quarterly Journal of Economics* 87 (3): 331–354.
Phillipson, Nicholas. 2010. *Adam Smith: An Enlightened Life*. New Haven, CT: Yale University Press.
Pigou, Arthur Cecil. 1920. *The Economics of Welfare*. London: Macmillan & Co.
Piketty, Thomas. 2013. *Capital in the Twenty-first Century*. Cambridge, MA: Belknap Press.

Piketty, Thomas, Emmanuel Saez, and Stefanie Stantcheva. 2014. "Optimal Taxation of Top Labor Incomes: A Tale of Three Elasticities." *American Economic Journal: Economic Policy* 6 (1): 230–271.

Pilon, Mary. 2015. *The Monopolists: Obsession, Fury, and the Scandal behind the World's Favorite Board Game*. New York: Bloomsbury.

Pine, Art. 1978. "Thoughts of Chairman Long." *Washington Post*, February 26.

Platform for Collaboration on Tax. 2020. *The Taxation of Offshore Indirect Transfers—A Toolkit*. Washington, DC.

Plumb, John Harold. 1960. *Sir Robert Walpole: The King's Minister*, vol. 2. London: Cresset Press.

Plumb, John Harold. 1967. *The Growth of Political Stability in England, 1675–1725*. London: Macmillan.

Poniatowski, Grzegorz, Mikhail Bonch-Osmolovskiy, José María Durán-Cabré, Alejandro Esteller-Moré, and Adam Śmietanka. 2019. "Study and Reports on the VAT Gap in the EU-28 Member States: 2019 Final Report." Center for Social and Economic Research Paper No. 500, Warsaw.

Porter, Cole. 1944. "Don't Fence Me In." Original lyrics written by Bob Fletcher. Published by Warner Bros.

Posner, Eric A., and E. Glen Weyl. 2018. *Radical Markets: Uprooting Capitalism and Democracy for a Just Society*. Princeton, NJ: Princeton University Press.

Power, Eileen. 1941. *The Wool Trade in English Medieval History*. London: Oxford University Press.

Powicke, Michael R. 1950. "Distraint of Knighthood and Military Obligation under Henry III." *Speculum* 25 (4): 457–470.

Printer's Ink. 1897. "The Austrian Press." 19 (10): 28.

Public, The. 1909. "Portions of a Speech Made at Newcastle by Lloyd George, the British Chancellor." October 29.

Public, The. 1912. "Sun Yat Sen's Economic Program for China," April 12.

Quinn, Ben. 2012. "A Brief History of the Pasty Tax." *The Guardian*, May 29.

Quintrell, Brian. 2014. *Charles I 1625–1640*. Oxford: Routledge.

Radhakrishnan, C. 2009. "The Unforgettable Contributions of Nangeli, Kerala". *DeviantArt*, September 30. Online.

Rajaraman, Indira. 1995. "Presumptive Direct Taxation: Lessons from Experience in Developing Countries." *Economic and Political Weekly* 30 (18–19): 1103–1124.

Ramsey, Frank P. 1927. "A Contribution to the Theory of Taxation." *Economic Journal* 37 (145): 47–61.

Rapport, Mike. 2009. *1848: Year of Revolution*. New York: Basic Books.

Rawls, John. 1971. *A Theory of Justice*. Cambridge, MA: Harvard University Press.

Redelmeier, Donald A., and Christopher J. Yarnell. 2012. "Road Crash Fatalities on US Income Tax Days." *Journal of the American Medical Association* 307 (14): 1486–1488.

Redman, Alvin, ed. 1959. *The Wit and Humor of Oscar Wilde*. New York: Dover.

Rees-Jones, Alex, and Dmitry Taubinsky. 2020. "Measuring 'Schmeduling.'" *Review of Economic Studies* 87 (5): 2399–2438.

Reeves, Thomas C. 1975. *Gentleman Boss: The Life of Chester Alan Arthur*. New York: Alfred A. Knopf.

Reinhart, Carmen M., and Kenneth S. Rogoff. 2009. *This Time Is Different: Eight Centuries of Financial Folly*. Princeton, NJ: Princeton University Press.

Rhodes, Raymond Crompton. 1933. *Harlequin Sheridan: The Man and the Legends*. Oxford: Basil Blackwell.

Ricardo, David. [1817] 2004. *The Principles of Political Economy and Taxation*. London and New York: J. M. Dent & Sons and Dover.

Richards, John F. 2012. "Fiscal States in Mughal and British India." In *The Rise of Fiscal States: A Global History, 1500–1914*, edited by Bartolomé Yun-Castalilla and Patrick K. O'Brien, with Francisco Comín Comín, 410–441. Cambridge: Cambridge University Press.

Rickards, Maurice. 2000. *The Encyclopedia of Ephemera: A Guide to the Fragmentary Documents of Everyday Life for the Collector, Curator, and Historian*, edited by Michael Twyman, with the assistance of Sally De Beaumont and Amoret Tanner. New York: Routledge.

Ritchie, Hannah. 2020. "Sector by Sector: Where Do Global Greenhouse Gas Emissions Come From?" *Our World in Data*. https://ourworldindata.org/ghg-emissions-by-sector.

Ritholtz, Barry. 2017. "Lessons from Kansas Tax-Cutting Experiment." *The Big Picture*, June 19.

Roberts, Andrew. 2014. *The Holy Fox: The Life of Lord Halifax*. London: Head of Zeus.

Robertson. 1792. *Robertson's British Tax-Tables, on an Improved Plan; Containing All the Taxes Which Affect Every Description of Men, Both in England and Scotland. Together with Useful Regulations for the Cities of London and Edinburgh*. London: Printed for and Sold by All the Booksellers.

Robins, Nick. 2012. *The Corporation That Changed the World: How the East India Company Shaped the Modern Multinational*, 2nd ed. New York: Pluto Press.

Rodgers, Luke. 2018. "Give Credit Where? The Incidence of Child Care Tax Credits." *Journal of Urban Economics* 108: 51–71.

Rodrik, Dani. 1998. "Why Do More Open Economies Have Bigger Governments?" *Journal of Political Economy* 106 (5): 997–1032.

Rogoff, Kenneth S. 2016. *The Curse of Cash*. Princeton, NJ: Princeton University Press.

Roller, Matthew B. 2001. *Constructing Autocracy: Aristocrats and Emperors in Julio-Claudian Rome*. Princeton, NJ: Princeton University Press.

Romeo, Nick. 2016. "Ancient Device for Determining Taxes Discovered in Egypt." *National Geographic* online. May 16.

Romer, Christina D., and David H. Romer. 2009. "Do Tax Cuts Starve the Beast: The Effect of Tax Changes on Government Spending." *Brookings Papers on Economic Activity* 40 (1): 139–214.

Roosevelt, Theodore. 1919. *The Roosevelt Policy*, vol. 2, edited by William Griffith. New York: Current Literature Publishing Company.

Rosenberg, Joshua D. 1996. "The Psychology of Taxes: Why They Drive Us Crazy and How We Can Make Them Sane." *Virginia Tax Review* 16 (2): 155–236.

Ross, Thomas W. 1986. "Store Wars: The Chain Tax Movement." *Journal of Law and Economics* 29 (1): 125–137.

Rothstein, Jesse. 2008. "The Unintended Consequences of Encouraging Work: Tax Incidence and the EITC." Center for Economic Policy Studies, Princeton University.

Rowland, Oliver. 2019. "Oldest Ever Woman Accused of Having Faked Age." *The Connection*, January 2.
Rowlatt, Justin. 2016. "Why India Wiped Out 86% of Its Cash Overnight." *BBC News*, November 14.
Rucker, Philip. 2011. "Mitt Romney Says 'Corporations Are People.'" *Washington Post*, August 11.
Ruding, Onno. 1992. *Report of the Committee of Independent Experts on Company Taxation*. Executive Summary, European Commission, Brussels.
Rwanda Governance Board. n.d. "Umuganda." Kigali.
Sadasivan, S. N. 2000. *A Social History of India*. New Delhi: APH Publishing.
Sadka, Efraim. 1976. "On Income Distribution, Incentive Effects and Optimal Income Taxation." *Review of Economic Studies* 43 (2): 261–267.
Saez, Emmanuel. 2010. "Do Taxpayers Bunch at Kink Points?" *American Economic Journal: Economic Policy* 2 (3): 180–212.
Saez, Emmanuel, and Gabriel Zucman. 2019a. *The Triumphs of Injustice: How the Rich Dodge Taxes and How to Make Them Pay*. New York: Academic Press.
Saez, Emmanuel, and Gabriel Zucman. 2019b. "Progressive Wealth Taxation," *Brookings Papers on Economic Activity* Fall: 437–511.
Saez, Emmanuel, Joel Slemrod, and Seth H. Giertz. 2012. "The Elasticity of Taxable Income with Respect to Marginal Tax Rates: A Critical Review." *Journal of Economic Literature* 50 (1): 3–50.
Sahadi, Jeanne, and Annelena Lobb. 2004. "Strangest Taxes: You Might Pay Taxes on Illegal Drugs, Pepsi, Playing Cards and Being a Star. And That's Not All." *CNN/Money*, April 9.
Sale, Jonathan. 2012. "Douglas Adams's 60th Birthday Marked with Liff, the Universe and Pink Floyd." *The Guardian*, March 6.
Saleh, Mohamed. 2018. "On the Road to Heaven: Taxation, Conversions, and the Coptic-Muslim Socioeconomic Gap in Medieval Egypt." *Journal of Economic History* 78 (2): 394–434.
Salih, Zak M. 2011. "Fiction Review: The Pale King." *Richmond Times–Dispatch*, July 31.
Salpukas, Agis. 1992. "Falling Tax Would Lift All Yachts." *New York Times*, February 7.
Salvadori, Neri, and Rodolfo Signorino. 2015. "Defense versus Opulence? An Appraisal of the Malthus-Ricardo 1815 Controversy on the Corn Laws." *History of Political Economy* 47 (1): 151–184.
Salzmann, Ariel. 1993. "An Ancien Régime Revisited: 'Privatization' and Political Economy in the Eighteenth-Century Ottoman Empire." *Politics & Society* 21 (4): 393–423.
Samson, William D. 2005. "President Nixon's Troublesome Tax Returns." *Tax Notes*, April 11.
Sargent, Thomas, and Francois Velde. 1995. "Macroeconomic Features of the French Revolution." *Journal of Political Economy* 103 (3): 474–518.
Saunders, Laura. 2015. "Blowing the Whistle on Tax Cheats." *Wall Street Journal*, September 4.
Sauvegrain, Alexandra. 2001. "Dialogues of Architectural Preservation in Modern Vietnam: The 36 Streets Commercial Quarter of Hanoi." *Traditional Dwellings and Settlements Review* 13 (1): 23–32.
Schama, Simon. 1989. *Citizens: A Chronicle of the French Revolution*. New York: Alfred A. Knopf.
Scheuer, Florian, and Joel Slemrod. 2020. "Taxation and the Superrich." *Annual Review of Economics* 12: 189–211.

Scheve, Kenneth, and David Stasavage. 2016. *Taxing the Rich: A History of Fiscal Fairness in the United States and Europe*. Princeton, NJ: Princeton University Press.

Schumpeter, Joseph A. [1918] 1991. "The Crisis of the Tax State." In *Joseph A. Schumpeter: The Economics and Sociology of Capitalism*, edited by Richard Swedberg, 99–140. Princeton, NJ: Princeton University Press.

Scott, James C. 1998. *Seeing Like a State: How Certain Schemes to Improve the Human Condition Have Failed*. New Haven, CT: Yale University Press.

Seade, Jesus K. 1977. "On the Shape of Optimal Tax Schedules." *Journal of Public Economics* 7 (2): 203–235.

Seamans, Robert. 2017. "No, Robots Should Not Be Taxed." *Forbes*, March 3.

Seidl, Jonathon M. 2015. "There's Something Odd about Some Tickets in Texas—and a Judge Has Resigned Over It." *The Blaze*, June 4.

Seligman, Edwin R. A. 1899. *The Shifting and Incidence of Taxation*, 2nd ed. New York: Macmillan.

Seligman, Edwin R. A. 1914. *The Income Tax: A Study of the History, Theory and Practice of Income Taxation at Home and Abroad*, 2nd ed. New York: Macmillan.

Sen, Amartya. 2009. *The Idea of Justice*. Cambridge, MA: Belknap Press.

Sen, Anindya, and Nafeez Fatima. 2011. "Do Lower Taxes Increase Smoking? Evidence from the Canadian National Experiment." *Canadian Tax Journal* 59 (2): 221–238.

Sentencing Project, The. 2016. *6 Million Lost Voters: State-Level Estimates of Felony Disenfranchisement, 2016*. Washington, DC.

Service, Robert. 2009. *Trotsky: A Biography*. Cambridge, MA: Belknap Press.

Sharp, Paul. 2010. "1846 and All That: The Rise and Fall of British Wheat Protection in the Nineteenth Century." *Agricultural History Review* 58 (1): 76–94.

Shaxson, Nicholas. 2011. *Treasure Islands: Uncovering the Damage of Offshore Banking and Tax Havens*. New York: St. Martin's Griffin.

Shears, Richard. 2006. "Is Prince Philip a God?" *Daily Mail*, June 3.

Sheets, Connor. 2017. "Too Poor to Vote: How Alabama's 'New Poll Tax' Bars Thousands of People from Voting." *The Guardian*, October 4.

Shehab, Fakhri. 1953. *Progressive Taxation: A Study in the Development of the Progressive Principle in the British Income Tax*. Oxford: Clarendon Press.

Shiono, Patricia H., and Richard E. Behrman. 1995. "Low Birth Weight: Analysis and Recommendations." *Future of Children* 5 (1): 4–18.

Simmons, Andria. 2014. "Georgia Towns Are Getting Rich Off Speeding Tickets." *Governing*, October 23.

Simons, Henry. 1938. *Personal Income Taxation: The Definition of Income as a Problem of Fiscal Policy*. Chicago: University of Chicago Press.

Slemrod, Joel. 2008. "Why Is Elvis on Burkina Faso Postage Stamps? Cross-Country Evidence on the Commercialization of State Sovereignty." *Journal of Empirical Legal Studies* 5 (4): 683–712.

Slemrod, Joel. 2013. "Buenas Notches: Lines and Notches in Tax System Design." *eJournal of Tax Research* 11 (3): 259–283.

Slemrod, Joel. 2018. "Is This Tax Reform, or Just Confusion?" *Journal of Economic Perspectives* 32 (4): 73–96.

Slemrod, Joel. 2019. "Tax Compliance and Enforcement." *Journal of Economic Literature* 57 (4): 904–954.

Slemrod, Joel, and Jon Bakija. 2017. *Taxing Ourselves: A Citizen's Guide to the Debate over Taxes*, 5th ed. Cambridge, MA: MIT Press.

Slemrod, Joel, Brett Collins, Jeffrey L. Hoopes, Daniel Reck, and Michael Sebastiani. 2017. "Does Credit-Card Information Reporting Improve Small-Business Tax Compliance?" *Journal of Public Economics* 149: 1–19.

Slemrod, Joel, and William G. Gale. 2001. "Rethinking the Estate and Gift Tax," Conference Report, The Brookings Institution, Washington, DC.

Slemrod, Joel, Obeid Ur Rehman, and Mazhar Waseem. Forthcoming. "Pecuniary and Non-pecuniary Motivations for Tax Compliance: Evidence from Pakistan." *Review of Economics and Statistics*.

Slemrod, Joel, and Tejaswi Velayudhan. 2018. "Do Firms Remit at Least 85 Percent of Tax Everywhere? New Evidence from India." *Journal of Tax Administration* 4 (1): 24–37.

Smith, Adam. [1776] 1868. *An Inquiry into the Nature and Causes of The Wealth of Nations*, edited by Edwin Cannan. Chicago: University of Chicago Press.

Smith, Denis Mack. 2000. "The Revolutions of 1848–1849 in Italy." In *The Revolutions in Europe, 1848–1849: From Reform to Reaction*, edited by R. J. W. Evans and Hartmut Pogge von Strandmann, 55–82. Oxford: Oxford University Press.

Smith, Jada F. 2015. "Cyberattack Exposes I.R.S. Tax Returns." *New York Times*, May 26.

Smith, Peter. 1991. "Lessons from the British Poll Tax Disaster." *National Tax Journal* 44 (4, Part 2): 421–436.

Smith, Stephen. 2008. "Restraining the Golden Weed: Taxation and Regulation of Tobacco." *FinanzArchiv/Public Finance Analysis* 64 (4): 476–507.

Smith, Sydney. 1820. "Review of Seybert's Annals of the United States." *Edinburgh Review* 33.

Soled, Jay A. 1997. "A Proposal to Lengthen the Tax Accounting Period." *American Journal of Tax Policy* 14 (1): 35–68.

Soos, Piroska E. 1990. "Self-Employed Evasion and Tax Withholding: A Comparative Study and Analysis of the Issues." *University of California Davis Law Review* 24 (1): 107–193.

Soos, Piroska E. 1997. *The Origins of Taxation at Source in England*. Amsterdam: International Bureau of Fiscal Documentation.

Sørensen, Peter Birch. 2007. "Can Capital Income Taxes Survive? And Should They?" *CESifo Economic Studies* 53 (2): 172–228.

Sørensen, Peter Birch. 2010. "Dual Income Taxes: A Nordic Tax System." In *Tax Reform in Open Economies: International and Country Perspectives*, edited by Iris Claus, Norman Gemmell, Michelle Harding, and David White, 78–108. Cheltenham, U.K.: Edward Elgar.

Spang, Rebecca L. 2015. *Stuff and Money in the Time of the French Revolution*. Cambridge, MA: Harvard University Press.

Spartacus Educational. n.d. *JFK Theory: Texas Oil Men*. Online.

Spence, Jonathan. 1969. *To Change China: Western Advisors in China*. Boston, MA: Little, Brown.

Spicer, Jonathan. 2015. "Fed Handed Record $96.9 Bln Profit to Government Last Year." *Reuters Bond News*, March 20.

Spieth, Darius A. 2006. "The Corsets Assignat in David's *Death of Marat*." *Notes in the History of Art* 25 (3): 22–28.

Splinter, David. 2020. "U.S. Tax Progressivity and Redistribution." *National Tax Journal,* forthcoming.

Staggs, Brooke. 2020. "California Passes $1 Billion in Cannabis Tax Revenue Two Years after Launching Legal Market." *The Mercury News,* March 11.

Stamp, Josiah. 1917. "The Taxation of Excess Profits Abroad." *Economic Journal* 27: 26–37.

Star Wars. 1999. "Opening Scene from *The Phantom Menace: Episode 1.*" Written and directed by George Lucas. San Francisco, CA: Lucasfilm.

State of Wisconsin. Department of Revenue. 2010. "Sales of Ice Cream Cakes and Similar Items." November 8.

Statista. 2017a. "Profits of State Lotteries in the United States from 2009 to 2016 (in billion U.S. dollars)."

Statista. 2017b. "Sales of State Lotteries in the United States from 2009 to 2016 (in billion U.S. dollars)."

Statista. 2018. "Tobacco Tax Revenue and Forecast in the United States from 2000 to 2023."

Statista. 2019a. "Annual Average Price of a Pack of the Most Sold Brand of Cigarettes in France from 2000 to 2015 (in euros)."

Statista. 2019b. "Recommended Retail Price of a Typical Pack of 20 Cigarettes in the United Kingdom (UK) from 2005 to 2017 (in GBP)."

Stebbings, Chantal. 2011. "Public Health Imperatives and Taxation Policy: The Window Tax as an Early Paradigm in English Law." In *Studies in the History of Tax Law,* vol. 5, edited by John Tiley, 43–72. Oxford: Hart Publishing.

Steinberg, Philip E., and Stephen D. McDowell. 2003. "Mutiny on the Bandwidth: The Semiotics of Statehood in the Internet Domain Name Registries of Pitcairn Island and Niue." *New Media & Society* 5 (1): 47–67.

Stiem, Tyler. 2016. "Race and Real Estate: How Hot Chinese Money Is Making Vancouver Unlivable." *The Guardian,* July 7.

Stiglitz, Joseph E. 1977. "The Theory of Local Public Goods." In *The Economics of Public Services,* edited by Martin S. Feldstein and Robert P. Inman, 274–333. London: Macmillan.

Stotsky, Janet G. 1997. "Gender Bias in Tax Systems." *Tax Notes International* (June 9): 1913–1923.

Strassler, Robert B., ed. 2009. *The Landmark Herodotus: The Histories.* New York: Anchor Books.

Strong, Theron George. 1917. *Joseph H. Choate: New Englander, New Yorker, Lawyer, Ambassador.* New York: Dodd, Mead.

Strumpf, Koleman. 2017. "Tax Flights." Wake Forest University Working Paper, Winston-Salem, NC.

Stubbs, William, ed. [1870] 1936. *Select Charters and Other Illustrations of English Constitutional History from the Earliest Times to the Reign of Edward the First.* Oxford: Clarendon Press.

Sudakov, Dmitry. 2013. "Russian Kopeck Goes Down in History Yet Again." *Pravda,* January 29.

Suetonius. [121] 1957. *The Twelve Caesars,* edited by E. V. Kieu, 150–179. Durham, NC: Duke University.

Summers, Lawrence H. 2017. "Trump's Top Economist's Tax Analysis Isn't Just Wrong, It's Dishonest." *Washington Post,* October 17.

Sundelson, J. Wilner. 1941. "Banning the Use of Margarine through Taxation." In *Tax Barriers to Trade* by Mark Eisner, Robert L. Cochran, Edgar L. Burtis et al., 85–104. Philadelphia: University of Pennsylvania Tax Institute.

Sung, Myung Jae, Rajul Awasthi, and Hyung Chul Lee. 2017. "Can Tax Incentives for Electronic Payments Reduce the Shadow Economy? Korea's Attempt to Reduce Underreporting in Retail Businesses." World Bank, Washington, DC.

Sunley, Emil. 2008. "India: The Tax Treatment of Bidis." Presentation given at the World Bank, Washington, DC, April 8.

Sun-Sentinel. 1993. "Boat Builders Scuttled by Yacht Tax." August 16.

Surendranath, Nidhi. 2013. "200 Years On, Nangeli's Sacrifice Only a Fading Memory." *The Hindu*, October 21.

Tague, Ingrid H. 2008. "Eighteenth-Century English Debates on a Dog Tax." *Historical Journal* 51 (4): 901–920.

Tanzi, Vito, and Ludger Schuknecht. 2000. *Public Spending in the 20th Century: A Global Perspective*. Cambridge: Cambridge University Press.

Tarver, H. Micheal, and Emily Slape, eds. 2016. *The Spanish Empire: A Historical Encyclopedia*, vol. 1. Santa Barbara, CA: ABC-CLIO.

Tax Advisory Partnership. n.d. "Why Does the UK Tax Year Start on April 6 Each Year?" London.

Taxback.com. n.d. "UK Tax History Lesson—How Come the UK Tax Year Ends on April 5th?" Online.

Tax Justice Network, Global Alliance for Tax Justice, PSI, and Oxfam. 2015. *Still Broken: Governments Must Do More to Fix the International Corporate Tax System*. Joint Agency Briefing Note 15, November 10. Oxford, U.K.

Tax Research Foundation. 1938. *Tax Systems of the World*, 7th ed. Chicago: Commerce Clearing House.

Taylor, Frederick. 2013. *The Downfall of Money: Germany's Hyperinflation and the Destruction of the Middle Class*. London: Bloomsbury Publishing.

Thane, Pat. 2000. *Old Age in English History: Past Experiences, Present Issues*. Oxford: Oxford University Press.

Thatcher, Margaret. 1993. *The Downing Street Years*. New York: HarperCollins.

Theobald, Ulrich, 2016. "*jingtian zhi* 井田制, The Well-Field System." http://www.chinaknowledge.de/History/Terms/jingtian.html.

This Way Caribbean Islands. 2001. Winston-Salem, NC: Hunter Publishing.

Thomas, Duncan. 1990. "Intra-household Resource Allocation: An Inferential Approach." *Journal of Human Resources* 25 (4): 635–664.

Thomas, Duncan. 1993. "The Distribution of Income and Expenditure within the Household." *Annales d'Economie et de Statistique* 29: 109–135.

Thorndike, Joseph J. 2013. "Tax History: Is the VAT a Career Killer for Politicians?" *Tax Analysts*, Tax History Project, December 12.

Thorndike, Joseph J. 2016. "Threats, Leverage, and the Early Success of Reprisal Taxes." *Tax Analysts*, Tax History Project, March 17.

Thornton, John. 1983. *The Kingdom of Kongo: Civil War and Transition, 1641–1718*. Madison: University of Wisconsin Press.

Thornton, Mark, and Robert Burton Ekelund Jr. 2004. *Tariffs, Blockades, and Inflation: The Economics of the Civil War*. Wilmington, DE: Scholarly Resources.

Tibballs, Geoff. 2017. *Royalty's Strangest Tales*. London: Pavilion Books.

Times, The. 1882. Speech made by Home Secretary Sir William Harcourt at Burton upon Trent, January 23.

Tol, Richard S. J. 2009. "The Economic Effects of Climate Change." *Journal of Economic Perspectives* 23 (2): 29–51.

Trannoy, Alain. 2015. "Much Ado about Nothing: The Solidarity Tax on Wealth (ISF) in France." In *Taxing Wealth: Past, Present and Future*, edited by Caterina Astarita, 32–37. European Commission Discussion Paper 003.

Traynor, Ian, and Helena Smith. 2015. "Wired-up Tax Snoopers Could Be Unleashed in Greece." *The Guardian*, March 6.

Treisman, Daniel. 2002. "Russia Renewed." *Foreign Affairs* 81 (6): 58–72.

Trevisani, Paulo. 2015. "Brazil Probes Alleged Corruption among Tax Officials." *Wall Street Journal*, April 7.

Turner, Michael J. 1998. "The 'Bonaparte of Free Trade' and the Anti-Corn Law League." *Historical Journal* 41 (4): 1011–1034.

Turner, Nicholas. 2012. "Who Benefits from Student Aid? The Economic Incidence of Tax-Based Federal Student Aid." *Economics of Education Review* 31 (4): 463–481.

Tutt, Juliana. 2010. "'No Taxation without Representation' in the American Woman Suffrage Movement." *Stanford Law Review* 62 (5): 1473–1512.

Twain, Mark. 1870. "A Mysterious Visit." *Buffalo Express*, March 19.

Uglow, Jenny. 2014. *In These Times: Living in Britain through Napoleon's Wars, 1793–1815*. London: Faber & Faber.

U.K. Parliament. Public Accounts Committee. 2015. *Tax Avoidance: The Role of Large Accountancy Firms*. London.

Unger, Harlow Giles. 2011. *American Tempest: How the Boston Tea Party Sparked a Revolution*. Boston: Da Capo.

United Kingdom of Great Britain and Ireland. 1920. *Report of the Royal Commission on the Income Tax*. London: His Majesty's Stationery Office.

United Nations. n.d. *World Population Prospects 2019*, File POP/13-A (median estimates). https://population.un.org/wpp/Download/Standard/Population/.

United States Conference of Catholic Bishops. 2019. "Matthew, Chapter 21, Verse 31." *Bible*.

University Chronicle. 1869. "An Impeachment Trial." University of Michigan, March 27.

University of Oxford. 2018. "Tax on Meat Could Offset Health Costs." Press Release, November 6.

University of Pennsylvania. 2002. "Taxes in the Ancient World." *Almanac* 48 (28).

U.S. Agency for International Development. 2018. *Morocco Gender Analysis (Final)*. Washington, DC: Banyan Global.

U.S. Congress. House Committee on Ways and Means. 2017. H.R.1947—Religious Freedom Peace Tax Fund Act of 2017, 115th Cong.

U.S. Customs and Border Protection. n.d. "Did You Know . . . Thomas Melvill, Herman Melville and Nathaniel Hawthorne All Are Part of CBP History?" Washington, DC.

U.S. Department of the Treasury. 1977. *Blueprints for Basic Tax Reform*. Washington, DC.

U.S. Environmental Protection Agency. 2016. *Social Cost of Carbon*. Washington, DC.
Utt, Robert. 2005. "The Bridge to Nowhere: A National Embarrassment." The Heritage Foundation, Washington, DC.
Vaisey, David, ed. 1985. *The Diary of Thomas Turner, 1754–1765*. Oxford: Oxford University Press.
Vâlsan, Lucian. 2014. "A Bachelor's Tax—Not So Unlikely." *A Voice for Men Blog*.
Vaughan, Robert. 1840. *The History of England under the House of Stuart, including the Commonwealth, Part II*. London: Baldwin and Cradock.
Ventry, Dennis J. Jr. 2011. "Americans Don't Hate Taxes, They Hate Paying Taxes." *UBC Law Review* 44 (3): 835–890.
Viard, Brian. 2014. "China's Salt Monopoly: Cracking Down on Illegal Contraband." *Forbes*, August 4.
Viscusi, W. Kip. 1995. "Cigarette Taxation and the Social Consequences of Smoking." In *Tax Policy and the Economy*, vol. 9, edited by James Poterba, 51–102. Cambridge, MA: MIT Press.
Vose, Ruth Hurst. 1980. *Glass*. London: HarperCollins Distribution Services.
Waite, Robert G. L. 1993. *The Psychopathic God: Adolf Hitler*. New York: Da Capo.
Wallace, David Foster. 2012. *The Pale King*. New York: Little, Brown.
Ward, William R. 1952. "The Administration of the Window and Assessed Taxes, 1696–1798." *English Historical Review* 67 (265): 522–542.
Ward, William R. 1953. *The English Land Tax in the Eighteenth Century*. Oxford: Oxford University Press.
Wareham, Andrew. 2017. "The Unpopularity of the Hearth Tax and the Social Geography of London in 1666." *Economic History Review* 70 (2): 452–482.
Warner, Jessica, and Frank Ivis. 1999. "'Damn You, You Informing Bitch.' Vox Populi and the Unmaking of the Gin Act of 1736." *Journal of Social History* 33 (2): 299–330.
Waterson, Jim. 2020. "Government Will Abolish the 20% 'Reading Tax.'" *The Guardian*, March 11.
Watson, Katy, and Sarah Treanor. 2016. "The Mexicans Dying for a Fizzy Drink." *BBC News*, Mexico, February 2.
Watt, Holly, David Pegg, Juliette Garside, and Helena Bengtsson. 2016. "From Kubrick to Cowell: Panama Papers Expose Offshore Dealings of the Stars." *The Guardian*, April 6.
Waugh, Evelyn. [1938] 2012. *Scoop*. New York: Little, Brown.
Webber, Carolyn, and Aaron Wildavsky. 1986. *A History of Taxation and Expenditure in the Western World*. New York: Simon & Schuster.
Wedgwood, Cicely Veronica. 1961. *Thomas Wentworth, First Earl of Strafford, 1593–1641*. London: Phoenix Press.
Weightman, Gavin, 2007. *The Industrial Revolutionaries: The Making of the Modern World, 1776–1914*. New York: Grove Press.
Weinberg, Bennett Alan, and Bonnie K. Bealer. 2002. *The World of Caffeine: The Science and Culture of the World's Most Popular Drug*. New York: Routledge.
Weir, Alison. 1998. *The Life of Elizabeth I*. New York: Ballantine Books.
Weisman, Steven R. 2002. *The Great Tax Wars*. New York: Simon & Schuster.
Weissmann, Jordan. 2012. "America's Dumbest Tax Loophole: The Florida Rent-a-Cow Scam." *The Atlantic*, April 17.
West, Max. 1908. *The Inheritance Tax*. New York: Columbia University Press.

Weyl, E. Glen, and Michael Fabinger. 2013. "Pass-Through as an Economic Tool: Principles of Incidence under Imperfect Competition." *Journal of Political Economy* 121 (3): 528–583.
Whalley, John. 1984. "Regression or Progression: The Taxing Question of Incidence Analysis." *Canadian Journal of Economics* 17 (4): 654–682.
White, Eugene N. 2004. "From Privatized to Government-Administered Tax Collection: Tax Farming in Eighteenth-Century France." *Economic History Review* 57 (4): 636–663.
White, Richard D. Jr. 2006. *Kingfish: The Reign of Huey P. Long*. New York: Random House.
White House. Office of the Press Secretary. 2013. "Remarks by the President on Economic Mobility." December 4.
Williams, Colin C. 2014. *Confronting the Shadow Economy: Evaluating Tax Compliance and Behaviour Policies*. Cheltenham, U.K.: Edward Elgar.
Williams, Judith. 2017. *Little History of Essex*. Gloucestershire: History Press.
Williams, Lena. 1981. "Town of Ministers Still Battling Taxes: The Talk of Hardenburgh." *New York Times*, May 4.
Wilson, Scott. 2016. "Singapore Will Have World's First GNSS Urban Congestion Pricing Scheme by 2020." *D'Artagnan Consulting Blog*, March 18.
Wintour, Patrick. 2007. "Lost in the Post—25 Million at Risk after Data Discs Go Missing." *The Guardian*, November 21.
Wood, Robert W. 2015. "10 Notorious Tax Cheats: Queen of Mean Leona Helmsley Proved Little People Can Put You in Jail." *Forbes*, April 17.
Wood, Samuel. 1934. *Tithes*. Fresno, CA: Crown Printing and Engraving.
World Bank. 2001. *Salary Supplements and Bonuses in Revenue Departments: Final Report*. Washington, DC: World Bank.
Ydema, Onno, and Henk Vording. 2014. "Dutch Tax Reforms in the Napoleonic Era." In *Studies in the History of Tax Law*, vol. 6, edited by John Tiley, 489–522. Oxford: Hart Publishing.
Yglesias, Matthew. 2013. "Scrap the Corporate Income Tax." *Slate.com*, April 9.
Yitzhaki, Shlomo. 2007. "Cost-Benefit Analysis of Presumptive Taxation." *FinanzArchiv: Public Finance Analysis* 63 (3): 311–326.
Zaidi, S. Akbar. 1996. "Urban Local Government in Pakistan: Expecting Too Much from Too Little?" *Economic and Political Weekly* 31 (44): 2948–2953.
Zimmermann, Warren. 2002. *First Great Triumph: How Five Americans Made their Country a World Power*. New York: Farrar, Straus and Giroux.
Zucman, Gabriel. 2013. "The Missing Wealth of Nations: Are Europe and the U.S. Net Debtors or Net Creditors?" *Quarterly Journal of Economics* 128 (3): 1321–1364.